개정4판

무역관계법규

송 선 욱 저

도서출판 두남

개정4판 머리말

무역관계법령이 지속적으로 개정됨에 따라 본서도 이를 반영하기 위하여 신속히 개정되어야 하나 저자의 게으름과 출판환경의 열악함으로 인해 2~3년에 한 번 정도 개정판이 출간되고 있다.

금번 개정판에 반영된 주요 개정 내용은 다음과 같다.

첫째, 대외무역법과 관련하여 수출 또는 수입이 제한 또는 금지되는 사유에 교역 상대국과의 경제협력 증진과 국방상 원활한 물자 수급 등의 명시, 전략물자 등에 대하여 국내 항만 또는 공항의 경유나 국내 환적(換積)을 허가하려는 경우 국제평화, 안전유지 및 국가안보 등을 고려하도록 경유 또는 환적 허가의 기준 마련, 현재 시행되고 있지 아니한 특정국 물품에 대한 특별수입수량 제한조치 규정 삭제된 것 등 기타 개정 사항을 반영하였다.

한편 거의 5~6년에 한 번 정도 개정되고 있는 HS 품목 분류가 2017년 개정 Nomenclature 2017이 2017년 1월 1일부터 시행됨에 따라 일부 개정사항을 반영하였다.

둘째, 관세법과 관련하여 특수관계에 있는 자가 수입하는 물품의 과세가격 결정방법 보완 사항, 덤핑방지관세 및 상계관세 부과 시 추가된 고려사항, 관세포탈 등의 범죄를 범한 수입신고인 등에게 관세의 연대납부 의무 부과, 납세자의 권익 보호를 위한 납세자권리헌장의 교부 대상 확대, 고액·상습체납자의 명단 공개 대상 확대, 과세전적부심사 청구 또는 심사청구에 대한 결정의 종류에 재조사 결정 추가 등 개정 사항을 반영하였다.

셋째, 외국환거래법과 관련하여 지급 또는 수령 방법에 있어서 예외사항에서의 한도금액의 상향, 과태료 규정의 대폭 수정 등의 개정사항을 반영하였다.

본 교재가 학생들과 실무자들에게 도움이 되길 기대하며 지속적으로 개정해 나갈 것을 약속한다.

2018년 3월

송 선 욱

개정 3판 머리말

최소 2년에 한번 정도는 개정판을 통해 급변하는 국내외 경제상황에 맞게 변화하고 있는 무역관계법규 내용을 반영하고자 하여 이번 개정 3판을 발간하게 되었다.

대외무역법 관련 주요 개정 내용은 다음과 같다.

대량파괴무기 확산방지를 위한 수출·수입의 제한조치, 전략물자 관련 기술의 무형이전(無形移轉)에 대한 통제의 근거 마련, 상황허가대상 여부 사전판정의 신청, 대학 및 연구기관에 대한 자율준수무역거래자의 지정 등 전략물자에 대한 통제를 강화하며, 원산지 표시 위반물품의 거래금지 및 과징금 부과 대상자에 대한 위반내용 등의 공표를 통하여 원산지표시제도의 실효성을 강화하기 위한 판매업자의 원산지 표시 위반물품의 거래금지 및 명단공표 등이 반영되었다.

또한 2009년 대외무역법에서 폐지되고 민간지정 형태로 운영되던 전문무역상사제도를 다시 법령에 규정하여 직수출 역량이 부족한 중소기업의 수출 확대와 농수산식품, 서비스 등 다양한 분야의 수출 확대를 지원하도록 하였으며 중소기업의 유망수출시장으로 부상되고 있는 정부간 수출계약에 대하여 개념을 명확히 하고 법적 제도적 장치를 마련하였다.

관세법 관련 주요 개정 내용은 다음과 같다.

관세 부과의 제척기간의 연장, 경정청구기간의 연장, 세율불균형 물품에 대한 관세감면 단계적 축소 및 폐지, 은닉재산 신고 포상금 지급한도 인상, 해외여행자 휴대품 자진신고자에 대한 세금경감 및 미신고자에 대한 가산세 강화, 밀수출입죄에 대한 징역 및 벌금 조절 등 벌칙상의 개정 내용 등 다양한 내용들의 법령 개정 내용이 반영되었다.

외국환거래법은 그간 개정되지 않았으나 외국환거래법시행령 및 거래규정에서 일부 개정된 내용을 반영하였다.

2015년 8월

송 선 욱

개정2판 머리말

무역관계법규인 대외무역법, 관세법, 외국환거래법은 급변하는 국내외 경제상황 변화에 맞추어 지속적으로 개정되고 있다.

이러한 무역관계법규의 개정에 따라 본서인 『무역관계법규』도 그에 맞추어 개정이 필요하나 빈번하게 개정되는 관련 법규의 개정과 동시에 본서를 개정하는 것은 여러 가지 한계를 가지고 있으므로 최소 2년에 한번 정도의 개정판을 내려고 노력하고 있다.

이번 개정2판에서는 지난 개정판을 출간한 이후 개정된 무역관계법규 사항을 반영하였다. 특히 2013년 3월 23일 정부조직법이 개정됨에 따라 몇몇 정부부서의 명칭과 역할이 재조정되어서 그와 같은 내용을 본서에 반영하였으며 또한 관세법 상의 여러 가지 내용들이 업계에 유리하도록 개정되어서 그와 같은 사항을 반영하였다.

『무역관계법규』 교재가 학생들과 실무자들에게 실제적인 도움이 될 수 있도록 지속적인 노력을 기울일 것을 약속한다.

2013년 8월

송 선 욱

개정판 머리말

무역관계법규는 대외무역환경의 변화에 대해 민감하게 반응하여 그에 상응하는 신속한 개정을 통해 본 법규들의 궁극적인 목표인 국민경제의 발전에 기여하게 된다.

이번 개정판은 이러한 대외무역환경변화에 따른 개정사항과 제도 운영상 나타난 미비점에 대한 개정사항 등을 반영하여 대외무역법, 관세법, 외국환거래법에서 이루어진 개정내용을 반영하였다. 그 주요 개정내용은 다음과 같다.

첫째, 대외무역법에서는 산업설비 수출의 개념을 실무에서 통상적으로 사용되는 ‘플랜트 수출’로 그 명칭이 변경된 것과 원산지 관련 규정에서 소비자 보호에 추가하여 생산자도 보호하는 방향으로 개정된 것과 일부 원산지관련 규정이 재정비된 것을 반영하였다.

둘째, 관세법은 기업부담을 완화하기 위하여 관세담보제도를 원칙적으로 무담보 방식으로 전환하고 경미한 관세법 위반 행위에 대한 처벌을 형벌에서 과태료로 전환하는 등 현행 제도의 운영상 나타난 일부 미비점을 개선·보완한 부분과 국민이 법 문장을 이해하기 쉽도록 용어와 문장체계를 정리한 개정사항을 반영하였다.

셋째, 외국환거래법에서 금융기관의 용어를 ‘금융회사 등’으로 용어를 변경한 부분과 거주자의 제3자 지급 등에 대한 신고 예외의 일부 신설내용과 외국환은행을 통하지 아니하는 지급 등의 방법에서 신고 면제 되는 부분에서 일부 개정된 사항을 반영하였다.

2011년 8월

송 선 욱

머리말

국제무역의 자유화 추세는 국제기구인 WTO를 중심으로 하는 무역자유화와 국가 상호간의 지역무역협정(RTA)을 중심으로 하는 무역자유화를 통해 지속적으로 이루어지고 있다.

이러한 자유무역의 확산 추세하에서 모든 국가는 자유무역을 지향하면서도 자국의 국민경제발전, 국민건강과 안전 등을 위해 자국의 대외거래를 제한적으로 관리하고 있다.

한국은 국민경제에서 무역에 의존하는 바가 상당히 높은 국가이다. 따라서 보다 지속적이고도 폭넓은 무역자유화를 추진해 오고 있으나 제한된 범위에서 수출입을 관리해 오고 있다.

무역관리의 대표적인 수단으로 법률에 의한 관리가 있다.

한국은 현재 법률적 관리는 대외무역법, 관세법, 외국환거래법 등을 통해 무역관리를 행하고 있다. 이들 법은 대외거래를 제한하고 규제함에 있어서 인적관리, 행위 및 대상의 관리, 그리고 정책적 관리측면으로 크게 나누어 규정되어 있다고 볼 수 있다.

구체적으로

첫째, 대외무역법은 한국에서 무역을 행하고자 하는 경우 반드시 숙지하고 있어야 할 기본적인 내용을 담고 있는 무역에 대한 기본법이라 할 수 있다.

둘째, 관세법은 특별히 경제적 국경인 관세선을 통과하는 화물 등의 관리와 수입물품에 대한 관세의 부과·징수에 대한 법이다.

셋째, 외국환거래법은 거주자와 비거주자 사이에 이루어지는 대외지급수단 등을 관리하는 것으로 무역실무와 관련해서는 대급의 지급과 수령이 핵심적 내용이 된다.

본서에서는 대외무역의 기본적 관리 내용을 담고 있는 대외무역법을 중심으로 서술하고 관세법과 외국환거래법은 수출입과 밀접한 관련이 있는 부분을 중심으로 즉, 관세법은 주로 관세의 부과·징수에 대해, 그리고 외국환거래법은 대금의 지급과 수령을 중심으로 해서 서술하였다. 이는 무역에 관한 기본법이라 할 수 있는 대외무역법, 관세법, 외국환거래법을 모두 무역관계법규라는 제목하에서 다룬다는 것이 효과적이지 못하다는 판단하에서 선별해서 서술하였다.

따라서 관세법과 외국환거래법을 보다 자세히 숙지하고 공부하고자 하는 자는 추가적으로 본서에 기술되어 있지 않는 부분에 대해 확인해야 할 것이다.

이러한 무역에 대한 기본적인 규제 사항을 숙지하는 것은 무역을 공부하는 학생들과 무역에 종사하는 무역인들에게 중요한 학습분야라 할 수 있다.

세계무역환경과 국내경제정책환경 등의 변화를 효과적으로 반영하기 위하여 대외무역법 등은 빈번히 그리고 지속적으로 개정되고 있으나 기본적인 내용을 숙지하는 것은 중요하며 실제 실무를 담당할 경우 지속적인 관심을 가지고 확인해야 할 일이다.

아무튼 본서가 무역과 관련된 학생들과 실무자들에 자그마한 보탬이 되기를 기대하며 끝으로 보다 효과적인 교재가 될 수 있도록 지속적인 연구를 통해 수정, 보완할 것을 약속한다.

2009년 8월

송 선 욱

차 례

제1편 대외무역법

제1장 대외무역관리와 무역관계법규

제2장 대외무역관리기구

제3장 무역의 인적관리

제4장 물품의 수출입 관리

제5장 물품의 수출입공고

제6장 특정거래형태의 수출입

제7장 외화획득용 원료·기재의 수입에 관한 관리

제9장 수출입 물품의 원산지 표시 및 원산지제도

제10장 수입제한조치

제11장 무역진흥과 수출입 질서유지

제12장 행 정 벌

제2편 관 세 법

제13장 관세법의 기초

제14장 관세의 과세요건

제15장 관세법의 부과·징수

제16장 관세감면·환급 및 분할납부

제17장 납세자의 권리 및 불복절차

제18장 벌 칙

제3편 외국환거래법

제19장 외국환거래법의 기초

제20장 외국환의 지급과 거래

제1편

제1장 대외무역관리와 무역관계법규

제 1 절 대외무역 관리

I 대외무역관리의 의의

무역은 국제간의 물품의 이동을 말하는 것으로서, 오늘날 모든 국가(정부)가 자유무역을 지향하면서도 자국의 국제수지균형을 달성하기 위하여 자국의 수출입거래에 어느 정도 제한을 가하고 있다. 무역관리는 무역정책의 한 부분으로서 무역에 관한 제 법규에 의해서 경제주체의 무역거래에 대한 권리를 제한하는 소극적 간섭이라고 할 수 있다.

이러한 무역관리는 무역거래과정에 대한 정부의 인・허가(認・許可), 면허(免許), 승인(承認), 인증(認證), 행정지도(行政指導) 등의 방법으로 나타난다. 결국 무역관리(Trade Control)는 "국가 또는 정부가 대외무역거래에 대한 규제나 통제행위를 행하는 것으로 통상・무역의 전부 혹은 일부에 대하여 총액, 내용, 시기, 결제방법 및 거래상대국 등을 적극적으로 규제하는 것을 의미한다"라고 말할 수 있다.

이와 같은 무역관리의 목적은 무역거래에 대한 국가의 간섭 내지 통제관리를 통해 국민경제의 발전을 도모하자는 것이다.

II 대외무역관리의 수단

1. 법률적 관리

대외무역관리의 수단으로 법률에 의한 관리를 들 수 있다. 이는 대외무역에 직접 관련을 갖고 있는 법과 부수적으로 영향을 미치는 개별 행정법에 의한 관리로 나눌 수 있다.

첫째, 대외무역법, 외국환거래법, 관세법 등이 있다. 이러한 법규에 의한 무역관리 외에도 고시와 공고가 있으며, 이는 원칙적이고 기본적인 것은 법령에서 규정하고 구체적인 것은 유동적인 국제경제질서에 효율적으로 대처하기 위해 고시와 공고를 통하여 관리한다.

둘째, 법제정의 본래 목적은 무역관리가 아니었으나 그 법을 집행하는 과정에서 반사적으로 무역에 영향을 미치는 개별 행정법들이 있다. 이러한 법규들은 국민보건, 위생, 환경, 문화재보호 및 특정의 국내산업을 규제할 목적으로 제정된 법률이지만 운용과정에서 관련부문의 무역활동도 규제하게 된다. 이러한 개별행정법에 의한 무역관리는 대외무역 정책의 범위내에서 법을 관장하는 소관 주무부처에 의해 관리되고 있다.

2. 행정 행위에 의한 관리

행정청의 행정행위에 의한 대외무역관리가 있다. 여기서 행정행위(administrative act)는 학문상의 용어로서, 실정법에서는 허가, 인가, 면허, 특허 또는 승인 등의 용어가 사용되고 있다. 이러한 행정청의 행정행위에 의한 무역관리로서는 수출입의 승인을 들 수 있다.

3. 일반적 무역관리수단

(1) 무역진흥수단

① 내국신용장(local credit)

국내 원료 이용률 제고를 위한 신용수단으로 외국의 수입상으로부터 신용장(또는 선수출계약서, 외화표시 물품공급계약서, 다른 내국신용장)을 받은 수출상이 국내에서 물품을 조달하고자 할 때 자신의 거래은행에게 원신용장 등을 담보(back)로 하여 국내의 원료공급자 또는 하청업자 앞으로 별도의 새로운 신용장을 개설하도록 요청하여 개설된 신용장을 말한다. 이는 은행의 신용을 통해 물품공급을 받을 수 있어 수출업자의 자금 부담을 덜어준다.

② 수출금융

수출화물의 선적 전, 후에 필요한 자금을 지원하는 무역관련 금융 및 지급 보증 등 일체의 금융 지원제도이다. 일반적으로 수출업체 및 이들에 대한 물품공급업체에 대하여 주어지는 우대금융이다.

③ 관세환급제도

수출용원재료를 수입하는 때에 납부하였거나 납부할 관세등을 「관세법」 등의 규정에도 불구하고 수출용 원재료에 대한 관세 등 환급에 관한 특례법에 따라 수출자나 수출물품의 생산자에게 되돌려 주는 제도이다. 이 제도를 통해 능률적인 수출 지원과 균형 있는 산업발전을 도모하는 목적으로 시행되고 있는 수출지원제도이다.

④ 수출보험(export insurance)

수출거래와 관련하여 발생할 수 있는 여러 가지 위험 가운데에서 해상보험과 같은 통상의 보험으로는 위험을 커버하기 곤란한 위험, 즉 수입업자의 계약파기, 파산, 대금지급지연 또는 거절 등의 신용위험(Credit Risks)과 수입국에서의 전쟁, 내란, 또는 환거래 제한 등의 비상위험(Contingency Risks)으로 인하여 수출업자, 생산자 또는 수출자금을 대출해준 금융기관이 입게 되는 불의의 손실을 보상함으로써 궁극적으로 수출을 원활화하기 위한 비영리 정책보험이다.

(2) 무역규제수단

일반적으로 수입을 제한하는 수단을 말하는데, 주로 관세장벽(tariff barriers)과 비관세조치(non-tariff barriers)이다.

① 수출입 금지

헌법에 따라 체결·공포된 조약과 일반적으로 승인된 국제법규에 따른 의무이행, 생물자원의 보호 등의 목적으로 수출입을 금지하는 조치를 말한다.

② 반덤핑관세 및 상계관세

㉠ 반덤핑관세(anti-dumping duty) : 덤핑방지관세라고도 하며 일국의 상품이 정상가격이하로 수입되어 수입국의 산업에 실질적으로 피해를 줄 우려가 있을 때 부과되는 관세를 말한다.

㉡ 상계관세(countervailing duty) : 각종 보조금 등의 특혜를 상쇄할 목적으로 수입국이 부과하는 특별관세를 말한다.

③ 수량제한(quantitative control)

일정한 기준에 따라 국가별, 품목별로 일정한 한도를 설정하여 그 한도내에서 수출 또는 수입이 허용되는 관리제도로 그 대표적인 것으로 할당제도(quota system)가 있다.

④ 수출자율규제(Voluntary Export Restriction ; VER)

수입국의 수입제한조치를 미리 방지할 목적으로 수출국 스스로 수출을 자제하는 것으로서 수입수량제한의 변형된 형태이다.

(3) 무역균형수단

① 연계무역(連繫貿易 ; Counter Trade)

수출과 수입이 연계된 형태의 무역으로 수출국과 수입국의 무역균형을 도모하게 된다.

- ㉠ 물물교환(barter trade)
- ㉡ 대응구매(counter purchase) : 수출과 수입이 각각 시차를 두고 이루어지는 경우
- ㉢ 구상무역(compensation trade) : 수출입물품의 대금을 그에 상응하는 수입 또는 수출로 상계하는 수출입(거래형태는 바터지만 기준은 화폐에 둔다.)
- ㉣ 제품환매(product buy-back) : 수출업자가 플랜트, 설비, 기술과 같은 기계시설을 수출하고, 이의 수출대금은 제공한 설비에서 생산되는 제품으로 회수하는 형태

제 2 절 대외무역 관리체계와 관계법규

 I 대외무역의 관리체계

대외무역의 관리체계는 <표 1-1>과 같다.

〈표 1–1〉 대외무역관리체계

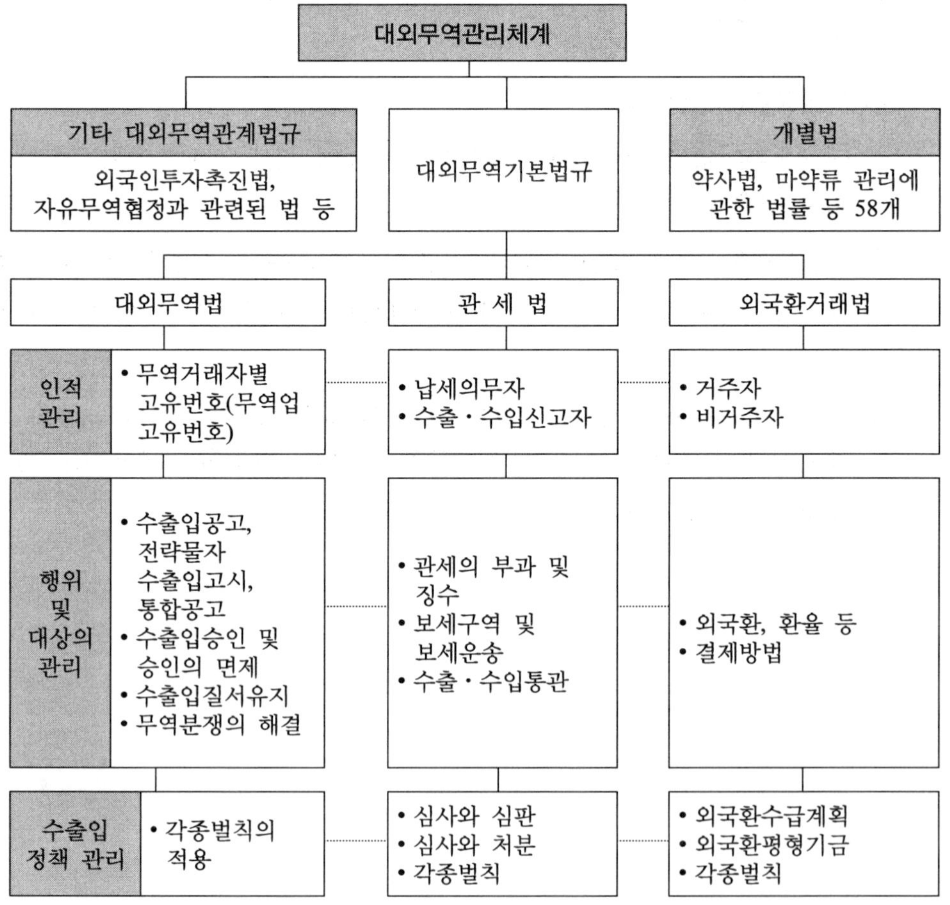

Ⅱ 기타 주요 대외무역관계법규

1. 기타 무역관계법규

(1) 무역보험법

이 법은 무역이나 그 밖의 대외거래와 관련하여 발생하는 위험을 담보하기 위한 무역보험제도를 효율적으로 운영함으로써 무역과 해외투자를 촉진하여 국가경쟁력을 강화하고 국민경제의 발전에 이바지함을 목적으로 한다.(무역보험법 제1조)

여기서 "무역"이란 「대외무역법」 제2조 제1호에 따른 수출과 수입을 말하며 다만, 수입은 국민경제에 중요한 자원 및 물품의 수입에 한한다.

그리고 "그 밖의 대외거래"란 해외 투자, 해외자원 확보를 위한 거래, 무역보험·수출신용보증 등을 통하여 수출기반의 조성, 외화획득의 효과나 그 밖의 무역증진이 예상되는 거래로서 한국무역보험공사가 인정한 거래를 말한다.(무역보험법 제2조)

(2) 전자무역촉진에 관한 법률

이 법은 전자무역의 기반을 조성하고 그 활용을 촉진하여 무역절차의 간소화와 무역정보의 신속한 유통을 실현하고 무역업무의 처리 시간 및 비용을 줄임으로써 산업의 국제경쟁력을 높이고 국민경제의 발전에 이바지함을 목적으로 한다.(전자무역촉진에 관한 법률 제1조)

여기서 "전자무역"이란 「대외무역법」 제2조 제1호에 따른 무역의 일부 또는 전부가 전자무역문서로 처리되는 거래를 말한다.(전자무역촉진에 관한 법률 제2조 1호)

(3) 외국인투자촉진법

이 법은 외국인투자를 지원하고 외국인투자에 편의를 제공하여 외국인투자 유치를 촉진함으로써 국민경제의 건전한 발전에 이바지함을 목적으로 한다.(외국인투자 촉진법 제1조)

(4) 자유무역지역의 지정 및 운영에 관한 법률

이 법은 자유로운 제조·물류·유통 및 무역활동 등이 보장되는 자유무역지역을 지정·운영함으로써 외국인투자의 유치, 무역의 진흥, 국제물류의 원활화 및 지역개발 등을 촉진하여 국민경제의 발전에 이바지함을 목적으로 한다.(자유무역지역의 지정 및 운영에 관한 법률 제1조)

(5) 중재법

이 법은 중재(仲裁)에 의하여 사법(私法)상의 분쟁을 적정・공평・신속하게 해결함을 목적으로 한다.(중재법 제1조)

이는 당사자간의 합의로 사법상의 분쟁을 법원의 판결에 의하지 아니하고 중재인의 판정에 의하여 신속하게 해결하기 위함이다.

(6) 불공정무역행위 조사 및 산업피해구제에 관한 법률

이 법은 불공정한 무역행위와 수입의 증가 등으로 인한 국내산업의 피해를 조사・구제하는 절차를 정함으로써 공정한 무역질서를 확립하고 국내산업을 보호하며, 「세계무역기구 설립을 위한 마라케쉬협정」 등 무역에 관한 국제협약을 이행하기 위하여 필요한 사항을 규정함을 목적으로 한다.(불공정무역행위 조사 및 산업피해구재에 관한 법률 제1조)

(7) 수출용원재료에 대한 관세 등 환급에 관한 특례법

이 법은 수출용 원재료(原材料)에 대한 관세, 임시수입부가세(臨時輸入附加稅), 개별소비세, 주세(酒稅), 교통・에너지・환경세, 농어촌특별세 및 교육세의 환급을 적정하게 함으로써 능률적인 수출 지원과 균형 있는 산업발전에 이바지하기 위하여 「관세법」, 「임시수입부가세법」, 「개별소비세법」, 「주세법」, 「교통・에너지・환경세법」, 「농어촌특별세법」, 「교육세법」, 「국세기본법」 및 「국세징수법」에 대한 특례를 규정함을 목적으로 한다.(수출용원재료에 대한 관세 등 환급에 관한 특별법 제1조)

(8) 무역거래기반 조성에 관한 법률

이 법은 무역거래의 기반을 효율적・체계적으로 조성하여 균형 있는 무역거래의 확대와 국민경제의 발전에 이바지함을 목적으로 한다.(무역거래기반 조성에 관한 법률 제1조)

이 법에서 "무역거래기반"은 전자무역체제, 무역정보, 무역전문인력 등 무역거래활동을 지원・촉진하는 시설・여건・정보・인력 등을 말하며 "무역거래기반 조성"은 무역거래기반을 구축・정비・보강하여 무역활동을 촉진하고 국제무역에서 발생되는 거래비용을 줄여 무역활동의 생산성을 높이도록 하는 것을 말한

다.(무역거래기반 조성에 관한 법률 제2조 1,2호)

(9) 기 타

그 외에도 자유무역협정의 이행을 위한 관세법의 특례에 관한 법률, 자유무역협정 체결에 따른 농어업인 등의 지원에 관한 특별법, 자유무역협정 체결에 따른 무역조정 지원에 관한 법률 등 자유무역협정과 관련된 법이 있다.

2. 개별행정법

개별행정법은 당초 대외무역관리를 위한 목적으로 제정된 법이 아니다. 원래 이 법들의 목적은 국민보건, 안전, 환경보호, 소비자보호, 문화재보호 등의 목적을 갖고 있었으나 해당품목의 목적수행에 미치는 영향을 조정하기 위하여 해당품목의 무역을 규제, 관리하고 있다.

이러한 법규에 의한 무역관리는 무역거래주체에 관한 관리와 품목에 관한 관리로 나누어 볼 수 있다. 무역주체에 관한 관리는 당해 법률에 의해 관리대상이 되는 품목을 수출입 하려는 자는 대외무역법과는 별도로 관계행정기관의 장의 허가 등을 얻어야 한다.

또한 품목에 관한 관리영역은 산업통상자원부장관의 통합공고로 일원화되어 있어서 수출입통관 전후에 통합공고상의 수출입요건확인기관[1]의 요건확인을 받아야 한다.

Ⅲ 대외무역법의 본질

1. 대외무역법의 목적

한국과 같이 국내시장이 협소하고 부존자원이 빈약한 국가는 무역이 국민경제에 미치는 영향이 매우 크다. 이와 같이 무역이 국민경제에 미치는 중요성을 감안하여 수출입을 중심으로 한 통상의 확대를 위해서는 수출입의 공정한 거래질

1) "수출입요건확인기관"이라 함은 수출입 통관전후에 허가, 추천, 신고, 검사, 검정, 시험방법, 형식승인 등의 수출입을 위한 요건 확인서를 발급하는 주무부처 또는 관련단체를 말한다(통합공고(개정 [산업통상자원부고시 제2015-66호(2015. 4. 6)]), 제2조 제2호)

서가 확립되어야 하며 따라서 근본적으로 대외무역관리에 관한 정책의 기본방향은 국민경제 발전에 기여할 수 있도록 설정할 필요가 있다.

대외무역법 제1조(목적)에서는 다음과 같이 규정하고 있다.

> "이 법은 대외 무역을 진흥하고 공정한 거래 질서를 확립하여 국제 수지의 균형과 통상의 확대를 도모함으로써 국민 경제를 발전시키는 데 이바지함을 목적으로 한다."

따라서 대외무역법의 궁극적인 목적은 국민경제발전에 있다고 할 수 있다.

2. 대외무역법의 특성

(1) 국제성, 대외적 성격

대외무역법은 국민의 대외경제생활, 즉 국제상거래에 적용되며 또한 국제적으로 타당하다고 인정되는 범위내에서는 국제성을 지니고 있다.

대외무역법 제3조 제1항에서 "우리나라의 무역은 헌법에 따라 체결·공포된 무역에 관한 조약[2)]과 일반적으로 승인된 국제법규[3)]에서 정하는 바에 따라 자유롭고 공정한 무역을 조장함을 원칙으로 한다."고 규정하여 국제성을 뚜렷이 하고 있다.

한편 대외무역법은 무역거래가 국제상거래라는 특성에 따라 국제 사법 적용의 문제와 국제상관습 등과 연관된다는 점에 비추어 볼 때 대외무역법은 본질적으로 국제성을 내재하고 있다.

---

2) 무역에 관한 조약은 국가간에 무역거래에 관한 법률상의 권리의무를 창설, 변경·소멸시키는 2국 또는 2이상의 국가간에 있어서의 명확히 표현된 합의라고 할 수 있다. 즉, 조약은 명칭여하를 묻지 않고 국가간에 서면의 형식으로 체결된 명시적 합의를 말한다.

3) 일반적으로 승인된 국제법규는 보편적, 일반적 규범으로서 세계다수 국가에 의하여 일반적으로 승인된 것이면 그대로 국내법적 효력을 가지며, 여기에 포함된다고 보아야 할 것이다. 또한 일반적으로 승인된 국제법규는 국제관습·법만을 의미한다는 견해도 있으나 그 이외에 우리나라가 체약당사국이 아닌 조약이라도 국제사회에서 일반적으로 그 규범성이 인정된 것은 이에 포함된다고 본다.

(2) 종합성

무역거래현상은 매우 복잡·다양하며, 개개의 현상은 각각 독립되어 있다기보다는 서로 유기적인 관계를 유지함으로써 전체로서 국민경제질서를 형성한다. 또한 이러한 국민경제질서는 국제경제질서와 밀접한 관련을 맺고 있다. 따라서 무역에 관한 어느 한 분야의 규제는 동시에 다른 분야의 경제활동에 영향을 미치게 된다.

(3) 규제 대상의 포괄성

구체적인 거래를 대상으로 하는 것이 아니라 다수의 당사자를 전제로 하여 무역거래와 관련된 일반적인 사항을 규제하고 있으므로 규제대상이 포괄적인 성격을 가지고 있다.

(4) 위임 입법성

입법기관인 국회에서 대외무역법을 제정하지만 그 구체적인 시행과 관리에 관하여는 행정부의 대통령령(대외무역법 시행령)이나 산업통상자원부 고시(대외무역관리규정)를 통해 위임입법토록 하고 있다.

위임입법(委任立法)

위임입법은 입법기관인 국회가 아닌 다른 국가기관에 의한 법규의 정립을 총칭하는 것이며, 행정기관의 명령·규칙의 제정(헌법 75·76조·95·114), 지방자치단체의 조례, 규칙의 제정(헌법 117), 대법원의 규칙의 제정(헌법 108), 헌법재판소의 규칙의 제정(헌법 113) 등을 망라한다. 그러나 위임입법 중에서 가장 중요하며 대부분을 차지하는 것은 행정기관과 지방자치단체가 법률의 위임에 의하여 일반적·추상적 규범을 정립하는 것이며, 이를 가리켜 행정입법이라고 한다.

(5) 경제의 통제성

우리나라에서 무역은 2011년 무역의존도가 96.7%에 달할 정도로 경제에 미치는 영향이 지대하다. 이러한 무역은 기본적으로 자유롭게 행할 수 있으나 예외적으로 제한되는 부분을 설정하여 통제 내지 관리하고 있다.

(6) 산업통상자원부장관에 의한 무역관리 권한의 전속

모든 무역관리의 권한은 산업통상자원부장관의 전속이며, 그 중의 일부 권한을 관련기관, 협회, 단체 등에게 위임 또는 위탁을 통해 관리하고 있다.

(7) 무역업무의 과학화 추진

대외무역법 제15조 제1항에서 "산업통상자원부장관은 물품등의 수출입 거래가 질서 있고 효율적으로 이루어질 수 있도록 대외무역통계시스템 및 전자문서 교환체계 등 과학적 무역업무의 처리기반을 구축하기 위하여 노력하여야 한다."라고 규정하여 대외무역법은 무역업무의 과학화를 추진하고 있다.

3. 대외무역법의 운용원칙

대외무역법의 운영원칙은 제1장 총칙 제3조에 다음과 같이 규정하고 있다.

대외무역법 제3조 1항에서는 "우리나라의 무역은 헌법에 따라 체결・공포된 무역에 관한 조약과 일반적으로 승인된 국제법규에서 정하는 바에 따라 자유롭고 공정한 무역을 조장함을 원칙으로 한다."라고 규정하고 있다. 또한 대외무역법 제3조 2항에서는 "정부는 이 법이나 다른 법률 또는 헌법에 따라 체결・공포된 무역에 관한 조약과 일반적으로 승인된 국제 법규에 무역을 제한하는 규정이 있는 경우에는 그 제한하는 목적을 달성하기 위하여 필요한 최소한의 범위에서 이를 운영하여야 한다."라고 규정하고 있다.

따라서 대외무역법의 운용원칙은 국제규범에 따라 자유무역과 공정무역을 원칙으로 하면서 동시에 최소한의 범위내에서 무역을 제한하는 무역제한의 최소화 원칙을 가지고 있다.

 대외무역법과 타법과의 관계

1. 개별행정법

개별행정법들은 대외무역법에 대하여는 특별법의 지위를 갖는다. 그러나 대외무역법은 무역에 관한 기본법이므로 개별 행정법에서 명시적으로 대외무역법의 적용을 배제하지 않는 한 무역에 관하여는 대외무역법 규정과 개별행정법 규정은 동시에 충족되어야 한다.

2. 독점규제 및 공정거래에 관한 법률

대외무역법 제46조에 따른 산업통상자원부장관의 조정명령의 이행에 대하여는 「독점규제 및 공정거래에 관한 법률」을 적용하지 않는다. 다만, 산업통상자원부장관은 제46조에 따른 조정명령이 「독점규제 및 공정거래에 관한 법률」 제2조 제1호에 따른 사업자 간의 국내 시장에서의 경쟁을 제한하는 것이면 공정거래위원회와 미리 협의하여야 한다.(대외무역법 제50조)

3. 국가보안법

대외무역법에 의한 물품등의 수출·수입행위에 대하여는 그 행위가 업무 수행상 정당하다고 인정되는 범위에서 「국가보안법」을 적용하지 않는다.(대외무역법 제51조)

제2장 대외무역관리기구

제 1 절 대외무역관리의 일반기구

I 대외무역관리기구의 개요

1. 대외무역의 중앙행정기관

대외무역관리에 관한 중앙행정기관은 산업통상자원부이며, 즉, 대외무역과 통상정책에 관한 최고중앙행정기관이다. 산업통상자원부장관은 상업·무역·공업·통상, 통상교섭 및 통상교섭에 관한 총괄·조정, 외국인 투자, 산업기술 연구개발정책 및 에너지·지하자원에 관한 사무를 관장하며(정부조직법 제37조 1항), 중소기업청, 특허청을 두고 있다. 그러나 무역행정의 신속화와 능률을 높이기 위하여 산업통상자원부장관은 대통령이 정하는 바에 의하여 관계행정기관, 협회, 단체 등에 권한의 일부를 위임 및 위탁하여 관리하고 있다.

2. 협조 중앙행정기관

① 기획재정부장관 : 외자도입, 외환 등 대외결제에 관한 사항

② 외교부장관 : 통상외교·조약체결 등에 따른 무역관련사항

③ 행정안전부장관 : 총포화약류의 수출입

④ 농림축산식품부장관 : 양곡, 종자, 식물, 축산품, 비료, 농약 등의 수출입

⑤ 해양수산부장관 : 수산품 등의 수출입

⑥ 국토교통부장관 : 건설장비 등의 수출입

⑦ 문화체육관광부장관 : 영화, 음반, 도서, 문화재 등의 수출입

⑧ 환경부장관 : 유해화학물질, 야생동식물, 폐기물, 먹는 물 등의 수출입

⑨ 과학기술정보통신부장관 : 원자력관련시설, 핵물질 등의 수출입

⑩ 식품의약품안전처 처장 : 의약품, 화장품, 의료기기, 마약, 독극물의 수출입

①~⑩ 등이 관장하고 있는 업무 중에서 수출・수입요령을 제정하거나 개정하는 경우에는 그 수출・수입요령이 그 시행일 전에 수출・수입요령을 통합하여 공고될 수 있도록 이를 산업통상자원부장관에게 제출하여야 한다.(대외무역법 제12조 1,2항)

Ⅱ 산업통상자원부장관 권한의 위임 및 위탁에 따른 관리기관

1. 권한의 위임・위탁의 의의 및 대외무역법 규정

(1) 권한의 위임・위탁의 의의

권한의 위임이라 함은 행정관청이 그의 권한의 일부를 다른 행정기관에 이전하여 수임기관의 권한으로 행사하도록 하는 것을 말한다. 권한의 위임에 있어서는 그 권한의 위임의 범위내에서 수임기관의 권한이 되며, 수임기관은 그것을 자기의 권한으로서 그의 명의와 책임으로 행사하게 된다.

- 권한의 위임은 그 권한을 위임하는 행정관청의 하급행정청 또는 보조기관에 하는 것이 보통이다.

위임 : 일반적으로 상하관계에 있는 자 사이에서의 위임관계

- 권한의 위탁은 위임행정관청과 대등한 행정관청 기타 직접적인 지휘・감독아래에 있지 않은 행정청이나, 공공단체・그 기관 또는 사인(私人)에 대해서 권한을 위임하는 것을 말한다.

위탁 : 일반적으로 대등관계에 있는 자 사이에서의 위임관계

권한의 위임(權限의 委任 ; delegation of authority)

- 행정관청이 권한의 일부를 다른 행정기관에 이전하여 수임기관의 권한으로 행사하게 하는 일을 의미한다.
- 권한의 위임은 권한의 귀속 자체를 변경하며 법적 근거가 필요하고 주로 하급관청(下級官廳)에 대하여 행하여지므로 권한의 귀속 자체를 변경하지 않고 법적 근거가 필요 없으며 주로 보조기관에 대하여 행하여지는 권한의 대리(代理)와 구별된다. 또한 권한의 위임은 대외적인 효력을 가지고 있기 때문에 대결(代決), 내부위임(內部委任) 또는 위임전결(委任專決) 등 단지 대내적 사무처리의 편의를 위한다는 것과도 구별된다. 권한의

위임은 하급관청에 대한 것이 일반적이지만 보조기관에 대하여도 가능하며, 행정관청의 직접적 지휘·감독 하에 있지 않은 행정기관이나 사인(私人)에 대하여도 할 수 있다.

- 권한의 위임은 권한이 위임관청(委任官廳)으로부터 수임기관으로 이전되고 법률로써 정하여진 행정기관의 권한의 변경을 가져오므로 행정기관법정주의(行政機關法定主義)의 원칙에 따라 반드시 법적 근거가 있어야 한다. 정부조직법 제6조 1항에서 "행정기관은 법령으로 정하는 바에 따라 그 소관사무의 일부를 보조기관 또는 하급행정기관에 위임하거나 다른 행정기관·지방자치단체 또는 그 기관에 위탁 또는 위임할 수 있다. 이 경우 위임 또는 위탁을 받은 기관은 특히 필요한 경우에는 법령으로 정하는 바에 따라 위임 또는 위탁을 받은 사무의 일부를 보조기관 또는 하급행정기관에 재위임할 수 있다."라고 규정하여 권한 위임의 일반적 원칙과 함께 재위임에 대해서 규정하고 있다. 그리고 위임의 구체적인 근거는 각 단행법에서 개별적으로 정하여진다.
- 위임된 권한의 행사에 소요되는 비용은 수임기관이 부담하지만 위임관청이 그 비용을 지원하는 것이 일반적이다. 지방자치단체에 대하여 국가사무 또는 지방자치단체사무를 위임하는 때에는 이를 위임한 국가 또는 지방자치단체에서 그 경비를 부담하여야 한다. (지방자치법 제141조) 4)

(2) 권한의 위임·위탁

대외무역법에 따른 산업통상자원부장관의 권한은 대통령령으로 정하는 바에 따라 그 일부를 소속기관의 장, 시·도지사에게 위임하거나 관계 행정기관의 장, 세관장, 한국은행 총재, 한국수출입은행장, 외국환은행의 장, 그 밖에 대통령령으로 정하는 법인 또는 단체에 위탁할 수 있다.(대외무역법 제52조 1항)

(3) 위임·위탁기관 업무처리절차

대외무역법은 수출입행정의 신속화와 효율적인 운영을 꾀하기 위하여 무역에 대한 주무행정기관인 산업통상자원부장관으로 하여금 수출입과 관련된 권한을 위임 또는 위탁하도록 하고 있다.

산업통상자원부장관의 권한을 위임 또는 위탁받은 자는 위임 또는 위탁받은 업무의 처리기준 및 절차를 제정·운용할 수 있다. 또한 업무처리기준 및 절차를

4) 지방자치법 제141조(경비의 지출) 지방자치단체는 그 자치사무의 수행에 필요한 경비와 위임된 사무에 관하여 필요한 경비를 지출할 의무를 진다. 다만, 국가사무나 지방자치단체사무를 위임할 때에는 이를 위임한 국가나 지방자치단체에서 그 경비를 부담하여야 한다.

제정 또는 개정하려는 경우에는 산업통상자원부장관과 미리 협의하여야 한다.(관리규정 제107조)

(4) 산업통상자원부장관의 지휘·감독 및 보고

산업통상자원부장관은 위임하거나 위탁한 사무에 관하여 그 위임 또는 위탁을 받은 자를 지휘·감독한다.(대외무역법 제52조 2항) 또한 산업통상자원부장관은 위임하거나 위탁한 사무에 관하여 그 위임 또는 위탁을 받은 자에게 필요한 자료의 제출을 요청할 수 있다.(대외무역법 제52조 3항) 산업통상자원부장관의 권한을 위임받거나 위탁받은 자는 위임받거나 위탁받은 업무의 처리 결과를 산업통상자원부장관에게 보고하여야 한다. 보고시기, 보고방법 등에 관하여 필요한 사항은 산업통상자원부장관이 정한다.(대외령 제92조 2항) 5)

(5) 권한의 위임·위탁에 따른 조정

시·도지사 또는 세관장은 대외무역법 제33조의2(원산지의 표시 위반에 대한 시정명령 등) 제2항, 동법 제59조 제3항[*법 제59조(과태료) 제2항 제3호(제33조 제5항에 따른 검사를 거부, 방해 또는 기피한 자)를 위반한 경우만 해당한다*] 또는 대외무역법 시행령 제91조(권한의 위임·위탁) 제4항 제4호의2 및 제7호에 따라 과징금이나 과태료를 부과하려면 각각 세관장이나 시·도지사와 미리 협의하여야 한다.(대외령 제92조 1항)

산업통상자원부장관은 대외무역법시행령 제91조(권한의 위임·위탁)에 따라 권한을 위임받거나 위탁받은 자가 대외무역법 또는 대외무역법시행령을 위반하여 그 위임 또는 위탁받은 업무를 처리한 경우에는 시정조치 등 필요한 조치를 요구할 수 있으며 시정조치 등을 요구받은 자는 지체 없이 그 업무를 시정하고 그 결과를 산업통상자원부장관에게 보고하여야 한다.(대외령 제92조 3,4항)

2. 기관별 위임을 받은 권한 내용(수임기관)

산업통상자원부장관은 그 권한의 일부를 대통령이 정하는 바에 따라 다음과 같은 기관(수임기관)에 권한을 위임한다.

---

5) 대외무역법 관리규정 제108조(위임·위탁사무의 처리결과보고) 참고

(1) 국가기술표준원장

산업통상자원부장관이 관장하는 품목의 물품등에 대한 다음의 권한을 국가기술표준원장에게 위임한다.(대외령 제91조 2항)

① 외화획득용원료·기재의 기준소요량의 결정에 관한 권한
(다만, 목재가구에 대한 권한은 국립산림과학원장에게 위탁되어 있다)

② 외화획득의무자의 외화획득이행여부에 대한 사후관리의 권한

③ 외화획득용 원료 등의 사용목적변경승인에 관한 권한 중 시·도지사에게 위임된 사무에 대한 지휘·감독 및 자료제출요청에 관한 권한

④ 산업통상자원부장관이 지정·고시한 관계행정기관 또는 단체에 위탁된 외화획득용 원료·기재의 수입승인 및 산업통상자원부장관이 관장하는 외화획득용 원료·기재의 사후관리에 관한 사무에 대한 지휘·감독 및 자료제출요청 권한

국가기술표준원(Korean Agency for Technology and Standards)의 직무

□ **법적근거**

- 산업통상자원부와 그 소속기관 직제[대통령령 제25978호, 2015.1.16., 일부개정]

□ **직무(제20조)**

- 국가표준 정책 및 산업(정보통신산업을 포함)표준화 정책의 수립·운영, 국가표준제도 확립의 지원
- 제품[공산품, 전기용품(정보통신제품 및 전기통신기기 등의 제품을 포함한다)을 말한다.]의 안전관리 및 품질관리. 다만, 정보통신제품 및 전기통신기기 등의 제품의 경우 전기안전에 한정한다.
- 산업표준·안전기준·적합성·산업기반기술 등에 관한 조사·분석·평가·연구·개발지원 및 인증
- 「국가표준기본법」에 따른 적합성평가, 계량, 측정에 관한 정책의 수립과 국제상호인정 및 국제협력의 추진
- 표준화 및 제품안전 관련 국가간 또는 국제기구와의 협력 및 교류
- 품질경영정책의 수립·추진
- 무역에 대한 기술장벽(TBT) 및 소관분야 기술규제 정책·대응 업무의 수립·총괄·조정

(2) 시 · 도지사[6] 및 자유무역지역관리원장

산업통상자원부장관이 관장하는 물품등에 대한 다음의 권한을 시 · 도지사에게 위임한다. 다만, 자유무역지역관리원의 관할구역의 입주업체에 대한 권한은 자유무역지역관리원장에게 위임한다.(대외령 제91조 제3항)

① 외화획득이행기간의 연장에 관한 권한

② 외화획득 원료 · 기재 또는 그 원료 · 기재로 제조된 물품등의 사용목적 변경승인에 관한 권한

3. 기관별 위탁을 받은 권한 내용(수탁기관)

산업통상자원부장관으로부터 그 권한의 일부를 위탁받는 수탁기관은 다음과 같다.

(1) 관계중앙행정기관의 장

산업통상자원부장관은 산업통상자원부장관이 관장하는 물품등을 제외하고 해당 품목 등을 관장하는 중앙 행정기관의 장에게 다음의 권한을 위탁한다.(대외령 제91조 1항)

① 국산원료 · 기재의 사용을 촉진하기 위한 외화획득용 원료 · 기재의 수입제한에 관한 권한.(대외령 제24조 2항)

② 외화획득용 원료 · 기재의 기준 소요량의 결정에 관한 권한(대외령 제25조)

③ 외화획득 이행기간의 결정 및 그 연장에 관한 권한(대외령 제27조)

④ 외화획득용 원료 · 기재 또는 그 원료 · 기재로 제조된 물품 등(산업통상자원부장관이 정하여 고시하는 품목에 한함)에 대한 다음의 권한

- 외화획득 이행여부에 대한 사후관리에 관한 권한(대외령 제28조 1항).
- 외화획득용 원료 · 기재 또는 그 원료 · 기재로 제조된 물품등의 사용목적 변경승인에 관한 권한(대외무역법 제17조 1항)
- 외화획득용 원료 · 기재 또는 그 원료 · 기재로 제조된 물품등의 양도 · 양수의 승인에 관한 권한(대외무역법 제17조 2항)

---

6) 특별시장 · 광역시장 · 특별자치시장 · 도지사 또는 특별자치도지사를 말한다.

⑤ 무역거래자에 대한 수출입 질서유지를 위한 조정명령에 관한 권한(대외무역법 제46조 1항)

⑥ 외화획득 원료・기재 또는 그 원료・기재로 제조된 물품등의 사용목적변경승인에 관한 권한 중 시・도지사에게 위임된 사무에 대한 지휘・감독 및 자료의 제출 요청에 관한 권한(대외무역법 제52조 2항~3항)

(2) 국립산림과학원장

국립산림과학원장에게는 산업통상자원부장관이 관장하는 품목의 물품 중 목재가구에 대한 외화획득용원료・기재의 기준소요량의 결정에 관한 권한을 위탁한다.(대외령 제91조 제2항).

(3) 세관장

산업통상자원부장관은 다음의 권한을 세관장에게 위탁하고 있다. 다만, 아래 ⑦의 권한 중 자유무역지역관리원의 관할구역의 입주업체에 대한 권한은 자유무역지역관리원장에게 위임한다.(대외령 제91조 4항)

① 수출입 승인면제의 확인에 관한 권한(대외무역법 제14조)

② 수입물품통관시 수입물품에 대한 원산지 표시의 확인에 관한 권한(국내유통중에 있는 물품의 검사권한은 시도지사에게 있다).(대외령 제57조 4항)

③ 수입물품등의 원산지 표시 규정을 위반하였는지 확인하기 위한 수입한 물품등과 관련 서류의 검사에 관한 권한(대외무역법 제33조 5항)

④ 원산지의 표시 규정을 위반한 자에 대한 판매중지, 원상복구, 원산지 표시 등 대통령령으로 정하는 시정조치 명령(대외무역법 제33조의2 1항)

⑤ 위의 ④의 명령을 위반한 자에 대한 3억원 이하의 과징금 부과(대외무역법 제33조의2 2항) 및 이러한 과징금의 납부기한의 연장, 분할납부 및 그 결정의 취소에 관한 권한(대외령 제59조의2)

⑥ 원산지증명서의 제출 명령에 관한 권한(대외령 제65조)

⑦ 원산지증명서 발급업무 중 관세양허를 받기 위한 원산지 증명서 발급업무에 관한 권한(대외령 제65조 2,3항)

⑧ 원산지의 표시를 하여야 할 물품등을 수입하여 분할・재포장 또는 단순제

조가공을 거쳐 거래하거나 낱개 또는 산물로 거래할 때 원산지의 표시를 하지 아니한 상태로 판매를 목적으로 유통시킨 무역거래자 또는 판매업자, 그리고 수출입 물품등의 원산지 표시 규정을 위반하였는지 여부를 확인하기 위한 검사를 거부, 방해 또는 기피한 자에 대한 과태료의 부과·징수에 관한 권한(대외무역법 제59조 2항 2,3호)

(4) 한국무역협회

한국무역협회(The Korea International Trade Association : KITA)는 수출진흥을 목적으로 1946년 7월 31일 설립된 사단법인으로서 무역업자들로 구성된 일종의 민간경제단체이다.

한편 한국무역협회에의 권한 위탁의 내용은 다음과 같다.(대외령 제91조 5항)

① 전문무역상사의 지정(대외무역법 제8조의2 1항) 및 지정의 취소(대외령 제12조의2 2,3항)

② 무역업고유번호의 부여 및 관리 등 수출입통계데이터베이스의 구축을 위한 전산관리체제의 개발·운영(대외령 제21조 1항)

③ 수출입 거래에 관한 정보의 수집·분석

④ 용역의 수출입확인(대외령 제23조)

(5) 한국선주협회

산업통상자원부장관은 용역 중 해운업의 수출입 확인에 대한 권한을 한국선주협회에 위탁한다.(대외령 제91조 5항)

(6) 한국관광협회중앙회 및 업종별 관광협회

산업통상자원부장관은 용역중 관광사업의 수출입확인에 대한 권한을 한국관광협회중앙회 및 업종별 관광협회에 위탁한다.(대외령 제91조 5항)

(7) 한국소프트웨어산업협회

산업통상자원부장관은 전자적 형태의 무체물의 수출입확인에 대한 권한을 한국소프트웨어산업협회에 위탁한다.(대외령 제91조 5항)

(8) 관세청장

산업통상자원부장관은 다음의 권한을 관세청장에게 위탁한다.(대외령 제91조 6항)

① 산업통상자원부장관이 정하는 원산지표시방법의 범위에서 그 표시방법에 관한 세부적인 사항을 정하는 권한(대외령 제56조 3항 본문)

② 수입물품의 원산지 표시 확인 및 이의제기의 처리에 관한 권한(대외령 제57조 1,2항)

③ 원산지의 판정 및 이의제기의 처리에 관한 권한(대외령 제62조 63조)

④ 세관장에게 위탁된 사무(대외령 제91조 4항)에 대한 지휘・감독 및 자료의 제출 요청에 관한 권한(대외무역법 제52조 2항 및 3항)

(9) 관계행정기관 또는 단체의 장

산업통상자원부장관은 수출입승인 대상물품등에 대한 다음의 권한을 산업통상자원부장관이 지정하여 고시하는 관계행정기관 또는 단체의 장에게 위탁한다.(대외령 제91조 제7항) 여기서 "산업통상자원부장관이 지정하여 고시하는 관계행정기관 또는 단체의 장"은 수출입공고에서 산업통상자원부장관이 지정・고시한 기관・단체(이하 "승인기관"이라 한다)의 장을 말한다.(관리규정 제8조)

① 수출 또는 수입의 승인, 승인의 유효기간 설정 및 연장, 변경승인 및 변경사항 신고의 수리에 관한 권한(대외무역법 제11조 2~5항)

② 외화획득용원료・기재의 수입승인에 관한 권한(대외령 제24조)

③ 산업통상자원부장관이 관장하는 외화획득용원료・기재에 대한 사후관리에 관한 권한(대외령 제28조)

(10) 한국기계산업진흥회

산업통상자원부장관은 플랜트수출의 승인 및 변경승인(일괄수주방식에 의한 수출로서 국토교통부장관의 동의가 필요한 경우는 제외한다)에 관한 권한(대외무역법 제32조 1항)을 한국기계산업진흥회에 위탁한다.(대외령 제91조 8항)

한국기계산업진흥회

□ **설립목적**

기계산업의 합리화와 국제협력을 증진하며 기계제조업체 상호간의 이익을 도모함으로써 기계산업의 진흥과 국민경제의 향상발전에 기여.

□ **설립배경**

1967년 기계공업진흥법(법률제133호) 제정 공포로 기계공업진흥기본계획 및 연차별 시행계획을 수립토록 제도화 하여, 정부의 주요시책을 민간차원에서 수행하고 기계산업 전체의 권익을 대변할 수 있는 대표단체의 필요와 당시 국내 기계류 수요자에게 국산기계 품질보장 등 하자보수 보증을 통한 국산기계의 수요증대를 이룩하여 국가경제 발전에 기여하기 위하여 순수한 민간단체로 발족함.

□ **사업영역 및 기능**

- 기계산업 발전방향에 관한 조사연구
- 기계산업계의 이익증진을 위한 사업
- 사업별 합리화 계획의 추진을 위한 사업
- 생산성 및 국제경쟁력 향상을 위한 사업
- 기계산업의 인력양성 및 자질향상을 위한 교육사업
- 기계산업계의 의견을 대정부 건의, 정책수립에 반영
- 기계산업에 관한 행정부 등의 자문
- 기계산업에 관한 세미나 개최 및 상담지도, 정보교환
- 기계산업진흥을 위한 박람회, 전시회 개최
- 국제친선, 통상증진 및 민간경제협력을 위한 사업
- 국내외 기계산업관련 단체와의 제휴 및 협력사업
- 기타 기계산업 발전을 위하여 산업통상자원부 장관이 위탁한 사업

(11) 한국수출입은행

산업통상자원부장관은 연불금융지원의 경우로써 플랜트수출의 승인 및 변경승인을 하는 권한(일괄수주방식에 의한 수출로서 국토교통부장관의 동의가 필요한 경우는 제외한다)을 한국수출입은행에게 위탁하고 있다.(대외령 제91조 8항 단서)

(12) 대한상사중재원

산업통상자원부장관은 다음의 권한을 대한상사중재원에 위탁한다.(대외령 제91조 9항)

① 무역분쟁에 대한 분쟁조정 또는 알선에 관한 권한(대외령 제75조 2항)

② 무역거래 또는 선적 전 검사와 관련된 분쟁발생에 따른 분쟁조정, 조정비용 부담 등에 관한 권한(대외령 제80조~제84조)

(13) 대한상공회의소

원산지증명서 발급업무(관세양허를 받기 위한 원산지증명서 발급업무를 포함한다.)를 대한상공회의소 또는 민법 제32조의 규정(비영리법인의 설립과 허가)에 의하여 설립된 법인중 산업통상자원부장관이 지정하여 고시하는 법인에게 위탁한다.(대외령 제91조 10항)

(14) 외국환은행의 장 및 전자무역기반사업자

산업통상자원부장관은 구매확인서의 발급 및 사후관리에 관한 권한을 외국환은행의 장 및 「전자무역 촉진에 관한 법률」 제6조에 따라 산업통상자원부장관이 지정한 전자무역기반사업자에게 위탁한다.(대외령 제91조 11항)

(15) 전략물자관리원

산업통상자원부장관은 전략물자의 판정 및 통보에 관한 권한을 대외무역법 제29조에 따라 설립된 전략물자관리원에 위탁한다.(대외령 제91조 12항)

제3장 무역의 인적관리

제1절 무역업 고유번호제도

I 무역거래자의 자격

대외무역법상에 의한 무역업 등의 신고 의무가 폐지됨에 따라 세법상의 사업자 등록을 행한 개인 및 법인은 누구나 무역업을 행할 수가 있으며 단지 이러한 무역업과 무역대리업의 구분은 사업자등록상의 사업의 종류(업태 및 업종)에 따라 무역거래주체가 행할 수 있는 무역의 범위가 정해지는 것이다. 따라서 무역을 하고자하는 자는 사업자 등록시 무역전업종을 신고하면 무역에 필요한 모든 형태의 사업을 영위할 수 있다.

대외무역법에서 정의한 「무역거래자」는 수출 또는 수입을 하는 자, 외국의 수입자 또는 수출자에게서 위임을 받은 자 및 수출과 수입을 위임하는 자 등 물품 등의 수출행위와 수입행위의 전부 또는 일부를 위임하거나 행하는 자를 말한다. (대외무역법 제2조 3호)

II 무역업고유번호제(무역업고유번호의 신청 및 부여)

1. 무역업고유번호 부여(관리규정 제24조 1항)

산업통상자원부장관은 영 제21조(전산관리체제의 개발・운영) 및 제22조(수출입거래에 관한 정보의 수집・분석)에 따른 전산관리체제의 개발・운영을 위하여 무역거래자별 무역업고유번호를 부여할 수 있다.

2. 무역업고유번호 신청방법(관리규정 제24조 2항)

무역업고유번호를 부여받으려는 자는 대외무역법 관리규정 별지 제1호 서식에 의하여 우편, 팩시밀리, 전자우편, 전자문서교환체제(EDI)등의 방법으로 한국무역협회장에게 신청하여야 하며, 한국무역협회장은 접수 즉시 신청자에게 고유번호를 부여하여야 한다.

3. 무역업고유번호를 부여 받은 자의 의무(관리규정 제24조 3항)

무역업고유번호를 부여받은 자가 상호, 대표자, 주소, 전화번호 등의 변동사항이 발생한 경우에는 대외무역법 관리규정 별지 제2호의 서식에 의한 무역업고유번호신청사항 변경통보서에 따라 변동사항이 발생한 날로부터 20일 이내에 한국무역협회장에게 알리거나 한국무역협회에서 운영하고 있는 무역업 데이터베이스에 변동사항을 수정입력하여야 한다.

4. 무역업고유번호의 승계(관리규정 제24조 4항)

무역업고유번호를 부여받은 자가 합병, 상속, 영업의 양수도 등 지위의 변동이 발생하여 기존의 무역업고유번호를 유지 또는 수출입실적 등의 승계를 받으려는 경우에는 변동사항에 대한 증빙서류를 갖추어 무역업고유번호의 승계 등을 한국무역협회장에게 신청할 수 있다.

5. 무역업고유번호의 관리(관리규정 제24조 5항)

한국무역협회장은 무역업고유번호의 부여 및 변경사항을 확인하고 무역업고유번호관리대장 또는 무역업 데이타베이스에 이를 기록 및 관리하여야 한다.

6. 수출입신고시 무역업고유번호의 기재(관리규정 제24조 6항)

무역거래자는 관세법 제241조(수출·수입 또는 반송의 신고)에 따른 수출(입)신고시 무역업고유번호를 수출(입)자 상호명과 함께 기재하여야 한다.

<별지 제1호 서식>

무역업고유번호신청서

APPLICATION FOR TRADE BUSINESS CODE

처리기간(Handling Time)
즉 시(Immediately)

① 상 호 (Name of Company)				
② 주 소 (Address)				
③	전화번호 (Phone Number)		④ 이메일주소 (E-mail Address)	
	팩스번호 (Fax Number)		⑤ 사업자등록번호 (Business Registry Number)	
⑥ 대표자 성명 (Name of Rep.)				

「대외무역법 시행령」 제21조 제1항 및 대외무역관리규정 제24조에 따라 무역업 고유번호를 위와 같이 신청합니다.

I hereby apply for the above-mentioned trade business code in accordance with Article 24 of the Foreign Trade Management Regulation.

신청일 : 년 월 일
Date of Application Year Month Day
신청인 : (서명)
Applicant Signature

사단법인 **한국무역협회 회장**
Chairman of Korea International Trade Association

※ 유의사항 : 상호, 대표자, 주소, 전화번호 등 변동사항이 발생하는 경우 변동일로부터 20일 이내에 통보하거나 무역업데이타베이스에 수정입력하여야 함.

<별지 제2호 서식>

무역업고유번호신청사항 변경통보서

NOTIFICATION OF AMENDMENTS TO TRADE BUSINESS CODE

처리기간(Handling Time)
즉 시(Immediately)

① 상 호 (Name of Company)		② 무역업고유번호 (Trade Business Code)	
③ 주 소 (Address)			
④ 전화번호 (Phone Number)		⑤ 전자우편주소 (E-mail Address)	
④ 팩스번호 (Fax Number)		⑥ 사업자등록번호 (Business Registry Number)	
⑦ 대표자성명 (Name of Rep.)			

변경내용(Contents of Amendment)	
변경 전(Before Amendment)	변경 후(After Amendment)

대외무역관리규정 제24조에 따라 무역업고유번호 신청사항의 변경내용을 위와 같이 통보합니다.

I hereby notify the above－mentioned amendment(s) to the trade business code in accordance with Article 24 of the Foreign Trade Management Regulation.

신청일 : 년 월 일

Date of Application Year Month Day

신청인 : (서명)

Applicant Signature

사단법인 **한국무역협회 회장**

Chairman of Korea International Trade Association

※ 첨부서류 : 변경사항 증빙서류

제 2 절 전문무역상사 제도

 종합무역상사 및 전문무역상사 제도의 역사

1. 종합무역상사 및 전문무역상사 제도의 도입과 폐지

1975년부터 시작된 정부 주도의 종합무역상사 지정제도는 한국의 무역입국에 지대한 역할을 수행해 왔다. 한국 경제의 발전과 글로벌화의 진전으로 인해 종합무역상사 제도의 실익이 점차 줄어들게 되었다. 그 후 삼성물산, 현대종합상사, LG상사, (주)쌍용, (주)효성, SK네트워크, (주)대우 인터네셔날 등 7개 종합무역상사가 명맥을 유지하고 있었으나 이들도 종합무역상사 본래의 기능보다는 최근 자원개발 등 신규 사업 진출로 인해 수출대행사업 비중은 크게 축소된 상태에 있었다.

또한 2003년 9월 29일 대외무역법 개정(2003년 12월 30일 시행)에 따라 종합무역상사 이외에 첨단산업제품의 해외시장진출을 지원하기 위한 전문무역상사 제도를 도입하였다.

그러나 수출대행사업 비중의 축소와 지정의 실익이 없고 명목만 유지하고 있던 종합무역상사제도 및 전문무역상사제도가 2009년 4월 22일 대외무역법 개정을 통해 완전히 폐지되고 2009년 10월 23일부터 시행에 들어갔다. 이 같이 완전 폐지되는 종합무역상사 지정제도는 정부가 아닌 민간 즉, 한국무역협회에서 중소기업에 실질적인 혜택을 줄 수 있는 방향으로 시행되었다.

2. 전문무역상사 제도의 재도입

직수출 역량이 부족한 중소기업의 수출 확대와 농수산식품, 서비스 등 다양한 분야의 수출 확대를 지원하기 위하여 현재 민간지정 형태로 운영되던 전문무역상사의 지정·육성 제도를 2014년 1월 21일 대외무역법 개정에서 재도입하게 되어 20134년 7월 22일부터 시행하게 되었다.

전문무역상사제도는 한국무역협회가 자체적으로 2008년부터 전문무역상사를 지정, 내수기업과 초보기업의 매칭을 통한 수출활성화를 도모해 왔다. 2014년 9월 현재 총 167개 업체를 전문무역상사로 지정하였으며, 산업통상자원부장관의 위임에 따라 한국무역협회에 사무국을 두고 있다.

전문무역상사는 직수출 역량이 부족한 내수 및 수출 초보의 중소·중견기업이 전문무역상사를 통해 간접 수출 경험을 얻고, 이를 통해 수출 기업으로 전환하는 효과를 기대하고 있다.

또한, 농수산식품, 문화콘텐츠 등 다양한 분야의 전문무역상사를 지정·육성함으로써, 주력제품 위주의 수출 구조를 탈피하고 우리의 수출시장을 다변화하는데도 기여할 것으로 기대하고 있다.

산업통상자원부와 한국무역협회, 중소기업청, KOTRA, 한국무역보험공사가 공동으로 운영하고 있다.

Ⅱ 전문무역상사제도

1. 전문무역상사의 지정(대외무역법 제8조의2)

산업통상자원부장관은 신시장 개척, 신제품 발굴 및 중소기업·중견기업의 수출확대를 위하여 수출실적 및 중소기업 제품 수출비중 등을 고려하여 무역거래자 중에서 전문무역상사를 지정하고 지원할 수 있다.(대외무역법 제8조의2 1항)

(1) 전문무역상사의 지정자격(대외령 제12조의2)

전문무역상사로 지정받을 수 있는 자는 다음 어느 하나에 해당하는 자로 한다.(대외령 제12조의2 1항)

① 다음 요건을 모두 갖춘 무역거래자(관리규정 제7조 1항)

- 전년도의 수출실적 또는 최근 3년간의 평균 수출실적이 미화 100만불 이상인 자

- 전체 수출실적 대비 타 중소(「중소기업기본법」 제2조에 따른 중소기업)·중견기업(「중견기업 성장촉진 및 경쟁력 강화에 관한 특별법」제2조 제1호에 따른 중견기업) 생산 제품의 전년도 수출 비중 또는 최근 3년간 평균 수출 비중이 100분의 20 이상인 자

② 신시장의 개척, 신제품의 발굴 및 중소기업 또는 중견기업에 대한 효과적인 수출 지원 등을 위하여 산업통상자원부장관이 농업·어업·수산업 등 업종별 특성과 조합 등 법인의 조직 형태별 수출 특성을 고려하여 고시하는 기준을 갖춘 무역거래자

산업통상자원부장관은 위의 전문무역상사의 지정 기준에 대하여 2014년 7월 22일을 기준으로 5년마다(매 5년이 되는 해의 기준일과 같은 날 전까지를 말한다) 그 타당성을 검토하여 개선 등의 조치를 하여야 한다.(대외령 제93조의2 1항)

(2) 전문무역상사의 지정절차(대외령 제12조의2)

전문무역상사로 지정을 받으려는 자는 지정신청서에 산업통상자원부장관이 정하여 고시하는 서류를 갖추어 산업통상자원부장관(*전문무역상사의 지정 등에 관한 권한은 한국무역협회에 위탁하고 있음*)에게 제출하여야 한다.(대외령 제12조의2 1항)

한국무역협회 회장은 전문무역상사의 지정을 신청한 자가 지정 요건을 갖추었을 때에는 전문무역상사로 지정하고, 그 결과를 신청인에게 통보하여야 한다.(대외령 제12조의2 3항)

한국무역협회 회장은 심사위원회를 통해 전문무역상사 지정한 경우에는 지정증을 발급하여야 한다.(관리규정 제7조의2 3항)

(3) 전문무역상사의 지정 취소

산업통상자원부장관은 지정을 받은 전문무역상사가 지정기준에 적합하지 아니하게 된 때에는 그 지정을 취소할 수 있다. 다만, 거짓이나 그 밖에 부정한 방법으로 지정을 받은 경우에는 그 지정을 취소하여야 한다.(대외무역법 제8조의2 3항)

2. 전문무역상사에 대한 지원(대외령 제12조의3)

산업통상자원부장관은 전문무역상사를 통한 신시장의 개척, 신제품의 발굴 및 중소기업 또는 중견기업의 수출 확대 등을 위하여 필요하다고 인정되는 경우에는 전문무역상사의 국내외 홍보, 우수제품의 발굴, 해외 판로개척 등에 필요한 사항을 지원할 수 있다.(대외령 제12조의3 1항)

산업통상자원부장관은 전문무역상사의 지원과 관련하여 필요하다고 인정되는 경우에는 관계 중앙행정기관 및 지방자치단체, 무역 또는 통상 업무를 수행하는 기관이나 단체에 협조를 요청할 수 있다.(대외령 제12조의3 2항)

제4장 물품의 수출입 관리

제1절 물품의 수출입 관리 및 승인

I 수출입의 개념 및 거래의 일반원칙

1. 수출입의 개념

(1) 수출의 개념

무역(foreign trade)은 물품과 대통령령으로 정하는 용역 또는 전자적 형태의 무체물(이하 "물품등"이라 한다.)의 수출과 수입을 말한다.(대외무역법 제2조 1호) 여기서 물품이란 외국환거래법에서 정하는 지급수단, 증권 및 채권을 화체(化體)한 서류를 제외한 동산(動産)을 말한다.(대외무역법 제2조 2호)

그리고 "대통령령이 정하는 용역"이라 함은 다음 하나에 해당하는 용역을 말한다.(대외령 제3조)

① 다음 하나에 해당하는 업종의 사업을 영위하는 자가 제공하는 용역

㉠ 경영 상담업

㉡ 법무 관련 서비스업

㉢ 회계 및 세무관련 서비스업

㉣ 엔지니어링 서비스업

㉤ 디자인

㉥ 컴퓨터시스템 설계 및 자문업

㉦ 「문화산업진흥 기본법」 제2조제1호에 따른 문화산업에 해당하는 업종

㉧ 운수업

㉨ 「관광진흥법」 제3조제1항에 따른 관광사업에 해당하는 업종

㉩ 그 밖에 지식기반용역 등 수출유망산업으로서 산업통상자원부장관이 정하여 고시하는 업종

② 국내의 법령 또는 대한민국이 당사자인 조약에 따라 보호되는 특허권·실용신안권·디자인권·상표권·저작권·저작인접권·프로그램저작권·반도체집적회로의 배치설계권의 양도(讓渡), 전용실시권(專用實施權)의 설정 또는 통상실시권(通常實施權)의 허락

그리고 "대통령령이 정하는 전자적 형태의 무체물"이라 함은 다음 하나에 해당하는 전자적 형태의 무체물을 말한다.(대외령 제4조)

① 소프트웨어산업 진흥법」 제2조제1호에 따른 소프트웨어

② 부호·문자·음성·음향·이미지·영상 등을 디지털 방식으로 제작하거나 처리한 자료 또는 정보 등으로서 산업통상자원부장관이 정하여 고시하는 것[규정 제4조 ① 영상물(영화, 게임, 에니메이션, 만화, 캐릭터를 포함), ② 음향·음성물, ③ 전자서적, ④ 데이터베이스]

③ 제1호와 제2호의 집합체와 그 밖에 이와 유사한 전자적 형태의 무체물로서 산업통상자원부장관이 정하여 고시하는 것

현행 대외무역법 시행령에서의 수출의 정의는 다음과 같다.(대외령 제2조 3호)

① 매매, 교환, 임대차, 사용대차, 증여 등을 원인으로 국내에서 외국으로 물품이 이동하는 것(우리나라의 선박으로 외국에서 채취한 광물 또는 포획한 수산물을 외국에 매도하는 것을 포함한다)

② 보세판매장에서 외국인에게 국내에서 생산(제조·가공·조립·수리·재생 또는 개조하는 것을 말한다. 이하 같다)된 물품을 매도하는 것

③ 유상으로 외국에서 외국으로 물품을 인도하는 것으로서 산업통상자원부장관이 정하여 고시하는 기준에 해당하는 것

④ 「외국환거래법」상의 거주자가 비거주자에게 산업통상자원부장관이 정하여 고시하는 방법으로 용역을 제공하는 것

⑤ 거주자가 비거주자에게 정보통신망을 통한 전송과 그 밖에 산업통상자원부장관이 정하여 고시하는 방법으로 전자적 형태의 무체물을 인도하는 것

이와 같은 대외무역법상 수출의 개념을 재정리하면 다음과 같다.

① 수출은 국내에서 국외로의 물품의 이동이라고 정의하고, 수출의 원인을 賣買・交換・賃貸借[7]・使用貸借[8]・贈與[9] 등으로 규정하고 있다. 여기에서 국내란 대한민국의 주권이 미치는 지역을 말하고, 외국이란 국내이외의 지역, 즉, 대한민국의 주권이 미치지 않는 지역을 말한다.(대외령 제2조 1,2호) 따라서 수출은 국내에서 외국으로 이동되는 모든 물품에 적용되는 개념이며, 수출의 원인을 보면 유상원인과 무상원인으로 분류해 볼 수 있다. 유상원인은 매매・교환・임대차이며, 무상원인은 사용대차・증여 등이 있다.

한편, 우리나라 선박이 공해상의 원양어로에서 채취 또는 포획한 참치 등의 수산물 등을 현지에서 직접 매도하는 것도 수출의 범주에 포함시키고 있는데, 이는 물품이 현지(공해 혹은 외국)에 있을지라도 우리나라 물품이고 매매의 원인에 의해서 현지에서 인도하는 것이기 때문에 비록 물품이 국내에서 외국으로 이동하는 것은 아니지만 수출의 범주에 포함시키고 있다.

② 「관세법」 제196조에 따른 보세판매장에서 외국인에게 국내에서 생산된 물품을 매도하는 것을 수출의 범위에 포함시키고 있다. 이는 각종 정부 지원의 대상이 될 수 있는 기업의 범위를 확대함으로써 기업의 무역 활동을 촉진하기 위하여, 보세판매장에서 국내에서 생산된 물품을 외국인에게 매도하는 것도 수출의 범위에 추가하여 기업이 수출실적으로 인정받을 수 있는 거래의 범위를 확대하고 있다.

③ 유상으로 외국에서 외국으로 물품을 인도하는 것으로서 산업통상자원부장관이 정하여 고시하는 기준에 해당되는 것은 수출의 범위에 포함시키고

---

7) 임대차란 당사자 일방(임대인)이 상대방(임차인)에게 목적물을 사용・수익하게 할 것을 약정하고, 상대방이 이에 대한 차임을 지급할 것을 약정함으로써 성립하는 계약을 말한다. 예를 들면, 산업용 기계를 임대차계약에 의해서 국내에서 외국으로 반출하는 것도 수출의 범위이다.

8) 사용대차란 당사자 일방(貸主)이 타방(借主)에게 무상으로 사용・수익하게 하기 위하여 목적물을 인도할 것을 약정하고, 상대방은 이를 사용・수익한 후 그 물건을 반환할 것을 약정함으로써 성립하는 계약을 말한다. 예를 들면, 프랑스 루부르 박물관에 일정기간 전시후 재반입될 목적으로 고려청자가 국내에서 외국으로 무상으로 반출되어지는 것도 수출의 개념이다.

9) 증여란 당사자 일방이 무상으로 재산을 상대방에게 수여하는 의사의 표시를 하고 상대방이 이를 승낙함으로써 성립하는 계약을 말한다. 예를 들면, 우리나라 적십사가 난민구호를 위해서 무상으로 의류, 식품 등을 국내에서 외국으로 반출하는 것도 수출의 개념이다.

있는데, 여기서 유상(有償)이란 물품을 인도함으로써 그에 상응하는 반대급부로서 외화 또는 물품을 수취하는 것을 말하고, '외국에서 외국으로'라는 것은 국내이외의 지역간에 이루어지는 거래이다. 또한 '산업통상자원부장관이 정하여 고시하는 기준에 해당하는 것'은 중계무역[10], 외국인도수출[11]을 말한다.(관리규정 제2조 3호)

이는 우리나라와 외국간의 물품의 이동만이 아니라 국내이외의 지역간에 물품이 이동하는 것도 수출의 범위에 포함시킴으로써 다양화되는 기업의 거래방법을 수용하고 있다.

④ 「외국환거래법」상의 거주자가 비거주자에게 산업통상자원부장관이 정하여 고시하는 방법으로 용역을 제공하는 것

"산업통상자원부장관이 정하여 고시하는 방법으로 제공하는 것"이라 함은 다음 하나의 방법에 의하여 공급하는 것을 말한다.(관리규정 제3조 1항)

㉠ 용역의 국경을 넘은 이동에 의한 제공

㉡ 비거주자의 국내에서의 소비에 의한 제공

㉢ 거주자의 상업적 해외주재에 의한 제공

㉣ 거주자의 외국으로의 이동에 의한 제공

⑤ 외국환거래법에서 규정하고 있는 거주자가 비거주자에게 정보통신망을 통한 전송과 그 밖에 산업통상자원부장관이 정하여 고시하는 방법으로 전자적 형태의 무체물을 인도하는 것

"그밖에 산업통상자원부장관이 정하여 고시하는 방법"이라 함은 컴퓨터 등 정보처리능력을 가진 장치에 저장한 상태로 반출・반한 후 인도・인수하는 것을 말한다.(관리규정 제5조)

---

10) "중계무역"이란 수출할 것을 목적으로 물품등을 수입하여「관세법」제154조에 따른 보세구역 및 같은 법 제156조에 따라 보세구역외 장치의 허가를 받은 장소 또는「자유무역지역의 지정 등에 관한 법률」제4조에 따른 자유무역지역 이외의 국내에 반입하지 아니하고 수출하는 수출입을 말한다.(관리규정 제2조 11호)

11) "외국인도수출"이란 수출대금은 국내에서 영수하지만 국내에서 통관되지 아니한 수출 물품등을 외국으로 인도하거나 제공하는 수출을 말한다.(관리규정 제2조 13호)

관세법상 수출의 개념

- 관세법에서는 수출의 정의를 내국물품을 외국으로 반출함을 말한다.(관세법 제2조 2호) 여기서 내국 물품이라 함은 다음과 같은 것이다.(관세법 제2조 5호)
  ① 우리나라에 있는 물품으로서 외국물품이 아닌 것
  ② 우리나라의 선박 등이 공해에서 채집하거나 포획한 수산물 등
  ③ 입항전 수입신고가 수리된 물품
  ④ 수입신고수리전 반출승인을 받아(당해 물품이 장치된 장소로부터)반출된 물품
  ⑤ 수입신고전 즉시반출신고를 하고(당해 물품이 장치된 장소로부터)반출된 물품
- 이러한 개념을 살펴보면, 국내에 있는 물품 중 외국물품이 아닌 것에서 외국물품이란 외국으로부터 우리나라에 도착된 물품[외국의 선박 등이 공해(공해, 외국의 영해가 아닌 경제수역을 포함한다. 이하 같다)에서 채집하거나 포획한 수산물 등을 포함한다]으로 수입신고가 수리되기 전의 것과 수출신고 가 수리된 물품을 말한다.(관세법 제2조 3호)
- 결국 대외무역법과 관세법상의 수출의 개념의 차이점은 대외무역법에서는 특별한 경우를 제외하고(외국인도수출, 중계무역 등) 물품의 이동을 기준으로 하는데, 관세법에서는 물품이 국내에 있다고 하더라도 통관기준인 관세선을 기준으로 구분한다.

(2) 수입의 개념

현행 대외무역법의 규정에서 수입(import)이라 함은 다음의 하나에 해당하는 것을 말한다.(대외령 제2조 4호)

① 매매, 교환, 임대차, 사용대차, 증여 등을 원인으로 외국으로부터 국내로 물품이 이동하는 것

② 유상으로 외국에서 외국으로 물품을 인수하는 것으로서 산업통상자원부장관이 정하여 고시하는 기준에 해당하는 것

③ 외국환거래법에서 규정하고 있는 비거주자가 거주자에게 산업통상자원부장관이 정하여 고시하는 방법으로 용역을 제공하는 것

④ 외국환거래법에서 규정하고 있는 비거주자가 거주자에게 정보통신망을 통한 전송과 그 밖에 산업통상자원부장관이 정하여 고시하는 방법으로 전자적 형태의 무체물을 인도하는 것

수입의 경우는 기본적인 내용은 수출의 개념과 같으나, 물품의 이동방향이 '외국에서 국내로' 이루어진다는 것이 다르다.

유상으로 외국에서 외국으로 물품을 인수하는 경우에도 수입의 범위에 포함시키고 있는 것은 대가를 지불하고 국내가 아닌 외국으로 물품을 인수하더라도 그 물품은 우리나라에 속하는 물품이 되어 수입의 개념으로 보는 것이 타당하다. 이러한 거래 중 산업통상자원부장관이 정하여 고시하는 기준에 해당하는 것은 중계무역, 외국인수수입이다.

관세법상 수입의 개념

- 관세법에서 수입이란 외국물품을 우리나라에 반입(보세구역을 경유하는 것은 보세구역으로부터 반입하는 것)하거나 우리나라에서 소비 또는 사용하는 것(우리나라의 운송수단안에서의 소비 또는 사용을 포함하며, 제239조 각호의 1에 해당하는 소비 또는 사용을 제외한다)을 말한다.(관세법 제2조 1항)
- 외국물품

 ① 외국으로부터 우리나라에 도착된 물품(외국의 선박 등에 의해서 공해에서 채집 또는 포획된 수산물 등을 포함한다)으로서 수입의 신고가 수리되기 전의 것

 ② 수출신고가 수리된 물품
- 우리나라에서 소비 또는 사용하는 것

 우리나라의 운송수단안에서의 소비 또는 사용을 포함하며 단, ① 선용품・기용품 또는 차량용품을 운송수단안에서 그 용도에 따라 소비 또는 사용하는 경우, ② 선용품・기용품 또는 차량용품을 관세청장이 정하는 지정보세구역에서 「출입국관리법」에 따라 출국심사를 마치거나 우리나라에 입국하지 아니하고 우리나라를 경유하여 제3국으로 출발하려는 자에게 제공하여 그 용도에 따라 소비 또는 사용하는 경우, ③ 여행자가 휴대품을 운송수단 또는 관세통로에서 소비 또는 사용하는 경우, ④ 이 법의 규정에 의하여 인정된 바에 따라 소비 또는 사용하는 경우는 제외한다.
- 위에서 외국물품은 외국으로부터 우리나라에 도착된 물품 또는 수출신고가 수리된 물품으로서 국내에 있는 물품이지만 관세법상 외국 물품으로 규정한다. 따라서 수입이란 외국물품을 국내로 반입하는 것이다.

 한편, 외국의 선박 등에 의해서 공해에서 채집 또는 포획된 수산물을 포함하고 있는 것은 그 지역이 공해라고 하더라도 외국선박이 채집 또는 포획한 수산물은 우리나라에 속하지 않는 재화이기 때문에 외국으로부터 우리나라에 도착한 물품과 구분할 실익이 없는데, 이는 수입이 갖는 경제적인 의미를 고려하였기 때문이다.이상과 같이 대외무역법과 관세법상의 개념을 살펴보았는데 수출의 개념에서와 같이 각각 물품의 이동기준과 통관기준(관세선)으로 구분한다.

2. 수출입 거래의 일반원칙

(1) 수출입의 원칙

대외무역법에서는 물품등의 수출입과 이에 따른 대금을 받거나 지급하는 것은 이 법의 목적(대외무역을 진흥하고 공정한 거래질서를 확립하여 국제수지의 균형과 통상의 확대를 도모함으로써 국민경제 발전에 이바지 함)의 범위에서 자유롭게 이루어져야 한다.(대외무역법 제10조 1항) 그리고 무역거래자는 대외신용도 확보 등 자유무역질서의 유지를 위하여 자기 책임으로 그 거래를 성실히 이행하도록 하고 있다.(대외무역법 제10조 2항)

이러한 원칙을 살펴보면 첫째, 대외무역법의 목적에 벗어나면 물품의 수출입 및 이에 따른 대금을 받거나 지급하는 것은 제한 될 수 있다는 것으로 원칙적으로 자유이며, 예외적으로 최소한의 관리가 이루어질 수 있도록 하고 있다.

둘째, 무역의 완전자유화를 위한 각종 조치가 이루어짐에 따라 무역업자 스스로 앞으로는 자기 책임으로 당해 수출입거래를 성실히 이행하도록 하고 있다. 이 같은 원칙은 무역거래자가 대외신용도를 확보하면서 자유무역질서를 유지하기 위해 설정된 것으로 수출입 거래에 대한 무역거래자의 신의·성실 원칙이다.

(2) 수출입의 제한 또는 금지

산업통상자원부장관은 다음 어느 하나에 해당하는 이행 등을 위하여 필요하다고 인정하여 지정·고시하는 물품등의 수출 또는 수입을 제한하거나 금지할 수 있다.(대외무역법 제11조 1항)

① 헌법에 따라 체결·공포된 조약과 일반적으로 승인된 국제법규에 따른 의무의 이행

② 생물자원의 보호

③ 교역상대국과의 경제협력 증진

④ 국방상 원활한 물자 수급

⑤ 과학기술의 발전

⑥ 그 밖에 통상·산업정책에 필요한 사항으로서 대통령령으로 정하는 사항

여기서 "대통령령으로 정하는 사항"이란 항공 관련 품목의 안전관리에 관한 사항을 말한다.(대외령 제16조)

● 위의 수출입 제한 또는 금지물품은 수출입승인대상물품이며 수출입공고대상물품이다.

제 2 절 수출입의 실적

 I 수출입 실적의 의의

수출입실적은 무역업자가 일정기간 동안 법령에서 정하는 범위내에서 수출입을 이행한 결과 나타나는 금액의 누적으로서 수출입실적에 따라 각종 사후관리 기준의 결정, 무역금융 한도결정, 외화획득용 원료 자율관리기업 선정, 종합무역상사의 지정유지 등 금융 및 세제상의 지원 면에서 차등대우를 하고 있으므로 수출입실적의 인정범위, 인정금액, 인정시점, 발행기관 등이 필요하다.

수출실적이란 산업통상자원부장관이 정하여 고시하는 기준에 해당하는 수출통관액(일반수출의 경우), 입금액(외국인도수출의 경우), 가득액(稼得額)[중계무역의 경우(수출금액(FOB)-수입금액(CIF)]과 수출에 제공되는 외화획득용원료·기재의 국내공급액(내국신용장, 구매확인서의 경우)을 말한다.(대외령 제2조 11호) 여기에서 수출에 제공되는 외화획득용원료·기재의 국내공급액은, 대외무역법상에 수출의 개념에 포함되지 않지만 수출실적에는 포함된다. 즉, 국내에서 무역업자에게 수출용원자재를 공급한 경우로서 이것을 수출실적으로 인정해주는 것은 수출을 진흥하기 위한 정책적인 목적인데 수출물품에 대한 국산원자재의 공급을 촉진하여 외화가득율[12]을 높이기 위함이다.

12) 외화가득율 = [1 - 단위당 수입원가(CIF 가격) / 단위당 수출원가(FOB 가격)] × 100
외화가득율이 높다는 것은 수출품 생산에 사용된 국산품 비중이 높다는 것을 의미한다.

둘째, 수입실적이란 산업통상자원부장관이 정하여 고시하는 기준에 해당하는 수입통관액 및 지급액을 말한다.(대외령 제2조 12호)

Ⅱ 수출실적

1. 수출실적의 인정범위

산업통상자원부장관이 정하고 있는 수출실적의 인정범위는 다음과 같다.(관리규정 제25조 1항)

① 수출의 정의(시행령 제2조 3호)에 따른 수출 중 유상으로 거래되는 수출(대북한 유상반출실적 포함)[13]

② 수출승인이 면제되는 수출 중 다음 어느 하나에 해당하는 수출

- 외국에서 개최되는 박람회, 전람회, 견본시, 영화제 등에 출품하기 위하여 무상으로 반출하는 물품등의 수출로서 현지에서 매각된 것
- 해외에서 투자, 건설, 용역, 산업설비수출, 그 밖에 이에 준하는 사업에 종사하고 있는 우리나라 업자(현지 합작법인 포함)에게 무상으로 송부하기 위하여 반출하는 시설기재, 원료, 근로자용 생활필수품 및 그 밖에 그 사업에 관련하여 사용하는 물품으로서 주무부장관 또는 주무부장관이 지정한 기관의 장이 확인하는 물품등의 수출 중 해외건설공사에 직접 공하여지는 원료・기재, 공사용장비 또는 기계류의 수출(수출신고필증에 재반입하지 않는다는 조건이 명시된 분에 한함)

③ 수출자 또는 수출물품등의 제조업자에 대한 외화획득용 원료 또는 물품등의 공급 중 수출에 공하여지는 것으로서 다음 어느 하나에 해당하는 경우

- 내국신용장(Local L/C)[14]에 의한 공급

---

13) 대북한 교역활성화를 촉진하기 위해 2000.1.1부터는 대북한 반출실적도 수출실적으로 인정된다. 즉, 대북한 반출실적은 대외무역법에 의한 수출에는 해당하지 않으므로 실적으로 인정하지 않고 있었으나, 2000년 1월 1일부터는 수출실적으로 인정되게 된다.
이것은 대북한 반출에 대하여는 남북교역에 관한 특별법인 남북교류협력법에서 수출로 보아 관세환급, 부가가치세 영세율 적용 등 각종 지원을 하고 있으므로 같은 취지에서 반출실적을 수출실적으로 인정하게 된 것이다.

14) 내국신용장(local L/C)이라 함은 한국은행 총재가 정하는 바에 의하여 외국환은행의 장이 발급하여 국내에서 통용되는 신용장(관리규정 제2조 19호)으로서 외국환은행이 국내에서 생산된 수출용원자재 또는 수출용완제품을 구매(임가공위탁 포함)하고자 하는 업체의 신청

- 구매확인서15)에 의한 공급
- 산업통상자원부장관이 지정하는 생산자의 수출물품 포장용 골판지 상자의 공급

④ 외국인으로부터 대금을 영수하고 외화획득용 시설기재를 외국인과 임대차 계약을 맺은 국내업체에 인도하는 경우

⑤ 외국인으로부터 대금을 영수하고 「자유무역지역의 지정 및 운영에 관한 법률」 제2조의 자유무역지역으로 반입신고한 물품등을 공급하는 경우

⑥ 외국인으로부터 대금을 영수하고 그가 지정하는 자가 국내에 있음으로써 물품등을 외국으로 수출할 수 없는 경우 「관세법」 제154조에 따른 보세구역으로 물품등을 공급하는 경우

2. 인정금액

(1) 위의 수출실적 인정범위 ①, ②의 경우(관리규정 제26조 1항)

위의 수출실적 인정범위 ①, ②의 수출실적의 인정금액은 다음의 경우를 제외하고는 수출통관액(FOB가격기준)으로 한다.

① 중계무역에 의한 수출의 경우에는 「수출금액(FOB가격)에서 수입금액(CIF가격)을 공제한 가득액」.

중계무역은 수출입거래가 동시에 이루어지고 중계 무역업자의 수익은 수입한 금액과 수출한 금액의 차액인 가득액(FOB-CIF)이기에 가득액만 수출실적으로 인정한다.

② 외국인도수출의 경우에는 외국환은행의 입금액

다만, 위탁가공16)된 물품을 외국에 판매하는 경우에는 판매액에서 원자재

에 의하여 개설하는 신용장(무역금융 시행세칙 제27조 1항)을 말한다.

15) 구매확인서란 물품등을 외화획득용 원료, 외화획득용 용역, 외화획득용 전자적 형태의 무체물 또는 물품으로 사용하기 위하여 국내에서 구매하려는 경우 외국환은행의 장 또는 「전자무역 촉진에 관한 법률」제6조에 따라 산업통상자원부장관이 지정한 전자무역기반사업자(이하 "전자무역기반사업자"라 한다)가 내국신용장에 준하여 발급하는 증서를 말하는데(관리규정 제2조 18호), 내국신용장과 근본적인 차이는 발급은행의 지급의 확약이 없다는 것이다. 자세한 내용은 제7장 외화획득용 원료·기재의 수입에 관한 관리 중 제2절 3항 구매확인서와 내국신용장의 비교를 살펴보면 된다.

수출금액 및 가공임을 공제한 가득액.

③ 외국에서 개최되는 박람회, 전람회, 견본시, 영화제 등에 출품하기 위하여 무상으로 반출한 물품등의 수출로서 현지에서 매각된 경우는 외국환은행의 입금액

④ 원양어로에 의한 수출 중 현지경비 사용분은 외국환은행의 확인분
원양어선에 의해 외국에 직접 수출한 경우 대금회수를 외국환은행을 경유하여 결제하게 되는데 그 중에서 현지 어로작업을 위한 경비는 입금이 되지 않는다. 따라서 수출실적에서는 현지경비 사용분을 외국환은행이 확인한 금액을 인정하여 외국환은행입금액보다 더 많은 금액이 된다.

⑤ 용역의 수출의 경우에는 용역의 수출 · 수입실적의 확인 및 증명 발급기관의 장[한국무역협회장, 한국선주협회장(해운업의 경우만 해당), 한국관광협회중앙회장 및 문화체육관광부장관이 지정하는 업종별 관광협회장(관광사업의 경우만 해당)]이 발급한 수출입확인서에 의해 외국환은행을 통해 입금확인한 금액

⑥ 전자적 형태의 무체물의 수출의 경우에는 한국무역협회장 또는 한국소프트웨어산업협회장이 외국환은행을 통해 입금확인한 금액

(2) 위의 수출실적 인정범위 ③의 경우(관리규정 제26조 2항)

수출실적 인정금액은 외국환은행의 결제액 또는 확인액으로 한다.

(3) 위의 수출실적 인정범위 ④, ⑤, ⑥의 경우(관리규정 제26조 3항)

수출실적 인정금액은 외국환은행의 입금액으로 한다.

16) 위탁가공무역 : 가공임을 지급하는 조건으로 외국에서 가공(제조, 조립, 재생, 개조를 포함한다.)할 원료의 전부 또는 일부를 거래 상대방에게 수출하거나 외국에서 조달하여 이를 가공한 후 가공물품을 수입하거나 외국으로 인도하는 수출입을 말한다.(관리규정 제2조 6호)

용역 또는 전자적 형태의 무체물의 수출입 확인

산업통상자원부장관은 제3조에 따른 용역이나 제4조에 따른 전자적 형태의 무체물을 수출입한 자가 수출입에 관한 지원을 받기 위하여 수출입 사실의 확인을 신청하면 수출입 확인을 할 수 있다. 수출입 확인에 필요한 세부 절차 등은 산업통상자원부장관이 정하여 고시한다.(대외령 제23조 1, 2항)

고시된 내용은 다음과 같다.(관리규정 제30조)

① 용역의 수출입 사실의 확인

용역의 수출입 사실의 확인 및 실적증명 발급을 받으려는 자는 별지 제24호 서식에 의한 수출·수입실적의 확인 및 증명 발급 신청서에 거래 사실을 증명할 수 있는 서류를 첨부하여 다음 어느 하나에 해당하는 발급기관의 장에게 신청하여야 한다. 이 경우 발급기관의 장은 수출입 사실의 확인이 가능하고 신청 사실에 하자가 없다고 인정하는 경우에만 별지 제25호 서식에 의한 수출·수입실적의 확인 및 증명서를 발급하여야 한다.

1. 한국무역협회장
2. 한국선주협회장(해운업의 경우만 해당한다)
3. 한국관광협회중앙회장 및 문화체육관광부장관이 지정하는 업종별 관광협회장(관광사업의 경우만 해당한다)

② 전자적 형태의 무체물의 수출입 사실 확인

전자적 형태의 무체물의 수출입 사실의 확인 및 실적증명 발급을 받으려는 자는 별지 제26호 서식에 의한 수출·수입실적의 확인 및 증명발급 신청서에 거래 사실을 증명할 수 있는 서류를 첨부하여 한국무역협회장 또는 한국소프트웨어산업협회장에게 신청하여야 한다. 이 경우 한국무역협회장 또는 한국소프트웨어산업협회장은 수출입 사실의 확인이 가능하고 신청 사실에 하자가 없다고 인정하는 경우에만 별지 제27호 서식에 의한 수출·수입실적의 확인 및 증명서를 발급하여야 한다.

③ 수출·수입실적의 확인 및 증명 발급기관의 장에 의한 필요 자료 제출요구 및 발급현황 보고

수출·수입실적의 확인 및 증명 발급기관의 장은 신청인에게 수출·수입실적의 확인 및 증명서의 발급심사를 위하여 필요한 자료의 제출을 요구할 수 있다. 또한 수출·수입실적의 확인 및 증명 발급기관의 장은 수출·수입실적의 확인 및 증명서의 발급현황 등에 관한 매분기 실적을 다음달 20일까지 산업통상자원부장관과 관세청장에게 보고하여야 한다.

<별지 제24호 서식>

수출 · 수입실적의 확인 및 증명발급 신청서

당사는 「대외무역법 시행령」 제23조에 따라 다음과 같이 용역에 대한 수출·수입실적의 확인 및 증명 발급을 신청합니다.

1. 회사 현황

회사 개요	회사명			대표자명	
	주 소			사업자등록번호	
기업 형태	□개인 □법인	□대기업 □중소기업	□상 장 □비상장	□S/W전업 □기타겸업	
담당자명			전화번호		
무역업고유번호			E-mail		

2. 수출입확인 사항

수출입실적 확인기간	년 월 일 부터 년 월 일 까지						
발급용도							
구 분 (수출입)	용 역 명	거래형태 (L/C,T/T)	수출수입 금액 (외화표시/USD)	거래번호	대상국가 (계약자명)	입금일자	거래 외국환은행

* 거래번호는 외화입금에 대해 해당 외국환은행에서 부여한 번호(reference number)를 기입하시기 바랍니다.

* 확인 대상용역 2건 초과 시 [별지]의 자료를 이용하시기 바랍니다.

상기 수출입확인 신청사항 및 제출자료는 사실과 같으며 가격조작 등 부정사유가 발생하는 경우, 「대외무역법」에 따라 처벌을 받을 것을 서약합니다.

년 월 일

신청인 ____________(인)

확인 및 증명기관의 장 귀하

첨부서류 : 1. 수출입계약서 사본 1부.
2. 사업자등록증사본 1부.
3. 은행이 발급한 외화매입 증명서류(외화 타발송금확인서 등 송금인/수취인 명시 및 USD환산액 표기) 1부.
4. 기타 거래 및 인수인도사실 증명서류.

210㎜ × 297㎜
일반용지 60g/㎡

<별지 제25호 서식>

수출 · 수입실적의 확인 및 증명서

「대외무역법 시행령」 제23조에 따라 아래와 같이 용역에 대한 수출입 사실을 확인하고 실적증명서를 발급합니다.

1. 회사개요

회사개요	회사명		대표자명	
	주 소		사업자등록번호	
	전화번호		무역업고유번호	

2. 확인사항

수출입실적 확인기간		년 월 일 부터 년 월 일 까지			
발급용도					
구 분 (수출입)	품 목 명	수출 · 수입 실적 (외화표시/USD)	대상국가 (계약자명)	입금일자	거래 외국환은행

년 월 일

확인 및 증명권자 (인)

210㎜ × 297㎜
일반용지 60g/㎡

<별지 제26호 서식>

수출 · 수입실적의 확인 및 증명발급 신청서

당사는 「대외무역법 시행령」 제23조에 따라 다음과 같이 전자적 형태의 무체물에 대한 수출·수입실적의 확인 및 증명 발급을 신청합니다.

1. 회사 현황

<table>
<tr><td rowspan="2">회사개요</td><td>회사명</td><td colspan="2"></td><td>대표자명</td><td></td></tr>
<tr><td>주 소</td><td colspan="2"></td><td>사업자등록번호</td><td></td></tr>
<tr><td>기업형태</td><td>□개인
□법인</td><td>□대기업 □중소기업</td><td>□상장 □비상장</td><td colspan="2">□S/W전업 □기타겸업</td></tr>
<tr><td colspan="2">담당자명</td><td></td><td>전화번호</td><td colspan="2"></td></tr>
<tr><td colspan="2">무역업고유번호</td><td></td><td>E-mail</td><td colspan="2"></td></tr>
</table>

2. 수출입확인 사항

<table>
<tr><td colspan="2">수출입실적 확인기간</td><td colspan="6">년 월 일 부터 년 월 일 까지</td></tr>
<tr><td colspan="2">발급용도</td><td colspan="6"></td></tr>
<tr><td>구 분
(수출입)</td><td>품 목 명</td><td>거래형태
(L/C,T/T)</td><td>수출·수입금액
(외화표시/USD)</td><td>거래번호</td><td>대상국가
(계약자명)</td><td>입금일자</td><td>거래외국환은행</td></tr>
<tr><td></td><td></td><td></td><td></td><td></td><td></td><td></td><td></td></tr>
<tr><td></td><td></td><td></td><td></td><td></td><td></td><td></td><td></td></tr>
</table>

* 거래번호는 외화입금에 대해 해당 외국환은행에서 부여한 번호(reference number)를 기입하시기 바랍니다.
* 확인 대상용역 2건 초과 시 [별지]의 자료를 이용하시기 바랍니다.

상기 수출입확인 신청사항 및 제출자료는 사실과 같으며 가격조작 등 부정사유가 발생하는 경우, 「대외무역법」에 따라 처벌을 받을 것을 서약합니다.

년 월 일

신청인 ______________ (인)

확인 및 증명기관의 장 귀하

첨부서류 : 1. 수출입계약서 사본 1부.
2. 사업자등록증사본 1부.
3. 은행이 발급한 외화매입 증명서류(외화 타발송금확인서 등 송금인/수취인 명시 및 USD 환산액 표기) 1부.
4. 기타 거래 및 인수·인도사실 증명서류.

210㎜ × 297㎜
일반용지 60g/㎡

<별지 제27호 서식>

수출 · 수입실적의 확인 및 증명서

「대외무역법 시행령」 제23조에 따라 아래와 같이 전자적 형태의 무체물에 대한 수출입 사실을 확인하고 실적증명서를 발급합니다.

1. 회사개요

회사개요	회사명		대표자명	
	주 소		사업자등록번호	
	전화번호		무역업고유번호	

2. 확인사항

수출입실적 확인기간	년 월 일 부터 년 월 일 까지				
발급용도					
구 분 (수출입)	품 목 명	수출 · 수입 실적 (외화표시/USD)	대상국가 (계약자명)	입금일자	거래 외국환은행

년 월 일

확인 및 증명권자 (인)

210㎜ × 297㎜
일반용지 60g/㎡

3. 인정시점

수출실적은 수출신고 수리일, 입금일, 외국환은행을 통하여 결제한 경우 결제일, 당사자간의 대금 결제일 기준으로 인정하게 되는데 다음과 같이 구분된다. (관리규정 제27조 1,2항)

(1) 다음의 수출실적의 인정시점은 수출신고 수리일로 한다.

- 수출의 정의 중 유상으로 거래되는 수출(용역 또는 전자적 형태의 무체물의 수출은 제외)
- 해외에서 투자, 건설, 용역, 플랜트수출, 그 밖에 이에 준하는 사업에 종사하고 있는 우리나라 업자(현지 합작법인 포함)에게 무상으로 송부하기 위하여 반출하는 시설기재, 원료, 근로자용 생활필수품 및 그 밖에 그 사업에 관련하여 사용하는 물품으로서 주무부장관 또는 주무부장관이 지정한 기관의 장이 확인하는 물품등의 수출 중 해외건설공사에 직접 공하여지는 원료·기재, 공사용장비 또는 기계류의 수출(수출신고필증에 재반입하지 않는다는 조건이 명시된 분에 한함)

(2) 다음의 수출실적의 인정시점은 입금일로 한다.

- 수출의 정의 중 유상으로 거래되는 수출 중 용역 또는 전자적 형태의 무체물의 수출
- 외국에서 개최되는 박람회, 전람회, 견본시, 영화제 등에 출품하기 위하여 무상으로 반출하는 물품등의 수출로서 현지에서 매각된 것
- 중계무역 및 외국인도수출
- 외국인으로부터 대금을 영수하고 외화획득용 시설기재를 외국인과 임대차 계약을 맺은 국내업체에 인도하는 경우
- 외국인으로부터 대금을 영수하고 「자유무역지역의 지정 및 운영에 관한 법률」 제2조의 자유무역지역으로 반입신고한 물품등을 공급하는 경우
- 외국인으로부터 대금을 영수하고 그가 지정하는 자가 국내에 있음으로써 물품등을 외국으로 수출할 수 없는 경우 「관세법」 제154조에 따른 보세구역으로 물품등을 공급하는 경우

(3) 수출자 또는 수출물품등의 제조업자에 대한 외화획득용 원료 또는 물품등의 공급 중 수출에 공하여지는 것으로 내국신용장(Local L/C)에 의한 공급, 구매확인서에 의한 공급, 산업통상자원부장관이 지정하는 생산자의 수출물품 포장용 골판지 상자의 공급에 의한 수출실적의 인정시점은 다음과 같다.

- 외국환은행을 통하여 대금을 결제한 경우에는 결제일
- 외국환은행을 통하여 대금을 결제하지 아니한 경우에는 당사자간의 대금결제일

Ⅲ 수입실적

1. 인정범위

수입실적은 대외무역법시행령 제2조 제4호에 따른 수입(① 매매, 교환, 임대차, 사용대차, 증여 등을 원인으로 외국으로부터 국내로 물품이 이동하는 것, ② 유상으로 외국에서 외국으로 물품을 인수하는 것으로서 산업통상자원부장관이 정하여 고시하는 기준에 해당하는 것, ③ 외국환거래법에서 규정하고 있는 비거주자가 거주자에게 산업통상자원부장관이 정하여 고시하는 방법으로 용역을 제공하는 것, ④ 외국환거래법에서 규정하고 있는 비거주자가 거주자에게 정보통신망을 통한 전송과 그 밖에 산업통상자원부장관이 정하여 고시하는 방법으로 전자적 형태의 무체물을 인도하는 것) 중에서 유상으로 거래되는 수입으로 한다.(관리규정 제25조 2항)

2. 인정금액

수입실적의 인정금액은 수입통관액(CIF가격기준)으로 한다. 다만, 외국인수수입과 용역 또는 전자적형태의 무체물의 수입의 경우에는 외국환은행의 지급액으로 한다.(관리규정 제26조 4항)

3. 인정시점

수입실적의 인정시점은 수입신고수리일로 한다. 다만, 외국인수수입과 용역 또는 전자적형태의 무체물의 수입의 경우에는 지급일로 한다.(관리규정 제27조 3항)

수출입실적확인 및 증명발급

1. 수출입실적의 확인 및 증명발급기관

(1) 무역업자에 대한 수출입 실적의 확인 및 증명의 발급은 다음과 같은 경우에는 외국환은행의 장이 확인하고 증명을 발급한다.(관리규정 제28조 1항 1호)

① 중계무역에 의한 수출의 경우

② 외국인도수출의 경우

③ 외국에서 개최되는 박람회, 전람회, 견본시, 영화제 등에 출품하기 위하여 무상으로 반출하는 물품등의 수출로서 현지에서 매각된 것

④ 원양어로에 의한 수출 중 현지경비 사용분

⑤ 수출자 또는 수출 물품 등의 제조업자에 대한 외화획득용 원료 또는 물품의 공급 중 수출에 공하여지는 것으로 산업통상자원부장관이 지정하는 생산자의 수출물품 포장용 골판지 상자의 공급의 경우

⑥ 외국인으로부터 대금을 영수하고 외화획득용 시설기재를 외국인과 임대차계약을 맺은 국내업체에 인도하는 경우

⑦ 외국인수수입의 경우

(2) 무역업자에 대한 수출입 실적의 확인 및 증명의 발급은 다음과 같은 경우에는 한국무역협회장이 확인하고 증명을 발급한다.(관리규정 제28조 1항 1-1호)

① 외국인으로부터 대금을 영수하고「자유무역지역의 지정 및 운영에 관한 법률」제2조의 자유무역지역으로 반입신고한 물품등을 공급하는 경우

② 외국인으로부터 대금을 영수하고 그가 지정하는 자가 국내에 있음으로써 물품등을 외국으로 수출할 수 없는 경우「관세법」제154조에 따른 보세구

역으로 물품등을 공급하는 경우

(3) 수출자 또는 수출 물품등의 제조업자에 대한 외화획득용 원료 또는 물품등의 공급 중 수출에 공하여 지는 것으로 내국신용장(Local L/C)에 의한 공급이나 구매확인서에 의한 공급의 수출실적 인정금액의 확인 및 증명발급기관은 외국환은행의 장 또는 전자무역기반사업자(다만, 구매확인서에 의한 공급 중 당사자간에 대금을 결제한 경우에는 그 구매확인서의 발급기관이 당사자간에 대금 결제가 이루어졌음을 증빙하는 서류를 확인하여야 한다).

(4) 무역업자에 대한 수출입 실적의 확인 및 증명의 발급은 다음과 같은 경우에는 한국무역협회장, 한국선주협회장(해운업의 경우만 해당), 한국관광협회중앙회장 및 문화체육관광부장관이 지정하는 업종별 관광협회장(관광사업의 경우만 해당)이 확인하고 증명을 발급한다.(관리규정 제28조 1항 2호)

① 용역 수출

② 용역 수입

(5) 무역업자에 대한 수출입 실적의 확인 및 증명의 발급은 다음과 같은 경우에는 한국무역협회장 또는 한국소프트웨어산업협회장이 확인하고 증명을 발급한다.(관리규정 제28조 1항 3호)

① 전자적 형태의 무체물의 수출

② 전자적 형태의 무체물의 수입

(6) 위의 (1), (2), (3), (4), (5) 이외의 경우에는 한국무역협회장 또는 산업통상자원부장관이 지정하는 기관의 장이 무역업자에 대한 수출입 실적의 확인 및 증명을 발급한다.(관리규정 제28조 1항 4호)

2. 수출입실적 확인 및 증명 발급기관의 지정

수출·수입실적의 확인 및 증명 발급기관으로 지정받으려는 자는 동 증명서 발급에 필요한 인력 및 시설 등을 갖추고 있음을 입증할 수 있는 서류를 첨부하여 산업통상자원부장관에게 신청하여야 한다. 산업통상자원부장관은 수출・수입실적의 확인 및 증명 발급기관 지정 신청을 받은 경우 필요한 인력 및 시설 등을 갖추고 있는지를 확인하여 수출・수입실적 확인 및 증명 발급기관으로 지정하여야 한다.(관리규정 제28조 2, 3항)

3. 수출입실적 확인 및 증명 발급 및 관리

물품등의 수출・수입실적 확인 및 증명 발급을 받으려는 자는 <별지 제10호 서식> 또는 <별지 제11호 서식>에 의한 수출・수입실적의 확인 및 증명발급 신청서에 필요한 서류를 첨부하여 발급기관에 신청하여야 한다.(관리규정 제29조 1항)

발급기관은 수출・수입실적 확인 및 증명서를 발급한 때에는 발급대장을 각각 비치하고 발급상황을 기록하여야 한다.(관리규정 제29조 2항)

4. 거래형태상 수출입실적 인정대상 등의 비교

수출입 실적의 인정대상, 인정금액, 인정시점, 증명확인 및 발급기관을 정리하면 다음과 같다.

〈표 4-1〉 수출입실적 인정대상 및 인정금액 등의 비교

		인정범위	인정금액	인정시점	증명확인·발급기관
수출실적	일반수출	유상으로 거래되는 수출 (대북한 유상반출실적포함)	수출통관액(FOB)	수출신고수리일	한국무역협회
		중계무역	가득액(수출통관액FOB - 수입통관액CIF)	입금일	외국환은행
		외국인도수출	외국환은행의 입금액	입금일	외국환은행
		외국인도수출 중 위탁가공된 물품을 외국에 판매하는 경우	판매액에서 원자재수출금액 및 가공임을 공제한 가득액	입금일	외국환은행
		원양어로에 의한 수출중 현지경비 사용분	외국환은행의 확인분		외국환은행
		용역의 수출	한국무역협회장 등이 발급한 수출입확인서에 의한 외국환은행을 통해 입금확인한 금액	입금일	한국무역협회장 등
		전자적형태의 무체물의 수출	한국무역협회장 또는 한국소프트웨어산업협회장이 발급한 수출입확인서에 의해 외국환은행을 통해 입금확인한 금액	입금일	한국무역협회장 또는 한국소프트웨어산업협회장
		외국인으로부터 대금을 영수하고 외화획득용 시설기재를 외국인과 임대차계약을 맺은 국내업체에 인도하는 경우	외국환은행의 입금액	입금일	외국환은행
		외국인으로부터 대금을 영수하고「자유무역지역의 지정 및 운영에 관한 법률」제2조의 자유무역지역으로 반입신고한 물품등을 공급하는 경우	외국환은행의 입금액	입금일	한국무역협회
		외국인으로부터 대금을 영수하고 그가 지정하는 자가 국내에 있음으로써 물품등을 외국으로 수출할 수 없는 경우「관세법」제154조에 따른 보세구역으로 물품등을 공급하는 경우	외국환은행의 입금액	입금일	한국무역협회
	수출승인 면제대상 물품	박람회 등에 출품한 물품중 현지에서의 매각분	외국환은행의 입금액	입금일	외국환은행
		해외건설공사에 직접 공하여지는 원료, 기재, 공사용 장비 또는 기계류의 수출	수출통관액(FOB)	수출신고수리일	한국무역협회
	외화 획득용 원료의 공급	내국신용장 및 구매확인서에 의한 공급	외국환은행의 결제액 또는 확인액	① 외국환은행을 통하여 대금결제한 경우 : 결제일 ② 외국환은행을 통하지 않은 경우 : 당사자간의 대금결제일	외국환은행 또는 전자무역기반사업자
		산업통상자원부장관이 지정하는 수출물품 포장용 골판지상자의 공급			외국환은행
수입실적	일반수입	유상으로 거래되는 수입	수입통관액(CIF)	수입신고수리일	한국무역협회
		외국인수수입	외국환은행의 지급액	지급일	외국환은행
		용역 또는 전자적형태의 무체물의 수입	외국환은행의 지급액	지급일	한국무역협회 등

<별지 제10호 서식>

<table>
<tr><td colspan="5">수출실적의 확인 및 증명발급(신청)서</td></tr>
<tr><td colspan="4"></td><td>처리기간
즉 시</td></tr>
<tr><td colspan="2">① 신청인(상호, 주소, 성명)

(서명 또는 인)</td><td colspan="3">② 발급용도</td></tr>
<tr><td>③ 수출(입금)일자</td><td>④ 매입번호</td><td>⑤ 품명</td><td>⑥ 수출실적</td><td>⑦ 비고</td></tr>
<tr><td colspan="5">⑧ 증명발급번호</td></tr>
<tr><td colspan="5">* 대외무역관리규정 제29조에 따라 위의 사실을 확인합니다.

년 월 일

증 명 권 자 (인)</td></tr>
</table>

2812-281-02411민 210㎜ × 297㎜

'98.1.12. 승인 일반용지 60g/㎡

<별지 제11호 서식>

<table>
<tr><td colspan="5">수입실적의 확인 및 증명발급(신청)서</td></tr>
<tr><td colspan="2">① 신청인(상호, 주소, 성명)

(서명 또는 인)</td><td colspan="3">② 발급용도</td></tr>
<tr><td>③ 수입(지급)일자</td><td>④ 품명</td><td>⑤ 수입실적</td><td>⑥ 수입용도</td><td>⑦ 비고</td></tr>
<tr><td></td><td></td><td></td><td></td><td></td></tr>
<tr><td colspan="5">⑧ 증명발급번호</td></tr>
<tr><td colspan="5">대외무역관리규정 제29조에 따라 위의 사실을 확인합니다.

년 월 일

증 명 권 자 (인)</td></tr>
</table>

2812-281-02411민 210㎜ × 297㎜

’98.1.12. 승인 일반용지 60g/㎡

V 수출실적에 따른 혜택과 기재요령

1. 수출실적에 따른 혜택

수출실적과 관련하여 법적으로 뒷받침되는 여러 가지 혜택이 주어지는데 그 구체적인 내용은 다음과 같다.

① 외화획득용원료 사후관리 자율관리기업 선정요건(전년도 수출실적 미화 50만불 이상)(관리규정 제43조 1항 1호)

② 해외지사 설치요건(과거 1년간 외화획득실적이 해외지사인 경우 1백만불, 해외사무소인 경우 30만불 이상)(외국환거래규정 제9-18조 1항 1,2호)

③ 무역금융 수혜를 위한 융자한도 사정기준

④ 수출유공자 포상기준

2. 수출실적의 확인 및 증명 발급(신청)서의 기재요령

① 수출자(상호 주소 성명) : 신청인의 상호, 주소, 성명을 기재한다. 신청인은 수출승인서상의 수출자를 말하며 수출대행인 경우에는 수출위탁자가 아니고 수출대행자를 말한다. 내국신용장이나 구매확인서 등에 의해 국내공급한 경우에는 공급자를 말한다.

② 발급용도 : 동신청서의 용도를 기재한다.

③ 수출일자 : 수출통관이 된 것은 수출신고수리일자, 수출통관이 되지 않는 것은 수출대금 입금일자, 내국신용장이나 구매확인서 등에 의하여 공급한 경우에는 대금결제일자를 기재한다.

④ 매입번호 : 외국환은행에서 당해 환어음 등을 매입한 경우의 매입번호를 기재한다.

⑤ 품명 : 확인 및 증명발급의 대상이 되는 품명을 기재한다.

⑥ 수출실적 : 수출신고필증상의 수출신고가격(FOB)을 기재한다. 단 거래조건이 CIF등 일때는 FOB로 환산된 금액을 기재한다.

⑦ 비고

⑧ 증명발급번호 : 발급기관에서 발급기호를 기재한다.

사례연구

1. 국내 A사는 태국 B사와 1만불의 임가공비와 2만불상당의 임가공 원자재를 무환 수출하는 위탁가공계약을 체결하고 위탁생산된 물품을 홍콩의 C에게 5만불에 수출하였을 경우 국내 A사의 수출실적 인정금액은?
2. 국내 A사가 (내국신용장, 구매확인서 등의 물품공급계약을 체결하지 않은 경우) 대행사와 계약을 맺고 대행사가 일본으로 수출을 하는 방식으로 수출한 경우 국내 A사의 제품이 일본으로 수출된 것만큼 국내 A사가 수출실적 인정을 받을 수 있나?
   또 인정받으려면 어떤 절차를 밟아야 하나?

제 3절 수출입 승인

I 수출입 승인의 개요

1. 수출입 승인의 의의

우리나라 대외무역법에서는 거래물품, 거래형태, 거래지역 등을 관리대상으로 하고 있다. 거래물품의 관리는 수출입승인제도를 통해, 거래형태의 관리는 특정거래형태의 수출입 인정제도를 통해서, 그리고 거래지역에 대한 관리는 수출입승인대상물품 수출입요령에서 지역제한을 하고 있다.

수출입승인대상물품의 선정방법은 「원칙자유 · 예외제한」의 네가티브제(Negative system)로 운영되고 긴급을 요하는 물품 기타 수출입의 절차 간소화를 위하여 필요한 물품의 경우에는 승인면제제도를 운용함으로써 예외적 승인제를 더욱 완화하고 있다.

수출입승인이란 예외적으로 제한하는 품목에 대해 승인절차라는 방법으로 그 품목의 수출입이 가능하도록 해 주는 제도이다.

2. 수출입 승인의 성질

"승인(承認)"이라 함은 공법상, 국가 또는 지방자치 단체의 기관이 다른 기관이나 개인의 특정한 행위에 대하여 부여하는 동의·승낙 등의 뜻으로 사용되고 있다.

수출입의 승인제에서의 승인은 허가적인 것으로 상대적 금지를 특정한 경우에 해제하여 적법하게 수출입거래행위를 할 수 있도록 자유상태를 회복시켜 주는 행정행위이다.

그러면 수출입 승인의 법적 성질을 살펴보면 다음과 같다.

(1) 수출입행위의 전제요건

승인대상물품은 수출 또는 수입하고자 할 때에는 승인을 얻어야 한다. 따라서 승인을 얻지 않은 상태에서는 수출입을 할 수 없으므로 승인은 수출입 이행의 전제가 되어야 한다.

(2) 기속행위(羈束行爲)

수출입승인행위는 법령에 규정한 요건을 충족할 경우 이를 승인하여야 하는 기속행위(羈束行爲)[17]이다. 허가와 같이 행정기관에게 주어진 재량행위(裁量行爲)가 아니며 특정한 행위에 대하여 부여하는 동의라고 볼 수 있다. 따라서 수출입의 승인을 거부할 이유가 없음에도 불구하고 거부하는 경우 위법이 된다.

(3) 산업통상자원부장관의 전속권한

수출입승인은 산업통상자원부장관이 가지고 있는 전속권한이다. 그러나 대외무역법령에 의하여 관계행정기관, 단체의 장, 세관장 등에게 그 권한을 위임 및 위탁을 하고 있다.

---

17) 기속행위는 법규의 집행에 대하여 행정청의 재량이 전혀 허용되지 않는 행정처분을 말한다.

(4) 대인대물(對人對物)의 혼합적 성질

수출입을 승인할 때에는 물품의 수출입을 할 수 있는 자격이 있는지의 여부를 당해 수출입품목 및 거래방법 등과 함께 심사하므로 대인적 관리와 대물적 관리의 혼합심사의 성격을 갖는다. 이것은 수출입을 승인하고자 할 때에는 국세법에 의해 사업자등록을 한 자인지 또는 개별행정법에 의해 특정 물품의 취급을 인가받은 자인지 등의 대인적 사실을 심사하는 한편 수출입하고자 하는 물품이 수출입공고상 수출입이 허용되는 품목인지 또는 기타의 조건(규격, 수량)에 해당하는지의 여부를 심사하는 대물적 심사를 행하므로 대인대물이 혼합되는 성격을 갖는다.

(5) 거래이행의 강제성

무역업자는 수출입 승인을 받아 거래를 이행할 때에 승인 받은 내용대로 이행해야 한다. 즉, 수출입 승인에는 유효기간을 두어 각각 수출대금의 회수 및 수입대금의 지급을 유효기간 내에 이행해야 하며, 그렇지 않을 시에는 수출입 승인은 무효가 되는 동시에 제재를 받게 된다. 한편 당초 승인된 내용에 변경이 있을 경우 유효기간내에 경미한 경우[18]에는 변경신고 그 외의 경우에는 변경승인을 받고 이행해야 한다.

Ⅱ 수출입 승인의 대상물품과 승인절차

1. 수출입 승인 대상물품

대외무역법 제11조(수출입의 제한 등) 제1항에 따라 수출 또는 수입이 제한되는 물품등을 수출하거나 수입하려는 자는 대통령령으로 정하는 바에 따라 산업통상자원부장관의 승인을 받아야 한다. 다만, 긴급히 처리하여야 하는 물품등과 그 밖에 수출 또는 수입 절차를 간소화하기 위한 물품등으로서 대통령령으로 정하는 기준에 해당하는 물품등의 수출 또는 수입은 그러하지 아니한다.(대외무역법 제11조 2항)

18) 여기서 경미한 경우란 원산지, 도착항(수출에만 해당), 규격, 수출입 물품의 용도(단, 수출입 승인 용도가 지정된 경우)등의 변경은 당초 승인기관장에게 변경신고를 한다.

대외무역법 제11조(수출입의 제한 등) 제1항[19]에서 산업통상자원부장관이 지정·고시한 수출 또는 수입이 금지하거나 제한하는 물품등이 수출 또는 수입승인 대상물품이다.

이상의 수출 또는 수입 승인대상물품은 구체적으로 수출입공고에서 정한 물품등을 말한다. 단, 중계무역 물품, 외국인수수입 물품, 외국인도수출 물품, 선용품은 제외한다.(관리규정 제9조)

한편, 플랜트수출 승인물품 및 전략물자수출입고시 대상물품은 승인으로 간주처리[20]하고 별도관리하며, 특정거래형태의 수출입은 승인과는 별도로 인정제도를 도입하여 별도로 관리하고 있다.(대외무역법 제11조 8항)

또한 통합공고 대상물품은 대외무역법상 수출입 승인대상에서 제외하여 각 개별법에 의해서만 관리되도록 하고 있다. 즉 대외무역법 이외의 58개 개별법에 의한 수출입제한내용을 통합하여 고시하는 통합공고에 따라 요건확인 등을 받아야 하는 물품은 수출입 승인대상에 포함되지 않는다. 따라서 해당 개별법에서 정하고 있는 바에 따라 요건확인 등을 받은 후 곧바로 세관에 수출신고나 수입신고를 함으로써 수출입을 이행하면 된다.

2. 승인기관

수출입의 승인을 하는 기관은 산업통상자원부장관이다.(대외무역법 제11조 2항) 그러나 산업

---

19) 산업통상자원부장관은 다음 어느 하나에 해당하는 이행 등을 위하여 필요하다고 인정하여 지정·고시하는 물품등의 수출 또는 수입을 제한하거나 금지할 수 있다.(대외무역법 제11조 1항)
① 헌법에 따라 체결·공포된 조약과 일반적으로 승인된 국제법규에 따른 의무의 이행
② 생물자원의 보호
③ 교역상대국과의 경제협력 증진
④ 국방상 원활한 물자 수급
⑤ 과학기술의 발전
⑥ 그 밖에 통상·산업정책에 필요한 사항으로서 대통령령으로 정하는 사항
여기서 "대통령령으로 정하는 사항"이란 항공 관련 품목의 안전관리에 관한 사항을 말한다.(대외령 제16조)

20) 전략물자의 수출허가등(대외무역법 제19), 플랜트수출의 촉진 등(법 32조)에 의하여 수출허가를 받거나 수출승인을 얻은 자는 본 수출입승인의 규정에 의한 수출승인을 얻은 것으로 본다(대외무역법 제11조 8항). 이것은 수출승인의 의제(擬制)로서 특정한 물품수출의 경우 별도의 승인절차 없이도 수출승인으로 간주한다. 한편 의제란 본질이 전혀 다른 것을 법률상 동일한 것으로 간주하여 동일한 법률상의 효과를 부여하는 것을 말한다.

통상자원부장관은 무역관리의 효율성을 도모하기 위하여 수출입의 승인에 관한 대부분의 권한(수출입 승인, 수출입승인변경의 승인, 수출입승인변경사항 신고의 수리)을 수출입공고에서 산업통상자원부장관이 지정·고시한 기관·단체[승인기관, 즉 관계행정기관 또는 단체의 장 등(대외령 91조 7항)]의 장에게 위탁하고 있다.(관리규정 제8조)

3. 수출입 승인요건

수출입 승인기관의 장은 수출·수입의 승인을 하고자 할 때에는 다음의 각 요건에 합당한지 여부를 확인하여야 한다.(관리규정 제11조)

여기에는 인적요건(거래주체), 물적요건(제한요건충족), HS코드적용 등이 해당된다.

(1) 인적요건 확인

수출·수입하려는 자가 승인을 받을 수 있는 자격이 있는 자일 것

(2) 물적요건 확인

수출·수입하려는 물품등이 수출입 공고 및 대외무역관리규정에 따른 승인요건을 충족한 물품등일 것

(3) HS 코드 적용 확인

수출·수입하는 물품등의 품목분류번호(HS)의 적용이 적정할 것

4. 수출입 승인 절차

(1) 수출입 승인 신청서류

수출·수입의 승인을 받으려는 자는 수출의 경우 수출승인(신청)서, 수입의 경우에는 수입승인(신청)서, 그리고 수출입이 공히 이루어지는 경우에는 수출입승인(신청)서[업체용, 세관용, 승인기관용(산업통상자원부용) 및 사본(신청자가 신청한 경우에 한한다)]에 다음의 서류를 첨부하여 수출입승인기관의 장에게 신청하

여야 한다.(관리규정 제10조 1항)

① 수출신용장, 수출계약서 또는 주문서(수출의 경우만 해당)

② 수입계약서 또는 물품등매도확약서(수입의 경우만 해당)

③ 수출 또는 수입대행계약서(공급자와 수출자가 다른 경우 및 실수요자와 수입자가 다른 경우만 해당)

④ 수출입공고에서 규정한 요건에 충족하는 서류(다만, 해당 승인기관에서 승인요건의 충족 여부를 확인할 수 있는 경우 제외)

(2) 수출입 승인서의 발급

수출입의 승인신청이 승인요건에 합당한 경우 수출입 승인기관의 장은 수출승인서, 수입승인서, 수출입승인서를 각각 업체용, 세관용, 승인기관용(산업통상자원부용) 및 사본(신청자가 요청한 경우에 한한다) 등으로 발급하여야 한다. 다만, 수출입 물품등을 분할하여 발급할 수 있다.(관리규정 제10조 2항)

(3) 수출입의 복수승인

하나의 수출 또는 수입에 대하여 둘 이상의 승인을 받아야 하는 경우 각각의 승인은 상호 독립적으로 받아야 한다. 이 경우 두 번째 이후의 승인기관의 장은 수출입승인서상의 여백에 승인사항을 표시한다.(관리규정 제13조)

Ⅲ 수출입 승인의 유효기간

대외무역법에서는 대외신용의 유지로 수출을 촉진하고 물자수급의 원활화를 도모하고자 수출입에 대한 유효기간을 채택하고 있다. 이것은 수출입의 승인을 얻은 자가 당해물품의 수출대금의 회수 또는 수입대금의 지급을 하고자 하는 경우에는 수출입의 유효기간[21] 내에 이행해야 한다.

수출 또는 수입 승인[수출승인의 의제(전략물자의 수출허가등(대외무역법 제19), 플랜트수출의 촉진 등(법 32조)에 의하여 수출허가를 받거나 수출승인을 받

21) 유효기간의 기산일을 수출입 승인 받은 다음날로 하고, 종료시점은 기간의 마지막 날로 한다. 다만, 마지막날이 공휴일이면 그 다음날로 정한다(민법 제157조, 159조, 161조).

은 것으로 간주)에 의해 수출승인을 받은 것으로 보는 경우를 포함한다]의 유효기간은 1년으로 한다. 다만, 산업통상자원부장관은 국내의 물가 안정, 수급 조정, 물품등의 인도 조건 및 거래의 특성을 고려하여 대통령령으로 정하는 바에 따라 유효기간을 달리 정할 수 있다.(대외무역법 제11조 3항)

따라서 다음 어느 하나에 해당하는 경우에는 해당 물품등의 수출 또는 수입 승인의 유효기간을 1년 미만으로 하거나 최장 2년의 범위에서 정할 수 있다. 다만, 전략물자 수출허가의 유효기간[제42조의2 제2항에 따른 허가의 유효기간(법 제19조제2항에 따른 수출허가의 유효기간만 해당한다)]이 2년을 초과하는 경우에는 그 기간까지 수출 승인의 유효기간을 정할 수 있다.(대외령 제18조 2항)

① 국내의 물가안정이나 수급 조정을 위하여 수출 또는 수입 승인의 유효기간을 1년 보다 단축할 필요가 있는 경우

② 수출입계약 체결 후 물품등의 제조·가공 기간이 1년을 초과하는 경우

③ 수출입계약 체결 후 물품등이 1년 이내에 선적되거나 도착하기 어려운 경우

④ ①부터 ③까지의 규정 외에 수출입 물품등의 인도 조건 및 거래의 특성을 고려하여 수출 또는 수입 승인의 유효기간을 1년보다 단축하거나 늘릴 필요가 있다고 인정되는 경우

수출 또는 수입 승인의 유효기간은 대통령령으로 정하는 바에 따라 1년을 초과하지 아니하는 범위에서 산업통상자원부장관의 승인을 받아 연장할 수 있다.(대외무역법 제11조 4항)

<별지 제3호 서식>

수출승인(신청)서
Export License(Application)

처리기간 : 1일
Handling Time : 1 Day

① 수출자 무역업고유번호
(Exporter) (Trade Business Code)

상호, 주소, 성명
(Name of Firm, Address, Name of Rep.)

(서명 또는 인)
(Signature)

② 위탁자 사업자등록번호
(Requester) (Business No.)

상호, 주소, 성명
(Name of Firm, Address, Name of Rep.)

(서명 또는 인)
(Signature)

③ 원산지(Origin)

④ 구매자 또는 계약당사자
(Buyer or Principal of Contract)

⑤ 신용장 또는 계약서 번호
(L/C or Contract No.)

⑥ 금액(Total Amount)

⑦ 결제기간(Period of Payment)

⑧ 가격조건(Terms of Payment)

⑨ 도착항 (Port of Dispatch)

⑩ HS 부호 (HS Code)	⑪ 품명 및 규격 (Description/Size)	⑫ 단위 및 수량 (Unit / Quantity)	⑬ 단 가 (Unit Price)	⑭ 금 액 (Amount)

⑮ 승인기관 기재란(Remarks to be filled out by an Approval Agency)

⑯ 유효기간(Period of Approval)

⑰ 승인번호(Approval No.)

⑱ 승인기관 관리번호(No. of an Approval Agency)

⑲ 위의 신청사항을 「대외무역법」 제11조제2항 및 동법 시행령 제18조제1항에 따라 승인합니다.
(The undersigned hereby approves the above-mentioned goods in accordance with Article 11(2) of the Foreign Trade Act and Article 18(1) of the Enforcement Decree of the said Act.)

년　　월　　일

승인권자　　(인)

※ 승인기관이 둘 이상인 경우 ⑰ - ⑱의 기재사항은 이면에 기재하도록 합니다.
※ 이 서식에 의한 승인과는 별도로 대금결제에 관한 사항에 대하여는 외국환거래법령이 정하는 바에 따라야 합니다.

2812-281-01611민
'98.1.12. 승인

210㎜ × 297㎜
일반용지 60g/㎡

<별지 제4호 서식>

수입승인(신청)서
Import License(Application)

처리기간 : 1일 Handling Time : 1 Day

<table>
<tr><td colspan="3">① 수입자 무역업고유번호
(Importer) (Trade Business Code)

상호, 주소, 성명
(Name of Firm, Address, Name of Rep.)
(서명 또는 인)
(Signature)</td><td colspan="2">⑤ 송하인(Consignor)
(Name of Firm, Address, Name of Rep.)</td></tr>
<tr><td colspan="3" rowspan="3">② 위탁자 사업자등록번호
(Requester) (Business No.)

상호, 주소, 성명
(Name of Firm, Address, Name of Rep.)
(서명 또는 인)
(Signature)</td><td colspan="2">⑥ 금액(Total Amount)</td></tr>
<tr><td colspan="2">⑦ 결제기간(Period of Payment)</td></tr>
<tr><td colspan="2">⑧ 가격조건(Terms of Payment)</td></tr>
<tr><td colspan="3">③ 원산지(Origin)</td><td colspan="2">④ 선적항(Port of Loading)</td></tr>
<tr><td>⑨ HS 부호
(HS Code)</td><td>⑩ 품명 및 규격
(Description/Size)</td><td>⑪ 단위 및 수량
(Unit / Quantity)</td><td>⑫ 단 가
(Unit Price)</td><td>⑬ 금 액
(Amount)</td></tr>
<tr><td colspan="5">⑭ 승인기관 기재란(Remarks to be filled out by an Approval Agency)</td></tr>
<tr><td colspan="5">⑮ 유효기간(Period of Approval)</td></tr>
<tr><td colspan="5">⑯ 승인번호(Approval No.)</td></tr>
<tr><td colspan="5">⑰ 승인기관 관리번호(No. of an Approval Agency)</td></tr>
<tr><td colspan="5">⑱ 위의 신청사항을 「대외무역법」 제11조제2항 및 동법 시행령 제18조제1항에 따라 승인합니다.
(The undersigned hereby approves the above-mentioned goods in accordance with Article 11(2) of the Foreign Trade Act and Article 18(1) of the Enforcement Decree of the said Act.)

년 월 일

승인권자 (인)</td></tr>
<tr><td colspan="5">※ 승인기관이 둘 이상인 경우 ⑯ - ⑰의 기재사항은 이면에 기재하도록 합니다.
※ 이 서식에 의한 승인과는 별도로 대금결제에 관한 사항에 대하여는 외국환거래법령이 정하는 바에 따라야 합니다.</td></tr>
</table>

2812-281-01611민 210㎜ × 297㎜
'98.1.12. 승인 일반용지 60g/㎡

<별지 제5호 서식>

수출입승인(신청)서

Export-Import License(Application)

처리기간 : 1일
Handling Time : 1 Day

① 수출입자 (Ex-Importer) 무역업고유번호 (Trade Business Code) 상호,주소,성명 (Name of Firm, Address, Name of Rep.) (서명 또는 인) (Signature)			⑥ 신용장 또는 계약서번호 (L/C or Contract No.)	
② 위탁자 (Requester) 사업자등록번호 (Business No.) 상호,주소,성명 (Name of Firm, Address, Name of Rep.) (서명 또는 인) (Signature)			수 출 (Export)	⑦ 금 액 (Total Amount)
				⑧ 결제기간 (Period of Payment)
	수 출 (Export)	수 입 (Import)		⑨ 가격조건 (Terms of Payment)
③ 원산지 (Origin)			수 입 (Import)	⑩ 금 액 (Total Amount)
④ 선적항 (Port of Loading)				⑪ 결제기간 (Period of Payment)
⑤ 도착항 (Port of Dispatch)				⑫ 가격조건 (Terms of Payment)

수출물품의 명세

⑬ HS부호 (HS Code)	⑭ 품명 및 규격 (Description/Size)	⑮ 단위 및 수량 (Unit/Quantity)	⑯단가 (Unit Price)	⑰ 금 액 (Amount)

수입물품의 명세

⑱ HS부호 (HS Code)	⑲ 품명 및 규격 (Description/Size)	⑳ 단위 및 수량 (Unit/Quantity)	㉑ 단가 (Unit Price)	㉒ 금 액 (Amount)

㉓ 승인기관 기재란(Remarks to be filled out by an Approval Agency)

㉔ 유효기간(Period of Approval)

㉕ 승인번호(Approval No.)

㉖ 승인기관 관리번호(No. of an Approval Agency)

㉗ 위의 신청사항을 「대외무역법」 제11조제2항 및 동법 시행령 제18조제1항에 따라 승인합니다.
(The undersigned hereby approves the above-mentioned goods in accordance with Article 11(2) of the Foreign Trade Act and Article 18(1) of the Enforcement Decree of the said Act.)

년 월 일

승인권자 (인)

※승인기관이 둘 이상인 경우 ㉓ - ㉖의 기재사항은 이면에 기재하도록 합니다.
※이 서식에 의한 승인과는 별도로 대금결제에 관한 사항에 대하여는 외국환거래법령이 정하는 바에 따라야 합니다.

2812-281-01811민
'98.1.12. 승인

210㎜ × 297㎜
일반용지 60g/㎡

Ⅳ 수출입 승인사항의 변경승인

1. 수출입 승인사항 변경의 의의

수출입 승인을 얻은 자는 승인을 얻은 방법에 따라 수출입을 이행하여야 한다. 그러나 거래상대방과의 계약변경 등의 사유로 인해 승인을 득한 내용을 변경할 경우가 생긴다. 이러한 경우 사안의 경중에 따라 당초승인기관에 변경승인을 얻거나 혹은 변경신고를 해야 한다.

이에 따라 승인을 받은 자가 승인을 받은 사항 중 대통령령으로 정하는 중요한 사항을 변경하려면 당초 승인한 기관의 장의 변경승인을 얻어야 하고, 그 밖의 경미한 사항을 변경하고자 하는 자는 당초 승인한 기관의 장에게 변경신고를 해야 한다.(대외무역법 관리규정 제11조 5항, 제15, 16조)

2. 수출입 승인사항의 변경승인 · 신고절차

(1) 수출입 승인사항의 변경승인 신고의 대상

수출입 승인을 얻은 사항 중에서 대통령령이 정하는 중요한 사항은 변경승인 대상이며, 그 밖의 경미한 사항은 변경신고를 한다.(대외무역법 제11조 5항)

① 변경승인대상 : 여기서 대통령령이 정하는 중요한 사항이란 다음과 같다.(대외령 제18조 3항)

- 물품등의 수량 · 가격
- 수출 또는 수입의 당사자에 관한 사항

  다만, 당사자의 변경은 파산 등 불가피한 경우에 신청한 것이라야 한다.(관리규정 제17조 4항)

② 변경신고대상 : 수출입승인 사항 중 변경신고의 대상은 다음에 해당되는 경미한 사항으로 당초 승인한 기관의 장에게 변경신고를 하여야 한다.(관리규정 제16조)

- 원산지
- 도착항(다만, 수출의 경우에만 해당함)

• 규격

• 수출입 물품등의 용도(다만, 수출입승인용도가 지정된 경우에만 해당함)

• 승인조건

그리고 수출입 승인사항의 변경승인기관의 장은 수출·수입 승인사항에 관하여 변경신고가 있는 경우 이를 확인한 후 신고를 수리하여야 한다.(관리규정 제18조 2항)

(2) 변경승인·신고의 신청과 세관장에의 통보

수출·수입승인 사항을 변경하려는 자는 당초 승인을 받은 수출입승인서 또는 수출입승인사항 변경승인·신고신청서(규정별지 제9호 서식)에 변경 사실을 증명하는 서류를 첨부하여 수출입승인 사항의 변경승인기관의 장에게 신청하여야 한다.(관리규정 제17조 1항)

수출·수입승인 사항의 변경은 수출·수입승인 유효기간 내에 신청하여야 한다. 다만, 수입의 경우로서 수입대금을 지급하고 선적서류를 인수한 후에 수입승인 사항을 변경하려는 경우에는 수입승인의 유효기간 경과 후에도 변경승인·신고를 신청할 수 있다.(관리규정 제17조 2항) 이 경우 승인기관의 장이 변경승인·신고를 수리한 때에는 그 변경승인·신고사실을 해당 세관장에게 알려야 한다.(관리규정 제17조 3항)

<별지 제9호 서식>

수출입승인사항 변경승인 · 신고(신청)서

처리기간
1 일

<table>
<tr><td rowspan="3">① 신청인 무역업고유번호 [ ]
(상호, 주소, 성명)

(서명 또는 인)</td><td>② 변경전승인일자</td></tr>
<tr><td>③ 변경전승인번호</td></tr>
<tr><td>④ 사후관리기관 · 단체명</td></tr>
<tr><td colspan="2">⑤ 변경내용(변경을 요하는 사항만을 기입하십시오)</td></tr>
<tr><td>변 경 전</td><td>변 경 후</td></tr>
<tr><td></td><td></td></tr>
<tr><td colspan="2">⑥ 승인기관기재란</td></tr>
<tr><td colspan="2">⑦ 유효기간</td></tr>
<tr><td colspan="2">⑧ 승인(신고수리)번호</td></tr>
<tr><td colspan="2">⑨ 승인기관 관리번호</td></tr>
<tr><td colspan="2">위의 신청사항을 「대외무역법」 제11조제3항 및 동법 시행령 제18조에 따라 승인(신고수리)합니다.

년 월 일

승인권자 (인)</td></tr>
</table>

2812-281-02011민 210㎜ × 297㎜

'98.1.12. 승인 일반용지 60g/㎡

제4절 수출입 승인의 면제

Ⅰ 수출입 승인면제의 의의

전술한 바와 같이 우리나라의 무역관리는 원칙자유·예외제한으로 하고 있다. 따라서 무역거래를 하고자 하는 자는 당해물품이 예외적으로 수출입승인 대상으로 지정·고시된 물품인 때에는 수출입 승인을 받아야 한다. 그러나 예외적인 제한대상인 경우에도 긴급히 처리하여야 하는 물품등과 그 밖에 수출 또는 수입 절차를 간소화하기 위한 물품등으로서 대통령령으로 정하는 기준에 해당하는 물품등의 수출 또는 수입에 대하여 그 적용상의 특례를 인정하여 수출입 승인을 면제하고 있다.(대외무역법 제11조 2항 단서)

Ⅱ 수출승인 면제대상(대외령 제19조)

1. 산업통상자원부장관이 정하여 고시하는 물품등으로서 외교관이나 그 밖에 산업통상자원부장관이 정하는 자가 출국하거나 입국하는 경우에 휴대하거나 세관에 신고하고 송부하는 물품등.(대외령 제19조 1호)(관리규정 제19조 (별표 3) 제1조)

① 일시적으로 출국하는 자 또는 일시적으로 입국하여 다시 출국하는 자(선박 또는 항공기에 승무하여 출국하는 승무원을 제외한다)가 출국할 때에 휴대하여 반출하는 물품 또는 별송으로 반출하는 물품으로서 출국의 목적, 여행의 기간, 출국자의 직업 그 밖의 사유에 의하여 세관장이 타당하다고 인정하는 물품

② 외국에 주거를 이주할 목적으로 출국하는 자(외국에서 2년 이상 체류할 예정으로 출국하는 자와 1년 이상 체류할 예정으로 출국하는 자 중 가족을 동반한 자를 말하며 일시적으로 입국하여 출국하는 자는 제외한다)가

출국할 때에 휴대하여 반출하는 이사물품이나 별송으로 반출하는 이사물품으로서 그 출국의 사유 등에 의하여 세관장이 타당하다고 인정하는 물품

③ 우리나라와 외국간을 왕래하는 선박 또는 항공기의 승무원이 해당 선박 또는 항공기에 승무하여 출국할 때에 휴대하여 반출하는 개인용품으로서 세관장이 타당하다고 인정하는 물품

④ 우리나라에 온 외국의 원수와 그 가족 및 수행원에 속하는 물품으로서 출국시에 반출하는 물품

⑤ 외국정부의 초청으로 파견된 고문관·기술단원 그 밖에 이에 준하는 자에게 속하는 물품으로서 주무부장관이 확인한 물품

⑥ 「해외이주법」에 의한 해외이주자가 해외이주를 위하여 반출하는 시설기재 및 원료 등의 물품으로서 외교부장관 또는 외교부장관이 지정하는 기관의 장이 타당하다고 인정하는 물품

2. 다음 어느 하나에 해당하는 물품등 중 산업통상자원부장관이 관계 행정기관의 장과의 협의를 거쳐 고시하는 물품등(대외령 제19조 2호)

(1) 긴급을 요하는 물품

긴급히 처리하여야 하는 물품등으로서 정상적인 수출·수입 절차를 밟아 수출·수입하기에 적합하지 아니한 물품등(대외령 제19조 2호 가목)

그러나 이 물품에 대해서는 대외무역관리규정 <별표 3>에 별도로 게기되어 있지 않다.

(2) 무역거래를 원활하게 하기 위한 물품

무역거래를 원활하게 하기 위하여 주된 수출 또는 수입에 부수된 거래로서 수출·수입하는 물품등(대외령 제19조 2호 나목).(관리규정 제19조 (별표 3) 제2조)

① 반출하는 상품의 견품 및 광고용 물품으로서 세관장이 타당하다고 인정하는 물품. 다만, 유상으로 반출하는 경우 미화 5만 달러 상당액(신고가격 기준)이하의 물품

② 외국에서 개최되는 박람회, 전람회, 견본시, 영화제 등에 출품하기 위하여

무상으로 반출하는 물품

③ 수출된 물품이나 수입된 물품이 계약조건과 상이하거나, 하자보증이행 또는 용도변경 등의 부득이한 사유로 대체 또는 반송을 위하여 반출하는 물품 또는 수출된 물품의 누락이나 부족품에 대하여 보충을 위하여 반출하는 물품

④ 수출물품의 성능보장기간 내에 해당 물품의 수리 또는 검사를 위하여 반출하는 물품

⑤ 「외국환거래법」에 따른 허가를 받고 주무부장관의 허가 또는 추천을 받아 반입한 나용선 또는 임차항공기의 반입을 위한 반출물품

⑥ 무환수탁가공무역에 의하여 수입된 원료의 잔량분 또는 수탁판매수입에 의하여 수입된 물품의 판매되지 아니한 잔량분으로서 무상으로 반출하는 물품

⑦ 「외국인투자촉진법」 및 「외국환거래법」에 따라 기술도입계약신고를 한 자가 신고된 내용에 따라 기술대가를 현물로 지급하기 위하여 반출하는 물품

⑧ 해외에서 투자, 건설, 용역, 플랜트수출 그 밖에 이에 준하는 사업에 종사하고 있는 우리나라 업자(현지 합작법인을 포함한다)에게 무상으로 송부하기 위하여 반출하는 시설기재, 원료, 근로자용 생활필수품 및 그 밖에 그 사업에 관련하여 사용하는 물품으로서 주무부장관 또는 주무부장관이 지정한 기관의 장이 확인한 물품

⑨ 「수산업법」 제41조 및 제42조에 따라 해양수산부장관 또는 해양수산부장관이 지정한 기관의 장의 허가를 받은 자가 원양어선에 무상으로 송부하기 위하여 반출하는 물품으로서 해양수산부장관 또는 해양수산부장관이 지정한 기관의 장이 확인한 물품

⑩ 외국정부와의 사업계약을 수행하기 위하여 계약자가 계약조건에 따라 반출하는 업무용품으로서 주무부장관이 확인한 물품

⑪ 우리나라 정부와의 사업계약을 수행하기 위하여 외국의 계약자가 계약조건에 따라 반입한 물품으로서 다시 반출하는 물품

⑫ 우리나라와 외국 간을 왕래하는 선박 또는 항공기 안에서 직접 그 선박 또는 항공기용으로 사용될 물품으로서 세관장이 타당하다고 인정하는 물품

⑬ 외국업자의 주문으로 제작되어 해당 수출물품의 생산에 사용된 후 반출하려는 금형

⑭ 그 밖에 무역거래를 원활히 하기 위하여 무상으로 반출하는 물품으로서 산업통상자원부장관이 타당하다고 인정하는 물품

(3) 부수적으로 수출하는 물품

주된 사업 목적을 달성하기 위하여 부수적으로 수출하는 물품등(대외령 제19조 2호 다목)

그러나 이 물품에 대해서는 대외무역관리규정 <별표 3>에 별도로 게기되어 있지 않다.

(4) 무상으로 수출하는 물품

무상으로 수출·수입하여 무상으로 수입·수출하거나, 무상으로 수입·수출할 목적으로 수출·수입하는 것으로서 사업 목적을 달성하기 위하여 부득이하다고 인정되는 물품등(대외령 제19조 2호 라목).(관리규정 제19조 (별표 3) 제3조)

① 무상으로 반입하여 다시 무상으로 반출하는 물품으로서 다음에 열거하는 물품

㉠ 금속제실린더, 컨테이너, 권사구(卷絲具) 등 물품의 운송을 위하여 반복 사용될 용기 또는 기구

㉡ 우리나라에서 영화를 촬영하기 위하여 입국하는 영화제작자가 반입하는 영화촬영용 기계 및 기구

㉢ 우리나라에 입국한 순회 흥행업자의 흥행용 물품

㉣ 텔레비전 방송국이 텔레비전 방송을 목적으로 반입한 영화필름

㉤ 공사용(수리용을 포함한다)이나 시험용의 기계 또는 기구

㉥ 우리나라에서 개최된 박람회 등의 종료 후 반출되는 물품

㉦ 항공기(부분품을 포함한다) 또는 선박

㉧ 플랜트수출의 이행에 필요하여 반입한 기계 및 장치

㉨ 대학 및 연구기관이 외국으로부터 품질이나 성능검사 등을 위탁받아 반입한 검사의뢰 물품 및 검사장비

② 무상으로 반입할 예정으로 무상으로 반출하는 물품으로서 다음에 열거하는 물품

㉠ 금속제 실린더, 컨테이너, 권사구 등 물품의 운송을 위하여 반복 사용될 용기 또는 기구

㉡ 항공기(부분품을 포함한다) 또는 선박

㉢ 외국에서 영화(뉴스 포함)를 촬영하기 위하여 제작자가 반출하는 영화촬영에 사용되는 기계·기구로서, 해당 영화촬영을 위하여 필요하다고 세관장이 인정하는 물품

③ 외국에서 수리 또는 검사를 받을 목적으로 반출하는 물품이나 국내에서 수리 또는 검사를 받을 목적으로 반입하는 물품으로서 다시 반출하는 물품

(5) 특정지역에 수출하는 물품

산업통상자원부장관이 정하여 고시하는 지역에 수출하는 물품등(대외령 제19조 2호 마목). (관리규정 제19조 (별표 3) 제4조)

① 외국에서 물품을 보세구역에 무상으로 반입하여 가공을 하지 아니하고 다시 무상으로 반출하는 물품

② 「외국인투자촉진법」에 따라 외국인투자의 인가를 받은 기업체가 「관세법」에 따른 보세공장에서 무상 또는 계정간의 이체방식에 의하여 유상으로 수입한 원료를 가공하여 무상 또는 계정간의 이체방식에 의하여 유상으로 수출하는 물품 및 동 시설보완용 부분품, 소모성 기자재 또는 시설재.(단, 산업통상자원부장관이 지정한 기관의 장이 인정하는 경우에만 해당한다)

(6) 공공성을 가지는 물품

공공성을 가지는 물품등이거나 이에 준하는 용도로 사용하기 위한 물품등으로서 따로 수출을 관리할 필요가 없는 물품등(대외령 제19조 2호 바목).(관리규정 제19조 (별표 3) 제5조)

① 우리나라 재외공관(대한무역투자진흥공사의 해외무역관을 포함한다) 또는 외교사절 등에 송부하기 위하여 반출하는 공용물품

② 외국에 있는 자에게 증여하기 위하여 반출하는 훈장, 기장 그 밖에 이에 준하는 물품

③ 해외에 파견된 우리나라 군대에 송부하기 위하여 반출하는 군공용물품

④ 우리나라의 공공기관이 외국의 공공기관에게 우호의 목적으로 기증하기 위하여 반출하는 물품

⑤ 국제운동경기대회에 참가하는 우리나라 선수단에 송부하기 위하여 반출하는 경기용 물품 및 이에 준하는 물품

⑥ 무상으로 반출하는 구호품

⑦ 산업통상자원부장관이 해외에 반출하는 국내우표와 산업통상자원부장관의 해외우표 판매허가를 받은 자가 산업통상자원부장관의 추천을 받아 반출하는 국내우표

⑧ 우리나라에 있는 외국의 대사관, 공사관, 영사관, 통상대표공관 그 밖에 이에 준하는 기관에서 반출하는 공용물품 또는 그 기관에 소속된 외무공무원 및 그 가족이 반출하는 자용물품

⑨ 국제협약 등에 의한 조사단 또는 사찰단이 협약 등에 의한 조사 또는 사찰을 위하여 반출하는 장비, 물품 및 그 구성원의 자용물품

(7) 상행위 이외의 목적으로 수출하는 물품

그 밖에 상행위 이외의 목적으로 수출하는 물품등(대외령 제19조 2호 사목).(관리규정 제19조 (별표 3) 제6조)

① 무상으로 송부하기 위하여 반출하는 기록문서와 그 밖의 서류(사진 및 마이크로필름을 포함한다.)

② 뉴스를 취재한 필름이나 녹음테이프 등으로서 우리나라의 신문사, 통신사, 방송국 또는 우리나라에 있는 외국의 신문사, 통신사, 방송국의 특파원이 있는 본사, 지사 또는 주재원 등 앞으로 송부하기 위하여 반출하는 물품

③ 유골(유체를 포함한다)

④ 「외국환거래법」에 따라 인정된 용역계약에 따라 문화체육관광부장관의 추천을 받아 무상으로 반출하는 국산영화

⑤ 외국환은행으로부터 수입물품을 담보로 자금을 융자받은 무역업자의 파산, 해산, 행방불명 등으로 인하여 그 무역업자에 의한 통관이 불가능한 경우에 해당 외국환은행이 담보권 행사를 위하여 보세구역 내에서 반출하는 물품

⑥ 국제공동연구를 위하여 반출하는 연구용 기자재·원료 또는 국제공동연구의 결과물로서 산업통상자원부장관이 추천한 물품

⑦ 그 밖에 무상으로 반출하는 물품 중 반출의 목적·사유 등에 의하여 세관장이 타당하다고 인정하는 물품

3. 해외이주자의 해외이주시에 반출하는 물품(대외령 제19조 4호)

「해외이주법」에 따른 해외이주자가 해외이주를 위하여 반출하는 원자재, 시설재 및 장비로서 외교부장관이나 외교부장관이 지정하는 기관의 장이 인정하는 물품등(대외령 제19조 4호)

Ⅲ 수입승인 면제대상

1. 산업통상자원부장관이 정하여 고시하는 물품등으로서 외교관이나 그 밖에 산업통상자원부장관이 정하는 자가 출국하거나 입국하는 경우에 휴대하거나 세관에 신고하고 송부하는 물품등(대외령 제19조 1호).

(관리규정 제19조 (별표 4) 제1조)

① 일시적으로 입국하는 자 또는 일시적으로 출국하여 다시 입국하는 자(선박 또는 항공기에 승무하여 입국하는 승무원을 제외한다)가 입국할 때에 휴대하여 반입하는 물품이나 별송으로 반입하는 물품으로서 그 입국의 목적, 체류의 기간, 입국자의 직업 등의 사유에 의하여 세관장이 타당하다고 인정하는 물품

② 우리나라로 주거를 이전할 목적으로 입국하는 자(우리나라에서 1년 이상 체류할 예정으로 입국하는 자를 말하며 일시적으로 출국하여 다시 입국하는 자를 제외한다)가 입국할 때에 휴대하여 반입하거나 별송으로 반입하는 이사물품으로서 그 입국의 사유 등에 의하여 세관장이 타당하다고 인정하는 물품

③ 우리나라와 외국 간을 왕래하는 선박 또는 항공기의 승무원이 해당 선박 또는 항공기에 승무하여 입국할 때에 반입하는 개인용품으로서 세관장이 타당하다고 인정하는 물품

④ 우리나라에 온 외국의 원수와 그 가족 및 수행원에 속하는 물품으로서 입국시에 반입하는 물품

⑤ 정부와의 사업계약을 수행하기 위하여 외국의 계약자가 계약조건에 의하여 반입하는 업무용품으로서 주무부장관이 확인을 받아 반입하는 물품

⑥ 정부의 초빙이나 국제연합 또는 외국의 정부로부터 우리나라에 파견된 고문관, 사절단원의 업무용 물품

2. 다음 어느 하나에 해당하는 물품등 중 산업통상자원부장관이 관계 행정기관의 장과의 협의를 거쳐 고시하는 물품등

(1) 긴급을 요하는 물품

긴급히 처리하여야 하는 물품등으로서 정상적인 수출·수입 절차를 밟아 수출·수입하기에 적합하지 아니한 물품등(대외령 제19조 2호 가목).(관리규정 제19조 (별표 4) 제2조)

① 조난선박의 수리 또는 구호에 필요한 비용과 해당 선박이 항해를 계속하는 데에 필요한 비용을 조달하기 위하여 매각하는 그 선박의 적재물품으로서 세관장이 부득이하다고 인정하여 반입하는 물품

② 긴급을 요하는 항공기의 부분품(항공용 유류 및 비상구급용품을 포함한다), 공항 내에서 항공기에 전용되는 지원장비의 부분품, 수리용품 및 수리용 원료를 구매 또는 임차함에 있어서 그 구매절차에 의하여는 적기에 공급이 불가능하다고 국토교통부장관 또는 국토교통부장관이 지정한 항공관계 전문기관의 장이 인정하여 반입하는 물품. 다만,「항공법」제112조에 따라 면허를 받아 정기항공운송사업을 영위하는 자가 구매 또는 임차하는 경우에는 세관장이 인정하여 반입하는 물품

③ 긴급을 요하는 국제통신시설의 수리용 부품과 기기를 구매 또는 임차함에 있어서 일반적인 절차에 의하여서는 적기에 공급이 불가능하다고 방송통신위원회위원장이 인정하여 반입하는 물품

④ 긴급을 요하는 해난구조용품으로서 일반적인 절차에 의하여는 적기 공급이 불가능하다고 해양수산부장관 또는 해양수산부장관이 지정한 해난관계 전문기관의 장이 인정하여 반입하는 물품

⑤ 긴급을 요하는 견품으로서 일반적인 절차에 의하여는 적기 공급이 불가능하다고 세관장이 인정하는 물품

(2) 무역거래를 원활하게 하기 위하여 수입하는 물품

무역거래를 원활하게 하기 위하여 주된 수출 또는 수입에 부수된 거래로서 수출·수입하는 물품등(대외령 제19조 2호 나목).(관리규정 제19조 (별표 4) 제3조)

① 반입하는 상품의 견품 또는 광고용 물품으로서 세관장이 타당하다고 인정하는 물품. 다만, 유상으로 반입하는 경우 미화 5만 달러 상당액(과세가격기준)이하의 물품

② 상품의 견품 또는 광고용 물품 제조용 원료로서 세관장이 타당하다고 인정하는 물품

③ 우리나라에서 수출된 물품으로서 수출할 때의 성질 및 형상을 변경하지 아니하고 다시 반입하는 물품

④ 수입된 물품이나 수출된 물품이 계약조건과 상이하거나, 하자보증이행 또는 용도변경 등의 부득이한 사유로 대체를 위하여 반입하는 물품 또는 수입된 물품의 누락이나 부족품에 대하여 보충을 위하여 반입하는 물품

⑤ 수입물품의 하자보증기간 내에 동 물품의 유지보수 및 성능보장을 위해 해당 물품의 수출자가 무상으로 공급하는 물품

⑥ 수출물품의 성능보장기간 내에 해당 물품의 수리 또는 검사를 위하여 반출한 물품으로 다시 반입하는 물품

⑦ 수출물품의 제조 가공에 공할 일부 외화획득용 원료로서 세관장이 해당 수출계약 이행에 필요하다고 인정하여 무상으로 반입하는 물품

⑧ 무상으로 반입하는 라벨(LABEL), 택(TAG)등 부자재

⑨ 「외국환거래법」에 따른 허가를 받고 주무부장관의 허가 또는 추천을 받아 반입하는 나용선과 산업통상자원부장관의 추천을 받아 반입하는 임차항공기. 다만, 장래 소유권이 이전되는 국적취득조건부의 것을 제외한다.

⑩ 위탁가공무역에 의하여 수출된 원료의 잔량분으로서 무상으로 반입하는 물품

⑪ 해외에서 투자, 건설, 용역, 플랜트수출 그 밖에 이에 준하는 사업을 행하고 있는 우리나라 업자가 현지에서 사용한 후 무상으로 반입하는 물품으로서 주무부장관 또는 주무부장관이 지정한 기관의 장이 확인한 물품

⑫ 우리나라의 법령에 따라 설치의 허가나 인가 등을 받은 외국상사의 지사나 출장소 등에 무상으로 송부된 사무용품, 소모품 그 밖에 이에 준하는 물품으로서 세관장이 타당하다고 인정하여 반입하는 물품

⑬ 건설용역 그 밖에 이에 준하는 업무에 종사하기 위하여 우리나라에 체류하는 외국인의 자용품으로서 세관장이 타당하다고 인정하여 반입하는 물품

⑭ 우리나라에서 외국 간을 왕래하는 선박 또는 항공기 안에서 직접 그 선박 또는 항공기용으로 사용될 물품으로서 해당 운항사항업을 행하는 자(당해 사업의 대리인을 포함한다)에게 무상으로 송부되어 오는 물품

⑮ 수출계약의 이행을 위하여 무상으로 반입하는 소모성 자재 또는 시료로서 해당 수출물품의 성능, 시험검사를 위하여 필요하다고 세관장이 인정하는 물품

⑯ 항공산업용으로 도입하는 중고 치공구

⑰ 그 밖에 무역거래를 원활히 하기 위하여 무상으로 반입하는 물품으로서 산업통상자원부장관이 타당하다고 인정하는 물품

(3) 주된 사업에 부수된 수입 물품

주된 사업 목적을 달성하기 위하여 부수적으로 수입하는 물품등(대외령 제19조 2호 다목)

그러나 이 물품에 대해서는 대외무역관리규정 <별표 4>에 별도로 게기되어 있지 않다.

(4) 무상으로 수입하는 물품

무상으로 수출·수입하여 무상으로 수입·수출하거나, 무상으로 수입·수출할 목적으로 수출·수입하는 것으로서 사업 목적을 달성하기 위하여 부득이하다고 인정되는 물품등(대외령 제19조 2호 라목).(관리규정 제19조 (별표 4) 제4조)

① 무상으로 반출할 예정으로 무상으로 반입하는 물품 중 다음에 열거하는 물품

㉠ 외국의 신문사, 통신사 또는 방송국의 특파원으로서 우리나라에 파견된 자가 뉴스의 취재용으로 반입하는 필름 또는 녹음테이프

㉡ 금속제 실린더, 컨테이너, 권사구 등 물품의 운송을 위하여 반복 사용되는 용기 또는 기구

㉢ 우리나라에서 영화를 촬영하기 위하여 입국하는 영화제작자가 반입하는 영화촬영용 기계·기구로서 해당 영화촬영을 위하여 필요하다고 세관장이 인정하는 물품

㉣ 우리나라에 입국하는 순회 흥행업자의 흥행용 물품

㉤ 텔레비젼 방송국이 텔레비젼 방송을 목적으로 반입한 영화필름

㉥ 공사용(수리용을 포함한다)이나 시험용의 기계 또는 기구

㉦ 우리나라에서 개최한 박람회, 전시회, 견본시, 영화제 등에 출품하기 위한 물품

㉧ 항공기(부분품을 포함한다) 또는 선박

㉨ 플랜트수출의 이행에 필요하여 반입하는 기계 또는 장치로서 한국기계공업진흥회장이 추천하는 물품

㉩ 대학 및 연구기관에 외국으로부터 품질이나 성능검사 등을 위탁받아 반입하는 검사의뢰 물품 및 검사장비

② 무상으로 반출된 물품을 다시 무상으로 반입하는 물품으로서 다음에 열거하는 물품

㉠ 금속제 실린더, 컨테이너, 권사구 등 물품의 운송을 위하여 반복 사용되는 용기 또는 기구

㉡ 항공기(부분품을 포함한다) 또는 선박

㉢ 외국에서 영화(뉴스필름을 포함한다)를 촬영하기 위하여 영화제작자가 반출한 영화촬영용의 기계·기구

㉣ 외국에서 개최된 박람회, 전시회, 견본시, 영화제 등에 출품된 물품으로서 반송되어 온 물품

㉤ 해외에서 투자, 건설, 용역, 플랜트수출 그 밖에 이에 준하는 사업에 종사하고 있는 우리나라 업자(현지합작법인을 포함한다)에게 무상으로

송부하기 위하여 반출한 시설기재, 원료, 근로자용 생활필수품, 그 밖에 그 사업에 관련하여 사용한 물품

ⓑ「수산업법」 제41조 및 제42조에 따라 해양수산부장관 또는 해양수산부장관이 지정한 기관의 장이 허가를 받은 자가 원양어선에 무상으로 송부하기 위하여 반출한 물품

③ 외국에서 수리 또는 검사를 받을 목적으로 반출한 물품을 반입하거나 국내에서 수리 또는 검사를 받을 목적으로 외국으로부터 반입하는 물품

(5) 특정지역으로부터 수입하는 물품

산업통상자원부장관이 정하여 고시하는 지역으로부터 수입하는 물품등(대외령 제19조 2호 마목). (관리규정 제19조 (별표 4) 제5조)

① 「외국인투자촉진법」에 따라 외국인투자의 인가를 받은 기업체가 「관세법」에 따른 보세공장에서 가공할 것을 목적으로 무상 또는 계정 간의 이체방식에 의하여 유상으로 수입하는 원료 및 동 시설보완용 부분품, 소모성 기자재 또는 시설재(단, 산업통상자원부장관이 지정한 기관의 장이 인정하는 경우에 한함)

② 「관세법」에 따라 보세판매장 설영특허를 받은 자의 판매용 물품으로서 관세청장이 산업통상자원부장관과 협의하여 지정하는 물품

(6) 공공성을 가지는 물품

공공성을 가지는 물품등이거나 이에 준하는 용도로 사용하기 위한 물품등으로서 따로 수입을 관리할 필요가 없는 물품등(대외령 제19조 2호 바목).(관리규정 제19조 (별표 4) 제6조)

① 국가원수에게 반입되는 물품

② 우리나라에 있는 자에게 증여하기 위하여 반입되는 훈장, 기장 그 밖에 이에 준하는 물품

③ 외국에 있는 우리나라의 군대, 군함 또는 공관으로부터 반입되는 공용물품

④ 사원, 교회 등에 기증된 식전용품 및 예배용품으로서 세관장이 타당하다고 인정하여 반입되는 물품

⑤ 자선 또는 구호의 목적으로 기증된 급영품 및 「관세법」 제91조제2호에 따른 기획재정부령에 의하여 지정된 구호시설과 사회복지시설에 기증되어 직접 사회복지용에 공하는 물품으로서 세관장이 타당하다고 인정하여 반입하는 물품

⑥ 학교, 박물관, 물품진열소 그 밖에 「관세법」 제90조제1항제2호 및 제4호에 따라 지정한 시설에 표본, 참고품, 학술연구 또는 교육용에 직접 공하는 세관장이 타당하다고 인정하여 반입되는 물품

⑦ 외국의 공공기관으로부터 우리나라 공공기관에 우호의 목적으로 기증되어 반입되는 물품

⑧ 정부 또는 지방자치단체에 기증된 물품으로서 해당 기관이 직접 사용하는 물품과 해당 기관에서 실시하는 공공사업에 공하기 위하여 반입되는 물품

⑨ 국제연합교육과학문화기구(유네스코)에서 발행하는 유네스코구폰과 교환으로 송부되어 반입하는 물품

⑩ 우리나라에 있는 외국의 대사관, 공사관, 영사관, 통상대표기관 그 밖에 이에 준하는 기관에서 반입하는 공영물품 그 밖에 그 기관에 소속 되는 외국공무원 및 그 가족이 반입하는 자용품

⑪ 「박물관 및 미술관진흥법」에 따라 등록된 박물관 또는 미술관(설립자가 법인인 박물관 또는 미술관에만 해당한다)이 같은 박물관 또는 미술관에 전시할 목적으로 수입하는 물품으로서 문화체육관광부장관의 추천을 받은 물품

⑫ 국제공동경기에 참가한 우리나라 선수단의 경기용 물품 및 이에 준하는 물품으로 반출하였다가 다시 반입하는 물품

⑬ 국제협약 등에 따른 조사단 또는 사찰단이 협약 등에 따른 조사 또는 사찰을 위하여 반입하는 장비, 물품 및 그 구성원의 자용물품

(7) 상행위 이외의 목적으로 수입하는 물품

그 밖에 상행위 이외의 목적으로 수입하는 물품등(대외령 제19조 2호 사목).(관리규정 제19조 (별표 4) 제7조)

① 무상으로 반입하는 간행물, 기록문서와 그 밖의 서류(사진 및 마이크로필름을 포함한다)

② 해상사고로 인하여 우리나라 선박이 침몰 또는 폐선된 경우에 그 외국가해자로부터 현물배상으로서 제공받아 해외공관장의 확인을 받아 반입하는 선박

③ 우리나라의 선박 또는 항공기가 조난으로 인하여 해체된 경우에 반입하는 해체물품 및 장비품

④ 우리나라에서 출항한 선박 또는 항공기로 반출한 물품으로서 해당 선박 또는 항공기의 사고로 인하여 다시 반입하는 물품

⑤ 우리나라의 선박 또는 항공기가 국외에서 고장으로 인하여 분리된 부분품(현지 수리 후 반입하는 것을 말한다)

⑥ 「관세법」 제144조에 따라 선박 또는 항공기의 전환이 있는 경우에 해당 선박 또는 항공기에 적재되어 있는 선박용 또는 항공기용품으로서 세관장이 타당하다고 인정하는 물품

⑦ 유골(유체를 포함한다)

⑧ 외국환은행으로부터 수입물품을 담보로 자금을 융자받은 수출입업자의 파산, 해산, 행방불명 등으로 인하여 그 수출입업자에 의한 통관이 불능한 경우에 해당 외국환은행이 담보권 행사를 위하여 보세구역으로부터 다른 지역으로 반입하는 물품

⑨ 「외국환거래법」 제18조에 따라 기획재정부장관이 정하는 바에 따라 지급을 인정하는 것으로서 다음에 열거된 물품

㉠ 외항운송업자가 경상운항경비로 구입하여 그 선박 또는 항공기용으로 사용된 식용품 및 서비스용품

㉡ 자기치료를 위한 미화 2천 달러 이하의 의약품으로서 식품의약품안전청장이 추천한 물품. 다만, 일정한 치료주기가 필요한 물품에 한하여 최소 치료주기에 대한 소요량을 명기한 경우와 각 개인에 대한 진단서를 첨부하여 2명 이상에 필요한 의약품을 수입하는 경우 미화 2천 달러 이상의 경우라도 추천할 수 있다.

㉢ 운송사업자가 외국항공기에 공급하기 위하여 반입하는 식용품 및 「관세법」 제2조제10호에 따른 기용품

⑩ 국제공동연구를 위하여 반입하는 연구기자재 또는 국제공동연구 결과물로서 산업통상자원부장관이 수입 추천하는 물품

⑪ 시험・연구를 위하여 반입하는 물품으로서 산업통상자원부장관이 추천한 물품

⑫ 신문사, 통신사 또는 방송국의 해외자사에서 구입・사용 후 내용연한이 경과된 방송・촬영장비중 무상으로 반입하는 것으로, 반입목적 등의 사유에 의하여 그 타당성이 인정되어 산업통상자원부장관이 주무부장관과 협의하여 수입추천하는 물품

⑬ 국내거주자가 자가사용을 위하여 정보통신망 등을 이용하여 구매신청 후 대금을 지급하는 거래에 의하여 외국으로부터 우편 등으로 반입하는 물품으로서, 가격 및 수량 등 그 반입의 목적・사유에 의하여 세관장이 타당하다고 인정하는 경우

(8) 외국환거래가 수반되지 않는 물품

외국환 거래 없이 수입하는 물품등으로서 산업통상자원부장관이 정하여 고시하는 기준에 해당하는 물품등.(대외령 제19조 3호)

이에 해당되는 물품등은 그 반입의 목적, 사유 등에 의하여 세관장이 타당하다고 인정하는 물품등을 말한다. 이 경우 세관장은 과세가격이 500만원을 초과하는 수입에 대하여 수입승인서의 제출을 요구할 수 있다.(관리규정 제20조)

Ⅳ 수출입 승인면제의 확인

산업통상자원부장관은 승인대상물품(제11조제2항 본문에 해당하는 물품등) 중 승인을 받지 아니하고 수출되거나 수입되는 물품등이 수출입승인면제(제11조제2항 단서)에 따른 물품등에 해당하는지를 확인하여야 한다.(대외무역법 제14조)

제5절 과학적 무역업무의 처리기반 구축

 전산관리체제 개발 · 운영

산업통상자원부장관은 물품등의 수출입 거래가 질서 있고 효율적으로 이루어질 수 있도록 대외무역통계시스템 및 전자문서 교환체계 등 과학적 무역업무의 처리기반을 구축하기 위하여 노력하여야 한다.(대외무역법 제15조 1항)

이에 따라 산업통상자원부장관은 수출입 거래가 질서 있고 효율적으로 이루어질 수 있도록 다음과 같은 전산관리체제를 개발·운영하여야 한다.(대외령 제21조 1항)

① 무역거래자별 고유번호(이하 "무역업고유번호"라 한다)의 부여 및 관리 등 수출입통계 데이터베이스를 구축하기 위한 전산관리체제

② 「불공정무역행위 조사 및 산업피해구제에 관한 법률」 제4조에 따른 불공정무역행위를 방지하기 위한 전산관리체제

③ 효율적인 수출입 거래를 위한 다음과 같은 전산관리체제

㉠ 부문별 무역전산관리체제를 유기적으로 연계하기 위한 전산관리체제

㉡ 관계 행정기관의 장이 필요하다고 인정하여 산업통상자원부장관과 협의하여 정한 해당 기관 소관의 무역 관련 전산관리체제

④ 그 밖에 무역업계의 요청에 따라 산업통상자원부장관이 필요하다고 인정하는 전산관리체제

산업통상자원부장관은 이상과 같은 전산관리체제를 개발·운영하기 위하여 필요하다고 인정하면 그 경비의 일부를 해당 전산관리체제의 개발·운영에 필요한 정보를 제공한 기관에 지원할 수 있다.(대외령 제21조 2항)

Ⅱ 전산관리체제 개발 · 운영을 위한 정보 제공

산업통상자원부장관은 과학적 무역업무의 처리기반을 구축하기 위하여 필요하다고 인정되면 관계 행정기관의 장에게 대통령령으로 정하는 바에 따라 통관기록 등 물품등의 수출입 거래에 관한 정보를 제공하도록 요청할 수 있다. 이 경우 관계 행정기관의 장은 이에 협조하여야 한다.(대외무역법 제15조 2항)

관계 행정기관의 장은 이 법의 목적의 범위에서 필요하다고 인정되면 산업통상자원부장관에게 위의 규정에 따라 구축된 물품등의 수출입 거래에 관한 정보를 제공하도록 요청할 수 있다. 이 경우 산업통상자원부장관은 이에 협조하여야 한다.(대외무역법 제15조 3항)

산업통상자원부장관은 전산관리체제를 개발·운영하는 데에 필요하면 위의 규정에 따라 관세청장에게 다음의 정보를 요청할 수 있다.(대외령 제22조 1항)

① 「관세법」 제241조(수출·수입 또는 반송의 신고)에 따라 신고한 무역거래자의 상호, 성명 등 무역거래자에 관련된 정보

② 「관세법」 제241조(수출·수입 또는 반송의 신고)에 따라 신고한 각 신고별 신고 수리일, 수출 또는 수입 물품의 품명·수량·금액, 거래 형태 등에 관련된 정보로서 산업통상자원부장관이 정하는 정보

산업통상자원부장관은 전산관리체제를 개발·운영하기 위하여 위의 정보와 대외무역법시행령 제92조 제2항[*제91조(권한의 위임·위탁)에 따라 산업통상자원부장관의 권한을 위임받거나 위탁받은 자는 위임받거나 위탁받은 업무의 처리 결과를 산업통상자원부장관에게 보고하여야 한다. 보고시기, 보고방법 등에 관하여 필요한 사항은 산업통상자원부장관이 정한다.*] 및 대외무역법 제48조 제1항(*산업통상자원부장관 또는 관계 행정기관의 장은 제5조 제4호 및 제4호의2에 따라 수출이 제한되거나 금지된 물품등, 전략물자 또는 제19조 제3항에 따른 물품등에 대한 수출허가나 상황허가를 받은 자 또는 수출허가나 상황허가를 받지 아니하고 수출하거나 수출하려고 한 자에게 다음 각 호의 사항에 관한 보고 또는 자료의 제출을 명할 수 있다.*)에 따라 수집된 관련 정보를 종합적으로 분석·관리하여야 한다.(대외령 제22조 2항)

위의 규정에 따른 정보의 제공 시기 및 방법, 정보의 형태, 그 밖에 정보 수집에 관하여 필요한 사항은 산업통상자원부장관이 정한다.(대외령 제22조 3항)

제5장 물품의 수출입공고

제1절 수출입 공고의 개념과 원칙

 I 수출입공고의 의의

산업통상자원부장관은 필요하다고 인정하면 대외무역법 제11조(수출입의 제한 등) 제1항과 제2항에 따른 승인 대상 물품등의 품목별 수량·금액·규격 및 수출 또는 수입지역 등을 한정할 수 있다. 또한 산업통상자원부장관은 대외무역법 제11조(수출입의 제한 등) 제1항부터 제6항까지의 규정에 따른 제한·금지, 승인, 승인의 유효기간 설정 및 연장, 신고, 한정 및 그 절차 등을 정한 경우에는 이를 공고해야 한다.(대외무역법 제11조 6,7항)

이러한 규정에 따라 산업통상자원부 장관 고시의 형태로 수출입 물품에 대한 제한여부에 관해 공고한 것이 수출입공고이다. 이는 수출입 품목관리를 위한 기본 공고라 할 수 있다.

수출입제한 또는 금지대상물품은 동시에 수출입승인대상물품으로 다음의 물품등이 이에 해당된다.(대외령 제16, 17조)

① 헌법에 따라 체결·공포된 조약이나 일반적으로 승인된 국제법규에 따른 의무를 이행하기 위하여 산업통상자원부장관이 지정·고시하는 물품등

② 생물자원을 보호하기 위하여 산업통상자원부장관이 지정·고시하는 물품등

③ 교역상대국과의 경제협력을 증진하기 위하여 산업통상자원부장관이 지정·고시하는 물품등

④ 방위산업용 원료·기재, 항공기 및 그 부분품, 그 밖에 원활한 물자 수급과 과학기술의 발전 및 통상·산업정책상 필요하다고 인정하여 산업통상자원부장관이 해당 품목을 관장하는 관계 행정기관의 장과 협의를 거쳐 지정·고시하는 물품등

수출입 품목관리와 관련하여 대외무역법상에 의한 규정된 고시는 「수출입공고」와 전략물자의 수출입과 관련된 「전략물자 수출입고시」가 있다. 또한 대외무역법 외에 57개 개별행정법상의 수출입제한사항을 통합하여 고시한 「통합공고」제도가 있다.

〈그림 5-1〉 공고체계에 의한 품목관리

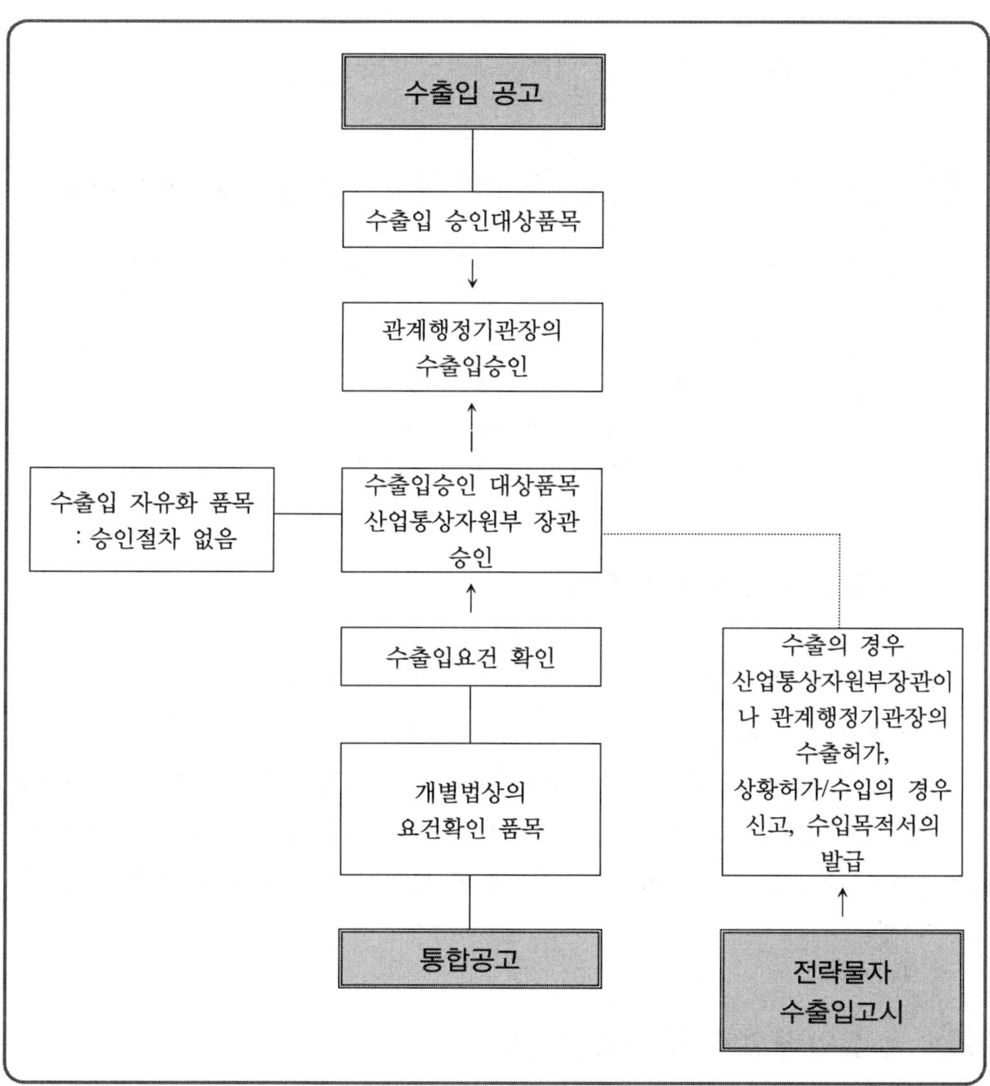

따라서 수출입을 하고자 하는 자는 먼저 무역을 할 수 있는 요건을 얻은 후 그 당해품목이 수출입에 제한이 있는지의 여부에 대해 사전점검 후 만일 그 해당품목이 규제조치에 해당할 경우 이 규제를 해제할 수 있는 요건을 갖추어야 적법하게 수출입 승인을 받을 수 있다.

수출입공고에는 수출금지품목, 수출제한품목과 수입제한품목이 규정되어 있으며 금지 및 제한품목의 경우 품목별 수량, 금액, 규격 또는 지역 등의 제한사항이 기재되어 있다.

공고체계에 의한 품목관리를 도해하면 <그림 5-1>과 같다.

관세법 상의 수출입 금지물품

관세법 제234조 (수출입의 금지) 다음 어느 하나에 해당하는 물품은 수출하거나 수입할 수 없다.

① 헌법질서를 문란하게 하거나 공공의 안녕질서 또는 풍속을 해치는 서적·간행물·도화, 영화·음반비디오물·조각물 또는 그 밖에 이에 준하는 물품
② 정부의 기밀을 누설하거나 첩보활동에 사용되는 물품
③ 화폐·채권이나 그 밖의 유가증권의 위조품·변조품 또는 모조품

Ⅱ 수출입공고의 책정원칙

수출의 경우에는 국내자원 보호상 필요한 경우와 외국의 수입쿼터품목 및 수출자율규제품목(VER ; Voluntary Export Restraint) 등 수출의 관리가 필요한 품목이나 국내물자수급조정 품목 이외에는 원칙적으로 장려하고, 수입의 경우에도 공안·도덕·풍속을 해치거나 불요불급한 사치성 소비재품목의 수입을 제한하는 외에 국내 1차산업, 유치산업 및 기간산업의 보호 등을 위하여 수입을 조정하는 경우가 있다.

Ⅲ 수출입공고의 품목표시방법

수출입공고는 수출입 품목관리 체계의 기본이 되는 것으로 우리나라는 현재

"원칙자유 · 예외적 제한"의 원칙을 담고 있는 Negative List System 방식을 1967년 7월 25일부터 시행하고 있다. 이는 1967년 우리나라가 GATT에 가입하면서 수출입품목 관리체계를 종전의 "원칙제한 · 예외적 자유"인 Positive List System에서 전환된 것이다.

① Positive List System : 수출입공고에 수출 또는 수입이 허용되는 품목만 표시하고 여기에 표시되지 않은 품목은 원칙적으로 수출 또는 수입이 제한 또는 금지되도록 하는 수출입공고의 품목 표시 방법으로 국내산업이 아직 타국과의 경쟁상태에 이르지 못한 국가에서 자국의 산업보호를 위해 실시하고 있다.

② Negative List System : 수출입 공고에 수출 또는 수입의 제한내지 금지 품목만을 표시하고 여기에 표시되지 않은 기타 품목은 수출 또는 수입 허용되도록 하는 수출입 공고의 품목표시 방법으로서, 무역의 자유화, 국내상품과 외국상품과의 경쟁으로 국내산업의 체질개선, 일반대중의 소비생활 향상 등과 같은 목적에 따라 시행하고 있다.

Ⅳ 수출입공고제의 성질

수출입공고의 법적형식은 "산업통상자원부 고시 제○○호"의 형식을 취하며, 그 개정에 있어서도 동일하다. 이러한 수출입공고는 행정명령[22]의 일반적인 형식을 취하고 있으며 내용적으로는 법규적 성질의 것을 규정하고 있다. 수출입공고는 무역관리법령의 구체적인 규정과 결합하여 실질적으로 법의 보충적 기능을 하고, 또 법의 시행을 위한 구체적, 기술적 준칙 등을 규정하고 있다. 이러한 의미에서 수출입공고는 행정권의 의사표시(공법행위)이지만, 법규로서의 성질을 지니는 법규명령[23]이다. 따라서 그것은 국가와 국민에 대하여 일반적 구속력을 갖는 법규이다.

22) 행정명령(行政命令)은 행정 기관이 행정 목적을 위하여 직권으로 내리는 모든 명령이다.
23) 법규명령(法規命令)은 행정권에 의하여 정립되는 법규의 성질을 가지는 명령이다.

제 2절 수출입품목 분류방법 및 구분

 SITC(국제표준무역분류)

국제무역은 1950년대에 들어서면서 구조의 변화, 무역의 다양화 등에 따라 세계 각국이 적용할 수 있는 공통적인 품목분류방법이 요구되었다.

이에 따라서 국제연합(UN) 경제사회이사회는 UN통계분과위원회의 추천으로 1950년 7월 21일 무역상품의 분류방법으로 SITC(Standard International Trade Classification)를 발표하고, 이 방법에 의해 국가별 경제분석과 상품별 무역통계를 작성하였다. 또한 UN경제사회이사회는 각국의 통계작성에 적용할 것을 권고하였으며, 세계 대부분의 국가가 적용하였고, 우리나라에서도 1955년부터 SKTC (Standard Korean Trade Classification)을 제정하여 사용하였다.

1985년 5월 3차 개정된 SITC는 약 45,000개의 품목을 3,119개의 기본항목(basic headings)으로 분류하고, 기본항목을 261개의 집단(group)으로, 집단을 67개의 類(division)로, 그리고 類를 10개의 부(section)로 분류하고 있다.

2006년 3월 UN 통계위원회는 SITC 4차 개정판을 승인하고 2007년부터 사용하고 있다. SITC 제4차 개정판은 국제통일상품분류제도(HS)와 동시에 효력을 발생했다. SITC는 HS가 채택되기 이전에는 국제비교를 할 수 있는 유일한 무역분류였으나 1988년 이후 HS가 전 세계적으로 이용됨으로써 SITC의 중요성이 줄어들었다. SITC는 국제무역의 대상이 되는 모든 상품에 관한 국제무역통계를 수집 및 무역통계에 관한 국제비교성을 확보하는 기능을 갖고 있다.

현행 SITC 4차 개정판은 10개의 장(chapter)에, 67개의 類(division), 262개의 집단(group), 1,023개의 소집단(subgroup), 2,970개의 기본항목(basic headings)으로 분류하고 있다.

SITC 제3차 개정은 기초자료로 HS를 이용하였으며 숫자코드에 의한 5단계의 계층구조로 구성되어 있다. SITC 제4차 개정과 HS의 연계는 CPC(Central product classification)[24]와 HS간 연계와 유사하다. SITC 제4차 개정판의 5자리 품목은 CPC 세세분류(5자리) 품목의 전체 또는 일부와 일치한다. 그러나 연계는 모든 CPC 세세분류가 SITC 제4차 개정판에 있어서 3자리품목의 일부분이라는 점이다. CPC 세세분류는 SITC 제4차 개정판의 3자리품목으로 통합이 가능하다.

Ⅱ CCCN(관세협력이사회 상품분류표)

유럽관세동맹의 추진을 목표로 1952년에 탄생한 후 세계 각국이 가맹국이 됨으로써 세계적인 관세기구가 된 관세협력이사회(The Customs Cooperation Council : CCC)는 1950년에 체결된 "관세율표에서의 상품분류를 위한 품목표에 관한 조약"에 의거, 1937년에 이미 작성된 바 있는 제네바 관세품목표를 토대로 하여 1955년 7월 브뤼셀 관세품목분류(Brussels Tariff Nomenclature : BTN)를 작성하고 국제적으로 통일된 관세품목분류의 실현을 위한 기초를 마련하였다.

BTN방식은 그 동안 각국의 관세율표상의 품목분류가 통일되지 않음으로써 유발되는 각국간의 오해와 통계상의 불일치를 해소하는데 크게 기여하였다. 이로써 무역상품의 분류에 국제적 통일성이 갖춰지고 관세품목분류가 간결·단순하게 되었다. 또한 세관용어까지 통일됨으로써 일반의 이해를 증진시키고 국제적 관세교섭을 간소화하게 되었다.

우리나라는 1962년부터 관세율표와 품목분류를 BTN방식으로 하였다. 그 후 1976년 6월 CCC총회에서 BTN이라는 명칭을 관세협력이사회(CCC Nomenclature)의 명칭을 딴 CCCN(CCC Nomenclature)으로 개칭하고 내용은 BTN과 같이 그대로 사용하여 왔다. 1988년 국제통일상품분류체계인 국제통일상품분류제도(HS)가 채택되기 전까지 세계 132개국이 관세율표로 사용하였다. 우리나라도 1987년까지 관세협력이사회 상품분류표(CCCN)를 사용했으며, 1988년 이후에는 국제통

24) 국제생산물 분류(Central Product Classification : CPC, 산출물 분류) : WTO 서비스 협상에 사용되고 분류체계로, 경제활동 과정에서 생산될 수 있는 모든 산출물(이동재, 비이동재 및 서비스)을 분류한 것인데, 여기에는 토지 등과 같은 비생산 자산과 특허, 허가, 상표 및 복제권 등 무형자산도 포함되어 있다. 적용된 분류기준으로는 산출물의 성질과 산업원천(경제활동)이라는 두 가지 측면이 고려되었으며, 산출물의 성질로는 재화의 원재료, 생산(조립)단계, 재화의 생산방법 또는 투여된 서비스, 산출물의 생산목적, 용도, 기능 및 판매대상(수요자) 등이 고려되었다.

일상품분류제도(HS)를 기준으로 한 품목분류표를 활용하고 있다.

이 CCCN 분류방식은 다음과 같은 네 가지를 종합적으로 고려하여 이루어졌다.

- 원료를 중심으로 한 분류
- 제조과정을 중심으로 분류
- 노동과정을 중심으로 한 분류
- 용도를 중심으로 한 분류

따라서 원재료로부터 각종 제품까지를 계통적으로 분류하고 21부(section), 99류(chapter), 1,011호(heading)의 대, 중, 소 3항으로 분류하고 채택국가는 자국실정에 맞게 heading을 다시 세분화할 수 있도록 하였다.

CCCN은 조직적인 분류체계를 갖추고 적용상의 분류통칙(分類通則)과 규제력(規制力)을 가지는 주해(註解)가 있으므로, 최대한의 용이성과 정밀성 및 적용상의 정확을 기할 수 있다. 따라서 분류항목의 명칭이 구체적으로 표기되어 있고, 분류항목마다 적용되는 범위에 대한 수출입 CCCN 분류색인서(Alphabetical Index to the Brussels Nomenclature & Explanatory Notes)가 있으므로 정확한 분류를 할 수 있었다.

Ⅲ HS(조화제도)

종전의 SITC, CCCN 중심의 상품분류체계에서는 세목의 비교가 어렵고, 무역거래에 불편을 주어 시간과 경비가 많이 소요되었으며, 다양화되는 무역구조, 기술의 진보에 따른 신상품의 등장에 따라서 새로운 체계의 품목분류방법이 요구되었다.

따라서 무역통계에 종사하는 자의 사용을 용이하게 하여 국제무역의 원활화를 도모하고자 그 동안 다양화되었던 상품분류체계인 SITC, CCCN, 미국의 TSUSA[25] 등을 통일적으로 적용하기 위하여 CCCN을 골격으로 한 새로운 국제통일상품분류체계인 국제통일상품분류제도(The Harmonized Commodity Description and Coding System)를 만들었는데, 이를 통상 Harmonized System(조화제도, 약칭 HS)이라고 한다.

---

25) Tariff Schedule of the United States Annotated

HS제도는 1973년 개발을 선언한 후 1983년 6월 정식으로 국제협약(International Convention on the Harmonized Commodity Description and Coding system : 통일 상품명 및 부호체계에 관한 국제협약, 약칭 HS협약)의 부속서인 The Harmonized Commodity Description and Coding System(Harmonized System)을 채택하고 이 협약은 1988년 1월 1일부터 시행되었다.

우리나라를 비롯한 대다수의 국가가 시행하고 있으며, 체약국들에게 자국의 관세율표와 통계품목표를 HS에 일치시킬 의무를 부과하고 있다.

HS 협약의 궁극적 목적은 국제무역의 촉진에 있으며, HS 협약은 전문 및 본문 총 20조와 부속서인 품목분류표로 구성되어 있다. HS협약 원문은 영어와 불어로 작성되어 벨기에의 브뤼셀에 본부를 둔 관세협력이사회(Customs Cooperation Council : CCC)에 기탁되어 있다.

품목분류표의 원재료(materials), 성분(ingredients), 용도(use), 포장(packing), 품질이나 순도(quality and purity), 산업별, 기능 또는 특징 등에 따라 구분하여 그 중 원재료를 기준으로 한 분류가 가장 큰 특징으로 나타나고 있다.

일반적으로 동종의 원재료로부터 얻어지는 물품은 1개의 부・류 및 호에 일괄하여 분류하고, 하나의 류에서는 가공단계가 높아지거나, 추가적인 가공을 거친 것일수록 품목분류표의 뒤(후)에 배열하는 형식을 취한다.

그리고 HS는 6단위 이하로 더 세분하여 사용할 수 있으나 관세율표와 통계품목상의 6단위까지는 첨가 또는 감축 등의 변경을 하지 않고 그대로 사용해야 하며, 이 HS분류는 21개의 부(section)에 97개의 류(chapter)[26]를 두고 1,222개의 호(heading), 5,387개의 소호(sub-heading)로 분류되어 있었다.

원칙으로 5~6년 주기로 개정과정을 거쳐 현재 2017년 1월 1일부터 시행하고 있는 개정판인 HS Nomenclature 2017를 사용하고 있다. HS의 작성 기관은 세계관세기구(World Customs Organization ; WCO)이며 현행 HS 2017의 분류는 1단계(부, Sections) 21개 항목, 2단계(류, Chapters) 99개 항목, 3단계(호, Headings) 1,222개 항목, 4단계(소호, Subheadings) 5,387개 항목으로 분류되어 있다.

HS는 통합경제분류의 중심분류로 그 품목은 산업재화를 분류하기 위한 기초

26) CCCN의 99개류에서 제77류, 제98류, 제99류를 유보하여 96개의 류이나 이중 제77류는 신상품이 나오면 사용하기 위해 공란(Blank)으로 두었다.

일 뿐만 아니라 대외거래를 직접파악 할 수 있도록 무역분류를 통합하고 국가별 무역통계의 국제비교성을 제고하기 위하여 작성되었다.

각 품목분류방식의 비교표와 HS에 의한 상품분류표는 다음 표와 같다.

〈표 5-1〉 품목분류비교

SITC Rev.4	CCCN	HS 2012
10 chapter	21 section	21 section(部)
67 division	99 chapter	99 chapter(類; 2단위)
262 group	1,011 heading	1,222 heading(號; 4단위)
1,023 subgroup		5,387 sub-heading(小號, 6단위)
2,970 basic heading		

〈표 5-2〉 HS에 의한 상품분류

제1부 산동물 및 동물성 생산품
제 01 류 산동물
제 02 류 육과 식용설육
제 03 류 어류 · 갑각류 · 연체동물 및 기타 수생 무척추동물
제 04 류 낙농품 · 조란 · 천연꿀 및 다른 류에 분류되지 아니한 식용의 동물성 생산품
제 05 류 다른 류에 분류되지 아니한 동물성 생산품
제2부 식물성 생산품
제 06 류 산 수목과 기타 식물 및 인경 · 뿌리 및 이와 유사한 물품과 절화(切化) 및 장식용의 잎
제 07 류 식용의 채소 · 뿌리 및 괴경
제 08 류 식용의 과실 및 견과류와 감귤류 또는 멜론의 껍질
제 09 류 커피 · 차 · 마태 및 향신료
제 10 류 곡물
제 11 류 제분공업의 생산품과 맥아 · 전분 · 이눌린 및 밀의 글루텐
제 12 류 채유용에 적합한 종자와 과실, 각종의 종자와 과실, 공업용 또는 의약용의 식물 및 짚과 사료용 식물
제13류 락(lac), 검(gum) · 수지 및 기타의 식물성 액즙과 엑기스
제14류 식물성 편조물용 재료와 다른 류에 분류되지 아니한 식물성 생산품

제3부 동식물성의 유지 및 이들의 분해 생산물, 조제식용지와 동식물성의 납(蠟)

제15류 동식물성의 유지 및 이들의 분해 생산물, 조제식용지와 동식물성의 납(蠟)

제4부 조제식료품과 음료 · 알코올 · 식초 및 담배와 제조한 담배 대용물

제16류 육류 · 어류 · 갑각류 · 연체동물 또는 기타 수행 무척추동물의 조제품
제17류 당류와 설탕과자
제18류 코코아와 그 조제품
제19류 곡물 · 분 · 전분 또는 밀크의 조제품과 베이커리 제품
제20류 채소 · 과실 · 견과류 또는 식물의 기타 부분의 조제품
제21류 각종의 조제식료품
제22류 음료 · 알코올 및 식초
제23류 식품공업에서 생기는 잔유물 및 웨이스트와 조제사료
제24류 담배와 제조한 담배 대용물

제5부 광물성 생산품

제25류 소금, 황, 토석류 및 석고 · 석회와 시멘트
제26류 광 · 슬랙 및 회
제27류 광물성 연료 · 광물유 및 이들의 증류물, 역청물질 및 광물성 왁스

제6부 화학공업 또는 연관공업의 생산품

제28류 무기화학품 및 귀금속 · 회토류금속 · 방사성원소 또는 동위원소의 유기 또는 무기 화합물
제29류 유기화학품
제30류 의료용품
제31류 비료
제32류 유연 또는 염색엑스, 탄닌과 그들의 유도체, 염료 · 안료와 기타 착색제, 페인트와 바니쉬, 퍼티와 기타 매스틱 및 잉크
제33류 정유와 레지노이드 및 조제향료와 화장품류 또는 화장용품류
제34류 비누 · 유기 계면활성제 · 조제세제 · 조제윤활제 · 인조왁스 · 조제왁스 · 광택 또는 연마조제품 · 양초와 이와 유사한 물품 · 조형용 페이스트 · 치과용 왁스와 플라스터를 기제로 한 치과용 조제품
제35류 단백질계 물질, 변성전분, 글루 및 효소
제36류 화학유 · 화공품, 성냥, 발화성 합금 및 특정 가연성 조제품
제37류 사진용 또는 영화용의 재료
제38류 각종 화학공업 생산품

제7부 플라스틱과 그 제품 및 고무와 그 제품

제39류 플라스틱과 그 제품
제40류 고무와 그 제품

제8부 원피·가죽·모피 및 이들의 제품, 마구, 여행용구·핸드백 및 이와 유사한 용기와 동물거트(누에의 거트를 제외한다)의 제품

제41류 원피(모피를 제외한다)와 가죽
제42류 가죽제품, 마구, 여행용구·핸드백 및 이와 유사한 용기와 동물의 거트(누에의 거트를 제외한다)의 제품
제43류 모피와 인조모피 및 이들의 제품

제9부 목재와 그 제품, 목탄, 코르크와 그 제품, 짚·에스파르토 기타의 조물(組物) 재료의 제품과 농(籠)세공물 및 지조(枝條)세공물

제44류 목재와 그 제품 및 목탄
제45류 코르크와 그 제품
제46류 짚·에스파르토 기타 조물재료의 제품, 농세공물 및 지조세공물

제10부 목재펄프 또는 기타 섬유질 셀룰로스 재료의 펄프 및 지 또는 판지의 웨이스트와 스크랩, 지와 판지 및 이들의 제품

제47류 목재펄프 또는 기타 섬유질 셀룰로스 재료의 펄프 및 지 또는 판지의 웨이스트와 스크랩
제48류 지와 판지, 제지용 펄프·지 또는 판지의 제품
제49류 인쇄서적·신문·회화 및 기타의 인쇄물, 수제문서·타이프문서 및 도면

제11부 방직용 섬유와 그 제품

제50류 견
제51류 양모·섬수모 또는 조수모, 마모사 및 이들의 직물
제52류 면
제53류 기타 식물성 방지용 섬유, 지사 및 지사의 직물
제54류 인조 필라멘트
제55류 인조 스테이플 섬유
제56류 워딩·펠트 및 부직포, 특수사, 끈·코디지·로프 및 케이블과 이들의 제품
제57류 양탄자와 기타 방직용 섬유제의 바닥깔개
제58류 특수직물, 터후트한 섬유직물, 레이스, 태피스트리, 트리밍과 자수포
제59류 곡물·분·전분 또는 밀크의 조제품과 베이커리 페품
제60류 메리야스 편물과 뜨개질 편물

제61류 의류와 그 부속품(메리야스 편물 또는 뜨개질 편물의 것에 한한다)
제62류 의류와 그 부속품(메리야스 편물 또는 뜨개질 편물의 것을 제외한다)
제63류 제품으로 된 방직용 섬유의 기타 물품, 세트, 사용하던 의류·사용하던 방직용 섬유제품 및 넝마

제12부 신발·모자류·산류·지팡이·시트스틱·채찍 및 이들의 부분품, 조제우모와 그 제품, 조화, 인모제품

제64류 신발류·각반 및 이와 유사한 것과 이들의 부분품
제65류 모자류와 그 부분품
제66류 산류(umbrellas)·지팡이·시트·스틱·채찍 및 이들의 부 분품
제67류 조제우모와 솜털 및 그 제품, 조화, 인모제품

제13부 석·플라스틱·시멘트·석면·운모 또는 이와 유사한 재료의 제품, 도자제품, 유리와 유리제품

제68류 석·플라스틱·시멘트·석면·운모 또는 이와 유사한 재료의 제품
제69류 도자제품
제70류 유리와 유리제품

제14부 천연 또는 양식진주·귀석 또는 반귀석·귀금속·귀금속을 입힌 금속 및 이들의 제품, 모조신변 장식용품과 주화

제71류 천연 또는 양식진주·귀석 또는 반귀석·귀금속·귀금속을 입힌 금속 및 이들의 제품, 모조신변 장식용품과 주화

제15부 비(卑)금속과 그 제품

제72류 철강
제73류 철강의 제품
제74류 동과 그 제품
제75류 니켈과 그 제품
제76류 알루미늄과 그 제품
제77류 (유보)
제78류 연(鉛)과 그 제품
제79류 아연과 그 제품
제80류 주석과 그 제품
제81류 기타 비금속, 서메트, 이들의 제품
제82류 비(卑)금속제의 공구·도구·칼붙이·스푼과 포크 및 이들의 부분품
제83류 비(卑)금속제의 각종 제품

제16부 기계류와 전기기기 및 이들의 부분품, 녹음기와 음성 재생기·텔레비전의 영상 및 음향의 기록기와 재생기 및 이들의 부분품과 부속품

제84류 원자로·보일러와 기계류 및 이들의 부분품
제85류 전기기기 및 이들의 부분품, 녹음기와 음성 재생기·텔레비전의 영상 및 음향의 기록기와 재생기 및 이들의 부분 품과 부속품

제17부 차량·항공기·선박과 수송기기 관련품

제86류 철도 또는 궤도용의 기관차·차량과 이들의 부분품, 철도 또는 궤도용의 장비품과 그 부분품 및 기계식(전자기계식을 포함한다)의 각종 교통 신호용 기기
제87류 철도 또는 궤도용 이외의 차량 및 그 부분품과 부속품
제88류 항공기와 우주선 및 이들의 부분품
제89류 선박과 수상구조물

제18부 광학기기·사진용기기·영화용기기·측정기기·검사기기·정밀기기와 의료용기기, 시계, 악기 및 이들의 부분품과 부속품

제90류 광학기기·사진용기기·영화용기기·측정기기·검사기기·정밀기기와 의료용기기 및 이들의 부분품과 부속품
제91류 시계와 그 부분품
제92류 악기 및 그 부분품과 부속품

제19부 무기·총포탄 및 이들의 부분품과 부속품

제93류 무기·총포탄 및 이들의 부분품과 부속품

제20부 잡 품

제94류 가구와 침구·매트리스·매트리스서포트·쿠션과 이와 유사한 물품, 다른 류에 분류되지 아니한 램프와 조명기기, 조명용 사인, 조명용 네임플레이트와 이와 유사한 물품 및 조립식 건축물
제95류 완구·유희용구·운동용구 및 이들의 부분품과 부속품
제96류 잡 품

제21부 예술품·수집품과 골동품

제97류 예술품·수집품과 골동품
제98류 (유보)
제99류 (유보)

제3절 수출입 공고의 품목관리

I 수출입공고

1. 수출입공고상의 품목분류기준

수출입공고상의 품목분류방식은 HS상품분류에 의하고, 동 분류된 품목의 세분류는 관세·통계통합품목분류표(Harmonized System of Korea : HSK)에 의한다.(수출입공고 제3조)

2. 수출 금지품목

수출입공고 <별표 1>(수출금지품목)에 게기되어 있는 품목으로 수출이 금지된 품목이다.(수출입공고 제4조)

〈예시 1〉 수출입공고 〈별표 1〉 수출금지품목

HS	품 목	수 출 요 령
0208	기타의 육과 식용설육(신선·냉장 또는 냉동한 것에 한한다)	
40	고래, 돌고래류(고래목의 포유동물) 및 바다소(바다소목의 포유동물)의 것	다음의 것은 수출할 수 없음. ① 고래고기

3. 수출제한품목

수출입공고 <별표 2>(수출제한품목)에 게기되어 있는 품목으로 각 품목별 수출요령에 따라 수출을 승인하여야 한다.(수출입공고 제5조)

〈예시 2〉 수출입공고 〈별표 2〉 수출제한품목

HS	품 목	수 출 요 령
0808	사과, 배 (신선한 것에 한한다)	
10	사 과	다음의 것은 한국농림수산식품수출입조합의 승인을 받아 수출할 수 있음. ① 대만지역으로 수출되는 것

4. 수입제한품목

수출입공고 <별표 3>(수입제한품목)에 게기되어 있는 품목으로 각 품목별 수입요령에 따라 수입을 승인하여야 한다.(수출입공고 제6조 1항)

〈예시 3〉 수출입공고 〈별표 3〉 수입제한품목

HS	품 목	수 입 요 령
8412.10.1010	램제트 및 펄스제트엔진	한국항공우주산업진흥협회의 승인을 받아 수입할 수 있음
8412.10.1090	기타 반동엔진 중 항공기용의 것	
8412.90.1010	램제트 및 펄스제트엔진 부분품	

수출입 자동승인품목 : 수출입금지 및 제한 승인품목 이외의 품목으로 별도의 승인절차 없이 수출입이 가능한 품목이다.

5. 수출입공고등의 예외적용

(1) 외화획득용 원료 등의 수입

외화획득용 원료·기재를 수입하는 경우에는 수입제한품목이라 할지라도 별도의 제한없이 수입을 승인할 수 있다.(수출입공고 제6조 2항)

(2) 수출 절차의 간소화를 위한 물품의 수출

산업통상자원부장관은 수출절차의 간소화를 위하여 특히 필요한 경우 수출입공고 별표2의 수출요령에도 불구하고 수출승인기관을 따로 정하여 승인하게 할

수 있다.(수출입공고 제7조)

6. 세부승인요령의 공고

수출제한품목의 수출요령(수출입공고 제5조), 수입제한품목의 수입요령(수출입공고 제6조) 및 수출절차 간소화를 위한 수출요령(수출입공고 제7조)에서 정하는 승인기관의 장은 산업통상자원부장관의 합의(승인)를 얻어 동 세부승인요령을 공고하여야 한다. 다만, 단체의 경우에는 관계행정기관의 장을 경유하여야 한다. (수출입공고 제8조)

7. 통합공고와의 관계

수출입공고에 따른 수출 또는 수입승인에도 불구하고 통합공고 상에 수출 및 수입하고자 하는 물품의 수출·수입요령을 정한 것이 있는 경우에는 동 요령의 요건을 충족하여야 한다.(수출입공고 제2조) 즉, 수출입공고와 통합공고의 두 체계는 서로 독립적인 관계이므로 두 체계에서 모두 어떠한 제한사항이 있는 경우는 이 모두를 충족해야 한다.

8. 수출입승인실적등의 보고

수출입승인기관의 장은 연간 수출입승인실적을 별지서식(수출입공고 <제8조의 별지서식>)에 의거하여 당해 연도 경과 후 15일 이내에 산업통상자원부장관에게 보고하여야 한다.(수출입공고 제9조)

제4절 전략물자 수출입고시

전략물자 수출입고시는 대외무역법 제26조(전략물자 수출입고시)에 따라 전략물자의 수출입통제에 관한 사항을 정함으로써 국제평화 및 안전과 국가안보를 유지하는데 기여함을 목적으로 한다. 산업자원부장관은 관계행정기관의 장과 협의하여 대외무역법 제19조(전략물자의 고시 및 수출허가 등), 제20조(전략물자의 판정 등), 제22조(수입목적확인서의 발급), 제23조(전략물자 등에 대한 이동중지명령 등), 제24조(전략물자등의 중개), 제24조의2(서류의 보관), 제24조의3(수출허가 등의 취소), 제25조(자율준수무역거래자)까지의 규정에 관한 요령을 고시하여야 한다.(대외무역법 제26조) (전략물자수출입고시 제1조)

제5절 통합공고

통합공고제도는 대외무역법 이외의 58개 개별법에서 정하는 수출입요령 및 절차를 관계행정기관으로부터 제출받아 그 시행일 전에 산업통상자원부장관이 제출받은 수출·수입요령을 통합하여 공고함으로써 무역거래자로 하여금 수출입요령의 변동내용을 쉽게 이해하도록 하는 제도이다.(대외무역법 제12조).

통합공고의 목적은 대외무역법 제12조의 규정에 의하여 동법 이외의 다른 법령에서 해당물품의 수출입의 요건 및 절차 등을 정하고 있는 경우에 수출입 요건확인 및 통관 업무의 간소화와 무역질서 유지를 위하여 다른 법령이 정한 물품의 수출입의 요건 및 절차에 관한 사항을 조정하고 이를 통합 규정하기 위함이다.(통합공고 제1조)

통합공고상의 요건확인품목이라 하더라도, 수출입공고상의 제한품목이 아니면 수출입승인대상에 포함되지 않는다. 이러한 경우에는 해당 개별법에서 정하고 있는 요건확인을 받은 후 세관에 수출입신고하여 수출입을 이행하면 된다.

제6장 특정거래형태의 수출입

제 1 절 특정거래형태의 개념과 특성

 특정거래형태의 인정

국제무역거래에서는 자유계약의 원칙이 적용된다. 즉 거래당사자간의 교섭능력, 마케팅기법 등에 따라 자유롭게 계약할 수 있는 것이다. 그러나 무역계약은 외국기업과의 상사계약일 뿐만 아니라 계약의 조건(물품의 인도방법, 대금결제방법)에 여러 가지 특수성을 지니고 있다.

다시 말해 자유계약의 원칙에 따라 자유롭게 계약할 수 있으나 국가간의 무역계약이므로 어느 정도 국가에서 그 거래형태를 규제할 수 있다. 이 경우 무역업자의 독창적인 거래기법을 제한하거나 영업활동을 위축시킬 가능성이 있다.

따라서 산업통상자원부장관은 이러한 부작용을 해소하고 무역거래의 다양화를 촉진하기 위하여 인정(認定)제도를 통해 이를 보완하도록 하였다. 특정거래형태의 수출입과 관련하여 대외무역법령에 의하여, 산업통상자원부장관은 물품등의 수출 또는 수입이 원활히 이루어질 수 있도록 대통령령이 정하는 물품등의 수출입 거래 형태를 인정(認定)[27]할 수 있다.

여기서 "대통령령이 정하는 물품등의 수출입 거래 형태"라는 것은 해당 거래의 전부 또는 일부가 다음 하나에 해당하는 수출입 거래 형태로서 산업통상자원부장관이 정하여 고시하는 기준에 해당하는 거래(이하 "특정거래의 형태")를 말한다.(대외령 제20조 1항)

① 대외무역법 제11조(수출입의 제한 등) 제1항에 따른 수출 또는 수입의 제한을 회피할 우려가 있는 거래

② 산업 보호에 지장을 초래할 우려가 있는 거래

③ 외국에서 외국으로 물품등의 이동이 있고, 그 대금의 지급이나 영수가 국

27) 認定 : 국가나 지방자치단체가 자기의 판단에 의하여 어떤 사실의 存否나 當否를 결정하는 일

내에서 이루어지는 거래로서 대금 결제 상황의 확인이 곤란하다고 인정되는 거래

④ 대금 결제 없이 물품등의 이동만 이루어지는 거래

보다 구체적으로 특정거래의 형태는 위탁판매수출, 수탁판매수입, 위탁가공무역, 수탁가공무역, 임대수출, 임차수입, 연계무역, 중계무역, 외국인수수입, 외국인도수출, 무환수출입을 의미한다.(관리규정 제21조 1항)

기획재정부장관이 외국환 거래 관계 법령에 의하여 무역대금 결제 방법을 정하려면 미리 산업통상자원부장관과 협의하여야 한다.(대외무역법 제13조 1, 2항) 또한 산업통상자원부장관은 특정거래 형태를 인정할 때에 새로운 거래 형태의 파악 등을 위하여 필요한 경우에는 관계 행정기관의 장에게 협조를 요청할 수 있다.(대외령 제20조 3항)

그러나 이러한 특정거래형태 인정제도는 신고제도로 운영되고 있으며, 미신고시 벌칙규정이 없고 광범위한 예외규정으로 인해 그 사례가 매우 희소하여 무환수출과 중계무역 일부에 대하여 산업통상자원부에서 직접 거래를 인정받도록 하고 있는 특정거래형태 인정제도를 2014년 9월 2일 대외무역관리규정 개정시 폐지하였다.

Ⅱ 특정거래형태의 개념과 특성

1. 위탁판매수출

(1) 의의

위탁판매수출은 물품등을 무환으로 수출하여 해당 물품이 판매된 범위안에서 대금을 결제하는 계약에 의한 수출을 말한다.(관리규정 제2조 4호)

이와 같은 위탁판매수출방식은 대체로 제조업자인 위탁자가 물품을 무환으로 송부하고 이를 수탁한 외국의 수탁자로 하여금 판매케 한 후 그 판매대금에 대해 일정비율의 판매 수수료를 수취토록 하고 나머지 판매대금 및 잔품을 송부토록 하는 판매방식이다. 즉 이 거래는 외국의 수탁자가 물품을 판매하고 그 판매대금 중에서 경비 및 수수료 등을 공제한 금액을 위탁자에게 송금하는 것이 일

반적이며, 위탁자는 자기의 계산과 위험 하에 수출하고 물품의 소유권은 위탁자에게 있다.

(2) 위탁판매수출과 유사한 거래형태

① 보세창고인도조건(Bonded Warehouse Transaction ; BWT) 수출입

BWT의 수출은 수출업자가 당해 수출지역에 지점 또는 사무소를 설치하고 거래상대국의 정부로부터 허가받은 보세창고에 상품을 무환으로 반입한 후에 현지에서 상품의 구매계약이 성립되는 것이다.

수출업자와 보세창고운영자가 동일인인 경우와 동일인이 아닌 경우가 있는데 후자의 경우 보세창고의 사용료를 따로 지급하여야 한다.

보세창고인도조건에 의한 수출은 수출상대국(수입국)의 수입수요를 감안하여 현재의 수입자 또는 수용자의 편의를 제공한다는 장점이 있으며, 적극적인 판매활동으로 수출증대에 이바지할 수 있다.

BWT 수출입은 통상 인도기일이 짧아야 하는 범용성 원자재, 선용품 등의 거래시 많이 활용되며 신용장방식으로 거래시엔 신용장상에 Stale B/L을 수리하는 조항을 추가하여야 하는데[28] 이는 BWT수입의 경우 물품이 국내 보세구역에 이미 반입되어 있기 때문에 B/L 발급일이 신용장개설이전이기 때문이다. 한편 BWT 수입시엔 B/L분할통관이 허용된다.

② CTS(Central Terminal Station) 방식

BWT 수출과는 달리 수출자가 교역상대국의 법인 설립인가를 받아 설립하여 그 법인의 명의로 수출업자 본국으로부터 수입하여 현지에서 직접 판매하고 그 판매된 범위내에서 대금을 결제하는 거래이다.

이 거래방식은 해외시장개척을 위해 주로 이용되는데 본사와 현지 법인사의 거래에 주로 활용된다. 즉, 본국의 수출업자가 교역상대국의 인가를 받아 현지법인을 설립하여 그 법인의 명의로 본국에서 수입하여 현지에서 직접 판매하고자 할 때 주로 활용되고 있다.

---

28) 선적일자 이후 21일이 경과한 B/L은 신용장상에 별도로 서류제시기간이 약정되어 있지 않으면 은행이 수리하지 않는다고 규정하고 있다.(신용장통일규칙)

2. 수탁판매수입

수탁판매수입은 물품등을 무환으로 수입하여 해당 물품이 판매된 범위안에서 대금을 결제하는 계약에 의한 수입을 말한다.(관리규정 제2조 5호)

즉, 수탁자가 해외의 위탁자로부터 위탁을 받아 그 위탁자의 비용과 위험하에 물품을 무환으로 수입하여 자국내에서 판매하고 그 대금을 결제하는 형태이다. 이는 위탁자로부터 일정의 수수료를 수취할 것을 목적으로 하는 거래이다.

자금부담의 위험과 금리 및 판매에 따르는 위험은 물품의 소유권을 가지고 있는 위탁자가 부담하고 수탁자는 단지 판매 대리인으로서 위탁자가 지정한 조건에 따라 상품을 매각하고 나머지 물품은 위탁자에게 반환하며 그 매각대금에서 제 경비나 판매수수료 등을 공제한 잔액만을 위탁자에게 송금하게 된다.

따라서 수입업자(수탁자)는 판매에 대한 위험과 수입에 따르는 자기부담이 없다는 장점을 갖는 반면 수입국(수탁국)입장에서는 수탁자의 수입에 따른 부담이 없어 무분별한 수입이 조장될 가능성이 있다.

3. 위탁가공무역

위탁가공무역은 가공임을 지급하는 조건으로 외국에서 가공(제조, 조립, 재생, 개조를 포함, 이하 같음)할 원료의 전부 또는 일부를 거래 상대방에게 수출하거나 외국에서 조달하여 이를 가공한 후 가공물품등을 수입하거나 외국으로 인도하는 수출입을 말한다.(관리규정 제2조 6호)

이 거래는 자국의 임금수준이 높아 자국내에서 가공하는 것보다 가공임이 저렴한 국가에 가공을 위탁하는 것이 유리할 경우(외국의 저렴한 노동력 활용)나 자국의 기술수준이 낮아 기술이 발달된 국가에서 가공하고자 하는 경우(외국의 고도기술활용)에 이루어지는 거래이다.

국내의 인건비가 상승함에 따라 동남아, 서남아, 중국 등에서 현지 생산하기 위하여 활용되고 있는 거래형태이다.

4. 수탁가공무역

수탁가공무역은 가득액을 영수(領收)하기 위하여 원자재의 전부 또는 일부를 거래 상대방의 위탁에 의하여 수입하여 이를 가공 한 후 위탁자 또는 그가 지정하는 자에게 가공물품등을 수출하는 수출입을 말한다. 다만, 위탁자가 지정하는 자가 국내에 있음으로써 보세공장 및 자유무역지역에서 가공한 물품등을 외국으로 수출할 수 없는 경우 「관세법」에 따른 수탁자의 수출·반출과 위탁자가 지정한 자의 수입·반입·사용은 이를 「대외무역법」에 따른 수출·수입으로 본다. (관리규정 제2조 7호)

5. 임대수출

임대수출은 임대(사용대차를 포함) 계약에 의하여 물품등을 수출하여 일정기간 후 다시 수입하거나 그 기간의 만료 전 또는 만료 후 해당 물품등의 소유권을 이전하는 수출을 말한다.(관리규정 제2조 8호)

이 거래방식은 물품가격이 비싼 기계·설비 등 자본재를 구매할 능력이 없는 거래상대방에 대하여 단순 임대계약으로 물품을 임대하거나 일정기간 동안 임대료와 함께 물품대금을 분할 상환하도록 하고 임대기간 만료와 함께 대금상환이 완료되면 소유권을 이전하는 방식으로 물품을 매매할 경우에 주로 이용된다.

사용대차에 의한 수출은 사용료를 받지 아니하고 무상으로 대여하는 것이기 때문에 특수한 관계에 있는 거래 당사자간에 이용될 수 있는 거래이며 사용대차 기간이 만료하면 재수입한다는 점이 임대에 의한 수출과 같다.

6. 임차수입

임차수입은 임차(사용대차를 포함) 계약에 의하여 물품등을 수입하여 일정기간 후 다시 수출하거나 그 기간의 만료 전 또는 만료 후 해당 물품의 소유권을 이전받는 수입을 말한다.(관리규정 제2조 9호)

7. 연계무역

연계무역은 물물교환(Barter Trade), 구상무역(Compensation trade), 대응구매(Counter purchase), 제품환매(Product Buy Back) 등의 형태에 의하여 수출·수입이 연계되어 이루어지는 수출입을 말한다.(관리규정 제2조 10호)

(1) 물물교환(Barter Trade)

환거래가 발생하지 않고, 상품이 직접 교환되는 물물교환방식의 단순한 무역거래형태로서 연계무역의 가장 초보적인 형태이다. 즉 수출에 대한 대가로 수출시장으로부터 상품이나 서비스를 제공받는 방식이다.

이 거래는 신용장개설이 없는 직접적인 물물교환의 형태이며 환거래가 발생하지 않으며 교환상품의 양 및 질에 의해 쌍방간 지불의무가 상계되며 통상 상품의 인수도가 거의 동시에 이루어진다.

(2) 구상무역(Compensation trade)

환거래가 발생하고 의무를 제3국에 전가할 수 있다는 점 등을 제외하고는 물물교환형태와 동일하다.

하나의 계약서로 거래가 성립되며 기탁신용장(Escrow L/C), 보증신용장(Tomas L/C), 동시개설신용장(Back-to-Back L/C) 등 특수신용장을 사용한다. 환거래가 발생하며 쌍방간 합의된 통화로 대금을 결제한다.

(3) 대응구매(Counter purchase)

대응구매는 무역을 국영으로 하고 있는 동구제국과 다수의 개발도상국간의 동서교역에 활용된 연계무역의 가장 보편적인 거래형태로서 대응수입계약조건 아래에서 수출액의 일정비율에 상응하는 상품을 대응수입해야 하는 의무를 지게 된다는 점에서 구상무역과 차이가 없으나 two-way trade 개념에 의해서 두 개의 계약서로 거래가 이루어지는 점이 다르다. 즉, 두 개의 별도계약서에 의하여 거래가 이루어진다.

(4) 제품환매(Product Buy Back)

기술, 설비 또는 플랜트 등을 수출한 수출업자가 이의 수출대금을 제공한 기술, 설비 또는 플랜트에서 직접 파생되는 제품이나 이를 이용하여 생산된 제품으로 회수하는 거래방식이다.

〈표 6-1〉 연계무역형태의 특성 비교

구분	물물교환	구상무역	대응구매	제품환매
내용	• 하나의 계약서로 거래가 성립	• 하나의 계약서로 거래가 성립되며, back to back L/C, escrow L/C, tomas L/C 등 특수신용장이 사용된다.	• 두 개의 별도 계약서에 의하여 거래가 성립	• 대응수입상품은 수출상품의 연관재
	• 신용장(L/C) 개설이 없는 직접적인 물물교환형태	• 환거래가 발생하며 쌍방간 합의된 통화로 대금결제	• 두 개의 일반 신용장이 개설	• 대응수입은 별도계약서에 의해 이루어지며 제3국으로 전가가능
	• 환거래가 발생하지 않으며 교환상품의 양 및 질에 의해 쌍방간의 지급의무 상계	• 대응수입이행 기간은 통상 3년 이내	• 형식상 완전히 분리된 두 개의 일반무역거래형태	• 대응수입 이행기간은 통상 3년 내지 25년 정도
	• 일반적으로 거의 동시에 상품이 교환	• 대응수입비율이 20~100%	• 대응수입이행 기간은 통상 5년 이내	• 대응수입은 1회에 한하지 않고, 그 비율도 100% 초과가능
	• 대응수입의무의 제3국으로의 전가불허	• 대응수입의무를 제3국으로 전가할 수 있는 3각 구상무역도 있음	• 환거래가 발생하며 쌍방간 협의된 통화로 결제 • 대응수입의무를 제3국으로 전가가능	• 대응수입은 상품에 국한되지 않고, 판매망 제공 등으로 상계가능

8. 중계무역

중계무역(中繼貿易; Intermediary Trade)은 수출할 것을 목적으로 물품등을 수입하여「관세법」제154조에 따른 보세구역 및 같은 법 제156조에 따라 보세구역외 장치의 허가를 받은 장소 또는「자유무역지역의 지정 등에 관한 법률」 제4조에 따른 자유무역지역 이외의 국내에 반입하지 아니하고 수출하는 수출입을 말한다. (관리규정 제2조 11호) 즉, 수출할 목적으로 물품을 수입하여 원상태로 변경시키지 않은 상태로 제3국에 수출하여 수입대금과 지급액과의 차액인 중개수수료(수출금액(FOB가격)-수입금액(CIF가격)에 해당되는 가득액)를 취하는 거래를 중계무역이라고 한다.

중계무역은 관세의 면제, 보세창고의 활용, 자유항, 금융적 편의, 편리한 교통시설 등이 마련되어야 하며, 중계국 입장에서 매매차익으로서 가득액을 취득하는 이점이 있다.

최근의 중계무역은 주로 최종 수입국의 통상정책상 지역적인 수입제한조치나 차별적인 관세장벽을 회피할 목적으로 이루어지는 경향이 많으며 또한 중계국의 입장에서는 중계수수료의 취득이라는 이점과 함께 자국상품의 일반적인 수출에 미치는 영향도 고려하여야 할 것이다.

한편 중계무역은 수수료를 얻기 위한 거래이기 때문에 물품을 그대로 거래함에 따라 운송서류만에 의한 거래가 가능하기 때문에 시간, 노동, 경비를 절감할 수 있는 반면 최종 수입국의 무역정책상 원 수출국과의 거래를 제한하고 있는 경우 중계국의 개재에 따른 중계국의 일반 수출에 수입제한 또는 금지조치 등에 영향을 미칠 수 있다.

유사한 거래형태

① 중개무역(仲介貿易; Merchandising Trade)
수출국과 수입국 사이에 제3국이 게재하여 수출대금은 수출상이 수입상으로부터 직접 회수하고, 제3국 상사는 통상 수입상으로부터 수수료를 취득하는 방식이다. 중개무역의 경우 물품이 제3국을 경유하는 경우도 있고 바로 수입국으로 인도하는 경우도 있으나 통상 수출국에서 수입국으로 직접 인도된다.

② 통과무역(Transit Trade)
거래되는 물품이 수출국에서 수입국까지의 운송과정에서 수입국에 직송되지 않고 제3

국을 통과할 때 제3국의 입장에서 이를 통과무역이라고 한다. 물품의 통과에 따른 용역의 보수, 수수료, 운임, 보험료, 개장비, 부선임 등은 제3국의 수익이 된다.

③ 스위치 무역(Switch Trade)

3개국이 연쇄적인 편무역관계를 이용하여 매매계약은 수출상과 수입상 사이에 체결되고 물품도 수출국에서 수입국으로 직송되지만 대금결제에 제3국의 업자가 개입하거나 제3국의 결제통화나 계정을 이용하는 거래형태를 말한다.

9. 외국인수수입

외국인수수입은 수입대금은 국내에서 지급되지만 수입 물품등은 외국에서 인수하거나 제공받는 수입을 말한다.(관리규정 제2조 12호)

이러한 형태의 수입은 외국인도수출과 마찬가지의 원칙으로 외국에서 외국으로 물품이 이동하며, 대금지급을 국내에서 행하여지는 수입형태이며, 그 선적서류는 국내 외국환은행을 통하여 인수한 후 수입대금은 국내에서 지급하고 당해 운송서류를 외국으로 송부하여 수입물품을 외국에서 인수하는 거래형태이다.

이러한 거래형태는 플랜트 수출, 해외건설, 해외투자 및 해외 용역사업의 필요 기자재 또는 원자재를 외국에서 수입하여야 할 경우 운송시간과 경비를 절감하기 위하여 수입대금은 국내에서 지급하고 물품은 직접 해외 현장에서 인수하고자 하는 경우에 이용된다.

10. 외국인도수출

외국인도수출은 수출대금은 국내에서 영수하지만 국내에서 통관되지 아니한 수출 물품등을 외국으로 인도하거나 제공하는 수출을 말한다.(관리규정 제2조 13호)

11. 무환수출입

무환수출입은 외국환 거래가 수반되지 아니하는 물품등의 수출·수입을 말한다.(관리규정 제2조 14호)

(1) 무환수출

외국환거래가 수반되지 아니하는 물품의 수출 또는 대금결제가 수반되지 아니하고 물품의 이동만 이루어지는 거래를 의미하며 여기에는 대가를 지급하지 아니하는 물품의 수출인 무상수출도 해당된다.

무상수출입과 무환수출입

① 무상수출입 : 대가를 지급하지 아니하는 물품의 수출입

② 무환수출입 : 외국환거래가 수반되지 아니하는 물품의 수출입 또는 대금결제가 수반되지 아니하고 물품의 이동만 이루어지는 거래(무상수출입 포함)

- 무상무환 : 증여, 상속, 유증 등
- 유상무환 : 위・수탁판매무역, 위・수탁가공무역시 원자재 수출입, 임대차수출입, 무환상계결제(연계무역 중 물물교환방식의 거래) 등

제7장 외화획득용 원료·기재의 수입에 관한 관리

외화획득용 원료 · 기재 수입의 일반원칙

I 외화획득용 원료 · 기재 수입의 개념

1. 외화획득용 원료 · 기재 수입의 의의

일반적으로 수출입승인제도는 승인대상 품목에 대하여 국가에서 통제하기 위한 관리제도이나, 외화획득용 원료 · 기재의 수입승인제도는 수출을 포함한 광의의 외화획득행위를 대상으로 이에 합당한 제반지원제도를 시행하여 외화획득행위를 지원하기 위한 것이다.

2. 외화획득용 원료 · 기재의 정의

외화획득용 원료 · 기재는 외화획득용 원료, 외화획득용 시설기재, 외화획득용 제품, 외화획득용 용역 및 외화획득용 전자적 형태의 무체물을 말한다.(대외령 제2조 5호)

① 외화획득용 원료 : 외화획득용 원료는 외화획득에 제공되는 물품과 대외무역법시행령 제3조에 따른 용역 및 동 시행령 제4조에 따른 전자적 형태의 무체물(이하 "물품등"이라 한다)을 생산하는 데에 필요한 원자재 · 부자재 · 부품 및 구성품을 말한다.(대외령 제2조 6호)
이는 그 원료에 노동, 기술, 원료 등이 부가되어 새로운 형태의 생산물로 변형될 수 있다는 것이다.

② 외화획득용 시설기재 : 외화획득용 시설기재는 외화획득에 제공되는 물품등을 생산하는 데에 사용되는 시설 · 기계 · 장치 · 부품 및 구성품[물품등의 하자(瑕疵)를 보수하거나 물품등을 유지 · 보수하는 데에 필요한 부품 및 구성품을 포함한다]을 말한다.(대외령 제2조 7호)
그 자체는 제품으로 변형되지 않지만 외화획득용 물품을 생산할 수 있는 설비를 말한다.

③ 외화획득용 제품 : 외화획득용 제품은 수입한 후 생산과정을 거치지 아니한 상태로 외화획득에 제공되는 물품등을 말한다.(대외령 제2조 8호)
이는 수입한 물품을 국내에서 가공하거나 변형하지 않은 상태에서 그대로 사용되는 것을 뜻하며, 요리 등에 의한 단순변형은 제외한다. 예를 들면 외국인을 대상으로 특급관광호텔에서 사용되기 위한 관광용품과 선용품, 군납용 물품등이 있다.

④ 외화획득용 용역 : 외화획득용 용역은 외화획득에 제공되는 물품등을 생산하는 데에 필요한 대외무역법시행령 제3조에 따른 용역을 말한다.(대외령 제2조 9호)

⑤ 외화획득용 전자적 형태의 무체물 : 외화획득용 전자적 형태의 무체물은 외화획득에 제공되는 물품등을 생산하는 데에 필요한 대외무역법시행령 제4조에 따른 전자적 형태의 무체물을 말한다.(대외령 제2조 10호)

3. 외화획득용 원료·기재에 대한 관련기관

(1) 관계중앙행정기관의 장

산업통상자원부장관은 산업통상자원부장관이 관장하는 물품등을 제외하고 해당품목 등을 관장하는 중앙 행정기관의 장에게 다음의 권한을 위탁한다. 다만, 산업통상자원부장관이 관장하는 물품등에 대한 권한은 제외한다.(대외령 제91조 1항)

① 국산원료·기재의 사용을 촉진하기 위한 외화획득용 원료·기재의 수입제한에 관한 권한(대외령 제24조 2항)

② 외화획득용 원료·기재의 기준 소요량의 결정에 관한 권한(대외령 제25조)

③ 외화획득 이행기간의 결정 및 그 연장에 관한 권한(대외령 제27조)

④ 외화획득용 원료·기재 또는 그 원료·기재로 제조된 물품등(산업통상자원부장관이 정하여 고시하는 품목에 한함)에 대한 다음의 권한

- 외화획득 이행여부에 대한 사후관리에 관한 권한(대외령 제28조 1항).
- 외화획득용 원료·기재 또는 그 원료·기재로 제조된 물품등의 사용목적 변경승인에 관한 권한(대외무역법 제17조 1항)

• 외화획득용 원료·기재 또는 그 원료·기재로 제조된 물품등의 양도·양수의 승인에 관한 권한(대외무역법 제17조 2항)

⑤ 외화획득 원료·기재 또는 그 원료·기재로 제조된 물품등의 사용목적변경승인에 관한 권한 중 시·도지사에게 위임된 사무에 대한 지휘·감독 및 자료의 제출 요청에 관한 권한(·대외무역법 제52조 2항~3항)

(2) 국가기술표준원장

산업통상자원부장관이 관장하는 품목의 물품등에 대한 다음의 권한을 국가기술표준원장에게 위임한다.(대외령 제91조 제2항)

① 외화획득용원료·기재의 기준소요량의 결정에 관한 권한
(다만, 목재가구에 대한 권한은 국립산림과학원장에게 위탁되어 있다)

② 외화획득의무자의 외화획득 이행 여부에 대한 사후관리의 권한

③ 외화획득용 원료등의 사용목적변경승인에 관한 권한 중 시·도지사에게 위임된 사무에 대한 지휘·감독 및 자료의 제출요청에 관한 권한

④ 산업통상자원부장관이 지정·고시한 관계행정기관 또는 단체에 위탁된 외화획득용 원료·기재의 수입승인 및 산업통상자원부장관이 관장하는 외화획득용 원료·기재의 사후관리에 관한 사무에 대한 지휘·감독 및 자료제출요청 권한

(3) 시·도지사 및 자유무역지역관리원장

산업통상자원부장관이 관장하는 물품등에 대한 다음의 권한을 시·도지사에게 위임한다. 다만, 자유무역지역관리원의 관할구역의 입주업체에 대한 권한은 자유무역지역관리원장에게 위임한다.(대외령 제91조 제3항)

① 외화획득이행기간의 연장에 관한 권한

② 외화획득 원료·기재 또는 그 원료·기재로 제조된 물품등의 사용목적 변경승인에 관한 권한

(4) 국립산림과학원장

국립산림과학원장에게는 산업통상자원부장관이 관장하는 품목의 물품 중 목재

가구에 대한 외화획득용원료·기재의 기준소요량의 결정에 관한 권한을 위탁한다.(대외령 제91조 제2항)

(5) 관계행정기관 또는 단체의 장

산업통상자원부장관은 수출입승인 대상물품등에 대한 다음의 권한을 산업통상자원부장관이 지정하여 고시하는 관계행정기관 또는 단체의 장에게 위탁한다.(대외령 제91조 제7항) 여기서 "산업통상자원부장관이 지정하여 고시하는 관계행정기관 또는 단체의 장"은 수출입공고에 산업통상자원부장관이 지정·고시한 기관·단체(이하 "승인기관"이라 한다)의 장을 말한다.(관리규정 제8조)

① 외화획득용원료·기재의 수입승인에 관한 권한(대외령 제24조)

② 산업통상자원부장관이 관장하는 외화획득용원료·기재에 대한 사후관리에 관한 권한(대외령 제28조)

Ⅱ 외화획득용 원료·기재의 수입승인

산업통상자원부장관은 원료, 시설, 기재(機材) 등 외화획득을 위하여 사용되는 물품등(이하 "원료·기재"라 한다)의 수입에 대하여는 대외무역법 제11조 제6항(수출입금지 및 승인대상물품등의 품목별 수량, 금액, 규격, 지역 등을 한정할 수 있다.)을 적용하지 않을 수 있다. 다만, 국산 원료·기재의 사용을 촉진하기 위하여 필요한 경우에는 그러하지 아니하다.(대외무역법 제16조 1항)

수출입공고 제6조 2항에서도 "외화획득용 원료·기재를 수입하는 경우에는 수입제한품목이라 할지라도 별도의 제한없이 수입을 승인할 수 있다"라고 규정하고 있다.

산업통상자원부장관은 외화획득용 원료·기재의 범위, 품목 및 수량을 정하여 공고할 수 있다.(대외무역법 제16조 2항)

외화획득용 원료·기재를 수입한 자와 수입을 위탁한 자는 그 수입에 대응하는 외화획득을 하여야 한다. 다만, 대외무역법 제17조(외화획득용 원료·기재의 목적을 벗어난 사용 등)에 따라 산업통상자원부장관의 승인을 받은 경우에는 그

러하지 아니하다.(대외무역법 제16조 3항)

외화획득의 범위, 이행기간, 확인방법, 그 밖에 필요한 사항은 대통령령으로 정한다.(대외무역법 제16조 4항)

 외화획득의 이행

1. 외화획득의 범위

외화획득의 범위는 다음의 하나에 해당하는 방법에 따라 외화를 획득하는 것으로 한다.(대외령 제26조 1, 2항)

① 수출

② 주한 국제연합군이나 그 밖의 외국군 기관에 대한 물품등의 매도

③ 관광

④ 용역 및 건설의 해외진출

⑤ 국내에서 물품등을 매도하는 것으로서 산업통상자원부장관이 정하여 고시하는 다음 하나에 해당하는 거래(관리규정 제31조)

- 외국인으로부터 외화를 받고 국내의 보세지역에 물품등을 공급하는 경우
- 외국인으로부터 외화를 받고 공장건설에 필요한 물품등을 국내에서 공급하는 경우
- 외국인으로부터 외화를 받고 외화획득용 시설 · 기재를 외국인과 임대차계약을 맺은 국내업체에 인도하는 경우
- 정부 · 지방자치단체 또는 정부투자기관이 외국으로부터 받은 차관자금에 의한 국제경쟁입찰에 의하여 국내에서 유상으로 물품등을 공급하는 경우(대금결제통화의 종류를 불문한다)
- 외화를 받고 외항선박(항공기)에 선(기)용품을 공급하거나 급유하는 경우
- 절충교역거래(off set)[29]의 보완거래로서 외국으로부터 외화를 받고 국

---

29) 절충교역거래라 함은 연계무역의 한 형태로서 무기 등 고도의 기술제품을 수출하는 국가가 그 수출의 대가로 일정률의 수입국부품은 수입하거나 기술을 제공하여 수입국에서 일

내에서 제조된 물품등을 국가기관에 공급하는 경우

⑥ 무역거래자가 외국의 수입업자로부터 수수료를 받고 행한 수출 알선 [이 같은 행위는 외화획득행위에 준하는 행위로 본다.(대외령 제26조 2항)]

2. 외화획득의 이행의무자

외화획득용 원료·기재의 수입과 관련하여 다음의 행위를 한 자는 산업통상자원부장관으로부터 외화획득용 원료·기재의 목적을 벗어난 사용 등에 따른 승인을 얻은 경우를 제외하고, 그 수입에 대응하는 외화획득을 하여야 한다.(대외무역법 제16조 3항 및 제17조 3항)

① 외화획득용 원료·기재를 수입한 자

② 외화획득용 원료·기재의 수입을 위탁한 자

③ 외화획득용 원료·기재 또는 원료·기재로 제조된 물품등을 양수한 자

3. 외화획득의 이행기간

(1) 외화획득의 이행기간

외화획득의 이행기간은 다음의 구분에 따른 기간의 범위에서 산업통상자원부장관이 정하여 고시하는 기간으로 한다.(대외령 제27조 1항)

① 외화획득용 원료·기재를 수입한 자가 직접 외화획득의 이행을 하는 경우 : 수입신고수리일 또는 공급일부터 2년

② 다른 사람으로부터 외화획득용 원료·기재 또는 그 원료·기재로 제조된 물품등을 양수한 자가 외화획득의 이행을 하는 경우 : 양수일부터 1년

③ 외화획득을 위한 물품등을 생산하거나 비축하는 데에 2년 이상의 기간이 걸리는 경우 : 생산하거나 비축하는데 걸리는 기간에 상당하는 기간

④ 수출이 완료된 기계류의 하자 및 유지 보수를 위한 외화획득용 원료·기재인 경우: 하자 및 유지 보수 완료일부터 2년

정제품을 생산하기로 하는 경우의 거래를 말한다. 보통 상계무역이라고 쓰이고 있으나 방위산업에 관한 특별조치법에서는 이러한 경우를 절충식교역이라고 부른다. 자세한 내용은 강용찬, 전게서, p.246 참조.

위의 기간의 범위내에서 산업통상자원부장관이 정하여 고시하는 기간은 다음과 같다.(관리규정 제39조 1항)

외화획득 이행의무자는 외화획득용 원료의 수입신고수리일, 용역 또는 전자적 형태의 무체물의 공급일, 수입된 외화획득용 원료 또는 해당 원료로 제조된 물품등(이하 "원료등"이라 한다)의 구매일 또는 양수일부터 다음 각각의 기간이 경과한 날까지 외화획득의 이행을 하여야 한다.

① 외화획득 행위의 경우에는 2년

② 국내공급(양도를 포함한다)인 경우에는 1년

③ 외화획득 물품의 선적기일이 2년 이상인 경우에는 그 기일까지의 기간

④ 수출이 완료된 기계류(HS 84류부터 90류까지의 규정에 해당하는 품목)의 하자 및 유지보수용 원료등인 경우에는 10년

(2) 농림수산물의 외화획득 이행기간

외화획득의 이행기간 및 이행기간연장의 규정에도 불구하고, 농림수산물 중 해당 품목을 관장하는 중앙행정기관의 장 또는 그 중앙행정기관의 장이 지정하는 기관의 장으로부터 수입승인을 받은 원료 등의 외화획득 이행기간 및 그 연장에 대하여는 중앙행정기관의 장이 정한다.(관리규정 제40조)

4. 외화획득 이행기간 연장신청

(1) 외화획득 이행기간 연장 신청

외화획득이행의무자는 위와 같은 기간내에 외화획득의 이행을 할 수 없다고 인정되면 산업통상자원부장관이 정하는 서류를 갖추어 산업통상자원부장관에게 그 기간의 연장을 신청하여야 하며, 산업통상자원부장관은 그 신청을 받은 경우 그 신청이 타당하다고 인정할 때에는 외화획득의 이행기간을 1년의 범위안에서 연장할 수 있다.(대외령 제27조 2항, 3항)

위의 규정에 의하여 외화획득의 이행기간을 연장하려는 자는 그 기간 종료일 전에 외화획득이행기간 연장신청서(관리규정 별지 제14호 서식) 3부에 아래 외화획득이행기간 연장 가능사유의 사실을 인정할 수 있는 서류 1부를 첨부하여

관할 특별시장·광역시장·도지사 또는 특별자치도지사(이하 "시·도지사"라 한다)사에게 신청하여야 한다.(관리규정 제39조 2항)

(2) 외화획득이행기간 연장 가능사유

시·도지사는 다음의 하나에 해당하는 경우 1년의 범위 내에서 외화획득 이행기간을 연장할 수 있다.(관리규정 제39조 3항)

① 생산에 장기간이 소요되는 경우

② 제품생산을 위탁한 경우 그 공장의 도산 등으로 인하여 제품 생산이 지연되는 경우

③ 외화획득 이행의무자의 책임 있는 사유가 없음에도 신용장 또는 수출계약이 취소된 경우

④ 외화획득이 완료된 물품의 하자보수용 원료 등으로서 장기간 보관이 불가피한 경우

⑤ 그 밖에 부득이한 사유로 외화획득 이행기간 내에 외화획득 이행이 불가능하다고 인정되는 경우

5. 외화획득 이행기간 연장 승인시 외화획득용 원료등의 사후관리기관에의 통보

시·도지사가 외화획득 이행기간 연장을 승인한 때에는 그 사실을 신청자와 외화획득용 원료 등에 대한 사후 관리에 관한 권한을 위임·위탁받은 기관·단체(이하 "외화획득용 원료 등의 사후 관리기관[30]"이라 한다.)의 장에게 통보하여야 한다.(관리규정 제39조 4항)

---

30) 산업통상자원부장관이 관장하는 물품 : 국가기술표준원장
그 외의 물품 : 관계중앙행정기관의 장
수출입승인 대상물품 : 산업통상자원부장관이 지정하여 고시하는 관계행정기관 또는 단체의 장

Ⅳ 외화획득용 원료 · 기재의 목적외 사용등

1. 외화획득용 원료 · 기재의 목적외 사용

원료 · 기재를 수입한 자는 그 수입한 원료 · 기재 또는 그 원료 · 기재로 제조된 물품등을 부득이한 사유로 인하여 당초의 목적 외의 용도로 사용하려면 대통령령으로 정하는 바에 따라 산업통상자원부장관의 승인을 받아야 한다. 다만, 대통령령으로 정하는 원료 · 기재 또는 그 원료 · 기재로 제조된 물품등에 대하여는 그러하지 아니하다.(대외무역법 제17조)

여기서 "부득이한 사유"란 다음 하나에 해당하는 경우를 말한다.(대외령 제30조 2항)

① 우리나라나 교역상대국의 전쟁 · 사변, 천재지변 또는 제도 변경으로 인하여 외화획득의 이행을 할 수 없게 된 경우

② 외화획득용 원료 · 기재로 생산된 물품등으로서 그 물품등을 생산하는 데에 고도의 기술이 필요하여 외화획득의 이행에 앞서 시험제품을 생산할 필요가 있는 경우

③ 외화획득 이행의무자의 책임이 없는 사유로 외화획득의 이행을 할 수 없게 된 경우

④ 그 밖에 산업통상자원부장관이 불가항력으로 외화획득의 이행을 할 수 없다고 인정한 다음 하나에 해당하는 경우(관리규정 제49조 2항)

- 화재나 천재지변으로 인하여 외화획득 이행이 불가능하게 된 경우
- 기술혁신이나 유행의 경과로 새로운 제품이 개발되어 수입된 원료 등으로는 외화획득 이행물품등의 생산에 사용할 수 없는 경우
- 수입된 원료가 형질이 변화되어 외화획득 이행물품의 생산에 사용할 수 없게 된 경우
- 그 밖에 수입 또는 구매한 자에게 책임을 돌릴 사유가 없이 외화획득을 이행할 수 없는 경우로서 사용목적 변경승인기관의 장이 인정하는 경우

그리고 위의 단서인 "대통령령이 정하는 원료 · 기재 또는 그 원료 · 기재로 제조된 물품등에 대하여는 그러하지 아니하다"에서 "대통령령이 정하는 원료 · 기

재 또는 그 원료·기재로 제조된 물품"이라 함은 다음의 하나에 해당하는 물품등을 말한다.(대외령 제30조 3항)

① 평균손모량[31]에 해당하는 외화획득용원료·기재 또는 그 원료·기재로 생산한 물품등

② 해당 품목이 수입승인대상에서 제외됨으로써 그 수입에 대응하는 외화획득의 이행을 할 필요가 없는 경우 등 산업통상자원부장관이 사후관리를 할 필요성이 없어진 것으로 인정하는 경우에 해당하는 외화획득용 원료·기재

2. 외화획득용 원료·기재의 사용목적 변경승인신청

외화획득용 원료·기재 또는 그 원료·기재로 제조된 물품등의 사용 목적 변경 승인을 받으려는 자는 신청서에 산업통상자원부장관이 정하는 서류를 첨부하여 산업통상자원부장관에게 제출하여야 한다.(대외령 제30조 1항)

이에 따라 외화획득용 원료 등의 사용목적 변경승인을 받으려는 자는 외화획득용 원료 사용목적 변경승인 신청서(관리규정 별지 제18호 서식) 4부에 다음의 서류를 첨부하여 외화획득 이행기간 만기일 이전에 관할 시·도지사 또는 국산원료·기재의 사용을 촉진하기 위하여 외화획득용 원료 중 농림수산물로 수입요령에 따라 수입승인을 받아야 하는 해당 품목을 관장하는 중앙행정기관의 장 또는 그 중앙행정기관의 장이 지정하는 기관의 장에게 신청하여야 한다.(관리규정 제49조 1항)

① 사용목적 변경신청사유서

② 변경하려는 물량을 확인할 수 있는 서류

③ 변경신청하려는 사유를 인정할 수 있는 서류

④ 그 밖에 사용목적 변경승인기관의 장이 필요하다고 인정하는 서류

한편 사용목적 변경승인을 한 기관의 장은 승인서를 신청자 외화획득용 원료의 사후관리기관의 장, 신청자의 관할세무서장에게 각각 알려야 한다.(관리규정 제49조 3항)

---

31) 평균 손모량은 외화획득용 물품등을 생산하는 과정에서 생기는 원자재의 손모량(손실량 및 불량품 생산에 소요된 원자재의 양을 포함한다)의 평균량을 말한다.(관리규정 제2조 20호)

3. 외화획득용 원료 · 기재의 양도 및 양수

수입한 외화획득용 원료 · 기재 또는 그 원료 · 기재로 제조된 물품등을 당초의 목적과 같은 용도로 사용하거나 수출하려는 자에게 양도하려는 때에는 양도하려는 자와 양수하려는 자가 함께 산업통상자원부장관의 승인을 받아야 한다. 다만 대통령령으로 정하는 원료 · 기재 또는 그 원료 · 기재로 제조된 물품등에 대하여는 그러하지 아니한다.(대외무역법 제17조 2항)

따라서 외화획득용 원료 · 기재 또는 그 원료 · 기재로 제조된 물품등의 양도 · 양수 승인을 받으려는 자는 외화획득용원료등 양도승인신청서(관리규정 별지 제19호 서식) 3부에 산업통상자원부장관이 정하는 서류(양수 · 도계약서, 수입신고필증 또는 기초원재료 납세증명서)를 첨부하여 양도인 또는 양수인의 외화획득용 원료 등의 사후관리기관의 장 또는 국산원료 · 기재의 사용을 촉진하기 위하여 외화획득용 원료 중 농림수산물로 수입요령에 따라 수입승인을 받아야 하는 해당 품목을 관장하는 중앙행정기관의 장 또는 그 중앙행정기관의 장이 지정하는 기관의 장에게 신청하여야 한다.(대외령 제30조 4항)(관리규정 제50조 1항)

위의 단서조항인 "대통령령이 정하는 원료 · 기재"라 함은 외화획득용 원료 · 기재의 사후관리 대상에서 제외되는 다음과 같은 외화획득용 원료 · 기재를 말한다.(대외령 제30조 5항)

① 품목별 외화획득 이행 의무의 미이행률이 10퍼센트 이하인 경우

② 외화획득 이행의무자의 분기별 미이행률이 10퍼센트 이하이고, 그 미이행 금액이 미화 2만 달러에 상당하는 금액 이하인 경우

③ 외화획득 이행의무자의 책임이 없는 사유로 외화획득의 이행을 하지 못한 경우로서 산업통상자원부장관이 인정하는 경우

④ 수입승인을 받아 수입한 품목이 수입승인 대상에서 제외되는 원료 등, 외화획득의 이행을 위하여 보세공장 및 보세창고 또는 자유무역지역에 반입되는 원료 등 산업통상자원부장관이 사후관리를 할 필요성이 없어진 것으로 인정하는 경우

외화획득용 원료 · 기재의 사후관리

1. 사후관리 필요성과 대상

외화획득용 원료·기재의 수입은 일반 내수용 수입에 비하여 우대조치를 받고 있는데 이는 수출증대를 통한 국제수지균형과 국민경제의 성장을 도모하기 위한 것이다. 따라서 이러한 우대조치는 외화획득용으로 수입된 원자재를 제조·가공하여 일정기일내에 외화획득행위를 이행할 것을 전제로 부여되고 있는 것이므로 외화획득용 원료·기재를 수입한 자의 이행여부를 사후적으로 관리할 필요가 있다.

따라서 산업통상자원부장관은 외화획득용 원료·기재의 수입승인을 받아 수입한 외화획득용 원료·기재 및 그 원료·기재로 제조된 물품등에 대하여는 외화획득 이행의무자의 외화획득 이행 여부를 사후 관리하여야 한다.(대외령 제28조 1항)

또한 산업통상자원부장관은 산업통상자원부장관이 정하여 고시한 요건을 갖춘 자(자율관리기업)가 수입승인을 받아 수입한 외화획득용 원료·기재에 대하여는 위의 규정(대외령 제28조 1항)에도 불구하고 수입승인을 받은 자가 사후 관리하도록 할 수 있다. 외화획득용 원료·기재를 양수한 자로서 산업통상자원부장관이 정하여 고시한 요건을 갖춘 자의 경우에도 또한 같다.(대외령 제28조 2항)

외화획득용 원료·기재의 사후 관리는 외화획득 이행의무자별 및 품목별로 매 분기에 수입한 총량을 대상으로 행하되, 사후 관리의 방법 등에 관하여 필요한 사항은 산업통상자원부장관이 정하여 고시한다.(대외령 제28조 3항)

위의 산업통상자원부장관이 정하여 고시한 요건을 갖춘 자를 “자율관리기업”이라 하며 이는 자율적으로 사후관리를 할 수 있는 기업으로 그 선정요건은 다음과 같다.(관리규정 제43조 1항)

① 전년도 수출실적이 미화 50만 달러 상당액 이상인 업체, 수출 유공으로 포상(훈·포장 및 대통령표창을 말한다. 이하 같다)을 받은 업체(84년도 이후 포상받은 업체만 해당한다)또는 중견수출기업

② 과거 2년간 미화 5천 달러 상당액 이상 외화획득 미이행으로 보고된 사실이 없는 업체

2. 사후관리의 면제대상

외화획득용 원료·기재의 수입승인을 얻어 수입한 외화획득용 원료·기재로서 사후관리대상품목에 대하여는 외화획득이행의무자의 외화획득이행여부에 대한 사후관리를 하여야 한다. 그러나 산업통상자원부장관은 다음 하나에 해당하는 경우에는 예외적으로 사후관리를 하지 아니할 수 있다.(대외령 제29조)(관리규정 제41조)

① 품목별 외화획득 이행 의무의 미이행률이 10퍼센트 이하인 경우

② 외화획득 이행의무자의 분기별 미이행률이 10퍼센트 이하이고, 그 미이행 금액이 미화 2만 달러에 상당하는 금액 이하인 경우

③ 외화획득 이행의무자의 책임이 없는 사유로 외화획득의 이행을 하지 못한 경우로서 산업통상자원부장관이 인정하는 경우

④ 수입승인을 받아 수입한 품목이 수입승인 대상에서 제외되는 원료 등, 외화획득의 이행을 위하여 보세공장 및 보세창고 또는 자유무역지역에 반입되는 원료 등 산업통상자원부장관이 사후관리를 할 필요성이 없어진 것으로 인정하는 경우

제2절 외화획득용 원료의 수입

I 외화획득용 원료의 의의와 범위

1. 외화획득용 원료의 정의

외화획득용 원료는 외화획득에 제공되는 물품과 제3조에 따른 용역 및 제4조에 따른 전자적 형태의 무체물(이하 "물품등"이라 한다)을 생산(제조·가공·조립·수리·재생 또는 개조하는 것을 말한다. 이하 같다)하는 데에 필요한 원자재·부자재·부품 및 구성품을 말한다.(대외령 제2조 6호)

2. 외화획득용 원료의 범위

외화획득용 원료의 범위는 다음과 같다.(관리규정 제32조)

① 수출실적으로 인정되는 수출 물품등을 생산하는 데에 소요되는 원료(포장재, 1회용 파렛트를 포함한다)

② 외화가득률[32](외화획득액에서 외화획득용 원료 수입금액을 공제한 금액이 외화획득액에서 차지하는 비율을 말한다)이 30% 이상인 군납용 물품등을 생산하는 데 소요되는 원료

③ 해외에서의 건설 및 용역사업용 원료

④ 외화획득의 범위에 해당하는 외화획득용 물품등을 생산하는 데 소요되는 원료

⑤ 위의 ① 내지 ④까지의 규정에 따른 원료로 생산되어 외화획득이 완료된 물품등의 하자 및 유지보수용 원료

Ⅱ 외화획득용 원료의 수입

1. 외화획득용 원료의 수입승인원칙

외화획득용 원료의 수입승인에 관한 권한을 위임·위탁받은 기관·단체(이하 "외화획득용 원료의 승인기관"이라 한다)의 장은 외화획득용 원료의 수입에 대하여는 수량제한을 받지 아니하고 승인할 수 있다.(관리규정 제33조 1항 본문)

또한 외화획득용 원료의 승인기관의 장은 유통업자가 구매확인서 또는 내국신용장을 근거로 수출품생산자에게 직접 공급하기 위하여 외화획득용 원료를 수입하려는 경우에는 위와 같이 수량제한을 받지 아니하고 그 수입을 승인할 수 있다.(관리규정 제33조 2항)

---

32) 외화가득률이란 다음의 공식에 의하여 산출된 비율을 말한다.

$$\frac{\text{수출금액(FOB기준)} - \text{외화획득용 원료수입금액(CIF기준)}}{\text{수출금액(FOB기준)}} \times 100\% = \text{외화가득률(\%)}$$

2. 외화획득용 원료의 수입에 대한 제한

국산의 원료·기재의 사용을 촉진하기 위하여 필요한 경우에는 비록 외화획득용 원료라 할지라도 수입을 제한할 수 있다.(대외무역법 제16조 1항 단서)

그리고 산업통상자원부장관은 국산의 원료·기재의 사용을 촉진하기 위하여 외화획득용 원료의 수입을 제한하려는 경우에는 그 제한하려는 품목 및 수입에 필요한 절차를 따로 정하여 고시하여야 한다.(대외령 제24조 2항)

특별히 농림수산물의 경우에는 농림수산물 중 해당 품목을 관장하는 중앙행정기관의 장 또는 그 중앙행정기관의 장이 지정하는 기관의 장이 위의 규정(대외령 제24조 2항)에 의하여 정하는 품목, 즉, 국산의 원료·기재의 사용을 촉진하기 위하여 외화획득용 원료·기재의 수입을 제한하려는 경우에는 그 제한하려는 품목 및 수입에 필요한 절차를 따로 정하여 고시한 품목은 해당 기관의 장이 정하는 수입승인요령에 따라 승인을 받아야 수입할 수 있다.(관리규정 제34조)(관리규정 제33조 1항 단서)

 외화획득용 원료 등의 국내구매

1. 국내구매의 의의

국내에서 외화획득용 원료 또는 물품등을 구매하려는 자는 외국환은행의 장에게 내국신용장의 개설을 의뢰하거나 구매확인서의 발급을 신청할 수 있다. 즉 국내에서 외화획득용 원료 또는 물품을 구매하려면 내국신용장을 발행 받든가 아니면 구매확인서를 발급받아야 한다. 이는 외화획득용 원료 또는 물품을 외국으로부터 수입하지 않고 국내에서 구매함으로써 국내산업 발전을 도모할 수 있다.

"구매확인서"는 물품등을 외화획득용 원료, 외화획득용 용역, 외화획득용 전자적 형태의 무체물 또는 물품으로 사용하기 위하여 국내에서 구매하려는 경우 외국환은행의 장 또는 「전자무역 촉진에 관한 법률」 제6조에 따라 산업통상자원부장관이 지정한 전자무역기반사업자(이하 "전자무역기반사업자"라 한다)가 내국신용장에 준하여 발급하는 증서를 말한다.(관리규정 제2조 18호)

구매확인서 제도는 내국신용장을 개설할 수 있는 근거자료가 없거나(송금방식 수출 등) 무역금융한도부족 등으로 내국신용장을 사용할 수 없을 때에도 외화획득용 원료 등을 구매할 수 있도록 하기 위해 마련된 제도이다. 이 제도는 1970년에 상공부고시에 의하여 처음 신설되었으며 무역금융을 이용할 수는 없으나 수출실적인정, 외화획득용 원료 사후관리, 관세환급 등의 용도에 사용된다.

산업통상자원부장관은 외화획득용 원료・기재를 구매하려는 자가 「부가가치세법」 제24조[33]에 따른 영(零)의 세율을 적용받기 위하여 확인을 신청하면 외화획득용 원료・기재를 구매하는 것임을 확인하는 서류인 구매확인서를 발급할 수 있다.(대외무역법 제18조 1항)

산업통상자원부장관은 구매확인서를 발급받은 자에 대하여는 외화획득용 원료・기재의 구매 여부를 사후관리하여야 한다.(대외무역법 제18조 2항)

위의 규정에 의한 구매확인서의 신청・발급절차 및 사후관리 등에 필요한 사항은 대통령령으로 정한다.(대외무역법 제18조 3항)

2. 구매확인서 발급신청 및 발급(시행령 제31조)

(1) 구매확인서 발급신청

구매확인서를 발급받으려는 자는 구매확인신청서에 다음 서류를 첨부하여 산업통상자원부장관에게 제출하여야 한다.(시행령 제31조 1항)

① 구매자・공급자에 관한 서류

② 외화획득용 원료・기재의 가격・수량 등에 관한 서류

---

33) 제24조(외화 획득 재화 또는 용역의 공급 등) ① 제21조(재화의 수출), 제22조(용역의 국외공급), 제23조(외국항행용역의 공급)의 규정에 따른 재화 또는 용역의 공급 외에 외화를 획득하기 위한 재화 또는 용역의 공급으로서 다음 각 호의 어느 하나에 해당하는 경우에는 제30조에도 불구하고 영세율을 적용한다.
1. 우리나라에 상주하는 외교공관, 영사기관(명예영사관원을 장으로 하는 영사기관은 제외한다), 국제연합과 이에 준하는 국제기구(우리나라가 당사국인 조약과 그 밖의 국내법령에 따라 특권과 면제를 부여받을 수 있는 경우만 해당한다) 등(이하 이 조에서 "외교공관등"이라 한다)에 재화 또는 용역을 공급하는 경우
2. 외교공관등의 소속 직원으로서 해당 국가로부터 공무원 신분을 부여받은 자 또는 외교부장관으로부터 이에 준하는 신분임을 확인받은 자 중 내국인이 아닌 자에게 대통령령으로 정하는 방법에 따라 재화 또는 용역을 공급하는 경우
3. 그 밖에 외화를 획득하는 재화 또는 용역의 공급으로서 대통령령으로 정하는 경우
② 제1항에 따른 외화 획득의 증명에 필요한 사항은 대통령령으로 정한다.

③ 외화획득용 원료·기재라는 사실을 증명하는 서류

"외화획득용 원료·기재라는 사실을 증명하는 서류"란 다음 서류의 어느 하나를 말한다.(관리규정 제37조 1항)

- 수출신용장
- 수출계약서(품목·수량·가격 등에 합의하여 서명한 수출계약 입증서류)
- 외화매입(예치)증명서(외화획득 이행 관련 대금임이 관계 서류에 의해 확인되는 경우만 해당한다)
- 내국신용장
- 구매확인서
- 수출신고필증(외화획득용 원료·기재를 구매한 자가 신청한 경우에만 해당한다)
- 외화획득에 제공되는 물품 등을 생산하기 위한 경우임을 입증할 수 있는 서류

위의 ①, ②의 서류는 구매확인서를 발급받으려는 자가 대외무역관리규정 별지 제13호 서식에 의한 외화획득용원료·기재구매확인신청서(이하 "구매확인신청서"라 한다)를 「전자무역 촉진에 관한 법률」제12조에서 정하는 바에 따른 전자무역문서로 작성하여 외국환은행의 장 또는 전자무역기반사업자에게 제출하는 경우 첨부한 것으로 본다.(관리규정 제36조 1항)

또한 국내에서 외화획득용 원료·기재를 구매하려는 자 또는 구매한 자는 외국환은행의 장 또는 전자무역기반사업자에게 구매확인서의 발급을 신청할 수 있다.(관리규정 제37조 1항) 구매확인서를 발급받으려는 자는 구매확인신청서를「전자무역 촉진에 관한 법률」제12조에서 정하는 바에 따른 전자무역문서로 작성하여 외국환은행의 장 또는 전자무역기반사업자에게 제출하여야 하고, 대외무역관리규정 제36조 제2항 각호의 어느 하나에 해당하는 서류(위의 "③ 외화획득용 원료·기재라는 사실을 증명하는 서류"를 말함)를 동법 제19조에서 정하는 바에 따라 제출하여야 한다.(관리규정 제37조 2항)

따라서 구매확인서의 발급을 신청하려는 자는 외국환은행의 장 또는 전자무역

기반사업자에게 구매확인신청서를 전자무역문서로 앞의 "③ 외화획득용 원료·기재라는 사실을 증명하는 서류"와 함께 제출해야 한다.

(2) 구매확인서 발급

산업통상자원부장관은 구매확인서 발급 신청을 받은 경우 신청인이 구매하려는 원료·기재가 외화획득의 범위(시행령 26조)에 해당하는지를 확인하여 발급 여부를 결정한 후 구매확인서를 발급하여야 한다.(시행령 제31조 2항)

여기서 "외화획득의 범위에 해당하는지를 확인"이란 외국환은행의 장 또는 전자무역기반사업자가 구매확인서 발급 신청인으로부터 위에서 언급한 구매확인서 발급 신청서류 가운데 외화획득용 원료·기재임을 입증하는 서류 중 어느 하나에 해당하는 서류임을 확인하는 것을 말한다.(관리규정 제37조 6항)

한편 외국환은행의 장 또는 전자무역기반사업자는 발급된 구매확인서에 의하여 2차 구매확인서를 발급할 수 있으며 외화획득용 원료 또는 물품의 제조·가공·유통(완제품의 유통을 포함한다)과정이 여러 단계인 경우에는 각 단계별로 순차로 발급할 수 있다.(관리규정 제37조 4항)

(3) 구매확인서 재발급

구매확인서를 발급한 후 발급근거 서류의 외화획득용 원료 또는 물품등의 내용 변경 등으로 이미 발급받은 구매확인서와 내용이 상이하여 재발급을 요청하는 경우에는 새로운 구매확인서를 발급할 수 있다.(관리규정 제37조 5항)

(4) 발급신청 대행

구매확인서를 발급받으려는 자가 전산설비를 갖추지 못하였거나 기타 부득이한 사유로 전자문서를 작성하지 못하는 때에는 전자무역기반사업자에게 위탁하여 신청할 수 있다.(관리규정 제38조)

3. 구매확인서와 내국신용장의 비교

구매확인서와 내국신용장의 근본적인 차이점은 발행(발급)은행의 지급확약유무에 있으며, 주요내용을 비교하면 다음 표와 같다.

〈표 7-1〉 구매확인서와 내국신용장 비교

구 분	내국신용장	구매확인서
관련법규	한국은행 금융중개지원대출관련 무역금융지원 프로그램 운용세칙	대외무역법
개설(발급)기관	외국환은행	좌 동
수출실적	공급업체의 수출실적 인정	좌 동
부가세	영세율 적용	좌 동
지급확약	개설은행이 지급확약	발급은행의 지급확약 없음
개설(발급)조건	원자재금융 한도내에서 개설(무역금융 수혜대상)	제한없이 발급(발급근거 확인) (무역금융수혜대상 아님)
개설(발급)근거	① 수출신용장 ② 수출계약서(D/P, D/A 등) ③ 외화표시물품공급계약서 ④ 외화표시건설, 용역공급계약서 ⑤ 내국신용장 ⑥ 당해업체의 과거 수출실적	① 수출신용장 ② 수출계약서(D/P, D/A 등) ③ 외화표시물품공급계약서 ④ 외화표시건설, 용역공급계약서 ⑤ 내국신용장 ⑥ 외화입금(매입) 증명서 ⑦ 구매확인서
발행제한	차수제한 없이 순차적으로 발급가능	좌 동

Ⅳ 외화획득용 원료의 사후관리

1. 외화획득용 원료의 사후관리대상

산업통상자원부장관은 외화획득용 원료·기재의 수입승인을 받아 수입한 외화획득용 원료·기재 및 그 원료·기재로 제조된 물품등에 대하여는 외화획득 이행의무자의 외화획득 이행 여부를 사후 관리하여야 한다.(대외령 제28조 1항)

또한 산업통상자원부장관은 산업통상자원부장관이 정하여 고시한 요건을 갖춘 자(자율관리기업)가 수입승인을 받아 수입한 외화획득용 원료・기재에 대하여는 위의 규정(대외령 제28조 1항) 에도 불구하고 수입승인을 받은 자가 사후 관리하도록 할 수 있다. 외화획득용 원료・기재를 양수한 자로서 산업통상자원부장관이 정하여 고시한 요건을 갖춘 자의 경우에도 또한 같다.(대외령 제28조 2항)

외화획득용 원료・기재의 사후 관리는 외화획득 이행의무자별 및 품목별로 매 분기에 수입한 총량을 대상으로 행하되, 사후 관리의 방법 등에 관하여 필요한 사항은 산업통상자원부장관이 정하여 고시한다.(대외령 제28조 3항)

2. 외화획득용 원료의 사후관리기관

외화획득용 원료의 사후관리기관은 다음과 같다.(관리규정 제42조)

① 외화획득용 원료 중 관리규정 제34조(농림수산물)에 따라 승인을 받도록 정한 품목에 대한 사후 관리는 해당 품목을 관장하는 중앙행정기관의 장 또는 중앙행정기관의 장이 지정하는 기관의 장

② ①에 따른 원료 등을 제외한 원료 등의 사후 관리는 해당 외화획득 원료의 승인기관의 장

③ ②에 따른 원료 등 중 자율관리기업으로 선정된 자가 수입(국내구매 또는 양수를 포함한다)한 원료 등의 사후 관리는 해당 자율관리기업의 장

3. 자율관리기업

(1) 자율관리기업의 의의

산업통상자원부장관은 민간기업의 자율적 관리를 통해 무역관리의 효율성을 도모하고 있다.

(2) 자율관리기업의 선정요건

자율관리기업의 선정요건은 다음과 같다.(관리규정 제43조 1항)

① 전년도 수출실적이 미화 50만 달러 상당액 이상인 업체, 수출 유공으로 포상(훈・포장 및 대통령표창을 말한다. 이하 같다)을 받은 업체(84년도 이

후 포상받은 업체만 해당한다)또는 중견수출기업

② 과거 2년간 미화 5천 달러 상당액 이상 외화획득 미이행으로 보고된 사실이 없는 업체

(3) 자율관리기업의 신청

자율관리기업으로 선정받으려는 자는 다음의 각 서류를 첨부하여 국가기술표준원장에게 신청하여야 한다.(관리규정 제43조 3항)

① 수출실적증명서

② 외화획득용 원료의 승인기관의 장의 외화획득의무 성실이행확인서(과거 2년간 미화 5천 달러 상당액 이상 외화획득 미이행으로 보고된 사실이 없는 업체임을 확인하는 내용을 포함한다)

③ 자율관리규정

④ 원료 등을 용도 외에 사용하지 아니할 것임을 약속하는 각서

(4) 자율관리기업의 선정 및 통보

자율관리기업은 국가기술표준원장이 수시로 해당업체를 선정한다.(관리규정 제43조 2항)

그리고 국가기술표준원장이 자율관리기업을 선정한 때에는 산업통상자원부장관, 세관장에게 그 사실을 알려야 한다.(관리규정 제43조 4항)

자율관리기업으로 선정받은 자는 자율관리규정에 따라 사후관리를 하여야 한다.(관리규정 제43조 5항) 또한 자율관리기업은 매반기 종료 다음 달 말일까지 대응외화획득 이행내역(관리규정 별지 제28호 서식)을 국가기술표준원장에게 보고하여야 한다.(관리규정 제43조 6항)

(5) 자율관리기업의 선정취소

국가기술표준원장은 자율관리기업으로 선정받은 자가 다음 어느 하나에 해당하는 경우에는 그 선정을 취소할 수 있다. 이때 취소된 자율관리기업은 취소된 날로부터 3년 이내에는 재선정될 수 없다.(관리규정 제43조 7항)

① 원료 등을 타상사에게 공급하고 공급이행 내역을 알리지 아니하거나 승인 없이 원료 등을 사용목적 이외의 용도에 사용하거나 양도 또는 양수한 때

② 파산 등으로 사후관리가 불가능한 때

③ 대외무역법 또는 동법에 의한 명령이나 처분에 위반한 때

4. 사후관리대상 원료의 분류

외화획득용 원료 등의 사후관리는 다음의 경우를 제외하고는 외화획득이행의무자별로 원료 등의 품목분류번호(HS 10단위)별로 분기마다 수입 및 구매한 총량을 대상으로 한다.(관리규정 제44조)

① 품목분류번호(HS 10단위)가 다르더라도 원료 등의 성질상 같은 품목이거나 유사한 품목은 품명 단위별로 분기마다 수입 및 구매한 총량을 대상으로 관리한다.

② 의류 및 가방 등의 부재료로 사용되는 지퍼는 품목분류번호(HS 10단위)별로 분기마다 수입 및 구매한 양의 총길이로 관리한다.

5. 구매내역의 신고

사후관리대상품목을 구매한 자는 분기 중에 구매한 원료 등의 건별내역을 사후관리대상품목의 분류기준에 의거 품목분류하여 외화획득용 원료구매내역신고서(관리규정 별지 제15호 서식)에 작성하여 분기종료 후 다음달 20일까지 외화획득용 원료 등의 사후관리기관의 장에게 신고하여야 한다.(관리규정 제45조)

6. 사후관리카드의 정리

외화획득용 원료의 사후관리기관의 장은 구매내역신고서(관리규정 제45조) 및 신고받은 공급이행신고서(관리규정 제48조)를 외화획득이행의무자별로 수입신고수리일 또는 원료 등의 구매일 순으로 관리하여야 한다.(관리규정 제46조 1항)

또한 외화획득용 원료의 사후관리기관의 장은 외화획득용 원료로 수입승인된 원료 등과 구매내역신고서 및 공급이행신고서에 의해 신고된 원료등에 대하여 품목분류번호(HS 10단위)별로 분기마다 수입 또는 구매한 총량과 금액 등을 외화획득용 원료 사후관리 이행 정리카드(관리규정 별지 제29호 서식)에 기재하여야 한다.(관리규정 제46조 2항)

7. 외화획득 이행신고

수입제한품목을 수입한 외화획득 이행의무자는 외화획득을 이행하고 외화획득 이행신고서(관리규정 별지 제16호 서식)에 다음의 서류를 첨부하여 수출 선적일 또는 외화입금일부터 3개월 이내에 외화획득용 원료 등의 사후 관리기관의 장에게 신고하여야 한다.(관리규정 제47조 1항)

① 수출신고필증(또는 외화입금증명서) 원본

② 자율소요량계산서

한편 외화획득 이행신고자와 수출신고필증의 명의가 상이한 경우에는 내국신용장, 구매확인서, 수출대행계약서 또는 물품등구매계약서 등 거래관계를 입증하는 서류를 제출하여야 한다.(관리규정 제47조 2항) 그리고 외화획득용 원료 사후관리기관의 장은 외화획득이행신고가 있을 때에는 지체없이 외화획득이행신고서에 표시된 원료 등의 양을 외화획득용 원료 사후관리이행 정리카드(관리규정 별지 제29호 서식)에서 차감하여 정리하고 당해 수출신고필증 원본(또는 외화입금증명서 원본)의 뒷면에 사후관리 사실을 확인 표시하여야 한다.(관리규정 제47조 3항)

8. 공급이행 신고

사후관리대상품목을 원료 등으로 공급한 자는 외화획득용 원료공급이행신고서(관리규정 별지 제17호 서식) 3부(공급자 외화획득용 원료의 사후관리기관용, 인수자 외화획득용 원료의 사후관리용 및 인수자용)에 인수자의 날인 또는 물품등수령증을 받아 다음의 서류를 첨부하여 공급일부터 3월 이내에 외화획득용 원료의 사후관리기관의 장에게 신고하여야 한다. 다만, 공급자가 유통업자인 경우에는 아래 ②자율소요량계산서 서류를 면제한다.(관리규정 제48조 1항)

① 내국신용장 또는 구매확인서

② 자율소요량계산서

한편 공급자 외화획득용 원료사후관리기관의 장은 외화획득 이행신고에 따라 외화획득용 사후관리이행 정리카드에 차감정리 및 해당 수출신고필증 원본(또는 외화입금증명서 원본)의 뒷면에 사후관리사실 확인표시로 공급이행정리하고 내국신용장 등의 원본서류 뒷면에 사후관리 사실을 확인 표시하여야 하며 또한 외화획득용 원료공급이행신고서에 확인날인 한 후 1부는 인수자 외화획득용 원료 사후관리기관의 장, 1부는 인수자에게 통보하여야 한다.(관리규정 제48조 2, 3항)

또한 원료 등을 보세공장에 반입한 자는 세관장이 발행한 반입확인서를 외화획득용 원료의 사후관리기관의 장에게 제출하여야 하며, 반입확인서를 받은 외화획득용 원료의 사후관리기관의 장은 외화획득 이행신고에 따라 외화획득용 사후관리이행 정리카드에 차감정리 및 해당 수출신고필증 원본(또는 외화입금증명서 원본)의 뒷면에 사후관리사실 확인표시로 공급이행정리하여야 한다.(관리규정 제48조 4항)

그리고 자율관리기업이 사후관리대상기업에 원료 등을 공급한 경우에는 공급이행신고서 2부를 작성, 공급일로부터 3월 이내에 1부는 인수자 외화획득용 원료의 사후관리기관의 장에게, 1부는 인수자에게 통보하여야 한다. 다만, 자율관리기업에 공급하는 경우에는 인수자에게만 알린다.(관리규정 제48조 5항)

 외화획득용 원료의 사용목적 변경승인

1. 외화획득용 원료의 사용목적 변경승인신청

외화획득용 원료 등의 사용목적 변경승인을 받으려는 자는 외화획득용 원료 사용목적 변경승인 신청서(관리규정 별지 제18호 서식) 4부에 다음의 서류를 첨부하여 외화획득 이행기간 만기일 이전에 관할 시・도지사 또는 국산원료・기재의 사용을 촉진하기 위하여 외화획득용 원료 중 농림수산물로 수입요령에 따라 수입승인을 받아야 하는 해당 품목을 관장하는 중앙행정기관의 장 또는 그 중앙행정기관의 장이 지정하는 기관의 장에게 신청하여야 한다.(관리규정 제49조 1항)

① 사용목적 변경신청사유서

② 변경하려는 물량을 확인할 수 있는 서류

③ 변경신청하려는 사유를 인정할 수 있는 서류

④ 그 밖에 사용목적 변경승인기관의 장이 필요하다고 인정하는 서류

한편 사용목적 변경승인을 한 기관의 장은 승인서를 신청자 외화획득용 원료의 사후관리기관의 장, 신청자의 관할세무서장에게 각각 알려야 한다.(관리규정 제49조 3항)

2. 외화획득용 원료의 양도승인신청

수입한 외화획득용 원료 등을 당초의 목적과 같은 용도로 사용하거나 수출하려는 자에게 양도하기 위해 외화획득용 원료등에 대한 양도·양수의 승인을 받으려는 자는 외화획득용원료등 양도승인 신청서(관리규정 별지 제19호 서식) 3부에 다음의 서류를 첨부하여 양도인 또는 양수인의 외화획득용 원료 등의 사후 관리기관의 장 또는 국산원료·기재의 사용을 촉진하기 위하여 외화획득용 원료 중 농림수산물로 수입요령에 따라 수입승인을 받아야 하는 해당 품목을 관장하는 중앙행정기관의 장 또는 그 중앙행정기관의 장이 지정하는 기관의 장에게 신청하여야 한다.(관리규정 제50조 1항)

① 양수·도 계약서

② 수입신고필증 또는 기초원재료 납세증명서

그리고 자율관리기업이 다른 자율관리기업에 양도하려는 경우에는 양도인의 외화획득용 원료의 사후 관리기관의 장에게 신청하여야 한다.(관리규정 제50조 2항)

양도인 및 양수인의 외화획득용 원료의 사후 관리기관의 장은 승인한 원료 등을 "공급이행신고"(관리규정 제48조) 에 준하여 처리하여야 한다.(관리규정 제50조 3항)

 Ⅵ 지도 · 감독 및 보고

1. 지도 · 감독

국가기술표준원장은 시·도지사, 외화획득용 원료의 사후관리기관의 장 및 자율관리기업의 장에 대하여 다음 사항을 지도·감독하여야 한다.(관리규정 제51조)

① 사후관리업무 담당자의 교육

② 사후관리대장 정리실태

③ 공급이행신고서 통보실태

④ 미이행 보고실태

⑤ 그 밖에 제규정 이행실태

2. 불이행보고

외화획득용 원료의 사후관리기관의 장은 원료 등을 수입 또는 구매한 후 외화획득이행 만기일까지 외화획득을 미이행한 자에 대하여 그 내역을 대응외화획득미이행내역(관리규정 별지 제30호 서식) 서식에 따라 해당 만기일 경과 후 20일까지 미이행자에게 알려야 한다.(관리규정 제52조 1항)

그리고 외화획득 미이행자에게 통보한 날부터 30일 이내에 외화획득 이행신고가 없는 경우 외화획득용 원료의 사후관리기관의 장은 그 내역을 대응외화획득미이행내역(관리규정 별지 제30호 서식) 서식에 따라 국가기술표준원장에게 보고하여야 한다. 다만, 관리규정 제34조에 따라 외화획득용 원료로 수입승인된 농림수산물은 해당 중앙행정기관의 장에게 보고하여야 한다.(관리규정 제52조 2항)

또한 외화획득용 원료의 사후관리기관의 장은 위의 정기보고 이외에 사후관리대상업체의 파산 등으로 사후관리가 불가능하다고 판단되는 경우에는 즉시 그 내역을 국가기술표준원장에게 보고하여야 한다. 다만, 관리규정 제34조에 따라 외화획득용 원료로 수입승인된 농림수산물의 보고는 해당 중앙행정기관의 장에게 보고하여야 한다.(관리규정 제52조 3항)

3. 제재

중앙행정기관의 장(외화획득용 원료로 수입승인된 농림수산물을 제외한 분은 국가기술표준원장)은 관리규정 제52조에 따라 외화획득 미이행으로 보고된 외화획득미이행자에 대하여는 3년 이하의 징역 또는 3천만원 이하의 벌금에 처하여야 한다.(관리규정 제53조 1항)

한편, 사후관리의 면제대상 중 품목별 외화획득이행의무의 미이행률이 10% 이하인 경우, 외화획득이행의무자의 분기별 미이행률이 10% 이하이고 그 미이행금액이 미화 2만달러에 상당하는 금액 이하인 경우와 해당 품목이 수입승인 대상에서 제외됨으로써 그 수입에 대응하는 외화획득의 이행을 할 필요가 없는 경우 등 산업통상자원부장관이 사후관리를 할 필요성이 없어진 것으로 인정하는 경우에는 국가기술표준원장은 사후 관리를 자동 면제하며 수입승인을 받아 수입한 품목이 수입승인 대상에서 제외되는 원료 등, 외화획득의 이행을 위하여 보세공장 및 보세창고 또는 자유무역지역에 반입되는 원료 등 산업통상자원부장관이 사후관리를 할 필요성이 없어진 것으로 인정하는 경우에는 제재심사위원회의 심의를 거쳐 사후 관리를 면제할 수 있다.(관리규정 제53조 2항) 제재심사위원회의 구성 및 운영 등 필요한 사항은 국가기술표준원장이 정한다.(관리규정 제53조 3항)

제3절 자율소요량계산서

I 자율소요량계산서에 관한 용어정의

1. 평균손모량

외화획득용 물품등을 생산하는 과정에서 생기는 원자재의 손모량(손실량 및 불량품 생산에 소요된 원자재의 양을 포함한다)의 평균량을 말한다.(관리규정 제2조 20호)

2. 손모율

평균손모량을 백분율로 표시한 값을 말한다.(관리규정 제2조 21호)

3. 단위실량

외화획득용 물품등 1단위를 형성하고 있는 원자재의 양을 말한다.(관리규정 제2조 22호)

4. 기준소요량

외화획득용 물품등의 1단위를 생산하는 데 소요되는 원자재의 양을 고시하기 위한 것으로서 단위실량과 평균손모량을 합한 양을 말한다.(관리규정 제2조 23호)

5. 단위자율소요량

기준소요량이 고시되지 아니한 품목에 대하여 외화획득용 물품등 1단위를 생산하는데 소요된 원자재의 양을 해당 기업이 자율적으로 산출한 것으로서 단위실량과 평균손모량을 합한 양을 말한다.(관리규정 제2조 24호)

6. 소요량

외화획득용 물품등의 전량을 생산하는데 소요된 원자재의 실량과 손모량을 합한 양을 말한다.(관리규정 제2조 25호)

7. 자율소요량계산서

외화획득을 이행하는 데 소요된 원자재의 양을 해당 기업이 자체 계산한 서류를 말한다.(관리규정 제2조 26호)

Ⅱ 기준소요량 책정방법과 고시

1. 기준소요량 책정방법

기준 소요량은 다음 하나의 방법에 따라 책정하며 「부가가치세법 시행령」 제69조 제1항, 「소득세법 시행령」 제144조 제1항 및 「법인세법 시행령」 제105조 제1항에 따른 생산수율[34])을 감안하여 책정할 수 있다.(관리규정 제54조 1항)

---

34) 生産收率 : 원재료 투입에 대한 제품생산 비율을 말한다.
국세청은 각종 세무조사의 효율성을 높이기 위해 연간 외형 50억원 이상 제조업체에 대한 생산 수율을 매년 조사하고 있다. 생산수율이 제대로 파악되면 그만큼 과세표 준을 정확히 유추해 낼 수 있다.
국세청 각 제조업체가 보고한 생산수율을 토대로 표준원단위표를 작성하고 상호비교 한다.

① 현장조사

② 문헌조사

③ 실물 및 카다로그조사

④ 신청자 제시자료에 의한 조사

⑤ 유사품의 소요량 적용

기준소요량을 책정할 때에는 다음 사항중 필요한 최소한의 사항만을 조사하여야 한다.(관리규정 제54조 2항)

① 제조공정 및 공정도

② 공정별 손모율·손모상태 및 그 발생원인

③ 원료 등의 배합비율

2. 기준소요량의 고시

외화획득용 물품등의 생산을 관정하는 중앙행정기관의 장(산업통상자원부장관이 관장하는 품목중 목재가구는 국립산림과학원장, 그 밖의 품목은 국가기술표준원장)은 소관 품목 중 사후관리대상 원료 등에 대하여 기준소요량 책정방법에 따라 책정한 기준소요량을 고시할 수 있다.(관리규정 제55조 1항)

사후 관리기관 또는 수출업체는 기준 소요량이 고시되지 않은 해당 품목이 계속적인 수출이 예상되는 등 기준 소요량의 고시가 필요하다고 판단되는 때에는 해당 품목에 대하여 관리규정 제54조(기준소요량 책정방법)에 따른 기준 소요량 책정자료를 첨부하여 고시기관에 기준 소요량 고시를 요청할 수 있으며 고시기관은 이를 가능한 한 고시하여야 한다. 다만, 기준 소요량이 빈번히 바뀌거나 농산물인 경우에는 그러하지 아니할 수 있다.(관리규정 제55조 2항)

수출 물품등의 생산을 관장하는 중앙행정기관의 장(산업통상자원부장관이 관

이 같은 생산수율비교표는 세무사찰을 비롯, 각종 세무조사에 활용된다. 특히 동업종대비 생산수율이 특별한 사유없이 낮은 업체에 대해서는 본청 및 지방청의 정밀 조사를 받게 된다. 그러나 생산수율은 장비의 노후도, 원재료의 불량 등 주변여건상 제조업체마다 상당한 차이를 나타내기 때문에 생산수율자체 만 불량하다고 해서 직접적인 세무조사 대상이 되지는 않는다.

장하는 품목 중 목재가구는 국립산림과학원장, 그 밖의 품목에 대하여는 국가기술표준원장)은 기준 소요량을 고시하는 데에 필요한 자료를 해당 외화획득 행위를 하는 자에게 제출하게 할 수 있다.(관리규정 제55조 3항)

3. 세부절차

기준 소요량 고시기관이 업무수행을 위하여 필요한 세부지침을 정하려는 경우에는 미리 산업통상자원부장관과 협의하여야 한다. 또한 해당 외화획득용 물품등의 생산을 관장하는 중앙행정기관의 장이 분명하지 아니할 경우에는 산업통상자원부장관과 협의하여야 한다.(관리규정 제57조 1,2항)

Ⅲ 자율소요량계산서 작성

외화획득용 원료·기재의 사후 관리 대상 품목을 외화획득용 원료등으로 사용하거나 공급한 업체는 자율소요량계산서(관리규정 별지 제20호 서식)에 따라 해당 업체가 자율적으로 작성한다.(관리규정 제56조 1항)

자율소요량계산서는 단위자율소요량 또는 기준 소요량에 외화획득용 물품등의 수량을 곱한 물량으로 표시하며 단위자율소요량의 산출근거를 품목 및 규격별로 명확히 표시하여야 한다.(관리규정 제56조 2항)

기준 소요량이 고시된 품목이라 하더라도 수출계약서 등의 관련 서류에 소요원료의 품명·규격 및 수량 등이 표시된 경우에는 이에 따라 자율소요량계산서를 작성할 수 있다.(관리규정 제56조 3항)

Ⅳ 지도감독

국가기술표준원장은 자율소요량계산서의 작성 및 운용 등과 관련하여 다음 각 호의 사항을 지도·감독할 수 있다. 이 경우 필요한 때에는 기준 소요량을 고시한 중앙행정기관의 장과 합동으로 지도·감독할 수 있다.(관리규정 제58조)

① 자율소요량계산서 작성업무에 대한 교육

② 자율소요량계산서의 작성 및 운용실태 조사

③ 자율소요량계산서 제도와 관련한 제규정 이행실태

제4절 외화획득용 제품의 수입

I 외화획득용 제품의 의의와 범위

외화획득용 제품은 수입한 후 생산과정을 거치지 아니한 상태로 외화획득에 제공되는 물품등을 말하며(대외령 제2조 8호), 외화획득용 원료와 마찬가지로 일반 수입과는 달리 우대관리하고 있다. 그리고 외화획득용 제품은 수출이 목적이 아니라 국내에서 외화를 획득하기 위한 것으로서 주로 외국인 관광객이나 국내거주 외국인 등에게만 공급하도록 제한적으로 운용된다.

여기서 외화획득용 제품의 범위는 다음과 같다.(관리규정 제59조)

① 주식회사 한국관광용품센터(이하 "관광용품센터"라 한다)가 수입하는 식자재 및 부대용품

② 「항만운송사업법」에 따라 수입 물품 공급업의 등록을 하고 세관장에 등록한 자(이하 "수입 물품 공급업자"라 한다)가 수입하는 선용품

③ 군납업자가 수입하는 군납용 물품

II 외화획득용 제품의 수입승인기관 및 사후관리

1. 외화획득용 제품의 수입승인기관

외화획득용 제품(다만, 수출입공고 등에 의하여 제한되는 품목만 해당된다.)의 승인기관은 다음과 같다.(관리규정 제60조)

① 관광용품센타가 관광호텔 등에 공급하기 위하여 수입하는 물품 중 법 제11조제2항에 따른 승인 대상 물품으로서 주방용품, 소모성기계, 기자재류 및 객실 또는 부대업장용 소모성 물품 : 문화체육관광부장관

② 군납업자가 주한 국제연합군 그 밖에 외국군기관에 공급하는 군납용 물품 : 관리규정 제8조(수출입승인기관)에 따른 승인기관의 장

〈표 7-2〉 관광호텔용 식자재 및 부대용품(관리규정 별표 5)

HS	품 목
0201, 0202	쇠고기
기타	법 제14조제2항의 규정에 의한 승인대상물품으로서 주방용품, 소모성기계, 기자재류 및 객실 또는 부대업장용 소모성 물품

〈표 7-3〉 수입물품공급업자의 선용품 공급물품(관리규정 별표 6)

HS	품 목
0201, 0202	쇠고기
기타	신조선 및 수리선박에 공급하기 위한 물품은 선용품 공급계약을 맺고 관세청장의 추천을 받은 품목

2. 관광호텔용 물품의 공급 및 사후관리

(1) 관광호텔용 물품의 공급

관광용품센터는 관광호텔용 물품을 다음 하나에 해당하는 자에게만 공급할 수 있다.(관리규정 제62조 1항)

① 관광숙박업 중 「관광진흥법」에 따라 등록된 호텔업 및 명의이용허가를 득한 식음료업장

② 문화체육관광부장관의 허가를 받아 설립된 외신기자클럽, 서울클럽 및 한국언론회관 내 멤버스클럽과 기자클럽

③ 외화획득 및 관광진흥에 기여도가 높은 관광시설 중 문화체육관광부장관의 추천에 의하여 산업통상자원부장관이 지정한 관리규정 <별표 7>에 열거한 시설

④ 「청소년기본법」에 따라 문화체육관광부장관에 신고된 서울올림픽파크텔

⑤ 올림픽, 이시안게임 등 대규모 국제대회의 선수촌, 기자촌, 프레스센터 등 관련 시설로서 산업통상자원부장관의 협의를 거쳐 문화체육관광부장관이 기간을 정하여 지정하는 급식장(다만, 문화체육관광부장관이 정하는 기간 이후의 잔여물량은 관광용품센터 또는 판매대상업소에 같은 기간 종료 후부터 30일 이내에 양도하고 문화체육관광부장관에게 이를 보고하여야 한다)

⑥ 「관세법」에 따라 설영특허를 받은 외교관 면세매점

〈표 7-4〉 관광업소(관리규정 별표 7)

업 소 명	주 소
철도그릴 및 열차식당	철도청장이 지정하는 철도그릴 및 열차식당
세종문화회관 및 그릴	서울특별시 종로구 세종로 81-2
한국무역협회 회원식당	서울특별시 강남구 삼성동 159-1 부산광역시 중구 중앙동 4가 87-7
김포공항 국제그릴(4층)	서울특별시 강서구 공항동 150
김포국제공항식당(4층)	서울특별시 강서구 공항동 150
(주)조선호텔 공항외식사업부	서울특별시 강서구 방화동 712-1
코엑스 컨벤션센터내 (주)조선호텔 운영식당	서울특별시 강남구 삼성동 159
(주)세종호텔 공항외식사업부	서울특별시 강서구 방화동 712-1
전국경제인연합회관	서울특별시 영등포구 여의도동 28-1
대한생명 63빌딩(국제회의장 및 특급전문식당)	서울특별시 영등포구 여의도동 60
한국의 집	서울특별시 중구 필동 2가 80-2
관광식당	관광진흥법 제3조제1항제5호의 규정에 의거 관광편의시설의 일종으로서 문화체육관광부장관이 지정하는 관광식당

관광용품센타가 관광호텔용 물품을 공급하려는 경우에는 해당 구매자가 시설 규모 및 식자재 구입실적 등을 감안하여 적정량을 공급하여야 한다.(관리규정 제62조 2항)

(2) 관광호텔용 물품의 관리

① 관광용품센타의 관리(관리규정 제63조 1~4항) : 관광용품센타는 보관 중인 관광호텔용 물품에 대하여 연 2회 이상 정기재고조사를 실시하여야 하며, 그 결과를 승인권자에게 보고하여야 한다.

관광용품센타는 관광호텔용 물품의 운송, 보관 및 공급과정에서 파손 등으로 해당 물품의 용도에 사용하기 곤란한 물품은 손망실품대장에 기재하고 그 사실을 입증할 수 있는 서류 등을 첨부하여 보관하여야 한다.

관광용품센타는 관광호텔용 물품의 수입, 재고 및 판매현황에 대한 대장을 비치하고 기록보관하여야 하며 관광용품센타로부터 관광호텔용 물품을 구매한 자는 구매 및 소비현황에 대한 대장을 비치하고 기록 보관하여야 한다.

관광용품센타는 분기별 관광호텔용 물품의 수입 및 판매현황을 작성하여 분기종료 후 10일 이내에 승인권자에게 보고하여야 한다.

② 관광용품센타로부터 관광호텔용 물품을 구매한 자의 관리(관리규정 제63조 5항) : 관광용품센타로부터 관광호텔용 물품을 구매한 자는 월별 구입 및 소비현황을 다음 달 10일까지 관광용품센타에 제출하여야 한다.

(3) 관광호텔용 물품의 사후관리

관광용품센타가 수입한 식자재 및 부대용품(이하 "관광호텔용 물품"이라 한다)은 승인권자의 사후 관리를 받아야 하며 승인권자가 사후 관리에 필요한 세부지침을 정하려는 경우에는 산업통상자원부장관과 협의하여야 한다.(관리규정 제61조 1, 2항)

(4) 관광호텔용 물품의 용도외 사용금지

관광용품센타로부터 관광호텔용 물품을 구매한 자는 해당 사업 이외의 용도에 사용하거나 유출하여서는 아니된다. 한편 관광용품센타는 관광호텔용 물품을 용도 외에 사용하거나 유출한 자에 대하여는 문화체육관광부장관에게 이를 보고하여야 한다.(관리규정 제64조 1, 2항)

(5) 관광호텔용 물품의 사후관리에 따른 제재

승인권자는 관광호텔용 물품의 용도외 사용금지(관리규정 제64조)를 위반한 자에 대하여는 대외무역법 제54조 제4호부터 제6호까지의 규정에 따른 제재(위반자에 대해 3년 이하의 징역, 3천만원 이하의 벌금)를 요청하거나 「관광진흥법」 제2장제6절에 따른 행정처분을(또는 문화체육관광부장관에게 행정처분을) 요청하여야 한다.(관리규정 제65조)

3. 선용품의 사후관리

(1) 선용품의 사후관리 및 방법

수입물품공급업자가 수입하는 선용품의 사후관리는 관세청장이 행한다.(관리규정 제66조 1항) 그리고 수입물품공급업자는 수입선용품을 다음 하나에 해당하는 자 이외의 자에게 공급하거나 유출해서는 아니된다.(관리규정 제66조 2항)

① 국내항에 정박중인 외항선박(원양어선을 포함한다)

② 신조선박 및 수리선박

수입물품공급업자는 선용품의 수입, 재고 및 공급현황에 대한 대장을 비치하고 기록·보관하여야 한다.(관리규정 제67조 1항) 또한 수입물품공급업자는 선용품의 수입, 공급(외화 및 국내통화 구분) 및 재고현황을 작성하여 매분기 종료 후 10일 이내에 관세청장에게 제출하여야 한다.(관리규정 제67조 2항)

(2) 선용품 등의 사후관리에 따른 제재

관세청장은 선용품의 사후관리 규정에 위반한 자에 대하여는 3년 이하의 징역 3천만원 이하의 벌금의 제재를 요청하여야 한다.(관리규정 제68조)

4. 군납용 물품의 사후관리

군납업자는 수입되는 물품을 군납외의 용도에 사용하거나 유출하여서는 안되며 수입되는 물품을 양도 또는 폐기하려면 미리 승인기관의 장의 승인을 받아야

한다.(관리규정 제69조 1,2항)

수입된 군납용 물품에 의한 군납계약 이행 후 15일 이내에 외화획득 상황을 군납대금회수증명서를 첨부하여 승인기관의 장에게 보고하여야 한다.(관리규정 제69조 3항)

한편 승인기관의 장은 수입되는 물품을 군납외의 용도에 사용하거나 유출한 자에 대하여 제1항에 위반한 자에게는 3년 이하의 징역 3천만원 이하의 벌금의 제재를 요청하여야 한다.(관리규정 제69조 4항)

<별지 제12호 서식>

외화획득용원료수입승인(신청)서

Import for Re-Export License(Application)

처리기간 : 1일 Handling Time : 1 Day

① 수입자 무역업고유번호 (Exporter) (Trade Business Code) 상호, 주소, 성명 (Name of Firm, Address, Name of Rep.) (서명 또는 인) (Signature)	⑥ 송하인 (Consignor) 상호, 주소, 성명 (Name of Firm, Address, Name of Rep.)
② 위탁자 사업자등록번호 (Requester) (Business No.) 상호, 주소, 성명 (Name of Firm, Address, Name of Rep.) (서명 또는 인) (Signature)	⑦ 금액 (Total Amount) ⑧ 결제기간(Period of Payment) ⑨ 가격조건(Terms of Payment)
③ 원산지(Origin) ④ 선적항(Port of Loading)	
⑤ 사후관리 기관명	

⑩ HS부호 (HS Code)	⑪ 품명 및 규격 (Description/Size)	⑫ 단위 및 수량 (Unit/Quantity)	⑬ 단 가 (Unit Price)	⑭ 금 액 (Amount)

⑮ 승인기관 기재란(Remarks to be filled out by an Approval Agency)

⑯ 유효기간(Period of Approval)

⑰ 승인번호(Approval No.)

⑱ 승인기관 관리번호(No. of an Approval Agency)

* 위의 신청사항을 「대외무역법」 제11조제2항 및 동법 시행령 제24조제1항에 따라 승인합니다.
  (The undersigned hereby approves the above-mentioned goods in accordance with Article 11(2) of the Foreign Trade Act and Article 24(1) of the Enforcement Decree of the said Act.)

년 월 일

승 인 권 자 (인)

※ 이 서식에 의한 승인과는 별도로 대금결제에 관한 사항에 대하여는 외국환거래법령이 정하는 바에 따라야 합니다.

2812-281-01911민 210㎜ × 297㎜
'98.1.12. 승인 일반용지 60g/㎡

<별지 제13호 서식>

외화획득용원료 · 기재구매확인신청서

① 구매자
(상호)
(주소)
(성명)
(사업자등록번호)

② 공급자
(상호)
(주소)
(성명)
(사업자등록번호)

1. 구매원료 · 기재의 내용

③ HS부호	④ 품명 및 규격	⑤ 단위 및 수량	⑥ 구매일	⑦ 단가	⑧ 금액	⑨ 비고

2. 외화획득용 원료 · 기재라는 사실을 증명하는 서류

⑩ 서류명 및 번호	⑪ HS부호	⑫ 품명 및 규격	⑬ 금액	⑭ 선적기일	⑮ 발급기관명

3. 세금계산서(외화획득용 원료·기재를 구매한 자가 신청하는 경우에만 해당)

⑯ 세금계산서 번호	⑰ 작성일자	⑱ 공급가액	⑲ 세액	⑳ 품목	㉑ 규격	㉒ 수량

㉓ 구매원료 · 기재의 용도명세 : 원자재구매, 원자재 임가공위탁, 완제품 임가공위탁, 완제품구매, 수출대행 등 해당용도를 표시하되, 위탁가공무역에 소요되는 국산원자재를 구입하는 경우는 "(위탁가공)" 문구를 추가표시

* 한국은행 총액한도대출관련 무역금융 취급절차상의 용도표시 준용

위의 사항을 대외무역법 제18조에 따라 신청합니다.

신청일자 년 월 일
신 청 자
전자서명

※ * ⑳ 내지 ㉒은 1. 구매원료·기재의 내용과 금액이 다른 경우에는 반드시 기재하여야 합니다.

210㎜ × 297㎜
일반용지 60g/㎡

1/총페이지수

<별지 제13-1호 서식>

외화획득용원료 · 기재구매확인서

※ 구매확인서번호 :

① 구매자	(상호) (주소) (성명) (사업자등록번호)
② 공급자	(상호) (주소) (성명) (사업자등록번호)

1. 구매원료 · 기재의 내용

③ HS부호	④ 품명 및 규격	⑤ 단위 및 수량	⑥ 구매일	⑦ 단가	⑧ 금액	⑨ 비고

2. 세금계산서(외화획득용 원료 · 기재를 구매한 자가 신청하는 경우에만 해당)

⑩ 세금계산서 번호	⑪ 작성일자	⑫ 공급가액	⑬ 세액	⑭ 품목	⑮ 규격	⑯ 수량

⑰ 구매원료 · 기재의 용도명세 : 원자재구매, 원자재 임가공위탁, 완제품 임가공위탁, 완제품 구매, 수출대행 등 해당용도를 표시하되, 위탁가공무역에 소요되는 국산원자재를 구입하는 경우는 "(위탁가공)" 문구를 추가표시

* 한국은행 총액한도대출관련 무역금융 취급절차상의 용도표시 준용

위의 사항을 대외무역법 제18조에 따라 확인합니다.

확인일자　　　　년　　월　　일
확인기관
전자서명

이 전자무역문서는 「전자무역 촉진에 관한 법률」에 따라 전자문서교환방식으로 발행된 것으로서 출력하여 세관 또는 무역유관기관 등 제3자에게 제출하려는 경우 업체는 동 법률 시행규정 제12조제3항에 따라 적색고무인을 날인하여야 합니다.

210㎜ × 297㎜
일반용지 60g/㎡

1/총페이지수

<별지 제14호 서식>

외화획득이행기간연장(신청)서

처리기간
7 일

<table>
<tr><td colspan="2">① 신청인(상호, 주소, 성명)

(서명 또는 인)</td><td colspan="2">② 사후관리기관・단체</td><td colspan="2">③ 사유</td></tr>
<tr><td colspan="6">기간연장승인신청 내역</td></tr>
<tr><td>④ HS부호</td><td>⑤ 품명 및 규격</td><td>⑥ 단위 및 수량</td><td>⑦ 금액</td><td>⑧ 당초만기일</td><td>⑨ 연장기간 및 연장후 만기일</td></tr>
<tr><td colspan="6">소요원자재 수입내역</td></tr>
<tr><td>⑩ HS부호</td><td>⑪ 품명 및 규격</td><td>⑫ 단위 및 수량</td><td>⑬ 금액</td><td>⑭ 수입신고세관</td><td>⑮ 수입신고일자 및 신고필증번호</td></tr>
<tr><td colspan="6">대응수출 이행내역</td></tr>
<tr><td>⑯ HS부호</td><td>⑰ 품명 및 규격</td><td>⑱ 단위 및 수량</td><td>⑲ 금액</td><td>⑳ L/C번호</td><td>㉑ 수입신고일자</td></tr>
<tr><td colspan="6">원자재 사용내역</td></tr>
<tr><td>㉒ HS부호</td><td>㉓품명 및 규격</td><td>㉔ 단위 및 수량</td><td colspan="3">㉕ 금액</td></tr>
<tr><td colspan="6">㉖ 승인조건</td></tr>
<tr><td colspan="6">㉗ 승인번호</td></tr>
<tr><td colspan="6">* 위의 신청사항을 대외무역관리규정 제38조에 따라 승인합니다.

년 월 일

승인권자 (인)</td></tr>
</table>

2812-281-02711민 210㎜ × 297㎜

'98.1.12. 승인 일반용지 60g/㎡

<별지 제15호 서식>

외화획득용원료구매내역신고서

① HS(10단위)부호 및 원자재명					
② 구매근거번호	③ 구매일	④ 규격	⑤ 구매단위 및 수량	⑥ 금액	⑦ 비고

대외무역관리규정 제45조에 따라 신고합니다.

년 월 일

신고인 상호 :
주소 :
성명 :

외화획득용원료수입 사후관리기관의 장 귀하

2812-281-02711민 210㎜ × 297㎜
'98.1.12. 승인 일반용지 60g/㎡

<별지 제16호 서식>

외화획득이행신고서

<table>
<tr><td colspan="7">외화획득용 원료(물품등) 수입 및 구매명세 (근거서류명 및 번호 :)</td></tr>
<tr><td>① 수입(구매)일</td><td>② HS부호</td><td>③ 품명 및 규격</td><td>④ 단위 및 수량</td><td>⑤ 단가</td><td>⑥ 금액</td><td>⑦ 비고</td></tr>
<tr><td></td><td></td><td></td><td></td><td></td><td></td><td></td></tr>
<tr><td colspan="7">외화획득 이행 내역 (근거서류명 및 번호 :)</td></tr>
<tr><td>⑧ 외화획득 이행일</td><td>⑨ HS부호</td><td>⑩ 품명 및 규격</td><td>⑪ 단위 및 수량</td><td>⑫ 단가</td><td>⑬ 금액</td><td>⑭ 비고</td></tr>
<tr><td></td><td></td><td></td><td></td><td></td><td></td><td></td></tr>
<tr><td colspan="7">대외무역관리규정 제47조에 따라 신고합니다.

년 월 일

외화획득용원료수입 사후관리기관의 장 귀하</td></tr>
</table>

210㎜ × 297㎜

일반용지 60g/㎡

<별지 제17호 서식>

외화획득용원료공급이행신고서

<table>
<tr><td colspan="3">① 신청인(상호, 주소, 성명)

(서명 또는 인)</td><td colspan="3">② 인수자(상호, 주소, 성명)

(서명 또는 인)</td></tr>
<tr><td colspan="3">③ 비고</td><td colspan="3">④ 인수자 사후관리기관명</td></tr>
<tr><td colspan="6">공급물품내역</td></tr>
<tr><td>⑤ 공급일자(인수일자)</td><td>⑥ 내국신용장 등 번호</td><td>⑦ HS부호 및 수입제한구분</td><td>⑧ 품명 및 규격</td><td>⑨ 단위 및 수량</td><td>⑩ 금액</td></tr>
<tr><td></td><td></td><td></td><td></td><td></td><td></td></tr>
<tr><td colspan="6">기초원료 소요내역</td></tr>
<tr><td>⑪ HS부호 및 수입제한구분</td><td>⑫ 품명 및 규격</td><td>⑬ 단위 및 수량</td><td>⑭ 금액</td><td colspan="2">⑮ 비고</td></tr>
<tr><td></td><td></td><td></td><td></td><td colspan="2"></td></tr>
<tr><td colspan="3">* 대외무역관리규정 제48조에 따라 위와 같이 외화획득용 원료의 공급이행사항을 신고합니다.

년 월 일

신고인 (서명 또는 인)</td><td colspan="3">* 위의 사항을 확인합니다.

년 월 일

외화획득용원료수입 사후관리기관의 장(인)</td></tr>
</table>

2812-281-03411민 210㎜ × 297㎜

'98.1.12. 승인 일반용지 60g/㎡

<별지 제18호 서식>

외화획득용원료사용목적변경승인(신청)서

<table>
<tr><td colspan="6"></td><td>처리기간</td></tr>
<tr><td colspan="6"></td><td>7 일</td></tr>
<tr><td colspan="2">① 신청인 무역업고유번호
(상호, 주소, 성명)

(서명 또는 인))</td><td></td><td colspan="4">②사후관리기관 · 단체명</td></tr>
<tr><td colspan="3"></td><td colspan="4">③비고</td></tr>
<tr><td colspan="7">사용목적 변경승인 신청내역</td></tr>
<tr><td>④ HS부호</td><td>⑤ 품명 및 규격</td><td>⑥ 단위 및 수량</td><td>⑦ 금액</td><td colspan="3">⑧ 수입승인일자 및 번호</td></tr>
<tr><td colspan="7">소요원자재 수입내역</td></tr>
<tr><td>⑨ HS부호</td><td>⑩ 품명 및 규격</td><td>⑪ 단위 및 수량</td><td>⑫ 금액</td><td>⑬ 수입신고세관</td><td colspan="2">⑭ 수입신고일자 및 신고필증번호</td></tr>
<tr><td colspan="7">외화획득이행내역</td></tr>
<tr><td>⑮ HS부호</td><td>⑯ 품명 및 규격</td><td>⑰ 단위 및 수량</td><td>⑱ 금액</td><td>⑲ 수출일자</td><td colspan="2">⑳ L/C번호</td></tr>
<tr><td colspan="7">외화획득을 위한 원료사용내역</td></tr>
<tr><td>㉑ HS부호</td><td>㉒ 품명 및 규격</td><td>㉓ 단위 및 수량</td><td>㉔ 금액</td><td colspan="3">㉕ 비고</td></tr>
<tr><td colspan="7">㉖ 승인조건</td></tr>
<tr><td colspan="7">㉗ 승인번호</td></tr>
<tr><td colspan="7">* 위의 신청사항을 대외무역관리규정 제49조에 따라 승인합니다.

년 월 일

승인권자 (인)</td></tr>
</table>

2812-281-03511민 210㎜ × 297㎜

'98.1.12. 승인 일반용지 60g/㎡

<별지 제19호 서식>

외화획득용원료양도승인(신청)서

처리기간
7 일

① 양도자(상호, 주소, 성명) (서명 또는 인)	② 양수자(상호, 주소, 성명) (서명 또는 인)
③ 양도자사후관리기관・단체명	④ 양수자사후관리기관・단체명

양도원료내역

⑤ HS부호 및 수입제한구분	⑥ 품명 및 규격	⑦ 단위 및 수량	⑧ 금액	⑨ 비고

원료수입내역

⑩ HS부호 및 수입제한구분	⑪ 품명 및 규격	⑫ 단위 및 수량	⑬ 금액	⑭ 수입신고 일자 (구매일자)	⑮ 수입신고 번호	⑯ 수입승인 일자 및 번호

⑰ 승인요건

⑱ 승인번호

* 위의 신청사항을 대외무역관리규정 제50조에 따라 승인합니다.

년 월 일

승인권자 (서명 또는 인)

2812-281-03611민 210㎜ × 297㎜
'98.1.12. 승인 일반용지 60g/㎡

<별지 제20호 서식>

자율소요량계산서

외화획득이행 물품등 명세 (관련서류명 및 번호 :)					
① HS부호	② 품명 및 규격	③ 단위 및 수량	④ 가격조건 및 단가	⑤ 금액	⑥ 비고

자율소요량 명세					
⑦ HS부호 (10단위)	⑧ 품명 및 규격	⑨ 단위당기준 소요량, 단위 자율소요량	⑩ 단위 및 수량	⑪ 자율소요량 (⑨ × ⑩)	⑫ 비고

자율소요량 계산근거 및 내역

* 대외무역관리규정 제56조에 따라 위와 같이 자율소요량계산서를 작성하여 제출합니다.

년 월 일

업체명 :
주 소 :
작성업체 대표 (인)

수입승인 기관·단체의 장 귀하

제8장

전략물자의 수출입, 플랜트의 수출 및 정부간 수출계약

제 1 절 전략물자 수출입에 대한 특별관리

I 전략물자의 정의

산업통상자원부장관은 관계 행정기관의 장과 협의하여 대통령령으로 정하는 다자간 국제수출통제체제의 원칙, 즉, 바세나르체제(WA), 핵공급국그룹(NSG), 미사일기술통제체제(MTCR), 오스트레일리아그룹(AG), 화학무기의 개발·생산·비축·사용 금지 및 폐기에 관한 협약(CWC), 세균무기(생물무기) 및 독소무기의 개발·생산·비축 금지 및 폐기에 관한 협약(BWC), 무기거래조약(ATT)에 따라 국제평화 및 안전유지와 국가안보를 위하여 수출허가 등 제한이 필요한 물품등[대통령령으로 정하는 기술을 포함한다. 이하 이 절에서 같다]을 지정하여 고시하여야 한다.(대외무역법 제19조 1항)(대외령 제32조)

여기서 "대통령령으로 정하는 기술"이란 다자간 국제수출통제에서 정하는 물품의 제조·개발 또는 사용 등에 관한 기술로서 산업통상자원부장관이 관계 행정기관의 장과 협의하여 고시하는 기술을 말한다. 다만, 일반에 공개된 기술, 기초과학연구에 관한 기술, 특허 출원에 필요한 최소한의 기술, 법 제19조 제2항에 따라 수출허가를 받은 물품등의 설치, 운용, 점검, 유지 및 보수에 필요한 최소한의 기술 중 어느 하나에 해당하는 기술은 제외한다.(대외령 제32조의 2)

"전략물자"는 전략물자 수출입고시 별표 2(이중용도품목) 및 별표 3(군용물자품목)에 해당하는 물품등(전략물자를 분리 가능한 부분품으로 포함하고 있는 물품등을 포함)을 말한다.(전략물자수출입고시 제2조 2호) 여기서 "물품등"이라 함은 물품(물질, 시설, 장비, 부품), 소프트웨어 등 전자적 형태의 무체물 및 기술을 말한다.(전략물자수출입고시 제2조 1호)

또한 "전략물자등"이라 함은 전략물자 또는 대외무역법 제19조 제3항에 따른 상황허가 대상인 물품등을 말한다.(전략물자수출입고시 제2조 3호)

이러한 전략물자의 수출입에 관해서는 산업통상자원부장관이나 관계 행정기관의 장의 수출허가 또는 상황허가를 받아야 한다.

Ⅱ 전략물자 수출입의 내용

1. 전략물자의 수출허가 및 상황허가

(1) 전략물자의 수출허가 및 상황허가

전략물자를 수출[35]하려는 자는 대통령령으로 정하는 바에 따라 산업통상자원부장관이나 관계 행정기관의 장(원자력안전위원회 위원장, 방위사업청장(전략물자수출입고시 제5조))의 허가(이하 "수출허가"라 한다)를 받아야 한다. 다만, 「방위사업법」 제57조 제2항에 따라 허가를 받은 방위산업물자 및 국방과학기술이 전략물자에 해당하는 경우에는 그러하지 아니하다.(대외무역법 제19조 2항)

또한 전략물자에는 해당되지 아니하나 대량파괴무기와 그 운반수단인 미사일(이하 "대량파괴무기등"이라 한다)의 제조·개발·사용 또는 보관 등의 용도로 전용될 가능성이 높은 물품등을 수출하려는 자는 그 물품등의 수입자나 최종 사용자가 그 물품등을 대량파괴무기등의 제조·개발·사용 또는 보관 등의 용도로 전용할 의도가 있음을 알았거나 그 수출이 다음 하나에 해당되어 그러한 의도가 있다고 의심되면 대통령령으로 정하는 바에 따라 산업통상자원부장관이나 관계 행정기관의 장의 "상황허가"를 받아야 한다.(대외무역법 제19조 3항)

---

35) 대외무역법 제19조 제1항에 따른 기술이 다음 각 호의 어느 하나에 해당되는 경우로서 대통령령으로 정하는 경우를 포함한다.
   1. 국내에서 국외로의 이전
   2. 국내 또는 국외에서 대한민국 국민(국내법에 따라 설립된 법인을 포함한다)으로부터 외국인(외국의 법률에 따라 설립된 법인을 포함한다)에게로의 이전

   여기서 "대통령령으로 정하는 경우"란 대외무역법 시행령 제32조의2(수출허가 등의 제한이 필요한 기술) 본문에 따라 고시하는 기술을 다음 각 호의 어느 하나에 해당하는 방법으로 이전하는 경우를 말한다.(대외령 제32조의3)
   1. 전화, 팩스, 이메일 등 정보통신망을 통한 이전
   2. 지시, 교육, 훈련, 실연(實演) 등 구두나 행위를 통한 이전
   3. 종이, 필름, 자기디스크, 광디스크, 반도체메모리 등 기록매체나 컴퓨터 등 정보처리장치를 통한 이전

   * *이하 대외무역법 제19조 제3항부터 제5항까지, 제20조, 제23조, 제24조, 제24조의2, 제24조의3, 제25조, 제28조, 제29조, 제31조, 제47조부터 제49조까지, 제53조제1항 및 제53조 제2항 제2호부터 제4호까지에서 같다.*

① 수입자가 해당 물품등의 최종 용도에 관하여 필요한 정보 제공을 기피하는 경우

② 수출하려는 물품등이 최종 사용자의 사업 분야에 해당되지 아니하는 경우

③ 수출하려는 물품등이 수입국가의 기술수준과 현저한 격차가 있는 경우

④ 최종 사용자가 해당 물품등이 활용될 분야의 사업경력이 없는 경우

⑤ 최종 사용자가 해당 물품등에 대한 전문적 지식이 없으면서도 그 물품등의 수출을 요구하는 경우

⑥ 최종 사용자가 해당 물품등에 대한 설치·보수 또는 교육훈련 서비스를 거부하는 경우

⑦ 해당 물품등의 최종 수하인(受荷人)이 운송업자인 경우

⑧ 해당 물품등에 대한 가격 조건이나 지불 조건이 통상적인 범위를 벗어나는 경우

⑨ 특별한 이유 없이 해당 물품등의 납기일이 통상적인 기간을 벗어난 경우

⑩ 해당 물품등의 수송경로가 통상적인 경로를 벗어난 경우

⑪ 해당 물품등의 수입국 내 사용 또는 재수출 여부가 명백하지 아니한 경우

⑫ 해당 물품등에 대한 정보나 목적지 등에 대하여 통상적인 범위를 벗어나는 보안을 요구하는 경우

⑬ 그 밖에 국제정세의 변화 또는 국가안전보장을 해치는 사유의 발생 등으로 산업통상자원부장관이나 관계 행정기관의 장이 상황허가를 받도록 정하여 고시하는 경우

(2) 전략물자의 수출허가 및 상황허가의 신청

전략물자 또는 전략물자에는 해당되지 아니하나 대량 파괴무기등의 제조·개발·사용 또는 보관 등의 용도로 전용될 가능성이 높은 물품등을 수출[36)]하려는 자는 전략물자수출허가신청서나 상황허가신청서에 다음의 서류를 첨부하여 산업

36) 대외무역법 제19조 제1항에 따른 기술이 동법 제19조 제2항 각 호의 어느 하나에 해당하는 경우로서 동법 시행령 제32조의3 각 호의 어느 하나에 해당하는 방법으로 이전되는 경우를 포함한다. 이하 동법 시행령 제33조, 제34조부터 제36조까지, 제41조의2, 제42조, 제42조의2 및 제43조부터 제47조까지에서 같다.

통상자원부장관이나 관계 행정기관의 장에게 제출하여야 한다.(대외령 제33조 1항)

① 수출계약서, 수출가계약서(輸出假契約書) 또는 이에 준하는 서류

② 수입국의 정부가 발행하는 수입목적확인서 또는 이에 준하는 서류

③ 수출하는 물품등의 용도와 성능을 표시하는 서류

④ 수출하는 물품등의 기술적 특성에 관한 서류

⑤ 수출하는 물품등의 용도 등에 관한 최종 사용자의 서약서

⑥ 그 밖에 수출허가나 상황허가에 필요한 서류로서 산업통상자원부장관이 정하여 고시하는 서류

수출허가신청이나 상황허가신청을 받은 산업통상자원부장관 또는 관계 행정기관의 장은 15일 이내에 수출허가나 상황허가의 여부를 결정하고 그 결과를 신청인에게 알려야 한다. 다만, 수출허가나 상황허가를 신청한 물품등에 대하여 별도의 기술 심사, 국내 · 국제 관계기관과의 협의 또는 현지조사가 필요한 경우에는 그 협의나 현지조사를 하는 데에 걸리는 기간은 본문에 따른 기간에 산입하지 아니한다.(대외령 제33조 2항)

(3) 신청에 따른 전략물자의 수출허가 및 상황허가

산업통상자원부장관이나 관계 행정기관의 장은 수출허가 신청이나 상황허가 신청을 받으면 국제평화 및 안전유지와 국가안보 등 대통령령으로 정하는 기준에 따라 수출허가나 상황허가를 할 수 있다.(대외무역법 제19조 4항)

여기서 "대통령령이 정하는 기준"은 다음의 기준을 말한다.(대외령 제34조)

① 해당 물품등이 평화적 목적에 사용될 것

② 해당 물품등의 수출이 국제평화 및 안전유지와 국가안보에 영향을 미치지 아니할 것

③ 해당 물품등의 수입자와 최종 사용자 등이 거래에 적합한 자격을 가지고 있고 그 물품등의 사용 용도를 신뢰할 수 있을 것

④ 그 밖에 대외령 제32조에 따른 국제수출통제체제의 원칙 중 산업통상자원부장관이 정하여 고시하는 사항을 지킬 것

(4) 전략물자의 수출허가 및 상황허가의 면제

산업통상자원부장관 또는 관계 행정기관의 장은 재외공관에서 사용될 공용물품을 수출하는 경우 등 대통령령으로 정하는 경우에는 수출허가 또는 상황허가를 면제할 수 있다.(대외무역법 제19조 5항)

여기서 "대통령령으로 정하는 경우"란 다음 어느 하나에 해당하는 것을 말한다. 이 경우 수출자는 수출 후 7일 이내에 산업통상자원부장관 또는 관계 행정기관의 장에게 수출거래에 관한 보고서를 제출하여야 한다.(대외령 제35조)

① 재외공관, 해외에 파견된 우리나라 군대 또는 외교사절 등에 사용될 공용물품을 수출하는 경우

② 선박 또는 항공기의 안전운항을 위하여 긴급 수리용으로 사용되는 기계, 기구 또는 부분품 등을 수출하는 경우

③ 그 밖에 수출허가 또는 상황허가의 면제가 필요하다고 인정하여 산업통상자원부장관이 관계 행정기관의 장과 협의하여 고시하는 경우[37]

2. 전략물자의 판정

물품등의 무역거래자(대외무역법 제19조 제2항에 따른 기술이전 행위의 전부 또는 일부를 위임하거나 기술이전 행위를 하는 자를 포함한다. 이하 동법 제24조의2 및 제25조에서 같다)는 대통령령으로 정하는 바에 따라 산업통상자원부장관이나 관계 행정기관의 장에게 수출하려는 물품등이 전략물자 또는 대외무역법 제19조 제3항 제13호(*그 밖에 국제정세의 변화 또는 국가안전보장을 해치는 사유의 발생 등으로 산업통상자원부장관이나 관계 행정기관의 장이 상황허가를 받도록 정하여 고시하는 경우*)에 따른 상황허가 대상인 물품등에 해당하는지에 대한 판정을 신청할 수 있다. 이 경우 산업통상자원부장관이나 관계 행정기관의 장은 전략물자관리원장 또는 대통령령으로 정하는 관련 전문기관에 판정을 위임하거나 위탁할 수 있다.(대외무역법 제20조 2항)

여기서 "대통령령으로 정하는 관련 전문기관"이란 한국원자력통제기술원을 말한다.(대외령 제37조)

---

37) 전략물자 수출입고시 제26조(개별수출허가의 면제) 참고

한국원자력통제기술원

□ **설립목적**

원자력 관련 시설 및 핵물질 등에 관한 안전조치와 수출입통제 등(이하 "원자력통제"라 한다)의 업무를 효율적으로 추진하기 위하여 한국원자력통제기술원을 설립한다.

□ **주요 사업**

- 원자력안전위원회로부터 위탁받은 원자력 관련 시설・장비・기술・연구개발활동 및 핵물질에 관한 안전조치 관련 업무
- 원자력안전위원회로부터 위탁받은 핵물질 등 국제규제물자에 관한 수출입통제 관련 업무
- 「원자력시설 등의 방호 및 방사능 방재 대책법」 제45조제1항에 따라 원자력안전위원회로부터 위탁받은 물리적방호 관련 업무
- 원자력통제에 관한 연구 및 기술개발
- 원자력통제에 관한 국제협력 지원
- 원자력통제에 관한 교육
- 그 밖에 원자력통제 업무의 수행을 위하여 필요한 사항

※ 원자력안전법 제6조(한국원자력통제기술원의 설립), 제7조(통제기술원의 사업)에 명시된 내용

해당 물품등이 전략물자 또는 상황허가 대상인 물품등에 해당하는지에 대하여 판정을 받으려는 자는 판정신청서에 다음의 서류를 첨부하여 산업통상자원부장관이나 관계 행정기관의 장에게 제출하여야 한다.(대외령 제36조 1항)

① 물품등의 용도와 성능을 표시하는 서류

② 물품등의 기술적 특성에 관한 서류

③ 그 밖에 전략물자 또는 상황허가 대상인 물품등의 판정에 필요한 서류로서 산업통상자원부장관이 정하여 고시하는 서류

위의 판정 신청을 받은 산업통상자원부장관이나 관계 행정기관의 장은 15일 이내에 신청한 물품등이 전략물자 또는 상황허가 대상인 물품등에 해당하는지를 판정하여 신청인에게 알려야 한다. 다만, 판정을 신청한 물품등에 대하여 별도의 기술 심사나 다른 관계 행정기관과의 협의가 필요한 경우 그 기술 심사나 협의

를 하는 데에 필요한 기간은 본문에 따른 기간에 산입하지 아니한다.(대외령 제36조 2항)

판정의 유효기간은 2년으로 한다.(대외령 제36조 3항)

산업통상자원부장관은 전략물자 수출입통제업무를 효율적으로 수행하기 위하여 필요한 경우 전략물자로 판정된 물품등에 대하여 그 명칭, 규격, 통제번호 등 해당 물품등이 전략물자라는 사실을 확인할 수 있는 객관적 사항에 관한 것으로서 산업통상자원부장관이 정하여 고시하는 사항을 공고할 수 있다.(대외령 제36조 4항)

3. 전략물자의 수입목적확인서 발급

전략물자를 수입하려는 자는 대통령령으로 정하는 바에 따라 산업통상자원부장관이나 관계 행정기관의 장에게 수입목적 등의 확인을 내용으로 하는 수입목적확인서의 발급을 신청할 수 있다. 이 경우 산업통상자원부장관과 관계 행정기관의 장은 확인 신청 내용이 사실인지 확인한 후 수입목적확인서를 발급할 수 있다.(대외무역법 제22조)

전략물자 수입목적확인서를 발급받으려는 자는 전략물자 수입목적확인서 발급신청서에 그 전략물자의 최종 사용자 및 사용 목적을 증명할 수 있는 서류 등 전략물자의 수입 목적을 확인하는 데에 필요한 서류로서 산업통상자원부장관이나 관계 행정기관의 장이 정하여 고시하는 서류를 첨부하여 산업통상자원부장관이나 관계 행정기관의 장에게 제출하여야 한다.(대외령 제40조 1항)

전략물자 수입목적확인서 발급 신청을 받은 산업통상자원부장관이나 관계 행정기관의 장은 7일 이내에 전략물자 수입목적확인서를 발급하여야 한다. 다만, 수입목적 확인을 신청한 물품등에 대하여 별도의 기술 심사나 관계 행정기관과의 협의가 필요한 경우 그 기술 심사나 협의를 하는 데에 필요한 기간은 본문에 따른 기간에 산입하지 아니한다.(대외령 제40조 2항)

위의 규정에 따라 발급한 전략물자 수입목적확인서의 유효기간은 1년으로 한다.(대외령 제40조 3항)

4. 전략물자의 이동중지 명령

산업통상자원부장관과 관계 행정기관의 장은 전략물자나 상황허가 대상인 물품등(이하 이 조에서 “전략물자 등”이라 한다)이 허가를 받지 아니하고 수출되거나 거짓이나 그 밖의 부정한 방법으로 허가를 받아 수출되는 것(이하 “불법수출”이라 한다)을 막기 위하여 필요하면 적법한 수출이라는 사실이 확인될 때까지 전략물자 등의 “이동중지명령”을 할 수 있다.(대외무역법 제23조 1항)

위의 규정에도 불구하고 산업통상자원부장관과 관계 행정기관의 장은 전략물자 등의 불법수출을 막기 위하여 긴급하게 그 이동을 제한할 필요가 있으면 적법한 수출이라는 사실이 확인될 때까지 직접 그 이동을 중지시킬 수 있다.(대외무역법 제23조 2항)

전략물자 등을 국내 항만이나 공항을 경유하거나 국내에서 환적(換積)하려는 자로서 대통령령으로 정하는 자는 대통령령으로 정하는 바에 따라 산업통상자원부장관이나 관계 행정기관의 장의 허가를 받아야 한다.(대외무역법 제23조 3항)

위에서 “전략물자 등을 국내 항만이나 공항을 경유하거나 국내에서 환적(換積)하려는 자로서 대통령령으로 정하는 자”란 다음 어느 하나에 해당하는 자를 말한다.(대외령 제40조의 2 1항)

① 대량파괴무기 등의 제조·개발·사용 또는 보관 등의 용도로 전용되거나 전용될 가능성이 있다고 인정되는 전략물자나 상황허가 대상인 물품등(이하 “전략물자등”이라 한다)을 경유하거나 환적하려는 자

② 산업통상자원부장관 또는 관계 행정기관의 장으로부터 전략물자 등을 국내 항만이나 공항을 경유하거나 국내에서 환적하려는 자로서 경우 또는 환적 허가를 받아야 하는 것으로 통보받은 자

산업통상자원부장관과 관계 행정기관의 장은 전략물자 등을 국내 항만이나 공항을 경유하거나 국내에서 환적하려는 자로서 대통령령으로 정하는 자에 의한 경유 또는 환적 허가의 신청을 받은 경우 국제평화, 안전유지 및 국가안보 등 대통령령으로 정하는 기준에 따라 허가할 수 있다.(대외무역법 제23조 4항)

산업통상자원부장관 또는 관계 행정기관의 장은 위에서 규정한 바와 같은 이동중지조치나 경유 또는 환적의 허가를 하기가 적절하지 아니하면 다른 행정기관에 협조를 요청할 수 있다. 이 경우 협조를 요청받은 행정기관은 국내 또는 외국의 전략물자등의 국가 간 불법수출을 막을 수 있도록 협조하여야 한다.(대외무역법 제23조 5항)

이동중지조치를 하는 공무원은 그 권한을 표시하는 증표를 지니고 이를 관계

인에게 내보여야 한다.(대외무역법 제23조 6항)

이동중지명령 및 이동중지조치의 기간과 방법은 전략물자등의 국가 간 불법수출을 막기 위하여 필요한 최소한도에 그쳐야 한다.(대외무역법 제23조 7항)

5. 전략물자의 중개허가

(1) 전략물자의 중개허가 신청

전략물자등을 제3국에서 다른 제3국으로 이전하거나 매매를 위하여 중개하려는 자는 대통령령으로 정하는 바에 따라 산업통상자원부장관이나 관계 행정기관의 장의 허가를 받아야 한다. 다만, 그 전략물자등의 이전·매매가 수출국으로부터 국제수출통제체제의 원칙에 따른 수출허가를 받은 경우 등 대통령령으로 정하는 때에는 그러하지 아니하다.(대외무역법 제24조 1항)

여기서 "국제수출통제체제의 원칙에 따른 수출허가를 받은 경우 등 대통령령으로 정하는 때"란 다음 어느 하나에 해당하는 때를 말한다.(대외령 제41조의 2)

① 대외무역법 제19조 제1항의 국제수출통제체제의 원칙에 따라 수출국으로부터 수출허가를 받은 경우

② 산업통상자원부장관이 고시하는 지역에서 중개에 따른 수출이나 수입이 이루어지는 때

구체적으로 전략물자등을 중개하려는 자는 전략물자등 중개허가신청서에 다음의 서류를 첨부하여 산업통상자원부장관이나 관계 행정기관의 장에게 제출하여야 한다.(대외령 제41조 1항)

① 거래계약서, 거래가계약서(去來假契約書) 또는 이에 준하는 서류

② 해당 중개에 관련된 수출자, 수입자, 중개자 등에 관한 서류

③ 중개하는 전략물자등의 용도와 성능을 표시하는 서류

④ 중개하는 전략물자등의 기술적 특성에 관한 서류

⑤ 중개하는 전략물자등의 용도 등에 관한 최종 사용자의 서약서

⑥ 그 밖에 전략물자등의 중개허가에 필요한 서류로서 산업통상자원부장관이 정하여 고시하는 서류

위의 규정에 따라 중개허가 신청을 받은 산업통상자원부장관이나 관계 행정기관의 장은 15일 이내에 중개허가 여부를 결정하고 그 결과를 신청인에게 알려야 한다. 다만, 중개허가를 신청한 물품등에 대하여 별도의 기술 심사, 국내 · 국제 관계기관과의 협의 또는 현지조사가 필요한 경우 이를 위하여 걸리는 기간은 본문에 따른 기간에 산입하지 아니한다.(대외령 제41조 2항)

(2) 수출허가 등의 유효기간

다음 어느 하나에 해당하는 허가의 유효기간은 1년으로 한다.(대외령 제42조의2 1항)

① 대외무역법 제19조 제2항에 따른 수출허가

② 대외무역법 제19조 제3항에 따른 상황허가

③ 대외무역법 제23조 제3항에 따른 경유 또는 환적 허가

④ 대외무역법 제24조에 따른 중개허가

산업통상자원부장관 또는 관계 행정기관의 장은 다음 어느 하나에 해당하는 경우에는 위에서 규정한 허가의 유효기간을 달리 정할 수 있다.(대외령 제42조의2 2항)

① 전략물자 중 대외무역법 제19조 제1항에 따른 기술을 수출하려는 경우

② 자율준수무역거래자(대외무역법 제19조 제2항 및 동법 시행령 제32조의3에 따른 기술이전 행위의 전부 또는 일부를 위임하거나 기술이전 행위를 하는 자를 포함한다. 이하 제43조부터 제46조까지 및 제75조에서 같다)에 대하여 대외무역법 제19조 제2항에 따른 수출허가를 하는 경우

③ ①, ②외에 전략물자등의 인도 조건, 대금 결제의 기간이나 조건, 경유 또는 환적이나 중개 등과 관련된 거래의 특성 등을 고려하여 산업통상자원부장관이나 관계 행정기관의 장이 필요하다고 인정하는 경우

위의 허가 유효기간의 설정과 관련된 세부적인 사항은 산업통상자원부장관이 관계 행정기관의 장과 협의하여 고시할 수 있다.(대외령 제42조의2 3항)

(3) 전략물자의 중개허가 기준

산업통상자원부장관과 관계 행정기관의 장은 중개허가의 신청을 받으면 국제

평화 및 안전유지와 국가안보 등 대통령령으로 정하는 기준에 따라 중개허가를 할 수 있다.(대외무역법 제24조 2항)

여기서 "대통령령으로 정하는 기준"이란 다음 기준을 말한다.(대외령 제42조)

① 해당 물품등이 평화적 목적에 사용될 것

② 해당 물품등의 중개가 국제평화 및 안전유지와 국가안보에 영향을 미치지 아니할 것

③ 해당 물품등의 수출자, 수입자, 최종 사용자 등이 거래에 적합한 자격을 가지고 있고 그 물품등의 사용 용도를 신뢰할 수 있을 것

④ 그 밖에 국제수출통제체제의 원칙 중 산업통상자원부장관이 정하여 고시하는 사항을 지킬 것

6. 서류의 보관

무역거래자는 다음의 서류를 5년간 보관하여야 한다.(대외무역법 제24조의2)

① 전략물자 또는 상황허가 대상인 물품등에 해당하는지에 대한 판정을 신청한 경우에는 그 판정에 관한 서류

② 전략물자등을 수출·경유·환적·중개한 자의 경우 그 수출허가, 상황허가, 경유 또는 환적 허가(대외무역법 제23조 3항), 중개허가(대외무역법 제24조) 에 관한 서류

③ 그 밖에 산업통상자원부장관이나 관계 행정기관의 장이 정하여 고시하는 서류

7. 전략물자의 수출허가 등의 취소 및 교육명령

(1) 전략물자의 수출허가 및 상황허가의 취소

산업통상자원부장관 또는 관계 행정기관의 장은 수출허가 또는 상황허가, 경유 또는 환적 허가(대외무역법 제23조 3항), 중개허가(대외무역법 제24조) 를 한 후 다음 어느 하나에 해당하는 경우에는 해당 허가를 취소할 수 있다.(대외무역법 제24조의3)

① 거짓 또는 부당한 방법으로 허가를 받은 사실이 발견된 경우

② 전쟁, 테러 등 국가 간 안보 또는 대량파괴무기 이동·확산 우려 등과 같

은 국제정세의 변화가 있는 경우

산업통상자원부장관 또는 관계 행정기관의 장은 수출허가, 상황허가, 경유 또는 환적 허가, 중개허가의 취소 처분을 하려면 청문을 하여야 한다.(대외무역법 제47조 1호)

(2) 부정한 전략물자의 수출허가 및 상황허가에 대한 교육명령

산업통상자원부장관 또는 관계 행정기관의 장은 다음 어느 하나에 해당하는 자에게 대통령령으로 정하는 바에 따라 교육명령을 부과할 수 있다.(대외무역법 제49조)

① 수출허가 또는 상황허가를 받지 아니하고 수출한 자

② 거짓이나 그 밖의 부정한 방법으로 수출허가 또는 상황허가를 받은 자

③ 경유 또는 환적 허가(대외무역법 제23조 3항) 및 중개허가(대외무역법 제24조) 를 받지 아니하고 경유·환적·중개한 자

④ 거짓이나 그 밖의 부정한 방법으로 경유 또는 환적 허가(대외무역법 제23조 3항) 및 중개허가(대외무역법 제24조) 를 받은 자

위의 규정에 따라 산업통상자원부장관 또는 관계 행정기관의 장은 수출허가 또는 상황허가 의무 위반자 등에 대해 전략물자관리원이나 한국원자력통제기술원, 그 밖에 산업통상자원부장관이 정하여 고시하는 기관에서 8시간 이내로 교육을 실시하도록 할 수 있다.(대외령 제48조 1,2항)

위에서 규정한 사항 외에 교육에 필요한 사항은 산업통상자원부장관이 관계 행정기관의 장과 협의하여 정한다.(대외령 제48조 3항)

8. 자율준수 무역거래자

(1) 자율준수 무역거래자의 지정

산업통상자원부장관은 기업 또는 대통령령으로 정하는 대학 및 연구기관의 자율적인 전략물자 관리능력을 높이기 위하여 전략물자 여부에 대한 판정능력, 수입자 및 최종 사용자에 대한 분석능력 등 대통령령으로 정하는 능력을 갖춘 무역거래자를 자율준수무역거래자로 지정할 수 있다.(대외무역법 제25조 1항)

여기서 "대통령령으로 정하는 대학 및 연구기관"이란 다음 어느 하나에 해당하는 대학 및 연구기관을 말한다.(대외령 제43조 1항)

① 「고등교육법」 제2조에 따른 대학, 산업대학, 전문대학 및 기술대학

② 「과학기술분야 정부출연연구기관 등의 설립·운영 및 육성에 관한 법률」에 따라 설립된 과학기술분야 정부출연연구기관

③ 「기초연구진흥 및 기술개발지원에 관한 법률」 제14조의2 제1항에 따라 인정받은 기업부설연구소

④ 「산업기술연구조합 육성법」에 따른 산업기술연구조합

⑤ 국·공립 연구기관

⑥ 「특정연구기관 육성법」 제2조에 따른 특정연구기관

⑦ 「산업기술혁신 촉진법」 제42조에 따른 전문생산기술연구소

또한 여기서 "대통령령으로 정하는 능력"이란 다음의 능력을 말한다.(대외령 제43조 2항)

① 전략물자 해당 여부에 대한 판정능력

② 수입자 및 최종 사용자에 대한 분석능력

③ 자율관리조직의 구축 및 운용 능력

자율준수무역거래자로 지정받으려는 자는 자율준수무역거래자지정신청서에 다음의 서류를 첨부하여 산업통상자원부장관에게 제출하여야 한다.(대외령 제43조 3항)

① 자율준수무역거래자 지정에 합당한 능력을 갖추었다는 사실(위의 대통령령으로 정하는 능력)을 증명하는 서류

② 자율적인 수출통제 업무 관리를 위한 업무규정 및 조직도

③ 그 밖에 자율준수무역거래자의 지정에 필요한 서류로서 산업통상자원부장관이 정하여 고시하는 서류

산업통상자원부장관은 자율준수무역거래자를 지정하는 경우 위에서 규정한 대통령령으로 정하는 능력을 갖춘 정도에 따라 자율준수무역거래자의 등급을 달리 정할 수 있다.(대외령 제43조 4항)

산업통상자원부장관은 자율준수무역거래자 지정신청을 받았을 때에는 신청서

접수일부터 40일 이내에 지정 여부와 그 등급(자율준수무역거래자로 지정된 경우만 해당한다)을 신청인에게 알려야 한다.(대외령 제43조 5항)

(2) 자율준수 무역거래자의 자율관리 업무의 범위

산업통상자원부장관은 지정을 받은 자율준수무역거래자(이하 이 조에서 "자율준수무역거래자"라 한다)에게 대통령령으로 정하는 바에 따라 전략물자에 대한 수출통제업무의 일부를 자율적으로 관리하게 할 수 있다.(대외무역법 제25조 2항)

구체적으로 산업통상자원부장관은 자율준수무역거래자에게 대외무역법 제19조에 따른 전략물자의 수출허가에 관하여 다음의 수출통제업무를 자율적으로 관리하게 할 수 있다.(대외령 제44조 1항)

① 수출허가를 받은 물품등의 최종 사용자에 관한 관리 업무

② 수출허가를 받은 물품등의 최종 용도에 관한 관리 업무

③ 그 밖에 전략물자 수출허가 제도를 효율적으로 운용하기 위하여 산업통상자원부장관이 정하여 고시하는 업무

다만, 산업통상자원부장관은 자율준수무역거래자의 등급에 따라 수출통제업무의 자율적인 관리 내용을 달리 정할 수 있다.(대외령 제44조 2항)

(3) 자율준수 무역거래자의 보고

자율준수무역거래자는 자율적으로 관리하는 전략물자의 수출실적 등을 대통령령으로 정하는 바에 따라 산업통상자원부장관에게 보고하여야 한다.(대외무역법 제25조 3항)

구체적으로 자율준수무역거래자는 다음의 사항별로 해당 기간 내에 그 현황이나 실적을 산업통상자원부장관에게 보고하여야 한다.(대외령 제45조)

① 전략물자 수출허가의 반기별(半期別) 실적 : 다음 반기의 1개월 이내

② 전략물자 해당 여부에 대한 판정능력, 수입자 및 최종 사용자에 대한 분석능력, 자율관리조직의 구축 및 운용 능력(자율적 관리 능력을 판단하는 대통령령으로 정하는 능력)에 관한 연간 현황 : 다음 해의 1개월 이내

(4) 자율준수 무역거래자의 지정 취소

산업통상자원부장관은 다음 어느 하나에 해당하는 경우에는 자율준수무역거래자의 지정을 취소할 수 있다.(대외무역법 제25조 4항)

① 자율적 관리 능력을 판단하는 대통령령으로 정하는 능력(대외령 제43조 1항)을 유지하지 못하는 경우

② 고의나 중대한 과실로 수출허가를 받지 아니하고 전략물자를 수출한 경우

③ 고의나 중대한 과실로 상황허가를 받지 아니하고 상황허가 대상인 물품등을 수출한 경우

④ 고의나 중대한 과실로 전략물자 판정과 관련된 서류(대외무역법 제24조의2)의 보관의무를 이행하지 아니한 경우

⑤ 고의나 중대한 과실로 중개허가를 받지 아니하고 전략물자를 중개한 경우

⑥ 자율준수 무역거래자의 보고의무를 이행하지 아니한 경우

(5) 자율준수무역거래자의 지정 등에 대한 타당성 검토 및 개선 등의 조치

산업통상자원부장관은 다음 사항에 대하여 다음 각 기준일을 기준으로 2년마다(매 2년이 되는 해의 기준일과 같은 날 전까지를 말한다) 그 타당성을 검토하여 개선 등의 조치를 하여야 한다.(대외령 제93조의2 2항)

① 대외무역법시행령 제43조에 따른 자율준수무역거래자의 지정 등 : 2015년 1월 1일

② 대외무역법시행령 제45조에 따른 자율준수무역거래자의 보고사항 및 보고기간 : 2015년 1월 1일

9. 전략물자 수출입고시 및 전략물자 수출입통관에 관한 고시

산업통상자원부장관은 관계 행정기관의 장과 협의하여 대외무역법 제19조, 제20조, 제22조부터 제24조까지, 제24조의2, 제24조의3 및 제25조에 관한 요령을 고시하여야 한다.(대외무역법 제26조 1항) 이렇게 고시한 것이 전략물자 수출입고시이며 이 고시는 전략물자의 수출입통제에 관한 사항을 정함으로써 국제평화 및 안전유지와

국가안보에 기여함을 목적으로 한다.

또한 관세청장은 전략물자등의 수출입 통관절차에 관한 사항을 고시하여야 한다.(대외무역법 제26조 2항) 이렇게 고시한 것이 전략물자 수출입통관에 관한 고시이며 이는 전략물자의 수출입에 관한 통관절차를 정함에 목적을 두고 있다.

10. 전략물자 수출입의 제한

산업통상자원부장관 또는 관계 행정기관의 장은 다음 어느 하나에 해당하는 자에게 3년 이내의 범위에서 일정 기간 동안 전략물자의 전부 또는 일부의 수출이나 수입을 제한할 수 있다.(대외무역법 제31조 1항)

① 수출허가를 받지 아니하고 전략물자를 수출한 자

② 상황허가를 받지 아니하고 상황허가 대상인 물품등을 수출한 자

③ 전략물자등의 수출이나 수입에 관한 국제수출통제체제의 원칙을 위반한 자로서 대통령령으로 정하는 자

11. 전략물자 수출입 제한자의 명단 공고

관계 행정기관의 장은 위의 위반내용의 어느 하나에 해당하는 자가 있음을 알게 되면 즉시 산업통상자원부장관에게 통보하여야 한다.(대외무역법 제31조 2항)

또한 산업통상자원부장관 또는 관계 행정기관의 장은 위 규정에 따라 전략물자등의 수출입을 제한한 자와 외국 정부가 자국의 법령에 따라 전략물자등의 수출입을 제한한 자의 명단과 제한 내용을 공고할 수 있다.(대외무역법 제31조 3항)

Ⅲ 전략물자 수출입 관리를 위한 기관 등

1. 전략물자 수출입 관리 정보시스템 구축·운영

산업통상자원부장관은 다음의 업무를 수행하기 위하여 관계 행정기관의 장 및 전략물자관리원과 공동으로 전략물자 수출입관리 정보시스템을 구축·운영할 수 있다.(대외무역법 제28조 1항)

① 수출허가, 상황허가, 전략물자 판정, 수입목적확인서의 발급 등에 관한 업무

② 전략물자의 수출입통제에 필요한 정보의 수집·분석 및 관리 업무

전략물자 수출입관리 정보시스템의 구축·운영에 필요한 사항은 대통령령으로 정한다.(대외무역법 제28조 2항)

2. 전략물자관리원

(1) 전략물자관리원의 설립

대외무역법[법률 제8185호, 2007. 1. 3, 일부개정]에 최초로 전략물자 관리원 설립의 법적 근거가 마련되었고 그에 따라 전략물자의 수출입 업무와 관리 업무를 효율적으로 지원하기 위해 2007년 6월 14일에 전략물자관리원이 개원하였다.

전략물자관리원의 설립 목적은 전략물자의 수출입 업무와 관리 업무를 효율적으로 지원하기 위함이며 형태는 법인으로 하고 있다.(대외무역법 제29조 1, 2항)

전략물자관리원은 정관으로 정하는 바에 따라 임원과 직원을 두며 전략물자관리원은 그 주된 사무소의 소재지에서 설립등기를 함으로써 성립한다.(대외무역법 제29조 3, 4항)

전략물자관리원에 관하여 이 법에서 정한 것 외에는 「민법」 중 재단법인에 관한 규정을 준용한다.(대외무역법 제29조 7항)

정부는 전략물자관리원의 설립·운영에 필요한 경비를 예산의 범위에서 출연하거나 지원할 수 있다.(대외무역법 제29조 8항)

(2) 전략물자관리원의 업무

전략물자관리원은 정부의 전략물자 관리정책에 따라 다음의 업무를 수행한다.(대외무역법 제29조 5항)(대외령 제46조)

① 전략물자 판정 업무

② 전략물자 수출입관리 정보시스템의 운영 업무

③ 전략물자의 수출입자에 대한 교육 업무

④ 헌법에 따라 체결·공포된 무역에 관한 조약과 일반적으로 승인된 국제법규에서 정한 국제평화와 안전유지 등의 의무를 이행하기 위하여 필요할

경우(대외무역법 제5조 4호)와 국제평화와 안전유지를 위한 국제공조에 따른 교역여건의 급변으로 교역상대국과의 무역에 관한 중대한 차질이 생기거나 생길 우려가 있는 경우(대외무역법 제5조 4의2호)에 수출입을 제한하거나 금지할 수 있는 조치의 이행을 위한 정보제공 등 지원업무

⑤ 전략물자 수출입관리에 관한 조사·연구 및 홍보 지원 업무

⑥ 전략물자 수출입통제와 관련된 국제협력 지원 업무

⑦ 전략물자 자율준수무역거래자의 지정 및 관리에 대한 지원 업무

⑧ 전략물자의 판정 및 통보에 관하여 산업통상자원부장관이 위탁하는 업무

전략물자관리원의 장은 산업통상자원부장관의 승인을 받아 해당업무에 관하여 관리원을 이용하는 자에게 일정한 수수료를 징수할 수 있다.(대외무역법 제29조 6항)

3. 전략물자 수출입통제 협의회

산업통상자원부장관과 관계 행정기관의 장은 전략물자 등의 수출입통제와 관련된 부처간 협의를 위하여 공동으로 전략물자 수출입통제 협의회(이하 이 조에서 "협의회"라 한다)를 구성할 수 있으며(대외무역법 제30조 1항) 협의회의 회의는 관계 행정기관의 소관 업무별로 그 소관 관계 행정기관의 장이 주재한다.(대외무역법 제30조 2항)

전략물자 수출입통제 협의회의 위원장은 다음 각각의 사항별로 소관 행정기관의 장이 되고, 협의회의 위원장은 소관 사항별로 참석 행정기관의 범위를 정하여 협의회를 소집한다.(대외령 제47조 1항)

① 과학기술정보통신부: 과학기술 및 정보통신기술 중 전략물자 등 관련 기술의 수출입통제에 관한 사항

② 외교부: 외교에 영향을 주는 사항 및 전략물자의 수출입통제와 관련된 국제규범에 관한 사항

③ 통일부: 「남북교류협력에 관한 법률」에 따른 반출·반입 승인 대상 품목 중 전략물자에 관한 사항 및 남북 교류·협력에 영향을 미치는 사항

④ 국방부 : 「방위사업법」에 따른 방위산업물자·국방과학기술의 수출입통제에 관한 사항 및 국가안보에 영향을 미치는 사항

⑤ 산업통상자원부: 전략물자 등(원자력 전용 품목은 제외한다)의 수출입통제 및 통상교섭에 영향을 주는 사항

⑥ 원자력안전위원회: 전략물자 등 중 원자력 전용 품목의 수출입통제에 관한 사항

협의회의 위원은 소집되는 행정기관의 고위공무원단에 속하는 공무원으로서 전략물자의 수출입통제 관련 업무를 담당하는 자로 한다.(대외령 제47조 2항)

협의회를 효율적으로 운영하기 위하여 필요하면 실무협의회를 둘 수 있으며 협의회와 실무협의회의 운영에 필요한 사항은 전략물자 수출입통제 협의회의 관계 행정기관의 장이 협의하여 정한다.(대외령 제47조 3, 4항)

협의회의 구성원인 각 행정기관의 장은 전략물자 등의 수출입통제에 필요하면 대통령령으로 정하는 정보수사기관(국가정보원, 검찰청, 경찰청, 해양경찰청, 국군기무사령부)의 장 또는 관세청장에게 조사·지원을 요청할 수 있다.(대외무역법 제30조 3항)(대외령 제47조 5항)

위의 정보수사기관의 장 또는 관세청장은 전략물자 등의 불법수출 행위를 인지한 경우에는 협의회의 각 행정기관의 장에게 통보하는 등 필요한 조치를 취할 수 있다.(대외무역법 제30조 4항)

4. 전략물자기술자문단

산업통상자원부장관은 다음의 사항에 관한 자문을 하기 위하여 전략물자기술자문단을 구성하여 운영할 수 있다.(대외령 제49조 1항)

① 해당 물품등이 대량파괴무기 등의 제조, 개발, 사용 또는 보관 등의 용도로 전용될 가능성에 관한 사항

② 국제수출통제체제의 통제대상 물품등에 대한 평가·분석에 관한 사항

③ 전략물자 해당 여부의 판정에 관한 사항

전략물자기술자문단의 구성·운영 등에 필요한 사항은 산업통상자원부장관이 정하여 고시한다.(대외령 제49조 2항)

5. 비밀 준수 의무

이 법에 따른 전략물자의 수출입통제업무와 관련된 공무원, 전략물자관리원의 임직원과 전략물자 판정 업무와 관련된 자는 전략물자 수출입통제업무의 수행과정에서 알게 된 영업상 비밀을 그 업체의 동의 없이 외부에 누설하여서는 아니된다.(대외무역법 제27조)

〈표 8-1〉 전략물자 관리

구분	전략물자	전략기술
법적근거	대외무역법	
자가판정	법적근거 있음	법적근거 없음
사전판정기관	전략물자관리원	
사전판정 유효기간	판정일로부터 2년	
수출승인 (허가) 유효기간	1년 이내(포괄수출허가 : 3년 이내, 또는 2년 이내) (수탁가공포괄수출허가 : 3년 이내)	계약서상의 계약기간
수출승인 (허가)면제	• 국내에 있는 외국선박 또는 항공기가 자체목적으로 사용하는 조선기자재 또는 항공기용품을 공급하는 경우 • 선박 또는 항공기의 안전운항을 위하여 긴급수리용으로 사용되는 물자를 무상수출할 경우 • 재외공관(KOTRA 해외무역관 포함) 및 해외파견 우리나라 군대 또는 외교사절에 반출하는 공용물품 • 국제기관에 발송하는 화물로서 우리정부가 체결한 조약 또는 국제적 약속에 따라 수출허가가 면제되는 품목 • 수입한 전략물자를 수리, 성능미달, 대체 등 부득이한 사유로 당초 수출자에게 반송하는 경우 • 제23조에 따라 전략물자 수출허가서를 발급받아 수출한 전략물자를 수리, 성능미달, 대체 등의 사유로 재수입하여 수리한 해당 전략물자 또는 대체한 전략물자를 수출허가서상의 같은 최종사용자에게 다시 수출하는 경우(같은 사유로 긴급한 필요가 있어 동일한 전략물자를 수출허가서 상의 같은 최종사용자에게 다시 수출하고 당초 수출했던 전략물자를 다시 수출통관을 한 날로부터 6개월 이내에 재반입하는 경우를 포함한다) • 별표 4의 바세나르체제 이중용도품목(민감품목, 초민감품목, 소프트웨어 및 여타 국제수출통제체제에서 통제하는 품목은 제외한다)에 해당되는 전략물자의 수출로서 해당 품목의 수출가액의 합계가 미화 8천불 이하인 경우{다만, 동일 구매자에 대한 최종 수출통관일을 기준으로 그 이전 1년간 미화 3만불을 초과하여 전략물자를 수출한 경우 및 해당 전략물자가 대량파괴무기등으로 전용될 가능성이 있는 경우는 제외한다} • 박람회, 견본회 또는 전시회 등에 출품할 목적으로 수출한 후 1년 이내에 재반입하는 조건인 경우 또는 해외 현지에서 폐기하는 조건인 경우. 다만, 바세나르체제 이중용도품목의 민감품목, 초민감품목, 미사	• 별표 4의 바세나르체제 이중용도품목(민감품목, 초민감품목 및 여타 국제수출통제체제에서 통제하는 품목은 제외)을 바세나르체제 회원국으로 수출하는 경우 • 별표 4의 바세나르체제 이중용도품목(민감 품목, 초민감 품목 및 여타 국제수출통제체제에서 통제하는 품목은 제외)을 바세나르체제 회원국 이외의 국가로 수출할 때 대가의 총액이 미화 1만불 이하인 경우 • 제5조에서 정한 산업통상자원부장관의 허가대상품목(별표 4의 바세나르체제 이중용도 품목 중 민감품목 및 초민감품목은 제외)을 동일 법인과 근로계약을 체결한

구분		전략물자	전략기술
		일기술통제체제 이중용도품목의 CAT1, 제5조제1항제3호에 해당하는 품목, 제18조제4항 및 제5항에 해당하는 품목은 적용하지 아니한다. • 우리 나라에서 개최하는 박람회, 견본회 또는 전시회 등에 출품할 목적으로 수입한 후 1년이내에 당초 수출자에게 수출할 경우. 다만 별표2의 제10부(원자력전용품목)에 해당하는 품목의 경우에는 적용하지 아니한다. • 암호화품목등(5A002.a.1,2,5,6,9, 5B002, 5D002, 5E002)을 별표 6의 "가"지역 또는 바세나르체제 가입국에 수출하는 경우 (민간 최종사용자의 내부개발 또는 생산 용도에 한하며, 대량파괴무기등으로 전용될 경우는 제외한다.) • 시스템관리전용 암호화기능(SNMP, SSH)으로 인하여 전략물자로 분류된 암호화품목(통제번호 : 5A002.a.1,2,5,6,9, 5B002, 5D002)을 수출하는 경우(다만, 해당 품목이 다른 통제번호에도 해당하는 경우는 제외한다) • 소프트웨어 사용기간을 연장하거나, 소프트웨어 프로그램의 문제(버그)만을 해결하기 위하여 동일한 최종 수하인 또는 사용자에게 문제해결 프로그램(패치프로그램)을 수출하는 경우 다만, 새로운 기능이 추가되는 경우는 제외한다. • 제10조제1호의 가 지역에서 최종사용자 확인을 받아 재수출허가를 받은 경우. 다만, 제5조제1항제2호에 해당하는 품목은 제외한다. • 「대외무역관리규정」 제2조에 따른 중계무역이나 외국인도수출을 하는 경우로써, 제10조제1호의 가 지역에서 최종사용자 확인을 받아 수출허가를 받은 경우 다만, 제5조제1항제2호에 해당하는 품목은 제외한다. • 별표 2(이중용도품목)의 제1부부터 제9부까지에 해당되는 물품등을 검사, 시험, 보정, 수리를 받을 목적으로 수출한 후 1년 이내에 재반입하는 조건인 경우 또는 해외 현지에서 폐기하는 조건인 경우. 다만, 바세나르체제 이중용도품목의 민감품목, 초민감품목, 미사일기술통제체제 이중용도품목의 CAT1, 제5조제1항제3호에 해당하는 품목, 제18조제4항 및 제5항에 해당하는 품목은 적용하지 아니한다.	외국인 임직원의 업무수행에 필요한 범위 내에서 해당 외국인 임직원에게 이전하는 경우 • 외교부장관에 의해 승인된 과학기술협력협정 및 교류 프로그램 혹은 우리정부와 국제기구간에 체결한 협력협정에 따라 수행되는 사업에 필요한 기술을 수출하는 경우로서 허가기관의 장이 기술수준 및 협력협정의 내용 등을 고려하고 과학기술정보통신부장관과 협의하여 면제대상으로 인정한 경우 • 외국인으로부터 이전받은 기술을 당초 이전한 자에게 재이전하는 경우
포괄수출 허가제도		국제평화 및 안정유지에 저해하지 않는다고 인정될 경우 일정기간동안 자율판단에 따라 수출가능토록 허용	없음
자율준수제도		있음	없음
불법수출시 제재사항	형벌	5년 이하의 징역 또는 거래가의 3배 이하의 벌금 부과 - 목적범의 경우 가중처벌 (7년 이하의 징역 또는 거래가의 5배 이하 의 벌금 부과)	3년 이하의 징역 또는 1천만원 이하의 벌금 부과
	미수범	각 해당 죄에 준하여 처벌	
	양벌 규정	해당법인 또는 가담자에 대하여 각 해당 죄의 벌금형 부과	해당법인 또는 가담자에 대하여 1천만원 이하의 벌금 부과
	질서벌	사후관리규정 위반시 1천만원 이하의 과태료 부과	사후관리규정 위반시 100만원 이하의 과태료 부과
	행정벌	3년 이내 전략물자 무역금지 조치	

자료 : 전략물자관리시스템(www.yestrade.go.kr)

제 2절 플랜트 수출에 대한 특별관리

I 플랜트 수출의 개념 및 특성

1. 플랜트 수출의 개념

대외무역법상에서 플랜트는 일반물품과 달리 물품 그 자체인 기계·장치 등과 그 기계·장치 등을 설치하고 작동시키는 기술·용역 및 시공까지 포함된 복합적인 의미를 갖고 있다. 따라서 플랜트 수출은 이러한 복합적 의미의 플랜트를 외국에 수출하는 것을 의미한다.

한편 우리나라는 그 중요성을 인식하고 1978년에 산업설비수출촉진법을 제정하고 무역거래법과 별도로 운영하다가 1987년 7월 1일 시행된 대외무역법에 흡수되어 현재는 대외무역법에 의한 관리를 하고 있다. 2010년 4월 대외무역법 개정시 기존의 산업설비수출이라는 용어는 실무적으로 널리 사용되고 있는 플랜트수출로 그 명칭이 바뀌게 되었다. 대외무역법에서 플랜트수출은 다음에 해당하는 것을 말한다.(대외무역법 제32조 1항)

① 농업·임업·어업·광업·제조업, 전기·가스·수도사업, 운송·창고업 및 방송·통신업을 경영하기 위하여 설치하는 기재·장치의 수출

② 대통령령으로 정하는 설비 중 FOB가격으로 미화 50만 달러 상당액 이상인 산업설비의 수출(관리규정 제70조)

- 여기서 "대통령령이 정하는 설비"라 함은 발전설비, 담수 설비 및 용수처리설비, 해양설비 및 수상구조설비, 석유 처리설비 및 석유화학설비, 정유설비 및 송유설비, 저장탱크 및 저장기지설비, 냉동 및 냉장설비, 제철·제강설비 및 철강재구조설비, 공해방지설비, 공기조화설비, 신에너지 및 재생에너지 설비, 정치식(定置式) 운반하역설비 및 정치식 건설용설비, 시험연구설비, 그 밖에 산업 활동을 위하여 필요한 설비를 말한다.

다만, 해외건설공사와 함께 일괄수주방식에 의하여 수출하는 설비는 제외한다.(대외령 제51조)

③ 산업설비・기술용역 및 시공을 포괄적으로 행하는 수출(이하 "일괄수주방식에 의한 수출"이라 한다)

여기서 "시공"이란 토목공사, 건축공사, 플랜트 설치공사를 수행하는 것을 말한다. 다만, 플랜트 수출자나 수출용 기자재를 설계・제작하는 자가 제작한 기계 및 장치를 직접 설치하는 공사는 제외한다.(대외령 제52조 1항)

위의 단서 규정에도 불구하고 「해외건설촉진법 시행령」 제17조 제1항 제1호 라목[38]에 따른 해외공사실적을 인정받으려는 경우에만 산업통상자원부장관은 플랜트 수출자나 수출용 기자재를 설계・제작하는 자가 제작한 기계 및 장치를 직접 설치하는 공사를 플랜트 설치공사로 인정할 수 있다.(대외령 제52조 2항)

이상과 같이 대외무역법에서는 단순산업설비만 수출하는 경우도 플랜트 수출에 포함하여 특별관리를 하고 있는데, 이는 일정규모 이상의 큰 거래일 경우 경제에 미치는 피해효과가 크기 때문이다.

2. 플랜트 수출의 특성

플랜트 수출은 기계류에 엔지니어링, 노하우, 건설시공 등이 결부된 기계시스템의 수출이며, 계약 건당 금액이 클 뿐만 아니라, 거래의 성공여하에 따라 국제사회에서 우리나라의 이미지 및 경제적 파급효과에 지대한 영향을 미치므로 이에 대해서는 일반수출입과 달리 특별한 관리가 필요하다. 따라서 플랜트 수출의 특성을 살펴보면 다음과 같다.

- 일반적으로 거래단위가 대규모이다.

---

38) 해외건설촉진법 시행령[시행 2011. 4. 6] [대통령령 제22897호, 2011. 4. 6, 일부개정]
제17조 (해외공사상황보고) ①해외건설업자는 법 제13조의 규정에 의하여 해외공사의 수주활동 및 시공상황에 관한 다음 각호의 사항을 국토교통부장관에게 보고하여야 한다. 다만, 「대외무역법」 제32조제3항에 따라 국토교통부장관의 동의를 얻어 일괄수주방식에 의한 수출을 하는 경우에는 제2호 가목의 사항을 보고하여야 한다.
1. 수주활동보고
가. 수주활동상황 나. 삭제 <1998.7.25> 다. 계약체결결과 라. 해외공사실적

- 수출이행 및 대금회수에 장기간이 소요된다.
- 수출착수금영수대상에 포함된다.
- 한국수출입은행으로부터 연불수출금융이 융자될 수 있다.
- 지식 및 기술 집약적 수출이다.
- 경제협력의 수단으로 활용 가능하다.
- 용역, 건설, 물품의 수출이 혼합되어 이루어지는 거래형태이다.

Ⅱ 플랜트 수출승인 내용

1. 플랜트 수출승인의 신청

플랜트 수출의 승인을 받으려는 자는 플랜트수출승인신청서(관리규정 별지 제21호 서식)에 다음의 서류를 첨부하여 산업통상자원부장관에게 신청하여야 한다.(관리규정 제71조 1항)

① 수출신용장, 수출계약서 또는 주문서(수출의 경우만 해당한다)

② 수출 또는 수입대행계약서(공급자와 수출자가 다른 경우 및 실수요자와 수입자가 다른 경우만 해당한다)

③ 수출입공고에서 규정한 요건을 충족하는 서류(다만, 해당 승인기관에서 승인 요건의 충족 여부를 확인할 수 있는 경우를 제외한다)

④ 통합공고에 의하여 허가, 추천 등을 요하는 경우에는 그 허가 등을 받은 사실을 증명하는 서류

2. 플랜트 수출승인의 변경승인

플랜트 수출의 승인을 얻은 사항의 변경승인을 받으려는 자는 플랜트수출승인사항 변경승인신청서(관리규정 별지 제22호 서식)에 다음의 서류를 첨부하여 산업통상자원부장관에게 신청하여야 한다.(관리규정 제71조 2항)

① 수출승인서 사본

② 변경사유서

산업통상자원부장관은 플랜트수출승인 또는 변경승인 신청이 있는 경우 접수일부터 5일 이내에 이를 처리하여야 한다. 다만, 다른 기관과의 협의가 필요한 경우 그 협의기간은 처리기간에 산입하지 아니한다.(관리규정 제71조 3항)

산업통상자원부장관은 일괄수주방식에 의한 수출로서 건설용역 및 시공부문의 수출에 관하여는 「해외건설 촉진법」에 따른 해외건설업자에 대하여만 승인 또는 변경승인할 수 있다.(대외무역법 제32조 4항)

<별지 제21호 서식>

플랜트수출승인(신청)서

처리기간
5 일

(　　　　　용)

① 신청인 무역업고유번호 (상호, 주소, 성명) (서명 또는 인)		③ 신용장 또는 계약서 번호 ④ 수출승인유효기간 ⑤ 지급보증기관
② 구매자 또는 계약상대자		대금결제방식 및 수출승인 금액(계 :　　　　) ⑥ 신용장　⑦ 송금환 ⑧ 기타
⑨ 산업설비명		⑩ 설치장소
⑪ 수출의 범위 (설계)　(기자재)　(설치)　(건설)　(운전)　(일괄수출)		
⑫ 수출대금결제조건		⑬ 송출인력직종 및 인원 ⑭ 기술용역수행자 ⑮ 건설시공수행자
⑯ 승인조건		
⑰ 승인번호		

* 위의 신청사항을 「대외무역법 시행령」 제50조에 따라 승인합니다.

년　　　월　　　일

승인권자　　　　　(인)

2812-281-03911민　　　　210㎜ × 297㎜

’98.1.12. 승인　　　　일반용지 60g/㎡

<별지 제22호 서식>

플랜트수출승인사항변경승인(신청)서

	처리기간
(　　　　　　　용)	5 일

<table>
<tr><td rowspan="3">① 신청인 무역업고유번호
(상호, 주소, 성명)</td><td rowspan="2"></td><td>② 신용장 또는 계약서 번호</td></tr>
<tr><td>③ 수출승인유효기간</td></tr>
<tr><td>(서명 또는 인)</td><td>④ 변경전승인번호</td></tr>
<tr><td colspan="3">변 경 내 용</td></tr>
<tr><td colspan="2">⑤ 변경 전</td><td>⑥ 변경 후</td></tr>
<tr><td colspan="2"></td><td></td></tr>
<tr><td colspan="3">⑦ 변경승인조건</td></tr>
<tr><td colspan="3">⑧ 승인번호</td></tr>
<tr><td colspan="3">* 위의 신청사항을 「대외무역법 시행령」 제50조에 따라 승인합니다.

년　　　　월　　　　일

승인권자　　　　　　　(인)</td></tr>
</table>

2812-281-04011민　　　　　　210㎜ × 297㎜

'98.1.12. 승인　　　　　　일반용지 60g/㎡

3. 플랜트 수출승인의 동의요청

산업통상자원부장관은 플랜트 수출승인 또는 변경승인을 하기 위하여 필요하면 플랜트수출의 타당성에 관하여 관계 행정기관의 장의 의견을 들어야 한다. 이 경우 의견을 제시할 것을 요구받은 관계 행정기관의 장은 정당한 사유가 없으면 지체 없이 산업통상자원부장관에게 의견을 제시하여야 한다.(대외무역법 제32조 2항)

그리고 산업통상자원부장관이 일괄수주방식에 의한 수출에 대하여 승인 또는 변경승인하려는 때에는 미리 국토교통부장관의 동의를 받아야 한다.(대외무역법 제32조 3항)

산업통상자원부장관은 일괄수주방식에 의한 수출에 대하여 승인 또는 변경승인을 하기 위하여 미리 국토교통부장관의 동의를 받으려는 경우에는 해당 플랜트수출의 개요와 다음 사항을 명시한 서류를 송부하여야 한다.(대외령 제53조 1항)

① 건설용역 및 시공 수행자의 성명(법인인 경우에는 그 명칭과 대표자의 성명) 및 주소

② 건설용역 및 시공사업계획

이상과 같은 동의 요청을 받은 국토교통부장관은 특별한 사유가 없으면 동의 요청을 받은 날부터 10일 이내에 동의 여부를 산업통상자원부장관에게 알려야 한다.(대외령 제53조 2항)

4. 플랜트 수출승인의 통보

산업통상자원부장관은 플랜트수출의 승인 또는 변경승인을 한 경우에는 이를 관계 행정기관의 장에게 지체 없이 알려야 한다.(대외무역법 제32조 5항)

Ⅲ 플랜트 수출촉진기관의 지정 및 보고

1. 플랜트 수출촉진기관의 지정

산업통상자원부장관은 플랜트수출을 촉진하기 위하여 그에 관한 제도개선, 시장조사, 정보교류, 수주 지원, 수주질서 유지, 전문인력의 양성, 금융지원, 우수기업의 육성 및 협동화사업을 추진할 수 있다. 이 경우 산업통상자원부장관은 플랜트수출

관련 기관 또는 단체를 지정하여 이들 사업을 수행하게 할 수 있다.(대외무역법 제32조 6항)

이에 따라 산업통상자원부장관은 플랜트수출에 관한 시장조사 등의 사업을 촉진하기 위한 사업을 담당할 관련 기관 또는 단체(이하 "플랜트수출촉진기관"이라 한다)를 지정하려면 다음의 사항을 종합적으로 검토하여야 한다.(대외령 제54조 1항)

① 플랜트수출자에 대한 대표성

② 시장조사 등 사업계획

이에 따른 플랜트수출촉진기관은 한국기계산업진흥회 및 한국플랜트산업협회로 한다.(관리규정 제72조)

2. 플랜트 수출촉진기관의 보고사항

산업통상자원부장관은 지정된 플랜트수출촉진기관에 대하여 플랜트수출의 시장조사 등 사업의 촉진과 관련하여 다음의 사항을 보고하게 할 수 있다.(대외령 제54조 2항)

① 플랜트수출 동향

② 플랜트수출에 관한 시장조사, 정보교류, 수주, 협동화사업의 촉진실적 등 촉진활동에 관한 사항

③ 그 밖에 플랜트수출에 관하여 산업통상자원부장관이 요청하는 사항

한국기계산업진흥회

1. 설립목적

   기계산업의 합리화와 국제협력을 증진하며 기계제조업체 상호간의 이익을 도모함으로써 기계산업의 진흥과 국민경제의 향상발전에 기여

2. 설립배경

   1967년 기계공업진흥법(법률제133호) 제정 공포로 기계공업진흥기본계획 및 연차별 시행계획을 수립토록 제도화하여, 정부의 주요시책을 민간차원에서 수행하고 기계산업 전체의 권익을 대변할 수 있는 대표단체의 필요와 당시 국내 기계류 수요자에게 국산기계 품질보장 등 하자보수 보증을 통한 국산기계의 수요증대를 이룩하여 국가경제 발전에 기여하기 위하여 순수한 민간단체로 발족함.

한국플랜트산업협회

1. 설립목적과 설립연도
   국내 플랜트 산업의 발전을 위해 2003년 3월에 설립됨.
2. 수행 업무
   해외마케팅 지원, 플랜트산업발전방향 제시 및 정책수립, 업종간 협력강화, 회원사간 유대강화, 플랜트산업 관련 정보 제공, 정책자금 지원 등의 업무

제 3절 정부간 수출계약

I 정부간 수출계약의 도입 배경과 개념

1. 정부간 수출계약의 도입 배경

최근 중남미 국가를 중심으로 거래의 투명성과 신뢰성이 인정되어 정부간 수출계약 시장이 중소기업의 유망 수출시장으로 부상함에 따라, 이에 대응한 국내 제도적 기반을 마련하기 위하여 정부간 수출계약의 개념을 명확히 하고 이에 따른 정부의 역할과 책임범위, 효과적인 지원체계 마련 등에 관한 입법 미비 상황을 개선하기 위한 이유로 정부간 수출계약 규정이 2014년 1월 21일 대외무역법 일부 개정으로 도입하게 되었다.

2. 정부간 수출계약의 개념

"정부간 수출계약"이란 외국 정부의 요청이 있을 경우, 대외무역법 제32조의3 제1항에 따른 「정부간 수출계약 전담기관」이 대통령령으로 정하는 절차에 따라 국내 기업을 대신하여 또는 국내 기업과 함께 계약의 당사자가 되어 외국 정부에 물품등(「방위사업법」 제38조 제1항 제4호에 따른 방산물자등은 제외한다)을 유상(有償)으로 수출하기 위하여 외국 정부와 체결하는 수출계약을 말한다.(대외무역법 제2조 4호)

Ⅱ 정부간 수출계약의 보증 및 원칙

1. 정부간 수출계약의 보증

정부는 국내 기업의 원활한 정부간 수출계약을 지원하기 위하여 대통령령으로 정하는 보증·보험기관으로 하여금 국내 기업의 외국 정부에 대한 정부간 수출계약 이행 등을 위한 보증사업을 하게 할 수 있다.(대외무역법 제32조의2 1항)

여기서 "대통령령으로 정하는 보증·보험기관"이란 국내에서 수출·수입 등 대외거래에 대한 보증 또는 보험 업무를 10년 이상 영위하고 있는 자 중 산업통상자원부장관이 다음 각 사항을 평가하여 지정하는 기관을 말한다.(대외령 제54조의2)

① 국내 기업의 원활한 정부간 수출계약을 지원하기 위한 보증사업의 수행에 필요한 재정능력

② 수출·수입 등 대외거래의 당사자에 대한 신용정보의 수집·분석 및 평가에 관한 능력

③ 수출·수입 등 대외거래에서 발생한 채권에 대한 관리체계

2. 정부간 수출계약의 보증 원칙

정부는 이러한 정부간 수출계약과 관련하여 어떠한 경우에도 경제적 이익을 갖지 아니하고, 보증채무 등 경제적 책임 및 손실을 부담하지 아니한다.(대외무역법 제32조의2 2항)

3. 정부간 수출계약의 전담기관

정부간 수출계약을 위한 "정부간 수출계약 전담기관"이란 「대한무역투자진흥공사법」에 따른 대한무역투자진흥공사(이하 "전담기관"이라 한다)를 말한다.(대외무역법 제32조의3 1항)

(1) 정부간 수출계약 전담기관의 업무

전담기관은 정부간 수출계약과 관련하여 다음의 업무를 수행한다.(대외무역법 제32조의3 2항)

① 정부간 수출계약에서 당사자 지위 수행

② 외국 정부의 구매요구 사항을 이행할 국내 기업의 추천

③ 그 밖에 정부간 수출계약 업무의 수행을 위하여 산업통상자원부장관이 필요하다고 인정하는 업무

(2) 정부간 수출계약 전담기관의 권한과 책임

전담기관의 권한과 책임은 다음과 같다.(대외무역법 제32조의3 3항)

① 전담기관은 정부간 수출계약이 체결된 경우 국내 기업으로 하여금 보증·보험의 제공 등 대통령령으로 정하는 계약 이행 보증 조치를 취하도록 하여야 한다.(대외무역법 제32조의3 3항)

여기서 "보증·보험의 제공 등 대통령령으로 정하는 계약 이행 보증 조치"란 다음의 것을 말한다. 다만, 외국 정부와 국내 기업이 합의한 경우에는 다음 각 내용에 규정된 계약 이행 보증 조치의 일부를 생략할 수 있다.(대외령 제54조의3)

- 정부간 수출계약의 내용에 따른 선수금의 반환, 계약 내용의 이행, 하자의 보수 등에 대하여 「금융실명거래 및 비밀보장에 관한 법률」 제2조 제1호에 따른 금융회사등으로부터 보증을 받아 제공하는 것
- 외국 정부에 대한 정부간 수출계약 이행 등에 대하여 대외무역법 제32조의2 제1항에 따른 보증·보험기관으로부터 보증을 받아 제공하는 것

② 전담기관은 국내 기업의 계약 이행 상황을 확인하기 위하여 필요한 경우에는 국내 기업에 대하여 관련 자료의 제출을 요구할 수 있다.(대외무역법 제32조의3 3항)

③ 전담기관은 정부간 수출계약의 체결 및 이행을 위하여 필요한 경우에는 관계 행정기관의 장에게 협조를 요청할 수 있다.(대외령 제54조의4 1항)

④ 전담기관은 정부간 수출계약이 체결된 경우 다음 각 구분에 따라 「정부간 수출계약 심의위원회」(이하 "위원회"라 한다)에 보고하여야 한다.(대외령 제54조의4 2항)

- 국내 기업의 정부간 수출계약 이행 상황을 확인하여 반기별로 1회 이상 보고할 것
- 위원회의 심의 대상에서 제외되는 사항, 즉 물품등의 인도 횟수, 인도 장소의 변경, 부품·사양의 변경, 대금의 지급방법 및 지급횟수의 변경,

그 밖에 위의 사항에 준하는 사항은 그 변경 등이 있은 날부터 2주 이내에 보고할 것

(3) 공무원 또는 임직원의 파견 근무 요청

전담기관의 장은 정부간 수출계약 관련 업무를 수행하기 위하여 필요한 경우에는 관계 행정기관 및 관련 단체에 대하여 공무원 또는 임직원의 파견 근무를 요청할 수 있다. 다만, 공무원의 파견을 요청할 때에는 미리 주무부장관과 협의하여야 한다.(대외무역법 제32조의3 4항)

4. 정부간 수출계약 심의위원회

(1) 정부간 수출계약 심의위원회의 심의・의결 사항

정부간 수출계약의 체결, 변경, 해지 등 대통령령으로 정하는 사항을 심의・의결하기 위하여 전담기관에 정부간 수출계약 심의위원회를 둔다.(대외무역법 제32조의4 1항)

여기서 "정부간 수출계약의 체결, 변경, 해지 등 대통령령으로 정하는 사항"이란 다음의 사항을 말한다.(대외령 제54조의5)

① 외국 정부와 체결하려는 정부간 수출계약의 수용 여부, 국내 기업의 이행능력 평가, 국내 기업으로 하여금 조치하도록 할 계약 이행 보증 내용(대외무역법 제32조의3 3항 1호)의 적정성 등에 관한 사항

② 계약기간・계약금액 등 정부간 수출계약의 변경에 관한 사항. 다만, 다음 각 사항으로서 위원회에서 정하는 경미한 사항은 제외한다.

가. 물품등의 인도 횟수, 인도 장소의 변경

나. 부품・사양의 변경

다. 대금의 지급방법 및 지급횟수의 변경

라. 그 밖에 위의 사항에 준하는 사항

③ 국내 기업이 조치를 한 계약 이행 보증 세부 사항의 적정성에 관한 사항

④ 국내 기업의 정부간 수출계약에 따른 물품등의 공급 의무 불이행, 인가・허가・면허 등의 취소・정지 등으로 인한 계약 이행능력의 상실, 부정한

방법에 의한 계약의 체결, 그 밖의 원인으로 인한 정부간 수출계약의 해지 또는 해제에 관한 사항

⑤ 그 밖에 위원회의 위원장이 정부간 수출계약과 관련하여 위원회의 심의·의결에 부치는 사항

(2) 정부간 수출계약 심의위원회의 구성

위원회는 위원장 1명을 포함한 7명 이상 15명 이내의 위원으로 구성하고, 위원장은 대한무역투자진흥공사 사장이 된다.(대외무역법 제32조의4 2항)

구체적인 위원회의 구성 및 운영을 살펴보면 다음과 같다.(대외령 제54조의6 1항)

위원장을 제외한 위원회의 위원은 다음 각 호의 사람이 된다.

① 산업통상자원부 및 조달청의 고위공무원단에 속하는 공무원 중 소속 기관의 장이 지명하는 사람 각 1명

② 전담기관의 임원 중 전담기관의 장이 지명하는 사람 2명

③ 정부간 수출계약의 해당 물품등과 관련이 있다고 위원회의 위원장이 인정하는 중앙행정기관의 고위공무원단에 속하는 공무원 중에서 소속 기관의 장이 지명하는 사람

④ 정부간 수출계약 보증사업의 수행기관으로 지정된 보증·보험기관의 임원 중 해당 기관의 장의 추천으로 위원회의 위원장이 지명하는 사람

⑤ 정부간 수출계약과 관련된 분야에 학식과 경험이 풍부한 사람 중 7명 이내의 범위에서 위원장이 위촉하는 사람

- 이들 위촉위원의 임기는 2년으로 하되, 연임할 수 있다.(대외령 제54조의6 2항)

(3) 자료 요청 및 관련 서류의 비공개 경우

위원회는 심의에 필요한 경우 국내 기업 및 관계 기관 등에 자료 등의 제출을 요구할 수 있다.(대외무역법 제32조의4 4항)

위원회는 다음 각 사항에 해당하는 경우에는 회의록, 계약서 등 관련 서류를 공개하지 아니할 수 있다.(대외무역법 제32조의4 5항)

① 공개될 경우 정부간 수출계약의 체결, 이행, 변경, 해지 등이 크게 곤란하

여질 우려가 있거나 위원회 심의의 공정성을 크게 저해할 우려가 있다고 인정되는 사항

② 그 밖에 위의 내용에 준하는 사유로서 공개하기에 적당하지 아니하다고 위원회가 결정한 사항

5. 국내 기업의 책임 등

국내 기업은 정부간 수출계약이 체결된 경우 그 계약 내용을 성실히 이행하여야 한다.(대외무역법 제32조의5 1항)

국내 기업은 보증·보험의 제공 등 대통령령으로 정하는 계약 이행 보증 조치(대외령 제54조의3)를 취하여야 한다.(대외무역법 제32조의5 2항)

국내 기업은 대외무역법 제32조의3 제3항 제2호(전담기관은 국내 기업의 계약 이행 상황을 확인하기 위하여 필요한 경우에는 국내 기업에 대하여 관련 자료의 제출을 요구할 수 있다.) 또는 동법 제32조의4 제4항(위원회는 제1항에 따른 심의에 필요한 경우 국내 기업 및 관계 기관 등에 자료 등의 제출을 요구할 수 있다.)에 따른 자료제출 요구가 있을 경우 특별한 사정이 없으면 이에 따라야 한다.(대외무역법 제32조의5 3항)

국내 기업이 위의 계약 이행 보증 조치 또는 자료제출 요구를 위반할 경우 전담기관은 그 사실을 외국 정부에 통보할 수 있고, 위원회는 해당 기업의 정부간 수출계약에 대한 심의를 거부할 수 있다.(대외무역법 제32조의5 4항)

제9장 수출입 물품의 원산지 표시 및 원산지제도

제 1 절 원산지증명제도의 일반과 수출물품의 원산지표시

 원산지표시 및 원산지증명서의 의의

세계경제는 국제 분업의 심화로 생산활동이 다국간에 이루어지고 있으며 복잡 다기능의 첨단신제품의 출현으로 국제무역에 거래되는 물품의 원산지의 식별은 보다 복잡하게 되어 정확한 원산지판정이 어렵게 되었다.

그리고 최근의 국제경제의 블록화 현상에 의한 역내국가간의 특혜 확대와 지역적 무역협정(RTAs; Regional Trade Agreements)의 확산에 따른 특혜원산지 규정으로 인해 원산지 제도는 보다 복잡하게 되고 있으며 역외국가에 대한 차별심화로 원산지규정은 오히려 무역마찰의 요인으로 작용하고 있다.

여기서 원산지규정(Rules of Origin)이란 수입국이 각종 정책목적상 수입 등의 원산지를 판정할 필요가 있을 때 특정제품의 생산 · 제조국을 결정하기 위해 적용하는 제반법규 및 행정적 절차를 말하는데, 이는 특혜원산지규정(Preferential Rules of Origin)과 비특혜원산지규정(Non-Preferential Rules of Origin)으로 분류된다.

먼저, 특혜원산지규정으로 NAFTA(북미자유무역협정)와 같이 특정국가간의 상호간 무역에서 특혜를 주고자 하는 지역간 원산지협정과 GSP(Generalized System of Preference : 일반특혜관세), 미국의 카리브만 연안국을 대상으로 한 카리브만 부흥계획(Caribbean Basic Economy Recovery Act; CBERA), 그리고 EU의 구식민지 지역부흥계획(Overseas Countries and Territories; OCT)에 대한 특혜 등이 있다.

최근에는 국가간 또는 지역간 FTA(자유무역협정)에 의해 협정국간에만 저관세율 및 무관세를 적용하는 배타적 무역체제가 주류를 이루고 있다.

둘째로, 무역정책 또는 조치의 시행상 물품의 원산지를 식별할 필요가 있는 경우에 사용되는 비특혜원산지규정이 있다.

한편 원산지표시(marks of origin)란 특정물품의 원산지를 당해물품에 표시하도록 하는 제도로서, 수입물품에 원산지를 표시하도록 함으로써 소비자에게 정확한 상품정보제공 등을 통하여 국내소비자 보호 및 유통거래질서를 확립하고 국제적으로 인정되는 원산지 적용기준을 마련하여 수출 또는 수입하는 물품에 원산지표시를 명확히 함으로써 불공정 수입행위를 근절하는 데 목적이 있다.

이러한 원산지제도를 국제적으로 통일된 원산지 규정이 없어 각국마다 자의적인 운영을 하고 있으므로, 이에 따라 각국마다 원산지규정의 명료성과 예측가능성을 제고하기 위해 WTO 원산지협정이 제정·발효중에 있다. 우리나라의 원산지규정은 교토(Kyoto)협약의 기본원칙과 미국의 원산지제도를 고려하여 1991년 7월 1일부터 대외무역관리규정을 개정하여 일부품목(HS 4단위 기준 530개의 품목)에 대하여 시행해 오고 있으나 그 법적 근거가 미약하여 그 시행에 많은 제약을 받아 왔다. 특히 농산물과 같이 벌크상태로 수입된 후 원산지표시 없이 또는 국산품으로 위장표시하여 분할판매 될 경우 이를 단속할 수단이 결여되어 있었으므로 이를 1992년 12월 대외무역법 개정시 명확히 조문화함과 동시에 그 처벌근거도 명시하여 원산지규정의 실효성을 제고시켰으며, 1996년 12월 30일 대외무역법 개정시에 보완되었으며 2000년 12월 29일 개정시에는 원산지표시와 관련하여 무역거래자와 판매업자간 책임전가 사례가 빈발하여 원산지표시 위반으로 인한 소비자 피해가 크게 증가하고 있어 이에 대한 규제를 강화하기 위해 무역거래자 뿐만 아니라 판매업자에 대하여도 제재를 가할 수 있도록 하여 시정조치의 실효성을 확보하여 현재에 이르고 있다.

Ⅱ 원산지규정의 적용범위 및 협의

1. 원산지규정의 적용범위

원산지에 관한 대외무역관리규정상의 규정은 대외무역법 제12조(통합공고), 제33조(수출입 물품등의 원산지의 표시), 제34조(원산지 판정 등), 제35조(수입원료를 사용한 국내생산 물품등의 원산지 판정기준), 제36조(수입 물품등의 원산지증명서의 제출), 제37조(수출물품의 원산지증명서의 발급 등), 제38조(외국산 물품등을 국산 물품등으로 가장하는 행위의 금지), 제41조(특정국 물품에 대한 특별

수입수량 제한조치의 시행 등) 등에 따라 원산지 표시, 원산지 판정 및 확인 등이 필요한 물품에 대하여 적용한다.(관리규정 제73조)

〈그림 9-1〉 원산지제도 관련 법규정

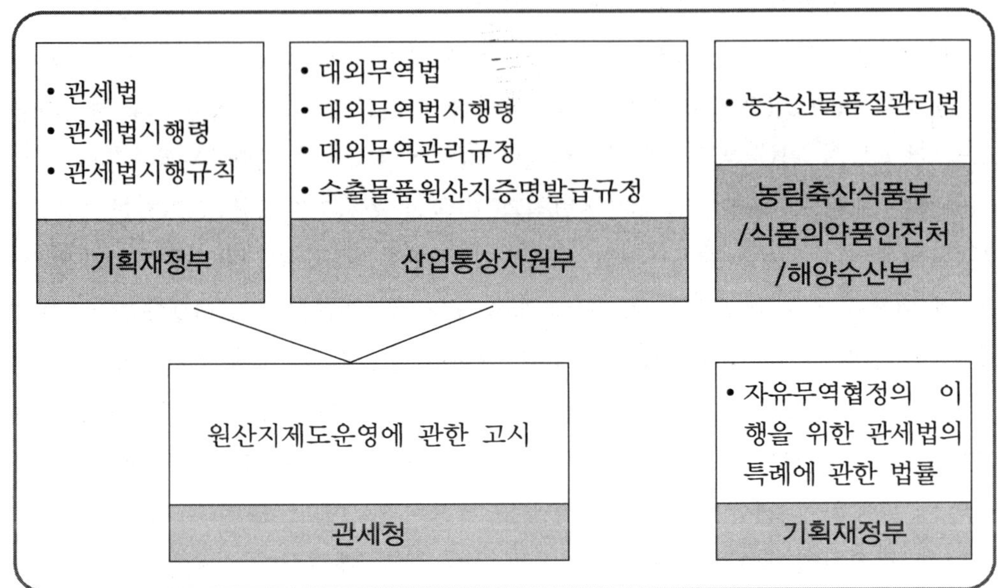

2. 협의

원산지에 관한 대외무역관리규정상의 규정을 운용하기 위하여 필요한 경우 산업통상자원부장관은 관계 행정기관의 장 및 해당 사안과 관련된 공무원, 전문가 등과 협의하거나 의견을 들을 수 있다. 또한 원산지에 관한 대외무역관리규정상의 규정을 적용할 때에 해당 사안과 관련된 행정기관의 장, 무역거래자·판매업자 및 단순한 가공활동을 수행한 자, 그 밖의 이해관계인은 산업통상자원부장관에게 의견을 제출할 수 있다.(관리규정 제74조 1,2항)

Ⅲ 수출물품 원산지의 표시 및 증명

1. 원산지증명서의 의의

원산지증명서(Certificate of Origin : C/O)는 수입통관 또는 수출대금의 결제시 구비서류의 하나로서 당해물품이 당해국에서 생산, 제조 또는 가공되었다는 사실을 증명하는 서류이다.

원산지증명서는 ① 특정국가나 지역으로부터 수입을 금지 또는 제한하기 위한 정책적 목적, ② 호혜통상협정이 체결된 국가간의 수입물품에 대한 협정세율의 적용을 위한 관세의 감면혜택의 부여목적, ③ 선진국의 대개발도상국에 대한 특혜관세의 공여 목적, ④ 기타 국별 수입통계의 목적으로 발급되는 경우 등이 있다.

2. 수출물품 원산지 표시

수출 물품에 대하여 원산지를 표시하는 경우에는 다음의 방법에 따라 원산지를 표시하되, 그 물품에 대한 수입국의 원산지 표시규정이 이와 다르게 표시하도록 되어 있으면 그 규정에 따라 원산지를 표시할 수 있다. 다만, 수입한 물품에 대하여 국내에서 단순한 가공활동을 거쳐 수출하는 경우에는 우리나라를 원산지로 표시하여서는 아니 된다.(대외령 제56조 5항)

① 한글·한문 또는 영문으로 표시할 것

② 최종 구매자가 쉽게 판독할 수 있는 활자체로 표시할 것

③ 식별하기 쉬운 위치에 표시할 것

④ 표시된 원산지가 쉽게 지워지거나 떨어지지 아니하는 방법으로 표시할 것

3. 수출물품 원산지증명서 발급

(1) 수출물품 원산지증명서

헌법에 따라 체결·공포된 조약과 일반적으로 승인된 국제법규를 이행하기 위하여 또는 교역상대국 무역거래자의 요청으로 수출 물품의 원산지증명서를 발급받으려는 자는 산업통상자원부장관에게 원산지증명서의 발급을 신청하여야 한다.

(대외무역법 제37조 1항)

수출 물품의 원산지증명서를 발급받으려는 자는 산업통상자원부장관이 정하여 고시하는 수수료를 내야 한다.(대외령 제90조)

원산지증명서의 발급기준·발급절차, 유효기간, 수수료와 그 밖에 발급에 필요한 사항은 대통령령으로 정한다.(대외무역법 제37조 2항)

(2) 수출물품 원산지증명서 발급 기준

수출 물품의 원산지증명서의 발급기준은 헌법에 따라 체결·공포된 조약이나 협정과 일반적으로 승인된 국제법규 또는 상대 수입국에서 정한 원산지증명서 발급기준으로 한다.(대외령 제66조 1항)

(3) 수출물품 원산지증명서 발급 신청 및 발급

수출 물품의 원산지증명서를 발급받으려는 자는 수출물품원산지증명서발급신청서에 다음의 서류를 첨부하여 산업통상자원부장관에게 제출하여야 한다.(대외령 제66조 2항)

① 구매자·공급자에 관한 서류

② 수출 물품의 가격·수량 등에 관한 서류

③ 그 밖에 수출물품의 원산지를 증명하는 데에 필요한 서류로서 산업통상자원부장관이 정하여 공고하는 서류

산업통상자원부장관은 수출물품 원산지증명서 발급 신청을 받은 경우 원산지증명서 발급기준에 적합한지를 조사·확인하여 발급 여부를 결정한 후 수출 물품의 원산지증명서를 발급하여야 한다.(대외령 제66조 3항)

발급된 수출물품 원산지증명서의 유효기간은 1년으로 한다. 다만, 헌법에 따라 체결·공포된 조약이나 협정과 일반적으로 승인된 국제법규에서 그 유효기간을 다르게 정하고 있는 경우에는 그 유효기간으로 한다.(대외령 제66조 4항)

위에서 규정한 것 외에 수출 물품의 원산지증명서의 발급 등에 필요한 세부사항은 산업통상자원부장관이 정하여 고시한다.(대외령 제66조 5항) 이에 따라 「수출물품 원산지증명 발급규정」을 고시하고 있다.

(4) 수출물품 원산지증명서 발급기관

일반수출물품 원산지증명서 발급기관은 "상공회의소법"에 의해 설립된 상공회의소(이하 상공회의소) 및 대한상공회의소로 하되, 세부사항은 산업통상자원부장관이 대한상공회의소 회장과 협의하여 정한다. 또한 관세양허대상 수출물품원산지증명서 발급기관은 상공회의소 및 대한상공회의소와 세관장으로 하되, 세부사항은 산업통상자원부장관이 대한상공회의소 회장 및 관세청장과 협의하여 정한다. 단, 마산 및 군산자유무역지역관리원의 관할구역안의 입주업체에 대해서는 해당 자유무역지역관리원장을 발급기관으로 한다.(수출물품원산지증명발급규정 제1-7조 1,2항)

일반수출물품 원산지증명 발급신청서 (수출물품원산지발급 규정 [별표 1-1])

<table>
<tr><td>1. Exporter (Name, address, country)</td><td rowspan="2">원산지증명 발급신청서
대한 · 서울상공회의소 귀중

상공회의소 무역관계증명서 발급 규정에 의하여 상기 물품의 원산지증명서 발급을 신청합니다.</td></tr>
<tr><td rowspan="2">2. Consignee (Name, address, country)</td></tr>
<tr><td>3. Country of Origin</td></tr>
<tr><td>4. Transport details</td><td>5. Remarks</td></tr>
<tr><td>6. Marks & numbers; number and kind of packages; description of goods</td><td>7. Quantity</td></tr>
<tr><td>8. 관련국(수출국) :</td><td rowspan="3">12. 신청자 관련사항
서명등록번호 :
상 호 :
주 소 :
대 표 자 :

사용인감

※ 신청담당자 : (전화 :)</td></tr>
<tr><td>9. 특기사항
≜ 발급자 실사인 (요청매수 : 매)
≜ 발급일자 소급 (요청일자 : 월 일)
≜ 2매 이상의 원본(요청매수 : 매)
≜ 기 타
※ 해당사항에 V 표시하고 관련서류를 첨부하여야 합니다.</td></tr>
<tr><td>10. 대행업체 및 서명번호(계산서 발행시)
업체명 :
서명등록번호 :</td></tr>
<tr><td>11 첨부서류 : 1. 수출신고필증 사본 1부
2. 특기사항 관련 서류</td><td>13. 발급번호 :</td></tr>
</table>

원산지증명서 발급자 유의사항

1. 신청자는 원산지증명 등에 사용할 서명을 해당 상공회의소에 등록하여야 합니다.
2. 신청자는 발급된 원산지증명서의 증명번호가 날인된 원본을 복사하여 동 사본을 발급일로부터 2년 이상 보관하여야 합니다.
3. 신청자는 원산지증명서의 내용을 WP 또는 타자로 작성하고 오자(탈자) 등에 중복타자 했거나 칼로 긁은 것, 고무로 지운 것 또는 약물을 사용하여 지운 것은 신청접수를 받지 않으니 착오없도록 작성하고, 시행문의 끝맺음을 정확히 마감선으로 마감하여야 합니다.
4. 발급된 증명서의 정정은 불가하오니 발급받은 증명서의 변경 및 수정사항이 발생하였을 경우에는 발급된 증명서는 폐기한 후 재발급 신청하여야 합니다.
5. 첨부서류
   ① 정상적으로 신청하는 경우 : 수출신고필증 사본
   ② 발급일자를 소급으로 신청하는 경우 : 정상신청시 첨부서류, NEGO 계산서 또는 관련 근거서류
   ③ 발급일자 실사인 및 2매 이상의 원본을 요청할 경우 : 정상신청시 첨부서류, 관련 근거서류(L/C 또는 계약서 사본)
6. 4항(Transport details)은 운송에 따른 특기사항을 기재하여야 합니다.
   (기재사항 : 선적항, 도착항, 선명, 선적일자)
7. 기재내용이 많아 1장의 서식만으로 작성이 어려운 경우 둘째 장부터는 을지서식을 사용하여야 하며 이 경우 6항 하단부에 서식의 page번호를 다음 예와 같이 기재하여야 합니다.
   예 To be continued/page 1, To be continued/page 2, ………, End of page/page #
8. 8항에는 상공회의소에 등록된 신청업체 서명권자의 서명과 서명자의 영문성명을 기재하여야 합니다.
9. 9항은 상공회의소 인증란이므로 신청업체가 사용하거나 훼손이 되면 신청접수가 불가하오니 유의하시기 바랍니다.

※ 주 : 신청자가 신청서상의 내용을 허위로 기재하여 대외무역법상의 원산지 표시규정을 위반한 경우에는 <u>대외무역법 제38조에 의거 5년이하의 징역 또는 수출입하는 물품등의 가격의 3배에 해당하는 금액 이하의 벌금을 부과 받게 됩니다.</u>

일반수출물품 원산지증명서 (수출물품원산지발급 규정 [별표 1-2])

<table>
<tr><td rowspan="2">1. Exporter (Name, address, country)</td><td colspan="2">ORIGINAL</td></tr>
<tr><td colspan="2" rowspan="2">CERTIFICATE OF ORIGIN
issued by
THE KOREA CHAMBER OF COMMERCE & INDUSTRY
Seoul, Republic of Korea</td></tr>
<tr><td rowspan="2">2. Consignee (Name, address, country)</td></tr>
<tr><td colspan="2">3. Country of Origin</td></tr>
<tr><td>4. Transport details</td><td colspan="2">5. Remarks</td></tr>
<tr><td colspan="2">6. Marks & numbers; number and kind of packages; description of goods</td><td>7. Quantity</td></tr>
<tr><td rowspan="2">8. Declaration by the Exporter
The undersigned, as an authorized signatory, hereby declares that the avove-mentioned goods were produced or manufactured in the country shown in box 3.
(Signature)

(Name)</td><td colspan="2">9. Certification
The undersigned authority hereby certifies that the goods described above originate in the country shown in box 3 to the best of its knowledge and belief.

Authorized Signatory</td></tr>
<tr><td colspan="2">Certificate No.</td></tr>
</table>

일반특혜관세 원산지증명서(GSP) (수출물품원산지발급 규정 [별표 2-1])

<table>
<tr><td colspan="3">1. Exporter(name, full address, country)
Exportateur(nom, adresse, pays)</td><td colspan="3" rowspan="2">Reference No.

GENERALIZED SYSTEM OF PREFERENCES
CERTIFICATE OF ORIGIN
(Combined declaration and certificate)

FORM A
THE REPUBLIC OF KOREA
Issued in --------------------------
(country)

see notes overleaf</td></tr>
<tr><td colspan="3">2. Goods consigned to (consignee's name, address, country)</td></tr>
<tr><td colspan="3">3. Means of transport and route(as far as known)</td><td colspan="3">4. For official use</td></tr>
<tr><td>5. Tariff Item number</td><td>6. Marks and numbers of packages</td><td>7. Number and kind of packages; description of goods</td><td>8. Origin criterion (see notes overleaf)</td><td>9. Gross weight or other quantity</td><td>10. Number and date of invoices</td></tr>
<tr><td colspan="3">11. Certification
It is hereby certified, on the basis of control carried out, that the declaration by the exporter is correct.

Place and date, signature and stamp of certifying authority</td><td colspan="3">12. Declaration by the exporter
The undersigned hereby declares that the above details and statements are correct; that all the goods were
THE REPUBLIC OF KOREA
produced in -----------------------
(country)
and that they comply with the origin requirements specified for those goods in the generalized system of preferences for goods exported to
----
(importing country)

Place and date, signature of authorized signatory</td></tr>
</table>

개발도상국간 특혜무역제도 원산지증명서(GSTP)(수출물품원산지발급규정 [별표 5-1])

<table>
<tr><td colspan="3">1. Good consigned from(Exporter's business name, address, country)

2. Goods consigned to (Consignee's name, address, country)</td><td colspan="3">Reference No.

GLOBAL SYSTEM OF TRADE PREFERENCES

Certificate of Origin
(Combined declaration and certificate)
THE REPUBLIC OF KOREA
Issued in ------------------------------------
(Country)

See notes overleaf</td></tr>
<tr><td colspan="3">3. Means of transport and route(as for as known)</td><td colspan="3">4. For official use</td></tr>
<tr><td>5. Tariff item number</td><td>6. Marks and numbers of packages</td><td>7. Number and kind of packages : description of goods</td><td>8. Origin criterion (see notes overleaf)</td><td>9. Gross weight or other quantity</td><td>10. Number and date of invoices</td></tr>
<tr><td colspan="3">11. Declaration by the exporter the undersigned hereby declares that the above details and statements are correct : that all the goods were produced in THE REPUBLIC OF · KOREA
....
....
....
(country)
and that they comply with the origin requirements specified for those goods in the Global System of Trade Preferences for goods exported to
....
....
(importing country)
....
....
Place and date, signature of authorized signatory</td><td colspan="3">12. Certificate
It is hereby certified, on the basis of control carried out, that the declaration by the exporter is correct.

....
....
Place and date, signature and stamp of certifying authority</td></tr>
</table>

제2절 수입물품 원산지의 표시

I 원산지표시 대상물품 지정 및 공고

산업통상자원부장관이 공정한 거래 질서의 확립과 생산자 및 소비자 보호를 위하여 원산지를 표시하여야 하는 대상으로 공고한 물품등(이하 "원산지표시대상물품"이라 한다)을 수출하거나 수입하려는 자는 그 물품등에 대하여 원산지를 표시하여야 한다.(대외무역법 제33조 1항)

수입된 원산지표시대상물품에 대하여 대통령령으로 정하는 단순한 가공활동을 거침으로써 해당 물품등의 원산지 표시를 손상하거나 변형한 자(무역거래자 또는 물품등의 판매업자에 대하여 대외무역법 제33조 제4항[39])이 적용되는 경우는 제외한다)는 그 단순 가공한 물품등에 당초의 원산지를 표시하여야 한다. 이 경우 다른 법령에서 단순한 가공활동을 거친 수입 물품등에 대하여 다른 기준을 규정하고 있으면 그 기준에 따른다.(대외무역법 제33조 2항) 여기서 "대통령령으로 정하는 단순한 가공활동"이란 판매목적의 물품포장 활동, 상품성 유지를 위한 단순한 작업활동 등 물품의 본질적 특성을 부여하기에 부족한 가공활동을 말하며, 그 가공활동의 구체적인 범위는 관계 중앙행정기관의 장과 협의하여 산업통상자원부장관이 정하여 고시한다.(대외령 제55조 2항)

원산지의 표시방법·확인, 그 밖에 표시에 필요한 사항은 대통령령으로 정한다.(대외무역법 제33조 3항) 그리고 산업통상자원부장관은 원산지표시대상물품을 공고하려면 해당 물품을 관장하는 관계 행정기관의 장과 미리 협의하여야 한다.(대외령 제55조 1항)

---

39) 대외무역법 제33조(수출입 물품등의 원산지의 표시) ④ 무역거래자 또는 물품등의 판매업자는 다음 각 호의 어느 하나에 해당하는 행위를 하여서는 아니 된다. 다만, 제3호의 경우에는 무역거래자의 경우만 해당된다.
1. 원산지를 거짓으로 표시하거나 원산지를 오인(誤認)하게 하는 표시를 하는 행위
2. 원산지의 표시를 손상하거나 변경하는 행위
3. 원산지표시대상물품에 대하여 원산지 표시를 하지 아니하는 행위
4. 제1호부터 제3까지의 규정에 위반되는 원산지표시대상물품을 국내에서 거래하는 행위

Ⅱ 수입물품 원산지표시방법

1. 원산지표시 대상물품 지정

원산지표시대상물품은 대외무역관리규정 <별표 8>(원산지표시대상물품)에 게기된 수입 물품이며 원산지표시대상물품은 해당 물품에 원산지를 표시하여야 한다.(관리규정 제75조 1항)

수입물품에 대한 원산지표시제는 수출물품에 대해서도 적용을 하고 있으나 원래는 수입물품에 대한 원산지를 관리하는데 주목적이 있다. 따라서 수입물품의 원산지표시 대상품목은 주로 일반소비자가 직접 구매·사용하는 물품이며 원산지표시의 범위는 당해 수입물품 및 부장품까지 포함하고 있다.

2. 원산지표시방법의 일반원칙과 생략

원산지표시대상물품을 수입하려는 자는 다음의 방법에 따라 해당 물품에 원산지를 표시하여야 한다.(대외령 제56조 1항)

① 한글·한문 또는 영문으로 표시할 것

② 최종 구매자가 쉽게 판독할 수 있는 활자체로 표시할 것

③ 식별하기 쉬운 위치에 표시할 것

④ 표시된 원산지가 쉽게 지워지거나 떨어지지 아니하는 방법으로 표시할 것

다만, 해당 물품에 원산지를 표시하는 것이 곤란하거나 원산지를 표시할 필요가 없다고 인정하여 산업통상자원부장관이 정하여 고시하는 기준에 해당하는 경우에는 산업통상자원부장관이 정하여 고시하는 바에 따라 원산지를 표시하거나 원산지 표시를 생략할 수 있다.(대외령 제56조 2항)

보다 구체적으로 수입물품의 원산지표시방법을 살펴보면 다음과 같다.

① 수입 물품의 원산지는 다음 어느 하나에 해당되는 방식으로 한글, 한자 또는 영문으로 표시할 수 있다.(관리규정 제76조 1항)

• "원산지 : 국명" 또는 "국명 산(産)"

• "Made in 국명" 또는 "Product of 국명"

• "Made by 물품 제조자의 회사명, 주소, 국명"

• "Country of Origin : 국명"

• 대외무역법시행령 제61조의 원산지와 동일한 경우로서 국제상거래관행상 타당한 것으로 관세청장이 인정하는 방식수입

② 수입 물품의 원산지는 최종구매자가 해당 물품의 원산지를 용이하게 판독할 수 있는 크기의 활자체로 표시하여야 한다.(관리규정 제76조 2항)

③ 수입물품의 원산지는 최종구매자가 정상적인 물품구매과정에서 원산지표시를 발견할 수 있도록 식별하기 용이한 곳에 표시하여야 한다.(관리규정 제76조 3항)

④ 표시된 원산지는 쉽게 지워지지 않으며 물품(또는 포장・용기)에서 쉽게 떨어지지 않아야 한다.(관리규정 제76조 4항)

⑤ 수입 물품의 원산지는 제조단계에서 인쇄(printing), 등사(stenciling), 낙인(branding), 주조(molding), 식각(etching), 박음질(stitching) 또는 이와 유사한 방식으로 원산지를 표시하는 것을 원칙으로 한다. 다만, 물품의 특성상 위와 같은 방식으로 표시하는 것이 부적합 또는 곤란하거나 물품을 훼손할 우려가 있는 경우에는 날인(stamping), 라벨(label), 스티커(sticker), 꼬리표(tag)를 사용하여 표시할 수 있다.(관리규정 제76조 5항)

⑥ 최종구매자가 수입 물품의 원산지를 오인할 우려가 없는 경우에는 다음과 같이 통상적으로 널리 사용되고 있는 국가명이나 지역명 등을 사용하여 원산지를 표시할 수 있다.(관리규정 제76조 6항)

• United States of America를 USA로

• Switzerland를 Swiss로

• Netherlands를 Holland로

• United kingdom of Great Britain and Northern Ireland를 UK 또는 GB로

• UK의 England, Scotland, Wales, Northern Ireland

• 기타 관세청장이 산업통상자원부장관과 협의하여 타당하다고 인정하는 국가나 지역명

⑦ 「품질경영 및 공산품안전관리법」, 「식품위생법」 등 다른 법령에서 원산지 표시방법 등을 정하고 있는 경우에는 이를 적용할 수 있다.(관리규정 제76조 7항)

위의 표시방법 이외에 수입 물품의 원산지 표시방법에 관하여 필요한 사항은 산업통상자원부장관이 정하여 고시한다. 다만, 수입물품을 관장하는 중앙행정기관의 장은 소비자를 보호하기 위하여 필요한 경우에는 산업통상자원부장관과 협의하여 해당 물품의 원산지 표시에 관한 세부적인 사항을 따로 정하여 고시할 수 있다.(대외령 제56조 3항)

원산지표시대상물품은 해당 물품에 원산지를 표시하여야 하나 해당 물품에 원산지를 표시하는 것이 곤란하거나 원산지를 표시할 필요가 없다고 인정하여 산업통상자원부장관이 정하여 고시하는 기준에 해당하는 경우에는 산업통상자원부장관이 정하여 고시하는 바에 따라 원산지를 표시하거나 원산지 표시를 생략할 수 있다.(대외령 제56조 2항)

3. 원산지표시방법의 특례

(1) 수입 물품 원산지 표시의 예외 등

수입 물품의 크기가 작아 대외무역법 관리규정 제76조 제1항 제1호부터 제4호까지의 방식("원산지 : 국명" 또는 "국명 산(産)", "Made in 국명" 또는 "Product of 국명", "Made by 물품 제조자의 회사명, 주소, 국명", "Country of Origin : 국명")으로 해당 물품의 원산지를 표시할 수 없을 경우에는 국명만을 표시할 수 있다.(관리규정 제76조의2 1항)

최종구매자가 수입물품의 원산지를 오인할 우려가 없도록 표시하는 전제하에 대외무역법 관리규정 제76조 제1항 제1호부터 제4호까지의 원산지표시와 병기하여 물품별 제조공정상의 다양한 특성을 반영할 수 있도록 다음 예시에 따라 보조표시를 할 수 있다.(관리규정 제76조의2 2항)

① "Designed in 국명", "Fashioned in 국명", "Moded in 국명", "stlyed in 국명", "Licensed by 국명", "Finished in 국명"……

② 기타 관세청장이 ①에 준하여 타당하다고 인정한 보조표시 방식

수출국에서의 주요 부분품의 단순 결합물품, 원재료의 단순 혼합물품, 중고물품으로 원산지를 특정하기 어려운 물품은 다음과 같이 원산지를 표시할 수 있다.(관리규정 제76조의2 3항)

① 단순 조립물품 : "Organized in 국명(부분품별 원산지 나열)"

② 단순 혼합물품 : "Mixed in 국명(원재료별 원산지 나열)"

③ 중고물품 : "Imported from 국명"

(2) 원산지 오인우려 수입물품의 원산지표시

원산지오인 우려 표시물품은 원산지표시대상물품이 다음 어느 하나에 해당되는 물품을 말한다.(관리규정 제77조 1항)

① 주문자 상표부착(OEM)방식[40]에 의해 생산된 수입 물품의 원산지와 주문자가 위치한 국명이 상이하여 최종구매자가 해당 물품의 원산지를 오인할 우려가 있는 물품

② 물품 또는 포장·용기에 현저하게 표시되어 있는 상호·상표·지역 ·국가 또는 언어명이 수입 물품의 원산지와 상이하여 최종구매자가 해당 물품의 원산지를 오인할 우려가 있는 물품

원산지 오인우려 수입물품은 해당 물품 또는 포장·용기의 전면에 수입물품 원산지표시의 일반원칙(관리규정 제76조)에 따라 원산지를 표시하여야 하며, 물품의 특성상 전후면의 구별이 어렵거나 전면에 표시하기 어려운 경우 등에는 원산지 오인을 초래하는 표시와 가까운 곳에 표시하여야 한다. 다만, 해당물품에 원산지가 적합하게 표시되어 있고, 최종판매단계에서 진열된 물품등을 통하여 최종구매자가 원산지 확인이 가능하며, 국제 상거래 관행상 통용되는 방법으로 원산지를 표시하는 경우 세관장은 산업통상자원부장관과 협의하여 포장·용기에 표시된 원산지가 원산지 오인을 초래하는 표시와 가깝지 않은 곳에 있어도 원산지 오인이 없는 것으로 볼 수 있다.(관리규정 제77조 2항)

---

40) OEM(Original Equipment Manufacturing)방식은 주문자 상표부착방식이라고 하며 OEM 수출은 주문자로부터 제품의 생산을 의뢰받아 주문상품에 주문자의 상표를 부착하여 수출하는 거래방식이다.

원산지 오인우려 수입물품을 판매하는 자는 판매 또는 진열시 소비자가 알아볼 수 있도록 상품에 표시된 원산지와는 별도로 스티커, 푯말 등을 이용하여 원산지를 표시하여야 한다.(관리규정 제77조 3항)

(3) 수입후 단순한 가공활동을 수행한 물품등의 원산지표시

수입된 원산지표시대상물품에 대하여 단순한 가공활동을 수행한 물품의 원산지 표시는 다음 어느 하나의 방법에 따라 원산지를 표시하여야 한다. 다만, 아래에서 달리 규정하지 아니한 사항에 대하여는 대외무역관리규정 제75조(수입물품의 원산지대상물품등), 제76조(수입물품 원산지표시의 일반원칙), 제76조의2(수입물품 원산지 표시의 예외 등), 제77조(원산지 오인우려 수입물품의 원산지표시), 제79조(수입세트물품의 원산지표시), 제80조(수입용기의 원산지표시), 제81조(수입물품 원산지 표시방법의 세부사항)까지의 규정을 준용한다.(관리규정 제78조 1항)

① 원산지표시대상물품이 수입된 후, 최종구매자가 구매하기 이전에 국내에서 단순 제조・가공처리되어 수입 물품의 원산지가 은폐・제거되거나 은폐・제거될 우려가 있는 물품의 경우에는 제조・가공업자(수입자가 제조업자인 경우를 포함한다)는 완성 가공품에 수입 물품의 원산지가 분명하게 나타나도록 원산지를 표시하여야 한다.

② 원산지표시대상물품이 대형 포장 형태로 수입된 후에 최종구매자가 구매하기 이전에 국내에서 소매단위로 재포장되어 판매되는 물품인 경우에는 재포장 판매업자(수입자가 판매업자인 경우를 포함한다)는 재포장 용기에 수입 물품의 원산지가 분명하게 나타나도록 원산지를 표시하여야 한다. 재포장되지 않고 낱개 또는 산물로 판매되는 경우에도 물품 또는 판매용기・판매장소에 스티커 부착, 푯말부착 등의 방법으로 수입품의 원산지를 표시하여야 한다.

③ 원산지표시대상물품이 수입된 후에 최종구매자가 구매하기 이전에 다른 물품과 결합되어 판매되는 경우에는 제조・가공업자(수입자가 제조업자인 경우를 포함한다)는 수입된 해당 물품의 원산지가 분명하게 나타나도록 "(해당 물품명)의 원산지 : 국명"의 형태로 원산지를 표시하여야 한다.

위의 내용에 해당되는 경우에는 세관장이 수입자에게 수입 통관 후 법령에 따른 원산지 표시를 준수하도록 명할 수 있다.(관리규정 제78조 2항)

한편 위의 내용에 해당되는 물품을 수입하는 자가 같은 물품을 제3자(중간 구매업자 또는 판매자 등)에게 양도(제3자가 재양도하는 경우를 포함한다)하는 경우에는 양수인에게 서면으로 법령에 따른 원산지 표시의무를 준수하여야 할 것을 알려야 한다.(관리규정 제78조 3항)

(4) 수입세트물품의 원산지표시

수입 세트물품의 경우 해당 세트물품을 구성하는 개별 물품들의 원산지가 동일하고 최종 구매자에게 세트물품으로 판매되는 경우에는 개별 물품에 원산지를 표시하지 아니하고 그 물품의 포장・용기에 원산지를 표시할 수 있다.(관리규정 제79조 1항)

그러나 세트물품을 구성하는 개별 물품들의 원산지가 2개국 이상인 경우에는 개별 물품에 각각의 원산지를 표시하고, 해당 세트물품의 포장・용기에는 개별 물품들의 원산지를 모두 나열・표시하여야 한다(예 Made in China, Taiwan, …).(관리규정 제79조 2항)

(5) 수입용기의 원산지표시

관세율표에 따라 용기로 별도 분류되어 수입되는 물품의 경우에는 용기에 "(용기명)의 원산지 : (국명)"에 상응하는 표시를 하여야 한다(예 "Bottle made in 국명").(관리규정 제80조 1항)

위의 규정에도 불구하고 1회 사용으로 폐기되는 용기의 경우에는 최소 판매단위의 포장에 용기의 원산지를 표시할 수 있으며, 실수요자가 이들 물품을 수입하는 경우에는 용기의 원산지를 표시하지 않아도 무방하다.(관리규정 제80조 2항)

(6) 수입물품의 포장・용기 등에 원산지표시를 하는 경우

원산지표시대상물품이 다음 어느 하나에 해당되는 경우에는 해당 물품에 원산지를 표시하지 않고 해당 물품의 최소포장, 용기 등에 수입 물품의 원산지를 표시할 수 있다.(관리규정 제75조 2항)

① 해당 물품에 원산지를 표시하는 것이 불가능한 경우

② 원산지 표시로 인하여 해당 물품이 크게 훼손되는 경우(예 : 당구공, 콘택즈렌즈, 포장하지 않은 집적회로 등)

③ 원산지 표시로 인하여 해당 물품의 가치가 실질적으로 저하되는 경우

④ 원산지 표시의 비용이 해당 물품의 수입을 막을 정도로 과도한 경우(예 : 물품값보다 표시비용이 더 많이 드는 경우 등)

⑤ 상거래 관행상 최종구매자에게 포장, 용기에 봉인되어 판매되는 물품 또는 봉인되지는 않았으나 포장, 용기를 뜯지 않고 판매되는 물품(예 : 비누, 칫솔, VIDEO TAPE 등)

⑥ 실질적 변형을 일으키는 제조공정에 투입되는 부품 및 원재료를 수입 후 실수요자에게 직접 공급하는 경우

⑦ 물품의 외관상 원산지의 오인 가능성이 적은 경우(예 : 두리안, 오렌지, 바나나와 같은 과일 · 채소 등)

⑧ 관세청장이 산업통상자원부장관과 협의하여 타당하다고 인정하는 물품

(7) 원산지표시방법의 세부사항

관세청장은 산업통상자원부장관과의 사전협의를 거쳐 대외무역관리규정 제75조부터 제80조까지의 원산지 표시방법에 따라 물품의 특성을 감안한 세부적인 표시방법을 정할 수 있으며 관세청장은 수입 물품의 원산지 표시방법에 관한 세부사항을 정할 경우 이를 고시하여야 한다.(관리규정 제81조 1, 2항)

4. 수입물품 원산지표시의 면제

물품 또는 포장 · 용기에 원산지를 표시하여야 하는 수입 물품이 다음 어느 하나에 해당되는 경우에는 원산지를 표시하지 아니할 수 있다.(관리규정 제82조 1항)

① 외화획득용 원료 및 시설기재로 수입되는 물품

② 개인에게 무상 송부된 탁송품, 별송품 또는 여행자 휴대품

③ 수입 후 실질적 변형을 일으키는 제조공정에 투입되는 부품 및 원재료로서 실수요자가 직접 수입하는 경우(실수요자를 위하여 수입을 대행하는 경우를 포함한다)

④ 판매 또는 임대목적에 제공되지 않는 물품으로서 실수요자가 직접 수입하는 경우. 다만, 제조에 사용할 목적으로 수입되는 제조용 시설 및 기자재(부분품 및 예비용 부품을 포함한다)는 수입을 대행하는 경우 인정할 수 있다.

⑤ 연구개발용품으로서 실수요자가 수입하는 경우(실수요자를 위하여 수입을 대행하는 경우를 포함한다)

⑥ 견본품(진열·판매용이 아닌 것에 한함) 및 수입된 물품의 하자보수용 물품

⑦ 보세운송, 환적 등에 의하여 우리나라를 단순히 경유하는 통과 화물

⑧ 재수출조건부 면세 대상 물품등 일시 수입 물품

⑨ 우리나라에서 수출된 후 재수입되는 물품

⑩ 외교관 면세 대상 물품

⑪ 개인이 자가소비용으로 수입하는 물품으로서 세관장이 타당하다고 인정하는 물품

⑫ 그 밖에 관세청장이 산업통상자원부장관과 협의하여 타당하다고 인정하는 물품

세관장은 위의 규정에 따라 수입물품의 원산지표시가 면제되는 물품에 대하여 외화획득 이행 여부, 목적외 사용 등 원산지표시 면제의 적합여부를 사후 확인할 수 있다.(관리규정 제82조 2항)

5. 원산지표시방법 사전확인 및 이의제기

원산지 표시방법에 따라 원산지를 표시하여야 하는 자는 해당 물품이 수입되기 전에 문서로 그 물품의 적절한 원산지 표시방법에 관한 확인을 관세청장에게 요청할 수 있다.(대외령 제57조 1항)

관세청장은 적정한 원산지 표시방법에 관한 확인을 요청받은 경우에는 신청을 접수한 날부터 30일 이내에 수출입물품의 원산지 표시방법의 규정에 따라 해당 물품의 적정한 표시방법을 확인하여 요청인에게 알려야 한다.(관리규정 제84조 1항)

관세청장의 원산지 표시방법의 확인에 관하여 이의가 있는 자는 확인 결과를

통보받은 날부터 30일 이내에 서면으로 관세청장에게 이의를 제기할 수 있다.(대외령 제57조 2항)

적정한 원산지표시방법의 확인에 관한 통보내용에 대하여 이의제기를 접수한 관세청장은 접수한 날부터 30일 이내에 이의제기에 대하여 결정을 하고 이를 요청인에게 알려야 한다.(관리규정 제84조 2항)

관세청장은 원산지 표시 사전확인 및 이의제기에 필요한 사항을 산업통상자원부장관과 협의하여 별도로 정할 수 있다.(관리규정 제84조 3항)

6. 원산지표시의 확인 · 검사

세관장은 원산지표시 대상물품의 원산지의 표시의무 및 규정준수의무를 위반하였는지 확인하기 위하여 필요하다고 인정하면 수입한 물품등과 대통령령으로 정하는 관련서류를 검사할 수 있다.(대외무역법 제33조 5항).

원산지표시 대상물품(관리규정 별표 8)을 수입하려는 자는 해당 물품의 통관시 원산지 표시 여부에 대하여 세관장의 확인을 받아야 한다.(관리규정 제83조 1항)

세관장은 수출 · 수입되는 물품이 대외무역관리규정 제75조부터 제81조까지의 규정에 위반되는 것으로 인정되는 경우에는 원산지의 표시 · 정정 · 말소 등 적절한 조치를 지시할 수 있다.(관리규정 제83조 2항)

관계 행정기관의 장, 시 · 도지사는 수입신고 후 통관된 물품이 대외무역관리규정 제75조부터 제81조까지의 규정에 위반되는 것으로 인정되는 경우에는 원산지의 표시 · 정정 · 말소 등 적절한 조치를 지시할 수 있다.(관리규정 제83조 3항)

원산지표시 대상물품의 원산지의 표시의무 및 규정준수의무를 위반하였는지 확인하기 위하여 검사를 하는 공무원의 증표는 <별표 11>과 같다.(관리규정 제83조 4항)

<별표 11>

원산지검사공무원증

ㅇ 앞면

<table>
<tr><td>

원산지검사공무원증

소　속 :
성　명 :　　　　　　(사 진)
직　급 :
주민등록번호 :

위 사람은 대외무역법 제33조 제4항의 규정에 따라 원산지표시에 관한 사항을 검사·확인하는 공무원임을 증명합니다.

년　　　월　　　일

시·도지사(시·군·구청장)
세 관 장

</td></tr>
</table>

ㅇ 뒷면

1. 이 사람은 대외무역법 제33조 제4항의 규정에 의하여 국내 유통 중인 수입물품의 원산지표시에 관한 사항을 검사할 권한이 있습니다.
2. 이 증은 다른 사람에게 대여 또는 양도할 수 없습니다.

Ⅲ 원산지 판정제도

1. 수출입물품의 원산지 판정절차[41)]

(1) 원산지판정 요청

무역거래자 또는 물품등의 판매업자 등은 수출 또는 수입 물품등의 원산지 판정을 산업통상자원부장관(관세청장)에게 요청할 수 있다.(대외무역법 제34조 3항)(대외령 제91조 6항) 이에 따라 수출 또는 수입 물품의 원산지 판정을 받으려는 자는 대상 물품의 관세·통계통합품목분류표(「관세법 시행령」 제98조에 따른 관세·통계통합품목분류표를 말한다. 이하 같다)상의 품목번호·품목명(모델명을 포함 한다), 요청 사유, 요청자가 주장하는 원산지 등을 명시한 요청서에 견본 1개와 그 밖에 원산지 판정에 필요한 자료를 첨부하여 산업통상자원부장관(관세청장)에게 제출하여야 한다. 다만, 물품의 성질상 견본을 제출하기 곤란하거나 견본이 없어도 그 물품의 원산지 판정에 지장이 없다고 인정되는 경우에는 견본의 제출을 생략할 수 있다.(대외령 제62조 1항)

산업통상자원부장관(관세청장)은 수출 또는 수입 물품의 원산지 판정을 위하여 필요한 경우 해당 사안과 관련된 행정기관의 장, 무역거래자 및 그 밖의 이해관계인에게 자료의 제출을 요청할 수 있다.(관리규정 제88조)

그리고 산업통상자원부장관(관세청장)은 원산지 판정 요청시 제출된 요청서 등이 미비하여 수출 또는 수입 물품의 원산지를 판정하기 곤란한 경우에는 기간을 정하여 자료의 보정을 요구할 수 있으며, 그 기간 내에 보정하지 아니하면 요청서 등을 되돌려 보낼 수 있다.(대외령 제62조 2항)

또한 산업통상자원부장관(관세청장)은 원산지 판정의 요청을 받은 경우에는 60일 이내에 원산지 판정을 하여 그 결과를 요청한 사람에게 문서로 알려야 한다. 다만, 그 판정과 관련된 자료수집 등을 위하여 필요한 기간은 이에 산입하지 아니한다.(대외령 제62조 3항) 그리고 원산지 판정의 결과가 요청인의 주장과 다른 경우에는

---

41) 대외무역법 시행령 제91조(권한의 위임·위탁) 제6항 제2호의 규정에 따라 대외령 제 62조 및 제63조에 따른 원산지 표시방법의 확인 및 이의제기의 처리에 관한 권한은 산업통상자원부장관이 관세청장에게 위탁하고 있다.

판정의 근거 등을 적어야 한다.(대외령 제62조 4항)

원산지 판정의 요청 방법과 그 밖에 사전 판정에 필요한 사항은 산업통상자원부장관(관세청장)이 정하여 고시한다.(대외령 제62조 5항)

(2) 이의제기

수입물품의 원산지판정을 통보 받은 자가 원산지판정에 불복하는 경우에는 통보를 받은 날부터 30일 이내에 산업통상자원부장관(관세청장)에게 이의를 제기할 수 있다.(대외무역법 제34조 5항)

이에 따라 원산지 판정에 이의를 제기하려는 자는 대상 물품의 관세・통계통합품목분류표상의 품목번호・품목명(모델명을 포함한다), 이의제기 사유, 신청자가 주장하는 원산지 등을 명시한 이의신청서에 원산지 판정에 필요한 자료를 첨부하여 산업통상자원부장관(관세청장)에게 제출하여야 한다.(대외령 제63조 1항)

산업통상자원부장관(관세청장)은 이의를 제기받은 경우에는 이의 제기를 받은 날부터 150일 이내에 이의 제기에 대한 결정을 알려야 한다.(대외무역법 제34조 6항)

산업통상자원부장관(관세청장)은 이의제기를 위해 제출된 신청서 등이 미비하여 이의제기에 대한 결정을 하기 곤란한 경우에는 기간을 정하여 자료의 보정을 요구할 수 있으며, 그 기간 내에 보정하지 아니하면 신청서 등을 되돌려 보낼 수 있다.(대외령 제63조 2항)

이의 제기 자료의 보정을 위한 기간은 이의제기 결정기간에 산입하지 아니한다.(관리규정 제90조)

한편 산업통상자원부장관(관세청장)은 이의제기에 대한 결정을 하기 위하여 관계 전문가에게 자문하거나 이해관계자 등의 의견을 들을 수 있다.(대외령 제63조 3항)

원산지 판정에 대한 이의제기 절차 등에 관하여 필요한 세부적인 사항은 산업통상자원부장관(관세청장)이 정한다.(대외령 제63조 4항)

2. 원산지 판정기준

원산지 판정의 기준은 대통령령으로 정하는 바에 따라 산업통상자원부장관이 정하여 공고한다.(대외무역법 제34조 2항) 이에 따라 대외무역법 시행령에서는 수입 물품에 대

한 원산지 판정은 다음 어느 하나의 기준에 따라야 한다.(대외령 제61조 1항)

① 수입 물품의 전부가 하나의 국가에서 채취되거나 생산된 물품(이하 "완전생산물품"이라 한다)인 경우에는 그 국가를 그 물품의 원산지로 할 것
여기서 "완전생산품"이란 다음의 하나에 해당되는 물품을 말한다.(관리규정 제85조 1항)

- 해당국 영역에서 생산한 광산물, 농산물 및 식물성 생산물
- 해당국 영역에서 번식, 사육한 산동물과 이들로부터 채취한 물품
- 해당국 영역에서 수렵, 어로로 채포한 물품
- 해당국 선박에 의하여 해당국 이외 국가의 영해나 배타적 경제수역이 아닌 곳에서 채포(採捕)한 어획물, 그 밖의 물품
- 해당국에서 제조, 가공공정 중에 발생한 잔여물
- 해당국 또는 해당국의 선박에서 위에서 기술한 물품을 원재료로 하여 제조·가공한 물품

② 수입 물품의 생산·제조·가공 과정에 둘 이상의 국가가 관련된 경우에는 최종적으로 실질적 변형을 가하여 그 물품에 본질적 특성을 부여하는 활동(이하 "실질적 변형"이라 한다)을 한 국가를 그 물품의 원산지로 할 것
여기서 "실질적 변형"이란 해당국에서의 제조·가공과정을 통하여 원재료의 세번과 상이한 세번(HS 6단위 기준)의 제품을 생산하는 것을 말한다.(관리규정 제85조 2항)

위의 실질적 변형에 대한 정의에도 불구하고, 산업통상자원부 장관은 관세율표상에 해당 물품과 그 원재료의 세번이 구분되어 있지 아니함으로 인하여 제조·가공 과정을 통하여 그 물품의 본질적 특성을 부여하는 활동을 가하더라도 세번(HS 6단위 기준)이 변경되지 아니하는 경우에는 관계기관의 의견을 들은 후 해당 물품 생산에서 발생한 부가가치와 주요 공정 등 종합적인 특성을 감안하여 실질적 변형에 대한 기준을 제시할 수 있다.(관리규정 제85조 3항) 또한 실질적 변형을 한 국가를 원산지로 한다는 관리규정 제85조 2항의 규정에도 불구하고 산업통상자원부장관이 <별표 9>(특정수입물품의 원산지)에서 별도로 정하는 물품에 대하여는 부가가치, 주요 부품 또는 주요 공정 등이 해당 물품의 원산지 판정기준이 된다.(관리규정 제85조 4항)

위의 규정에 따른 부가가치의 비율은 해당 물품의 제조·생산에 사용된 원료 및 구성품의 원산지별 가격누계가 해당 물품의 수입가격(FOB가격 기준)에서 점하는 비율로 한다.(관리규정 제85조 5항) 또한 주요 부품에 대하여는 다음 해당하는 국가를 원산지로 본다.(관리규정 제85조 6항)

- 해당 주요 부품의 원료 및 구성품의 부가가치생산에 최대로 기여한 국가가 해당 완제품의 부가가치비율 기준 상위 2개국 중 어느 하나에 해당하는 경우는 해당 국가
- 해당 주요 부품의 원료 및 구성품의 부가가치생산에 최대로 기여한 국가가 해당 완제품의 부가가치비율 기준 상위 2개국 중 어느 하나에 해당하지 아니하는 경우는 해당 완제품을 최종적으로 제조한 국가

위의 규정에 따라 부가가치의 비율을 산정하는 경우 해당 물품의 제조·생산에 사용된 원료 및 구성품의 가격은 다음 어느 하나에서 정하는 가격으로 한다.(관리규정 제85조 7항)

- 해당 제조·생산국에서 외국으로부터 수입조달한 원료 및 구성품의 가격은 각기 수입단위별 FOB가격
- 해당 제조·생산국에서 국내적으로 공급된 원료 및 구성품의 가격은 각기 구매단위별 공장도가격

③ 수입 물품의 생산·제조·가공 과정에 둘 이상의 국가가 관련된 경우 단순한 가공활동을 하는 국가를 원산지로 하지 아니할 것
여기서 "단순한 가공활동"이란 다음 하나에 해당되는 경우를 말한다.(관리규정 제85조 8항)

- 운송 또는 보관 목적으로 물품을 양호한 상태로 보존하기 위해 행하는 가공활동
- 선적 또는 운송을 용이하게 하기 위한 가공활동
- 판매목적으로 물품의 포장 등과 관련된 활동
- 제조·가공결과 HS 6단위가 변경되는 경우라도 다음의 어느 하나에 해당되는 가공과 이들이 결합되는 가공은 단순한 가공활동의 범위에 포함된다.

㉠ 통풍

㉡ 건조 또는 단순가열(볶거나 굽는 것을 포함한다)

㉢ 냉동, 냉장

㉣ 손상부위의 제거, 이물질 제거, 세척

㉤ 기름칠, 녹방지 또는 보호를 위한 도색, 도장

㉥ 거르기 또는 선별(sifting or screening)

㉦ 정리(sorting), 분류 또는 등급선정(classifying, or grading)

㉧ 시험 또는 측정

㉨ 표시나 라벨의 수정 또는 선명화

㉩ 가수, 희석, 흡습, 가염, 가당, 전리(ionizing)

㉪ 각피(husking), 탈각(shelling or unshelling), 씨제거 및 신선 또는 냉장 육류의 냉동, 단순 절단 및 단순 혼합

㉫ 대외무역관리규정 <별표 9>(특정수입물품의 원산지)에서 정한 HS 01류의 가축을 수입하여 해당국에서 도축하는 경우 같은 별표에서 정한 품목별 사육기간 미만의 기간 동안 해당국에서 사육한 가축의 도축(slaughtering)

㉬ 펴기(spreading out), 압착(crushing)

㉭ ㉠부터 ㉬까지의 규정에 준하는 가공으로서 산업통상자원부장관이 별도로 판정하는 단순한 가공활동

이상에서 규정한 완전생산물품, 실질적 변형, 단순한 가공활동의 기준 등 원산지 판정 기준에 관한 구체적인 사항은 관계 중앙행정기관의 장과 협의하여 산업통상자원부장관이 정하여 고시한다.(대외령 제61조 2항)

수출 물품에 대한 원산지 판정은 위의 규정(대외령 제61조 1, 2항)을 준용하여 판정하되, 그 물품에 대한 원산지 판정기준이 수입국의 원산지 판정기준과 다른 경우에는 수입국의 원산지 판정기준에 따라 원산지를 판정할 수 있다.(대외령 제61조 3항)

3. 수입원료를 사용한 국내생산물품등의 원산지 판정 기준

산업통상자원부장관은 공정한 거래질서의 확립과 생산자 및 소비자 보호를 위하여 필요하다고 인정하면 수입원료를 사용하여 국내에서 생산되어 국내에서 유통되거나 판매되는 물품등(이하 이 조에서 “국내생산물품등”이라 한다)에 대한 원산지 판정에 관한 기준을 관계 중앙행정기관의 장과 협의하여 정할 수 있다. 다만, 다른 법령에서 국내생산물품등에 대하여 다른 기준을 규정하고 있는 경우에는 그러하지 아니하다.(대외무역법 제35조 1항)

산업통상자원부장관은 위의 규정에 따라 국내생산물품등에 대한 원산지 판정에 관한 기준을 정하면 이를 공고하여야 한다.(대외무역법 제35조 2항)

위의 규정에 따른 수입원료를 사용한 국내생산물품등의 원산지 판정 기준 적용 대상물품은 수입 물품 원산지표시대상물품(관리규정 별표 8) 중 국내수입 후 대외무역관리규정 제85조(수입물품의 원산지 판정 기준) 제8항의 단순한 가공활동을 한 물품과 1류~24류(농수산물・식품), 30류(의료용품), 33류(향료・화장품), 48류(지와 판지), 49류(서적・신문・인쇄물), 50류~58류(섬유), 70류(유리), 72류(철강), 87류(8701~8708의 일반차량), 89류(선박)에 해당되지 않는 물품이다.(관리규정 제86조 1항)

수입원료를 사용한 국내생산물품등의 원산지 판정 기준 적용 대상물품에서 다음 어느 하나에 해당하는 경우 우리나라를 원산지로 하는 물품으로 본다.(관리규정 제86조 2항)

① 우리나라에서 제조・가공과정을 통해 수입원료의 세번과 상이한 세번(HS 6단위 기준)의 물품을 생산하거나 세번 HS 4단위에 해당하는 물품의 세번이 HS 6단위에서 전혀 분류되지 아니한 물품으로, 해당 물품의 총 제조원가 중 수입원료의 수입가격(CIF가격 기준)을 공제한 금액이 총 제조원가의 51퍼센트 이상인 경우

② 우리나라에서 대외무역관리규정 제85조(수입물품의 원산지 판정 기준) 제8항의 단순한 가공활동이 아닌 제조・가공과정을 통해 위의 ①의 세번 변경이 안 된 물품을 최종적으로 생산하고, 해당 물품의 총 제조원가 중 수입원료의 수입가격(CIF가격 기준)을 공제한 금액이 총 제조원가의 85퍼센트 이상인 경우

위의 규정에도 불구하고 천일염은 외국산 원재료가 사용되지 않고 제조되어야 우리나라를 원산지로 본다.(관리규정 제86조 3항)

위의 규정(관리규정 제86조 2, 3항)에 따라 국내생산물품등의 원산지를 우리나라로 볼 수 있는 경우에는 수입물품 원산지 표시의 일반원칙(관리규정 제76조 1항)[42]을 준용하여 표시할 수 있다.(관리규정 제86조 4항)

수입원료를 사용한 국내생산물품 중 우리나라를 원산지로 볼 수 있도록 한 규정을 충족하지 아니한 물품의 원산지 표시는 다음의 방법에 따라 표시할 수 있다.(관리규정 제86조 5항)

① 우리나라를 "가공국" 또는 "조립국"등으로 표시하되 원료 또는 부품의 원산지를 동일한 크기와 방법으로 병행하여 표시

② ①의 원료나 부품이 1개국의 생산품인 경우에는 "원료(또는 부품)의 원산지 : 국명"을 표시

③ ①의 원료나 부품이 2개국 이상(우리나라를 포함한다)에서 생산된 경우에는 완성품의 제조원가의 재료비에서 차지하는 구성비율이 높은 순으로 2개 이상의 원산지를 각각의 구성비율과 함께 표시(예 : "원료 (또는 부품)의 원산지 : 국명(○%), 국명(○%)")

4. 원산지 판정기준의 특례

기계・기구・장치 또는 차량에 사용되는 부속품・예비부분품 및 공구로서 기계 등과 함께 수입되어 동시에 판매되고 그 종류 및 수량으로 보아 정상적인 부속품, 예비부분품 및 공구라고 인정되는 물품의 원산지는 해당 기계・기구・장치 또는 차량의 원산지와 동일한 것으로 본다.(관리규정 제87조 1항)

---

42) 제76조(수입 물품 원산지 표시의 일반원칙) ① 수입 물품의 원산지는 다음 각 호의 어느 하나에 해당되는 방식으로 한글, 한자 또는 영문으로 표시할 수 있다.
1. "원산지: 국명" 또는 "국명 산(産)"
2. "Made in 국명" 또는 "Product of 국명"
3. "Made by 물품 제조자의 회사명, 주소, 국명"
4. "Country of Origin : 국명"
5. 영 제61조의 원산지와 동일한 경우로서 국제상거래관행상 타당한 것으로 관세청장이 인정하는 방식

포장용품의 원산지는 해당 포장된 내용품의 원산지와 동일한 것으로 본다. 다만, 법령에 따라 포장용품과 내용품을 각각 별개로 구분하여 수입신고하도록 규정된 경우에는 포장용품의 원산지는 내용품의 원산지와 구분하여 결정한다.(관리규정 제87조 2항) 또한 촬영된 영화용 필름은 그 영화제작자가 속하는 나라를 원산지로 한다.(관리규정 제87조 3항)

Ⅳ 원산지의 확인

1. 원산지의 확인

대외무역법령 등의 규정에 따라 원산지를 확인하여야 할 물품을 수입하는 자는 수입신고전까지 원산지증명서 등 관계 자료를 제출하고 확인을 받아야 한다.(관리규정 제91조 1항) 이때 관계 자료를 제출한 자는 자료제출기관에 제출한 자료를 영업상 비밀로 보호하여 줄 것을 요청할 수 있다.(관리규정 제91조 5항)

그리고 관계 자료를 제출받은 세관장은 해당 자료의 발행기관에 이의 확인을 요청할 수 있다.(관리규정 제91조 3항) 또한 관세청장은 원산지 확인에 필요한 사항을 산업통상자원부장관과 협의하여 별도로 정할 수 있다.(관리규정 제91조 4항)

수입시 원산지증명서를 제출하여야 하는 경우는 다음과 같다.(관리규정 제91조 2항)

① 통합공고에 의하여 특정지역으로부터 수입이 제한되는 물품

② 원산지 허위표시, 오인・혼동표시 등을 확인하기 위하여 세관장이 필요하다고 인정하는 물품

③ 그 밖에 법령에 따라 원산지 확인이 필요한 물품

2. 수입물품의 원산지증명서의 제출

산업통상자원부장관은 원산지를 확인하기 위하여 필요하다고 인정하면 물품등을 수입하려는 자에게 그 물품등의 원산지 국가 또는 물품등을 선적(船積)한 국가의 정부 등이 발행하는 원산지증명서를 제출하도록 할 수 있다.(대외무역법 제36조 1항) 원산지증명서의 제출과 그 확인에 필요한 사항은 대통령령으로 정한다.(대외무역법 제36조 2항)

이에 따라 산업통상자원부장관은 산업통상자원부장관이 정하여 고시하는 지역

으로부터 산업통상자원부장관이 정하여 고시하는 물품을 수입하려는 자에게 다음 기관에서 발행하는 원산지증명서를 그 물품을 수입할 때에 제출하도록 할 수 있다.(대외령 제65조 1항)

① 그 물품의 원산지 국가

② 그 물품을 선적(船積)한 국가의 정부

③ ①의 국가 또는 ②의 정부가 인정하는 기관

그 밖에 원산지증명서에 관하여 필요한 사항은 산업통상자원부장관이 정하여 고시한다.(대외령 제65조 2항)

3. 수입물품의 원산지증명서 제출의 면제

원산지를 확인하여야 할 물품을 수입하는 자는 수입신고전까지 원산지증명서 등 관계자료를 제출하고 확인을 받아야 하나 다음 하나에 해당하는 물품은 원산지증명서 등의 제출을 면제한다.(관리규정 제92조)

① 과세가격(종량세의 경우에는 이를 「관세법」 제15조[43])에 준하여 산출한 가격)이 15만원 이하인 물품

② 우편물(「관세법」 제258조 제2항[44])에 해당하는 것을 제외한다)

③ 개인에게 무상 송부된 탁송품, 별송품 또는 여행자의 휴대품

④ 재수출조건부 면세 대상 물품등 일시 수입 물품

⑤ 보세운송, 환적 등에 의하여 우리나라를 단순히 경유하는 통과화물

⑥ 물품의 종류, 성질, 형상 또는 그 상표, 생산국명, 제조자 등에 의하여 원산지가 인정되는 물품

⑦ 그 밖에 관세청장이 산업통상자원부장관과 협의하여 타당하다고 인정하는 물품

---

43) 관세법 제15조 (과세표준) 관세의 과세표준은 수입물품의 가격 또는 수량으로 한다.

44) 관세법 제258조 제2항 ②우편물이 「대외무역법」 제11조에 따른 수출입의 승인을 얻은 것이거나 기타 대통령령이 정하는 기준에 해당하는 것인 때에는 당해 우편물의 수취인 또는 발송인은 제241조(수출·수입 또는 반송의 신고)의 규정에 의한 신고를 하여야 한다.

4. 원산지 확인에 있어서 직접 운송의 원칙

수입 물품의 원산지는 그 물품이 원산지 국가 이외의 국가(이하 "비원산국"이라 한다)를 경유하지 아니하고 원산지 국가로부터 직접 우리나라로 운송반입된 물품에만 해당 물품의 원산지를 인정한다. 다만, 다음의 어느 하나에 해당하는 경우에는 해당 물품이 비원산국의 보세구역 등에서 세관 감시하에 환적 또는 일시장치 등이 이루어지고, 이들 이외의 다른 행위가 없었음이 인정되는 경우에만 이를 우리나라로 직접 운송된 물품으로 본다.(관리규정 제93조 1항)

① 지리적 또는 운송상의 이유로 비원산국에서 환적 또는 일시장치가 이루어진 물품의 경우

② 박람회, 전시회 그 밖에 이에 준하는 행사에 전시하기 위하여 비원산국으로 수출하였던 물품으로서 해당 물품의 전시목적에 사용 후 우리나라로 수출한 물품의 경우

위의 단서에 해당하는 물품의 경우에는 관세청장이 정하는 서류를 원산지증명서와 함께 대외무역관리규정 제91조(원산지의 확인)에 따라 세관장에게 제출하여야 한다.(관리규정 제93조 2항)

제3절 원산지표시 관련행위의 금지 및 벌칙

I 원산지표시 관련행위의 금지

무역거래자 또는 물품등의 판매업자는 다음 어느 하나에 해당하는 행위를 하여서는 아니 된다. 다만, 아래 ③의 경우에는 무역 거래자의 경우만 해당된다. (대외무역법 제33조 4항)

① 원산지를 거짓으로 표시하거나 원산지를 오인(誤認)하게 하는 표시를 하는 행위

② 원산지의 표시를 손상하거나 변경하는 행위

③ 원산지표시대상물품에 대하여 원산지 표시를 하지 아니하는 행위

④ 위의 ①~③까지의 규정에 위반되는 원산지표시대상물품을 국내에서 거래하는 행위

한편 외국산 물품등을 국산 물품등으로 가장하는 행위를 금지한다. 즉, 누구든지 원산지증명서를 위조 또는 변조하거나 거짓된 내용으로 원산지증명서를 발급받거나 물품등에 원산지를 거짓으로 표시하는 등의 방법으로 외국에서 생산된 물품등(외국에서 생산되어 국내에서 "대통령령으로 정하는 단순한 가공활동(대외령 제61조 2항)"을 거친 물품등을 포함한다.)의 원산지가 우리나라인 것처럼 가장(假裝)하여 그 물품등을 수출하거나 외국에서 판매하여서는 아니 된다.(대외무역법 제38조) 이를 위반한 자는 5년 이하의 징역 또는 1억원 이하의 벌금에 처한다.(대외무역법 제53조의2 4호)

Ⅱ 원산지표시 관련행위 위반에 따른 벌칙

1. 원산시의 표시 위반에 대한 시정 명령과 과징금의 부과 및 납부

산업통상자원부장관 또는 시·도지사는 대외무역법 제33조(수출입물품 등의 원산지의 표시) 제2항부터 제4항까지의 규정을 위반한 자에게 판매중지, 원상복구, 원산지 표시 등 대통령령으로 정하는 시정조치를 명할 수 있다.(대외무역법 제33조의2 1항)

산업통상자원부장관 또는 시·도 지사는 대외무역법 제33조(수출입물품 등의 원산지의 표시) 제2항부터 제4항까지의 규정[*제33조 제4항 제4호(④ 위의 ①~③까지의 규정에 위반되는 원산지표시대상물품을 국내에서 거래하는 행위)는 제외한다*]을 위반한 자에게 3억원 이하의 과징금을 부과할 수 있다.(대외무역법 제33조의2 2항)

산업통상자원부장관 또는 시·도지사는 이러한 과징금을 부과하려면 그 위반행위의 종류와 과징금의 금액을 명시하여 과징금을 낼 것을 서면으로 알려야 한다.(대외령 제59조 1항) 이러한 서면 통보를 받은 자는 납부 통지일부터 20일 이내에 과징

금을 산업통상자원부장관 또는 시・도지사가 정하는 수납기관에 내야 한다. 다만, 천재지변이나 그 밖의 부득이한 사유로 납부기한까지 과징금을 낼 수 없는 경우에는 그 사유가 없어진 날부터 7일 이내에 내야 한다.(대외령 제59조 2항) 이러한 과징금을 받은 수납기관은 과징금을 낸 자에게 영수증을 발급하여야 한다.(대외령 제59조 3항)

과징금의 수납기관은 이러한 과징금을 받으면 지체 없이 그 사실을 산업통상자원부장관 또는 시・도지사에게 알려야 한다.(대외령 제59조 4항)

이러한 과징금을 부과하는 위반행위의 종류와 정도에 따른 과징금의 금액과 그 밖에 필요한 사항은 대통령령으로 정한다.(대외무역법 제33조의2 3항)

산업통상자원부장관 또는 시・도지사는 위에서 언급한 과징금을 내야 하는 자가 납부기한까지 내지 아니하면 국세 또는 지방세 체납처분의 예에 따라 징수한다.(대외무역법 제33조의2 4항)

산업통상자원부장관 또는 시・도지사는 위에서 언급한 과징금 부과처분이 확정된 자에 대해서는 대통령령으로 정하는 바에 따라 그 위반자 및 위반자의 소재지와 물품등의 명칭, 품목, 위반내용 등 처분과 관련된 사항을 공표할 수 있다.(대외무역법 제33조의2 5항)

2. 과징금 납부기한의 연장 및 분할납부

산업통상자원부장관 또는 시・도지사는 대외무역법 제33조의2(원산지의 표시위반에 대한 시정명령 등) 제2항에 따라 과징금을 부과받은 자(이하 "과징금납부의무자"라 한다)가 내야 할 과징금의 금액이 1억원 이상인 경우로서 다음 어느 하나에 해당하는 사유로 인하여 과징금의 전액을 한꺼번에 내기 어렵다고 인정되는 경우에는 그 납부기한을 연장하거나 분할납부하게 할 수 있다. 이 경우 필요하다고 인정하는 때에는 담보를 제공하게 할 수 있다.(대외령 제59조의2 1항)

① 재해나 천재지변, 화재 등으로 재산에 현저한 손실을 입은 경우

② 경제 여건이나 사업 여건의 악화로 사업이 중대한 위기에 있는 경우

③ 과징금을 한꺼번에 내면 자금사정에 현저한 어려움이 예상되는 경우

④ 그 밖에 ①~③까지의 규정에 준하는 사유가 있는 경우

과징금 납부기한의 연장 또는 분할납부를 하려는 자는 그 납부기한의 10일 전까지 납부기한의 연장 또는 분할납부의 사유를 증명하는 서류를 첨부하여 산업통상자원부장관 또는 시・도지사에게 신청하여야 한다.(대외령 제59조의2 2항)

납부기한의 연장은 그 납부기한의 다음 날부터 1년을 초과할 수 없다.(대외령 제59조의2 3항)

분할납부를 하게 하는 경우 각 분할된 납부기한 간의 간격은 4개월을 초과할 수 없으며, 분할 횟수는 3회를 초과할 수 없다.(대외령 제59조의2 4항)

산업통상자원부장관 또는 시・도지사는 다음 어느 하나에 해당하는 경우에는 납부기한이 연장되거나 분할납부가 허용된 과징금납부의무자에 대하여 그 납부기한의 연장 또는 분할납부 결정을 취소하고 한꺼번에 징수할 수 있다.(대외령 제59조의2 5항)

① 분할납부가 결정된 과징금을 그 납부기한까지 내지 아니한 경우

② 담보의 제공에 관한 산업통상자원부장관 또는 시・도지사의 명령을 이행하지 아니한 경우

③ 강제집행, 경매의 개시, 파산선고, 법인의 해산, 국세 또는 지방세의 체납처분을 받은 때 등 과징금의 전부 또는 잔여분을 징수할 수 없다고 인정되는 경우

Ⅲ 과징금을 부과할 위반행위의 종별과 과징금의 금액

원산지 표시 위반과 관련하여 대외무역법 제33조의2 제2항에 따라 과징금을 부과하는 위반행위의 종류와 위반 정도에 따른 과징금의 금액은 대외무역법시행령 <별표 2>와 같다.(대외령 제60조 1항)

<별표 2>

위반행위의 종류와 과징금의 금액(제60조 제1항 관련)

위반행위	근거 법조문	과징금 금액
1. 법 제33조 제2항을 위반하여 단순한 가공활동을 거침으로써 해당 물품등의 원산지 표시를 손상하거나 변형한 자(무역거래자 또는 물품등의 판매업자에 대하여 법 제33조 제4항이 적용되는 경우는 제외한다)가 그 단순 가공한 물품등에 당초의 원산지를 표시하지 아니하거나 다르게 표시한 행위	법 제33조의2 제2항	해당 위반물품등의 수출입 신고 금액(판매업자의 경우에는 판매한 물품등과 판매하지 아니한 물품등을 구분하여 판매한 물품등의 매출가액과 판매하지 아니한 물품등의 매입가액을 합한 금액을 말한다)의 100분의 10에 해당하는 금액이나 1억원 중 적은 금액
2. 법 제33조 제3항에 따른 원산지의 표시방법을 위반한 행위	법 제33조의2 제2항	해당 위반물품등의 수출입 신고 금액의 100분의 10에 해당하는 금액이나 2억원 중 적은 금액
3. 무역거래자 또는 물품등의 판매업자가 법 제33조 제4항 제1호를 위반하여 물품등의 원산지를 거짓으로 표시하거나 원산지를 오인(誤認)하게 하는 표시를 하는 행위	법 제33조의2 제2항	해당 위반물품등의 수출입 신고 금액(판매업자의 경우에는 판매한 물품등과 판매하지 아니한 물품등을 구분하여 판매한 물품등의 매출가액과 판매하지 아니한 물품등의 매입가액을 합한 금액을 말한다)의 100분의 10에 해당하는 금액이나 3억원 중 적은 금액
4. 무역거래자 또는 물품등의 판매업자가 법 제33조 제4항 제2호를 위반하여 물품등의 원산지 표시를 손상하거나 변경하는 행위	법 제33조의2 제2항	해당 위반물품등의 수출입 신고 금액(판매업자의 경우에는 판매한 물품등과 판매하지 아니한 물품등을 구분하여 판매한 물품등의 매출가액과 판매하지 아니한 물품등의 매입가액을 합한 금액을 말한다)의 100분의 10에 해당하는 금액이나 3억원 중 적은 금액
5. 무역거래자가 법 제33조 제4항 제3호를 위반하여 원산지표시대상 물품에 대하여 원산지 표시를 하지 아니하는 행위	법 제33조의2 제2항	해당 위반물품등의 수출입 신고 금액의 100분의 10에 해당하는 금액이나 2억원 중 적은 금액

산업통상자원부장관 또는 시·도지사는 해당 무역거래자 등의 수출입 규모, 위반 정도 및 위반 횟수 등을 고려하여 과징금 금액의 2분의 1의 범위에서 가중하거나 경감할 수 있다. 다만, 가중하는 경우에도 과징금의 총액은 3억원을 넘을 수 없다.(대외령 제60조 2항)

Ⅳ 과태료

다음 하나에 해당하는 자에게는 1천만원이하의 과태료를 부과한다.(대외무역법 제59조 2항 3호)

① 대외무역법 제33조(수출입 물품 등의 원산지의 표시) 제5항[45]에 따른 검사를 거부, 방해 또는 기피한 자

과태료는 대통령령으로 정하는 바에 따라 산업통상자원부장관이나 시·도지사 또는 관계 행정기관의 장이 부과·징수한다.(대외무역법 제59조 3항)

---

45) 제33조(수출입 물품등의 원산지의 표시) ① 산업통상자원부장관이 공정한 거래 질서의 확립과 생산자 및 소비자 보호를 위하여 원산지를 표시하여야 하는 대상으로 공고한 물품등(이하 “원산지표시대상물품”이라 한다)을 수출하거나 수입하려는 자는 그 물품등에 대하여 원산지를 표시하여야 한다.

② 수입된 원산지표시대상물품에 대하여 대통령령으로 정하는 단순한 가공활동을 거침으로써 해당 물품등의 원산지 표시를 손상하거나 변형한 자(무역거래자 또는 물품등의 판매업자에 대하여 제4항이 적용되는 경우는 제외한다)는 그 단순 가공한 물품등에 당초의 원산지를 표시하여야 한다. 이 경우 다른 법령에서 단순한 가공활동을 거친 수입 물품등에 대하여 다른 기준을 규정하고 있으면 그 기준에 따른다.

③ 제1항 및 제2항 전단에 따른 원산지의 표시방법·확인, 그 밖에 표시에 필요한 사항은 대통령령으로 정한다.

④ 무역거래자 또는 물품등의 판매업자는 다음 각 호의 어느 하나에 해당하는 행위를 하여서는 아니 된다. 다만, 제3호의 경우에는 무역거래자의 경우만 해당된다.

1. 원산지를 거짓으로 표시하거나 원산지를 오인(誤認)하게 하는 표시를 하는 행위
2. 원산지의 표시를 손상하거나 변경하는 행위
3. 원산지표시대상물품에 대하여 원산지 표시를 하지 아니하는 행위
4. 제1호부터 제3호까지의 규정에 위반되는 원산지표시대상물품을 국내에서 거래하는 행위

⑤ 산업통상자원부장관 또는 시·도지사는 제1항부터 제4항까지의 규정을 위반하였는지 확인하기 위하여 필요하다고 인정하면 수입한 물품등과 대통령령으로 정하는 관련 서류를 검사할 수 있다.

<별표 4> 중 원산지 관련 과태료 부분

과태료의 부과기준(제94조 관련)

1. 일반기준

가. 위반행위의 횟수에 따른 과태료의 부과기준은 최근 5년간 같은 위반행위로 과태료를 부과받은 경우에 적용한다. 이 경우 위반행위에 대하여 과태료 부과처분을 한 날과 다시 동일한 위반행위를 적발한 날을 각각 기준으로 하여 위반횟수를 계산한다.

다. 제2호 다목에 대한 과태료의 금액은 1천만원을 넘지 못한다.

2. 개별기준

(단위 : 만원)

처분 대상자	과태료 금액기준		
	1차	2차	3차
다. 법 제33조 제5항에 따른 검사를 거부, 방해 또는 기피한 경우. 다만, 농산물 및 농산물가공품의 경우에는 「농산물품질관리법 시행령」, 수산물 및 수산가공품의 경우에는「수산물품질관리법 시행령」에서 정한 과태료를 적용한다.	해당 물품의 판매장소 및 양도장소에서 원산지 표시를 하지 아니하고 유통시킨 물량(판매를 위한 창고 저장 물량과 이미 판매된 물량 중 확인 가능한 물량을 포함한다)에 현지의 실제거래가격을 곱한 금액이나 10만원 중 많은 금액	해당 물품의 판매장소 및 양도장소에서 원산지 표시를 하지 아니하고 유통시킨 물량(판매를 위한 창고 저장 물량과 이미 판매된 물량 중 확인 가능한 물량을 포함한다)에 현지의 실제거래가격을 곱한 금액이나 100만원 중 많은 금액	1,000

V 원산지 표시의무 위반자의 공표

수출입물품등의 원산지 표시 위반자에 대한 과징금 부과처분이 확정된 자에 대해서는 그 위반자 및 위반자의 소재지와 물품등의 명칭, 품목, 위반내용 등 처분과 관련된 사항을 공표할 수 있도록 되어 있는 대외무역법 제33조의2(원산지의 표시 위반에 대한 시정명령 등) 제5항의 규정에 따른 공표의 대상자는 원산지 표시 위반에 따른 과징금 부과처분이 확정된 자로서 다음 어느 하나에 해당하는

자로 한다.(대외령 제60조의2 1항)

① 대외무역법시행령 별표 2 각 호의 구분에 따른 해당 위반물품등의 수출입 신고 금액(판매업자의 경우에는 판매한 물품등과 판매하지 아니한 물품등을 구분하여 판매한 물품등의 매출가액과 판매하지 아니한 물품등의 매입가액을 합한 금액을 말하며, 이하 이 항에서 “원산지 표시 위반물품등의 가액”이라 한다)이 10억원(「관세법」 별표에 따른 품목 중 제1류부터 제24류까지의 품목 및 소금의 경우에는 5억원을 말한다) 이상인 자

② 「관세법」 별표에 따른 품목 중 제1류부터 제24류까지의 품목 및 소금에 대한 대외무역법시행령 별표 2 제3호(무역거래자 또는 물품등의 판매업자가 법 제33조 제4항 제1호를 위반하여 물품등의 원산지를 거짓으로 표시하거나 원산지를 오인(誤認)하게 하는 표시를 하는 행위) 또는 제4호(무역거래자 또는 물품등의 판매업자가 법 제33조 제4항 제2호를 위반하여 물품등의 원산지 표시를 손상하거나 변경하는 행위)에 해당하는 원산지 표시 위반물품등의 가액 중 다음 각각의 위반행위로 인한 가액을 합산한 금액이 5천만원 이상인 자

가. 원산지를 국내산으로 거짓 표시하거나 원산지를 국내산으로 오인하게 하는 표시를 하는 행위

나. 원산지 표시를 국내산으로 변경하는 행위

③ 다음의 요건을 모두 갖춘 자

㉮ 대외무역법 제33조의2 제2항에 따라 과징금 부과처분을 받은 날부터 과거 2년 이내의 기간(초일을 산입한다) 동안 동법 제33조의2 제2항에 따라 과징금 부과처분을 받은 횟수가 3회 이상일 것

㉯ 위의 ㉮에 따른 과징금 부과처분 중 확정된 처분이 3회 이상일 것

㉰ 위의 ㉯에 따른 확정된 과징금 부과처분의 사유가 된 원산지 표시 위반물품등의 가액을 합산한 금액이 5천만원 이상일 것

④ 「관세법」 별표에 따른 품목 중 제1류부터 제24류까지의 품목 및 소금에 대한 원산지 표시의무를 위반한 경우로서 다음의 요건을 모두 갖춘 자

㉮ 대외무역법 제33조의2 제2항에 따라 과징금 부과처분을 받은 날부터 과거 2년 이내의 기간(초일을 산입한다) 동안 동법 제33조의2 제2항에

따라 과징금 부과처분을 받은 횟수가 3회 이상일 것

㉯ ㉮에 따른 과징금 부과처분 중 확정된 처분이 3회 이상일 것

산업통상자원부장관 또는 시·도지사는 위의 원산지 표시의무 위반자에 따른 공표 대상자에 대해서는 대외무역법 제33조의2 제5항에 따라 다음 각 사항을 산업통상자원부 또는 시·도의 홈페이지에 공표하여야 한다.(대외령 제60조의2 2항)

① “「대외무역법」에 따른 원산지 표시의무 위반사실의 공표”라는 표제

② 위반자의 성명 또는 명칭(법인의 경우에는 대표자의 성명을 포함한다) 및 주소(법인의 경우 주된 영업소의 주소와 원산지 표시의무 위반행위를 한 사업장 주소를 말한다)

③ 원산지 표시 위반물품등의 종류, 명칭 및 위반내용

④ 원산지 표시 위반행위에 대한 처분권자, 처분일, 처분 내용

산업통상자원부장관은 대외무역법 시행령 제60조의2 제2항에 따른 원산지 표시의무 위반자의 공표사항 및 절차에 대하여 2015년 1월 1일을 기준으로 2년마다(매 2년이 되는 해의 기준일과 같은 날 전까지를 말한다) 그 타당성을 검토하여 개선 등의 조치를 하여야 한다.(대외령 제93조의2 2항)

제10장 수입제한조치

제 1 절 수입수량제한조치

Ⅰ 수입수량제한조치의 시행

1. 수입수량제한조치의 근거

산업통상자원부장관은 특정 물품의 수입 증가로 인하여 같은 종류의 물품 또는 직접적인 경쟁 관계에 있는 물품을 생산하는 국내산업(이하 이 조에서 "국내산업"이라 한다)이 심각한 피해를 입고 있거나 입을 우려(이하 이 조에서 "심각한 피해등"이라 한다)가 있음이 「불공정무역행위 조사 및 산업피해구제에 관한 법률」 제27조에 따른 무역위원회(이하 "무역위원회"라 한다)의 조사를 통하여 확인되고 심각한 피해등을 구제하기 위한 조치가 건의된 경우로서 그 국내산업을 보호할 필요가 있다고 인정되면 그 물품의 국내산업에 대한 심각한 피해등을 방지하거나 치유하고 조정을 촉진하기 위하여 필요한 범위에서 물품의 수입수량을 제한하는 조치(이하 "수입수량제한조치"라 한다)를 시행할 수 있다.(대외무역법 제39조 1항)

산업통상자원부장관은 무역위원회의 건의, 해당 국내산업 보호의 필요성, 국제통상 관계, 수입수량제한조치의 시행에 따른 보상수준 및 국민경제에 미치는 영향 등을 검토하여 수입수량제한조치의 시행 여부와 내용을 결정한다.(대외무역법 제39조 2항)

2. 수입수량제한조치의 수량제한

대외무역법 제39조 제1항에 따라 산업통상자원부장관이 수입수량을 제한하는 경우 그 제한수량은 최근의 대표적인 3년간의 수입량을 연평균수입량으로 환산한 수량(이하 "기준 수량"이라 한다) 이상으로 하여야 한다. 이 경우 최근의 대표적인 연도를 정할 때에는 통상적인 수입량과 비교하여 수입량이 급증하거나 급감한 연도는 제외한다.(대외령 제68조 1항)

산업통상자원부장관은 기준수량 이상으로 수입수량 제한조치를 하는 경우 해당 산업의 심각한 피해를 방지하거나 구제하기 어렵다고 명백하게 인정되는 경우에는 위의 규정에도 불구하고 기준수량 미만으로 수입수량을 제한할 수 있다.(대외령 제68조 2항)

산업통상자원부장관은 위의 규정에 따라 제한되는 수입수량을 각 국가별로 할당할 수 있다.(대외령 제68조 3항)

3. 수입수량제한조치 이해당사국과의 협의

정부는 수입수량제한조치를 시행하려면 이해 당사국과 수입수량제한조치의 부정적 효과에 대한 적절한 무역보상에 관하여 협의할 수 있다.(대외무역법 제39조 3항)

4. 수입수량제한조치의 적용대상

수입수량제한조치는 조치 시행일 이후 수입되는 물품에만 적용한다.(대외무역법 제39조 4항)

5. 수입수량제한조치의 공고

산업통상자원부장관은 수입수량제한조치의 대상 물품, 수량, 적용기간 등을 공고하여야 한다.(대외무역법 제39조 6항)

6. 관계기관의 협조

산업통상자원부장관은 수입수량제한조치의 시행 여부를 결정하기 위하여 필요하다고 인정하면 관계 행정기관의 장 및 이해관계인 등에게 관련 자료의 제출 등 필요한 협조를 요청할 수 있다.(대외무역법 제39조 7항)

Ⅱ 수입수량제한조치의 적용기간과 연장

1. 수입수량제한조치의 적용기간

수입수량제한조치의 적용기간은 4년을 넘어서는 아니 된다.(대외무역법 제39조 5항)

산업통상자원부장관은 수입수량제한조치의 대상이었거나 「관세법」 제65조에 따른 긴급관세(이하 "긴급관세"라 한다) 또는 같은 법 제66조에 따른 잠정 긴급관세(이하 "잠정긴급관세"라 한다)의 대상이었던 물품에 대하여는 그 수입수량제한조치의 적용기간, 긴급관세의 부과기간 또는 잠정긴급관세의 부과기간이 끝난 날부터 그 적용 기간 또는 부과기간에 해당하는 기간(적용기간 또는 부과기간이 2년 미만인 경우에는 2년)이 지나기 전까지는 다시 수입수량제한조치를 시행할 수 없다. 다만, 다음 각 호의 요건을 모두 충족하는 경우에는 180일 이내의 수입수량제한조치를 시행할 수 있다.(대외무역법 제39조 8항)

① 해당 물품에 대한 수입수량제한조치가 시행되거나 긴급관세 또는 잠정긴급관세가 부과된 후 1년이 지날 것

② 수입수량제한조치를 다시 시행하는 날부터 소급하여 5년 안에 그 물품에 대한 수입수량제한조치의 시행 또는 긴급관세의 부과가 2회 이내일 것

2. 수입수량제한조치에 대한 연장 등

산업통상자원부장관은 무역위원회의 건의가 있고 필요하다고 인정하면 수입수량제한조치의 내용을 변경하거나 적용기간을 연장할 수 있다. 이 경우 변경되는 조치 내용 및 연장되는 적용기간 이내에 변경되는 조치 내용은 최초의 조치 내용보다 완화되어야 한다.(대외무역법 제40조 1항)

위의 규정에 따라 수입수량제한조치의 적용기간을 연장하는 때에는 수입수량제한조치의 적용기간과 긴급관세 또는 잠정긴급관세의 부과기간 및 그 연장기간을 전부 합산한 기간이 8년을 넘어서는 아니 된다.(대외무역법 제40조 2항)

산업통상자원부장관은 시행 중인 수입수량 제한조치에 대하여 무역위원회가 그 조치 내용의 변경이나 적용기간의 연장을 건의하면 그 건의가 접수된 날부터 1개월 이내(연장의 경우 대외무역법 제39조제1항에 따른 수입수량 제한조치의 적용기간이 끝나는 날 이전)에 그 조치의 변경이나 조치 기간의 연장 여부를 결정하고 그 내용을 무역위원회에 통보하여야 한다.(대외령 제69조)

불공정무역행위에 대한 조사·판정, 수입 증가·덤핑·보조금등으로 인한 국내산업 피해의 조사·판정, 산업경쟁력 영향조사 등에 관한 업무를 수행하기 위하여 「불공정무역행위 조사 및 산업피해구제에 관한 법률」에 따라 산업통상자원부에 무역위원회를 둔다.(불공정무역행위 조사 및 산업피해구제에 관한 법률 제27조 1항)

□ **무역위원회의 소관업무**(불공정무역행위 조사 및 산업피해구제에 관한 법률 제28조)

- 불공정무역행위의 조사·판정 및 잠정조치의 결정
- 불공정무역행위를 한 자에 대한 시정조치 및 과징금 부과
- 수입 증가로 인한 국내산업 피해의 조사·판정
- 다음에 해당하는 조치의 건의, 중간 재검토 또는 연장 검토
  - 세이프가드조치 및 잠정세이프가드조치
  - 서비스세이프가드조치
  - 특별세이프가드조치 및 잠정특별세이프가드조치
  - 자유무역협정세이프가드조치 및 잠정자유무역협정세이프가드조치
- 제22조의5(자유무역협정으로 인한 특정물품의 수입증가에 대한 무역피해지원조치)에 따른 무역피해의 조사, 판정 및 무역피해지원조치의 건의
- 제25조(산업경쟁력 영향 등 조사)에 따른 국내산업의 경쟁력에 미치는 영향 등의 조사
- 제25조의2(교역상대국의 국제무역규범 위반으로 인한 국내산업 피해의 조사)에 따른 교역상대국의 국제무역규범 위반으로 인한 국내산업 피해의 조사
- 「관세법」 제51조부터 제56조까지의 규정에 따른 덤핑방지관세의 부과를 위한 산업피해의 조사 개시 결정, 덤핑사실의 조사, 덤핑으로 인한 산업피해의 조사·판정, 덤핑방지조치의 건의, 재심사 등
- 「관세법」 제57조부터 제62조까지의 규정에 따른 상계관세(상계관세)의 부과를 위한 산업피해의 조사 개시 결정, 보조금등의 지급 사실의 조사, 보조금등으로 인한 산업피해의 조사·판정, 상계조치의 건의, 재심사 등
- 「자유무역협정 체결에 따른 무역조정 지원에 관한 법률」 제6조제2항에 따른 무역조정 지원기업 해당 여부에 대한 심의
- 국제무역에 관한 법규·제도 및 분쟁 사례 등의 조사·연구
- 다른 법령에 따라 무역위원회의 소관으로 규정된 사항
- 그 밖에 공정무역의 촉진 등 무역위원회가 필요하다고 인정하는 사항의 조사 및 건의

제11장 무역진흥과 수출입 질서유지

제 1 절 무역 및 통상진흥정책과 지원

I 무역 및 통상정책의 개념

1. 통상정책의 개념

통상(通商)이란 "상(商)"을 "통(通)"하게 만든다는 의미로서 현재 막혀 있는 경제활동을 트이게 하거나 자유로운 경제활동이 이루어지는 상태를 의미하는 것이다. 즉 경제주체의 합리적인 의사결정과 이러한 의사결정에 따른 상거래에 대한 제약요인을 완화해 나가는 과정 및 활동을 포함하는 것으로 해석할 수 있다.

이러한 국제적인 상거래 활동의 범위는 물품의 거래뿐만 아니라 서비스・지적재산권・해외자본투자까지도 포함하는 것으로서 일반적인 상행위만이 아니라 국가간에 이동될 수 있는 각종의 유형재 및 무형재를 모두 포함하는 것을 의미한다.

한편, 무역정책은 일국의 일방적으로 이루어지는 대내 및 대외적인 정책을 의미하며, 통상정책은 외국의 상대방과 이루어지는 관계에 우리나라가 대응하는 것으로 정부가 정책적으로 대외경제거래에 개입하여 관리・조정하는 것을 말한다. 따라서 이러한 통상정책은 국제적인 조화와 협력관계를 유지하는 상태에서 자국의 경제발전을 도모할 수 있어야 한다.

이미 현행 대외무역법규에서도 무역진흥정책과 통상진흥정책을 따로 구분하여 정책을 열거하고 있다.

II 무역진흥을 위한 조치와 지원

1. 무역진흥을 위한 조치

산업통상자원부장관은 무역의 진흥을 위하여 필요하다고 인정되면 대통령령으로 정하는 바에 따라 물품 등의 수출과 수입을 지속적으로 증대하기 위한 조치

를 할 수 있다.(대외무역법 제4조 1항)

이 같은 규정에 따라 산업통상자원부장관은 무역진흥을 위한 다음 각 조치를 하거나 관계행정기관의 장에게 필요한 조치를 하여 줄 것을 요청할 수 있다.(대외령 제5조 1항)

① 수출산업의 국제경쟁력을 높이기 위한 여건의 조성과 설비 투자의 촉진

② 외화가득률을 높이기 위한 품질 향상과 국내에서 생산되는 외화획득용 원료·기재의 사용 촉진

③ 통상협력 증진을 위한 수출·수입에 대한 조정

④ 지역별 무역균형을 달성하기 위한 수출·수입의 연계

⑤ 민간의 통상활동 및 산업협력의 지원

⑥ 무역 관련 시설에 대한 조세 등의 감면

⑦ 과학적인 무역업무 처리기반을 효율적으로 구축·운영하기 위한 여건의 조성

⑧ 무역업계 등 유관기관의 과학적인 무역업무 처리기반 이용 촉진

⑨ 국내기업의 해외 진출 지원

⑩ 해외에 진출한 국내기업의 고충 사항의 조사와 그 해결을 위한 지원

⑪ 그 밖에 수출·수입을 지속적으로 증대하기 위하여 필요하다고 인정하는 조치

2. 무역진흥을 위한 지원

산업통상자원부장관은 무역의 진흥을 위하여 필요하다고 인정되면 대통령령으로 정하는 바에 따라 다음에 해당하는 자에게 필요한 지원을 할 수 있다.(대외무역법 제4조 2항)

① 무역의 진흥을 위한 자문, 지도, 대외 홍보, 전시, 연수, 상담 알선 등을 업(業)으로 하는 자

② 무역전시장이나 무역연수원 등의 무역 관련 시설을 설치·운영하는 자
여기서 지원대상이 되는 무역관련 시설은 다음의 구분에 따른 기능과 규모를 갖춘 시설로서 산업통상자원부장관이 지정하는 것으로 한다.(대외령 제5조 2항)[47]

- 무역전시장 : 실내 전시 연면적이 2,000m² 이상인 무역견본품을 전시할 수 있는 시설과 50명 이상을 수용할 수 있는 회의실을 갖출 것
- 무역연수원 : 무역전문인력을 양성할 수 있는 시설로서 연면적이 2,000m² 이상이고 최대수용인원이 500명 이상일 것
- 컨벤션센터 : 회의용 시설로서 연면적이 4,000m² 이상이고 최대수용인원이 2,000명 이상일 것

③ 과학적인 무역업무 처리기반을 구축·운영하는 자

여기서 "과학적 무역업무 처리기반을 구축·운영하는 자"란 「전자무역 촉진에 관한 법률」 제6조 제1항에 따른 전자무역기반사업자 중에서 과학적인 무역업무 처리기반을 구축·운영하고 있는 사업자를 말한다.(대외령 제5조 3항).

이와 같이 무역 관련 시설로 지정받으려는 자는 다음의 서류를 첨부하여 산업통상자원부장관에게 신청하여야 한다.(관리규정 제6조 1,2항)

① 사업계획서 1부(시설 및 부속토지의 면적 등 시설계획, 조직, 사업운영 기본방향 등 향후 2개년의 사업계획 등이 포함되어야 함.)

② 산업통상자원부 장관은 건축물 등기부등본, 건축물 관리대장 및 토지대장 등본 각 1부 또는 건축허가서 사본을 전자정부법 제36조제1항에 따른 행정정보의 공동이용을 통하여 확인하여야 한다.

산업통상자원부장관은 무역관련 시설로 지정받기 위한 신청을 받은 경우 대외무역법시행령 제5조 제2항의 기준과 무역진흥 관련 사업타당성 등을 검토하여 무역 관련 시설로 지정하여야 한다.(관리규정 제6조 3항) 이에 따라 지정된 무역 관련 시설은 대외무역관리규정 <별표 1>과 같다.(관리규정 제6조 5항)

---

47) 산업통상자원부장관은 다음 각 호의 사항에 대하여 다음 각 호의 기준일을 기준으로 2년마다(매 2년이 되는 해의 기준일과 같은 날 전까지를 말한다) 그 타당성을 검토하여 개선 등의 조치를 하여야 한다.(대외령 제93조의2 2항)

1. 제5조 제2항에 따른 무역의 진흥을 위한 무역 지원 대상이 되는 무역 관련 시설의 기준: 2015년 1월 1일

<별표 1>

대외무역관리규정 무역관련 시설

시설명	소재지
한국종합전시장	서울 강남구 삼성동 159
국제무역연수원	서울 강남구 삼성동 159

Ⅲ 통상진흥시책의 수립

1. 통상진흥시책의 수립

산업통상자원부장관은 무역과 통상을 진흥하기 위하여 매년 다음 연도의 통상진흥시책을 세워야 한다.(대외무역법 제7조 1항)

그리고 산업통상자원부장관은 통상진흥시책을 세우려면 관계행정기관, 지방자치단체, 대한무역투자진흥공사, 한국무역협회, 그 밖에 무역·통상과 관련되는 기관 또는 단체에 필요한 협조를 요청할 수 있다.(대외령 제7조)

통상진흥 시책에는 다음 사항이 포함되어야 한다.(대외무역법 제7조 2항)

① 통상진흥 시책의 기본 방향

② 국제통상 여건의 분석과 전망

③ 무역·통상 협상 추진 방안과 기업의 해외 진출 지원 방안

④ 통상진흥을 위한 자문, 지도, 대외 홍보, 전시, 상담 알선, 전문인력 양성 등 해외시장 개척 지원 방안

⑤ 통상 관련 정보수집·분석 및 활용 방안

⑥ 원자재의 원활한 수급을 위한 국내외 협력 추진 방안

⑦ 그 밖에 대통령령으로 정하는 사항

여기서 "그 밖에 대통령령으로 정하는 사항"이란 다음의 것을 말한다.(대외령 제8조)

- 주요 지역별, 경제권별 또는 업종별 통상진흥 시책

- 무역 · 통상의 진흥과 관련되는 기관 또는 단체의 통상활동 계획
- 그 밖에 산업통상자원부장관이 무역 · 통상의 진흥과 관련하여 필요하다고 인정하는 통상진흥 시책.

2. 통상관련제도 조사

산업통상자원부장관은 통상진흥 시책의 수립을 위한 기초 자료를 수집하기 위하여 교역상대국의 통상 관련 제도 · 관행 등과 기업이 해외에서 겪는 고충 사항을 조사할 수 있다.(대외무역법 제7조 3항)

따라서 산업통상자원부장관은 통상진흥 시책을 수립하기 위하여 필요한 경우에는 관계행정기관, 대한무역투자진흥공사, 한국무역협회, 그 밖에 무역 · 통상과 관련되는 기관 또는 단체에 해당 분야나 특정 사안에 대한 조사 또는 사실 확인을 요청할 수 있다(대외령 제9조)

또한 산업통상자원부장관은 해외에 진출한 기업에 통상진흥 시책의 수립에 필요한 자료를 요청하고, 필요한 경우 지원할 수 있다.(대외무역법 제7조 4항)

3. 지방자치단체와의 협조

산업통상자원부장관은 통상진흥 시책을 세우는 경우에는 미리 특별시장, 광역시장, 특별자치시장, 도지사 또는 특별자치도지사(이하 "시 · 도지사"라 한다)의 의견을 들어야 하고, 통상진흥 시책을 수립한 때에는 이를 시 · 도지사에게 알려야 한다. 이를 변경한 경우에도 또한 같다.(대외무역법 제7조 5항)

그리고 통상진흥 시책을 통보받은 시 · 도지사는 그 관할 구역의 실정에 맞는 지역별 통상진흥 시책을 수립 · 시행하여야 하며 지역별 통상진흥 시책을 수립한 때에는 이를 산업통상자원부장관에게 알려야 한다. 이를 변경한 때에도 또한 같다.(대외무역법 제7조 6,7항)

또한 산업통상자원부장관은 대외무역법 제7조(통상진흥시책의 수립)제6항에 따른 지역별 통상진흥시책이 효과적으로 추진될 수 있도록 특별시 · 광역시 · 특별자치시 · 도 또는 특별자치도 및 무역 · 통상 관련기관 또는 단체 등이 포함되는 협의기구를 설치 · 운영할 수 있으며(대외령 제10조 1항) 협의기구의 구성 및 운영 등에

필요한 사항은 산업통상자원부장관이 정한다.(대외령 제10조 2항)

 민간협력활동의 지원

1. 민간협력 추진

산업통상자원부장관은 무역·통상 관련 기관 또는 단체가 교역상대국의 정부, 지방정부, 기관 또는 단체와 통상, 산업, 기술, 에너지 등에서 협력활동을 추진하는 경우 대통령령으로 정하는 바에 따라 필요한 지원을 할 수 있다.(대외무역법 제8조 1항)

2. 민간협력활동의 지원신청

무역·통상 관련 기관 또는 단체가 교역상대국의 정부, 지방정부, 기관 또는 단체와 통상, 산업, 기술, 에너지 등에서 협력활동을 추진하는 경우 지원을 받으려는 무역·통상 관련기관 또는 단체는 신청서에 사업 내용과 사업 성과 등이 포함된 사업계획서를 첨부하여 산업통상자원부장관에게 제출하여야 하며 산업통상자원부장관은 제출받은 사업계획서를 검토하여 통상, 산업, 기술, 에너지 등에서 협력 활동을 효율적으로 추진하기 위하여 필요하다고 인정되면 자금, 인력 및 정보 등을 지원할 수 있다.(대외령 제11조 1,2항)

한편 그 지원 기준 등에 관하여 필요한 사항은 산업통상자원부장관이 정하며 산업통상자원부장관은 동 지원과 관련하여 필요한 경우에는 관계 행정기관의 장에게 협조를 요청할 수 있다. 또한 지원을 받은 관련 단체는 해당 지원 사업이 끝난 후 3개월 이내에 산업통상자원부장관에게 사업결과보고서를 제출하여야 한다.(대외령 제11조 3~5항)

3. 무역·통상관련 정보의 수집·분석

산업통상자원부장관은 기업의 해외 진출을 지원하기 위하여 무역·통상 관련 기관 또는 단체로부터 정보를 체계적으로 수집하고 분석하여 지방자치단체와 기업에 필요한 정보를 제공할 수 있다.(대외무역법 제8조 2항)

산업통상자원부장관은 위의 규정에 따른 정보의 수집·분석 및 제공을 위하여 필요한 경우 관계 중앙행정기관의 장, 시·도지사, 무역·통상 및 기업의 해외 진출과 관련한 기관 또는 단체에 자료 및 통계의 제출을 요청할 수 있다.(대외무역법 제8조 3항)

4. 해외진출지원센터

(1) 해외진출지원센터의 설치

산업통상자원부장관은 기업의 해외 진출과 관련된 상담·안내·홍보·조사와 그 밖에 기업의 해외 진출에 대한 지원 업무를 종합적으로 수행하기 위하여 「대한무역투자진흥공사법」에 따른 대한무역투자진흥공사에 해외진출지원센터를 둔다.(대외무역법 제8조 4항) 해외진출지원센터의 구성·운영 및 감독 등에 필요한 사항은 대통령령으로 정한다.(대외무역법 제8조 5항)

(2) 해외진출지원센터의 구성

대한무역투자진흥공사의 장은 산업통상자원부장관과 협의하여 해외진출지원센터에 센터장과 대한무역투자진흥공사 소속 임직원을 중심으로 구성하는 해외진출지원 전담팀 및 아래에 규정된 파견자를 중심으로 구성하는 종합상담실을 둘 수 있다.(대외령 제12조 1항)

대한무역투자진흥공사의 장은 기업의 해외진출 지원업무를 수행하기 위하여 필요한 경우에는 관계 행정기관과 해외진출과 관련된 법인 및 단체(이하 "해외진출 유관기관"이라 한다)에 대하여 공무원 또는 해외진출 유관기관의 임직원을 해외진출지원센터에 파견 근무하도록 요청할 수 있다.(대외령 제12조 2항)

위의 규정에 따라 공무원 또는 임직원의 파견을 요청받은 관계 행정기관의 장 및 해외진출 유관기관의 장은 특별한 사유가 없는 한 업무수행에 적합한 자를 선발·파견하여야 하며, 파견기간 중 파견근무를 해제하려는 경우에는 대한무역투자진흥공사의 장과 미리 협의하여야 한다.(대외령 제12조 3항)

또한 해외진출지원센터에 파견된 공무원 또는 임직원은 그 복무에 관하여 대한무역투자진흥공사의 장의 지휘·감독을 받는다.(대외령 제12조 4항)

대한무역투자진흥공사의 장은 제2항에 따라 파견된 공무원에게는 「공무원임용령」 제37조의2제3항 또는 「지방공무원임용령」 제31조의3제3항에 따라 근무성적 평정에 관한 의견서를 작성하여 그 공무원을 파견한 관계 행정기관의 장에게 이를 송부하여야 하며, 그 의견서를 송부받은 관계 행정기관의 장은 근무성적을 평정할 때 이를 참작하여야 한다.(대외령 제12조 5항)

(3) 해외진출 지원업무 추진실적 및 추진계획의 작성과 보고

대한무역투자진흥공사의 장은 매년 1월말까지 전년도의 해외진출 지원업무 추진실적 및 해당 연도의 해외진출지원 업무추진계획을 작성하여 산업통상자원부장관에게 보고하고, 매 분기 종료 후 1개월 이내에 분기별 업무추진실적을 산업통상자원부장관에게 보고하여야 한다. 이 경우 산업통상자원부장관은 보고받은 사항 중 관계 행정기관의 협조가 필요한 사항에 대하여는 해당 행정기관의 장에게 통보하여야 한다.(대외령 제12조 6항)

(4) 해외진출지원센터의 지원 등

산업통상자원부장관은 해외진출 기업에 대한 지원업무를 효율적으로 수행하는 데에 필요한 경비를 해외진출지원센터에 지원할 수 있다.(대외령 제12조 7항)

그 밖에 해외진출지원센터의 구성·운영 및 감독 등에 필요한 사항은 대한무역투자진흥공사의 장이 산업통상자원부장관과 협의하여 정한다.(대외령 제12조 8항)

5. 무역에 관한 조약의 이행을 위한 자료제출

산업통상자원부장관은 우리나라가 체결한 무역에 관한 조약의 이행을 위하여 필요한 때에는 대통령령으로 정하는 바에 따라 관련 공공기관, 기업 및 단체 등으로부터 필요한 자료의 제출을 요구할 수 있다.(대외무역법 제9조 1항)

이에 따라 산업통상자원부장관이 자료제출을 요구하려면 제출대상 자료 및 제출기한 등을 적은 문서(전자문서를 포함한다)로 하여야 한다.(대외령 제13조2항)

위의 규정에 따라 무역에 관한 조약의 이행을 위하여 필요한 자료를 직무상 습득한 자는 자료 제공자의 동의 없이 그 습득한 자료 중 기업의 영업비밀 등 비밀유지가 필요하다고 인정되는 기업정보를 타인에게 제공 또는 누설(漏泄)하거

나 사용 목적 외의 용도로 사용하여서는 아니 된다.(대외무역법 제9조 2항)

V 무역에 관한 명령 등의 협의

무역에 관하여는 대외무역법에서 정하는 바에 따른다. 그러므로 관계 행정기관의 장은 물품 등의 수출 또는 수입을 제한하는 법령이나 훈령·고시 등(이하 "수출·수입요령"이라 한다)을 제정하거나 개정하려면 미리 산업통상자원부장관과 협의하여야 한다. 이 경우 산업통상자원부장관은 관계 행정기관의 장에게 그 수출·수입요령의 조정을 요청할 수 있다.(대외무역법 제6조 1,2항)

제2절 교역상대국에 대한 특별조치

I 특별조치 대상

우리나라의 무역은 헌법에 따라 체결·공포된 무역에 관한 조약과 일반적으로 승인된 국제법규에서 정하는 바에 따라 자유롭고 공정한 무역을 조장함을 원칙으로 한다. 동시에 정부는 대외무역법이나 다른 법률 또는 헌법에 따라 체결·공포된 무역에 관한 조약과 일반적으로 승인된 국제 법규에 무역을 제한하는 규정이 있는 경우에는 그 제한하는 목적을 달성하기 위하여 필요한 최소한의 범위에서 이를 운영하여야 한다.(대외무역법 제3조 1,2항)

따라서 이러한 규정에 따라 우리나라는 무역관리원칙을 자유롭고 공정한 무역을 조장하는 데 두고 있으며 무역에 대한 제한을 하게 되는 경우에는 그 제한은 정한 목적을 달성하기 위하여 필요한 최소한의 범위에 그치도록 규정하고 있다.

그러나 전쟁 등 비상사태가 발생하여 보통의 관리체제로는 이에 신속하게 대처하기가 어렵거나 교역상대국이 우리나라의 보편적인 무역관리 원칙에 상응하는 태도를 취하지 아니하고 우리나라의 무역에 대하여 부당한 조치를 할 때에는 그에 대응하는 특별조치를 할 수 있도록 규정하고 있다.

따라서 산업통상자원부장관은 다음 하나에 해당하는 경우에는 대통령령으로 정하는 바에 따라 물품 등의 수출과 수입을 제한하거나 금지할 수 있다.(대외무역법 제5조)

① 우리나라 또는 우리나라의 무역의 상대국(이하 "교역상대국"이라 한다)에 전쟁·사변 또는 천재지변이 있을 경우

② 교역상대국이 조약과 일반적으로 승인된 국제법규에서 정한 우리나라의 권익을 인정하지 아니할 경우

③ 교역상대국이 우리나라의 무역에 대하여 부당하거나 차별적인 부담 또는 제한을 가할 경우

④ 헌법에 의하여 체결·공포된 무역에 관한 조약과 일반적으로 승인된 국제법규에서 정한 국제평화와 안전유지 등의 의무를 이행하기 위하여 필요할 경우

⑤ 국제평화와 안전유지를 위한 국제공조에 따른 교역여건의 급변으로 교역상대국과의 무역에 관한 중대한 차질이 생기거나 생길 우려가 있는 경우

⑥ 인간의 생명·건강 및 안전, 동물과 식물의 생명 및 건강, 환경보전 또는 국내자원보호를 위하여 필요할 경우

산업통상자원부장관 또는 관계 행정기관의 장은 위의 ④(법 제5조 제4호) 및 ⑤(법 제5조 제4호의2)에 따라 수출이 제한되거나 금지된 물품등, 전략물자 또는 대외무역법 제19조 제3항에 따른 물품 등(전략물자에는 해당되지 아니하나 대량파괴무기 등의 제조·개발·사용 또는 보관 등의 용도로 전용될 가능성이 높은 물품 등)에 대한 수출허가나 상황허가를 받은 자 또는 수출허가나 상황허가를 받지 아니하고 수출하거나 수출하려고 한 자에게 다음 사항에 관한 보고 또는 자료의 제출을 명할 수 있다.(대외무역법 제48조 1항)

① 수입국

② 수입자·최종사용자 또는 그의 위임을 받은 자 및 그 소재지, 사업 분야,

주요 거래자 및 사용 목적

③ 수입자와 최종사용자 또는 그의 위임을 받은 자를 확인하기 위한 수입국의 권한 있는 기관이 발급한 납세증명서 등 관련 자료 또는 대외 공표자료

④ 그 밖에 운송 수단, 환적국(換積國), 대금 결제방법 등 산업통상자원부장관이 정하여 고시하는 사항

산업통상자원부장관 또는 관계 행정기관의 장은 이 법의 시행을 위하여 필요하다고 인정하면 그 소속 공무원에게 위에서 규정된 자의 사무소, 영업소, 공장 또는 창고 등에서 장부·서류나 그 밖의 물건을 검사하게 할 수 있다.(대외무역법 제48조 2항) 검사시 검사를 하는 공무원은 그 권한을 표시하는 증표[수출검사공무원증(대외령 별지서식)]를 지니고, 이를 관계인에게 내보여야 한다.(대외무역법 제48조 3항)

<별지 서식>

수출검사공무원증(제89조 관련)

(앞쪽)

<table>
<tr><td>수출검사공무원증

소　속 :
직　급 :
성　명 :
주민등록번호 :</td><td>사진
(2.5cm×3.5cm)</td></tr>
<tr><td colspan="2">위 사람은 「대외무역법」 제48조제2항에 따라 전략물자 등의 수출에 관한 사항을 검사·확인할 수 있는 자임을 증명합니다.

년　　월　　일

산업통상자원부장관　　(인)</td></tr>
</table>

절취선

(뒤쪽)

1. 이 증은 다른 사람에게 대여하거나 양도할 수 없습니다.
2. 이 사람은 「대외무역법」 제48조제2항에 따라 수출이 제한되거나 금지된 물품 등, 전략물자 또는 같은 법 제19조제3항에 따른 물품등에 대한 수출허가나 상황허가를 받은 자 또는 수출허가나 상황허가를 받지 아니하고 수출하거나 수출하려고 한 자의 사무소·영업소·공장 또는 창고 등에서 장부·서류나 그 밖의 물건을 검사할 권한이 있습니다.
3. 이 증을 습득하신 분은 가까운 우편함에 넣어 주시기 바랍니다.

Ⅱ 특별조치를 위한 조사 및 협의절차

산업통상자원부장관은 ②교역상대국이 조약과 일반적으로 승인된 국제법규에서 정한 우리나라의 권익을 인정하지 아니할 경우, ③교역상대국이 우리나라의 무역에 대하여 부당하거나 차별적인 부담 또는 제한을 가할 경우, ④의2 국제평화와 안전유지를 위한 국제공조에 따른 교역여건의 급변으로 교역상대국과의 무역에 관한 중대한 차질이 생기거나 생길 우려가 있는 경우, ⑤인간의 생명·건강 및 안전, 동물과 식물의 생명 및 건강, 환경보전 또는 국내 자원보호를 위하여 필요할 경우(대외무역법 제5조 제2호·제3호·제4호의2 또는 제5호)에 해당하는 사유로 교역상대국에 대하여 물품 등의 수출·수입의 제한 또는 금지에 관한 조치(이하 이 조에서 "특별조치"라 한다)를 하려면 미리 그 사실에 관하여 조사를 하여야 한다.(대외령 제6조 1항) 또한 산업통상자원부장관은 이러한 조사를 할 때에 필요하다고 인정하면 미리 해당 교역상대국과 협의를 하여야 한다.(대외령 제6조 4항)

한편 이와 같은 특별조치사유에 해당하는 사실에 대하여 이해관계가 있는 자는 산업통상자원부장관에게 특별조치를 하여 줄 것을 신청할 수 있으며, 산업통상자원부장관은 이러한 신청이 있으면 신청일부터 30일 이내에 그 사실관계에 대한 조사 여부를 결정하고 그 내용을 신청인에게 알려야 한다.(대외령 제6조 2,3항)

산업통상자원부장관은 위의 조사를 시작하면 지체 없이 그 사실을 공고하고, 조사를 시작한 날부터 1년 이내에 끝내야 한다. 또한 산업통상자원부장관은 특별조치를 하려는 경우에는 미리 관계 중앙행정기관의 장과 협의하여야 한다.(대외령 제6조 5,6항)

Ⅲ 특별조치 내용의 공고

산업통상자원부장관은 수출입의 제한 등의 특별조치를 하려는 경우에는 그 특별조치의 내용을 공고하고 그 특별조치가 신청에 따른 것일 때에는 해당 신청인에게 그 사실을 알려야 한다. 그 특별조치를 해제할 경우에도 또한 같다.(대외령 제6조 7항)

제3절 무역업자 등의 수출입 질서유지

Ⅰ 가격조작 금지

무역거래자는 외화도피의 목적으로 물품 등의 수출 또는 수입 가격을 조작(造作)하여서는 아니 된다.(대외무역법 제43조) 이는 무역거래자가 외화를 도피할 목적으로 외국의 거래상대와 공모하여 수출가격을 부당하게 낮게 하거나 수입가격을 부당하게 높게 책정하여 그 차액을 외국으로 도피하는 경우를 규제하기 위한 규정이다.

Ⅱ 무역분쟁의 신속한 해결

1. 무역분쟁의 신속한 해결의 의의

국제무역거래에서 발생할 수 있는 무역분쟁은 거래당사자간의 문제이다. 이런 무역분쟁이 당사자간에 원만하게 해결되지 않을 경우 소송에 의한 해결을 할 수 밖에 없는데, 이러한 해결은 시간이 오래 걸릴 수도 있기 때문에 양당사자간에 재정적으로 어려움을 가져올 수 있다. 따라서 실무에서는 상사중재제도를 활용하여 신속한 분쟁해결을 도모하고 있다.

대외무역법에서는 "무역거래자는 그 상호 간이나 교역상대국의 무역거래자와 물품 등의 수출·수입과 관련하여 분쟁이 발생한 경우에는 정당한 사유 없이 그 분쟁의 해결을 지연시켜서는 아니 된다."(대외무역법 제44조 1항) 고 규정하여, 무역분쟁의 신속한 해결을 의무화하고 있는데 이는 수출입의 질서유지와 수출물품의 대외성가의 유지를 통해 우리나라의 대외성가를 유지하기 위함이다.

2. 무역분쟁의 조사

산업통상자원부장관은 이러한 무역 분쟁이 발생한 경우 무역거래자에게 분쟁의 해결에 관한 의견을 진술하게 하거나 그 분쟁과 관련되는 서류의 제출을 요구할 수 있다.(대외무역법 제44조 2항) 이때 산업통상자원부장관으로부터 무역분쟁 관련 서류의 제출을 요구받은 무역거래자는 ① 무역분쟁의 당사자, ② 무역분쟁의 발생경위 및 내용, ③ 그 밖에 필요한 서류 등을 기재하여 이를 산업통상자원부장관에게 제출하여야 한다.(관리규정 제94조 1항)

산업통상자원부장관은 서류를 제출받거나 의견을 들은 후에 필요하다고 인정하면 그 분쟁에 관하여 사실 조사를 할 수 있다.(대외무역법 제44조 3항)

3. 중재계약의 체결권고

산업통상자원부장관은 무역거래자간 무역 분쟁을 신속하고 공정하게 처리하는 것이 필요하다고 인정하거나 무역분쟁 당사자의 신청을 받으면 대통령령으로 정하는 바에 따라 분쟁을 조정하거나 분쟁의 해결을 위한 중재(仲裁) 계약의 체결을 권고할 수 있다.(대외무역법 제44조 4항)

4. 무역분쟁의 통지

대한민국재외공관의 장이 교역상대국의 무역거래자 및 무역분쟁해결기관의 장으로부터 무역분쟁 사실의 신고를 받거나 업무를 수행하면서 무역분쟁 사실을 알게된 경우에는 지체 없이 그 사실을 산업통상자원부장관에게 알려야 한다. 대한무역투자진흥공사, 수출입조합, 그 밖에 수출·수입과 관련된 기관의 경우에도 또한 같다.(대외령 제75조 1항)

그리고 산업통상자원부장관은 위와 같은 무역분쟁 사실의 통지를 받은 경우 그 분쟁을 신속하게 해결하기 위하여 필요하다고 인정할 때에는 조정 또는 알선을 할 수 있다.(대외령 제75조 2항) 이와 같은 권한은 대한상사중재원에 위탁하고 있다.(대외령 제91조 9항)

Ⅲ 선적전검사관련 분쟁조정

1. 선적전검사의 의의

선적전검사제도(Preshipment Inspection System : PIS)는 농산물 및 특히 공산품의 자국수입과 관련하여 그 물품의 품질(성능・규격・재질・제작형태・상태 등), 수량, 수입거래자격의 적정성 여부 등을 수입국 정부기관 또는 중앙은행이 지정한 선적전검사기관이 선적전에 수출국 현지에서 검사하고, 그 검사결과에 따라 수입국 도착후 통관처분 및 일정한 관세를 부과하는 제도이다.

무역업자들은 무역거래를 하는 경우 복잡한 국제거래의 절차를 이용하여 거래가격을 조작함으로써 부당하게 외화를 해외로 도피하는 수단으로 악용할 수가 있다. 또한 무역업자간의 공모에 의하여 서류상의 내용과는 달리 불량한 품질의 물품을 수입국으로 이전하는 경우도 있다.

따라서 수입국정부에서는 이러한 사례를 예방하기 위하여 선적전검사전문기관과 계약을 체결하여 자국으로 수입되는 물품에 대하여 수출국에서 선적되기 전에 물품의 수량・품질, 수출가격의 적정성 등에 관하여 당해 검사기관의 검사를 받지 않으면 수입을 할 수 없도록 하는 선적전 검사제도를 운영하는 경우가 있다.

이러한 선적전 검사제도는 수입을 억제하려는 개발도상국이 주로 활용하는 경향이 있다.

또한 선적전 검사제도는 수출국의 처지에서 볼 때는 적기선적 및 대금결제지연 등 수출에 지장을 초래함으로써 무역장벽으로 인식되기 때문에 그 타당성에 관하여 많은 논란을 초래하여 왔다. 따라서 우루과이협상에서도 이 문제가 논의되어 WTO 출범과 함께 부속협정으로 선적검사에 관한 협정(Agreement on Preshipment Inspection)이 체결됨으로써 선적전 검사제도에 관한 통일된 국제규범이 마련되기에 이르렀고 우리나라에서도 1997년 3월부터 대외무역법에 근거규정을 도입함으로써 분쟁해결을 위한 제도적 장치를 마련하였다.

대외무역법상의 선적전검사 관련내용을 살펴보면 다음과 같다.

2. 선적전 검사기관

수입국 정부와의 계약 체결 또는 수입국 정부의 위임을 받아 기업이 수출하는 물품등에 대하여 국내에서 선적 전에 검사를 실시하는 기관(이하 "선적전검사기관"이라 한다)은 「세계무역기구 선적 전 검사에 관한 협정」을 지켜야 한다. 이 경우 선적전검사기관은 선적 전 검사가 기업의 수출에 대한 무역장벽으로 작용하도록 하여서는 아니 된다.(대외무역법 제45조 1항)

여기서 선적 전 검사가 무역장벽으로 간주되는 경우는 선적전검사기관이 선적 전 검사를 하면서 「세계무역기구 선적 전 검사에 관한 협정」 제2조를 위반하여 수출 이행에 장애를 초래하였을 때에 그 선적 전 검사는 무역장벽으로 작용한 것으로 본다.(대외령 제76조)

참고

▣ Agreement on Preshipment Inspection

Article 2

Obligations of User Members

Non-discrimination

1. User Members shall ensure that preshipment inspection activities are carried out in a non-discriminatory manner, and that the procedures and criteria employed in the conduct of these activities are objective and are applied on an equal basis to all exporters affected by such activities. They shall ensure uniform performance of inspection by all the inspectors of the preshipment inspection entities contracted or mandated by them.

Governmental Requirements

2. User Members shall ensure that in the course of preshipment inspection activities relating to their laws, regulations and requirements, the provisions of

paragraph 4 of Article Ⅲ of GATT1994 are respected to the extent that these are relevant.

Site of Inspection

3. User Members shall ensure that all preshipment inspection activities, including the issuance of a Clean Report of Findings or a note of non-issuance, are performed in the customs territory from which the goods are exported or, if the inspection cannot be carried out in that customs territory given the complex nature of the products involved, or if both parties agree, in the customs territory in which the goods are manufactured.

Standards

4. User Members shall ensure that quantity and quality inspections are performed in accordance with the standards defined by the seller and the buyer in the purchase agreement and that, in the absence of such standards, relevant international standards1) apply.

Transparency

5. User Members shall ensure that preshipment inspection activities are conducted in a transparent manner.
6. User Members shall ensure that, when initially contacted by exporters, preshipment inspection entities provide to the exporters a list of all the information which is necessary for the exporters to comply with inspection requirements. The preshipment inspection entities shall provide the actual information when so requested by exporters. This information shall include a reference to the laws and regulations of user Members relating to preshipment inspection activities, and shall also include the procedures and criteria used for inspection and for price and currency exchange-rate verification purposes, the exporters' rights vis-à-vis the inspection entities, and the appeals procedures set up under paragraph21. Additional procedural requirements or changes in existing procedures shall not be applied to a shipment unless the exporter concerned is informed of these changes at the time the inspection date is

arranged. However, in emergency situations of the types addressed by Articles XX and XXIof GATT1994, such additional requirements or changes may be applied to a shipment before the exporter has been informed. This assistance shall not, however, relieve exporters from their obligations in respect of compliance with the import regulations of the user Members.

7. User Members shall ensure that the information referred to in paragraph 6 is made available to exporters in a convenient manner, and that the preshipment inspection offices maintained by preshipment inspection entities serve as information points where this information is available.
8. User Members shall publish promptly all applicablel aws and regulations relating to preshipment inspection activities in such a manner as to enable other governments and traders to become acquainted with them.

Protection of Confidential Business Information

9. User Members shall ensure that preshipment inspection entities treat all information received in the course of the preshipment inspection as business confidential to the extent that such information is not already published, generally available to third parties, or otherwise in the public domain. User Members shall ensure that preshipment inspection entities maintain procedures to this end.
10. User Members shall provide information to Members on request on the measures they are taking to give effect to paragraph The provisions of this paragraph shall not require any Member to disclose confidential information the disclosure of which would jeopardize the effectiveness of the preshipment inspection programmes or would prejudice the legitimate commercial interest of particular enterprises, public or private.
11. User Members shall ensure that preshipment inspection entities do not divulge confidential business information to any third party, except that preshipment inspection entities may share this information with the government entities that have contracted or mandated them. User Members shall ensure that confidential business information which they receive from preshipment inspection entities contracted or mandated by them is adequately safeguarded. Preshipment inspection entities shall share confidential business information

with the governments contracting or mandating them only to the extent that such information is customarily required for letters of credit or other forms of payment or for customs, import licensing or exchange control purposes.

12. User Members shall ensure that preshipment inspection entities do not request exporters to provide information regarding :
    (a) manufacturing data related to patented, licensed or undisclosed processes, or to processes for which a patent is pending;
    (b) unpublished technical data other than data necessary to demonstrate compliance with technical regulations or standards;
    (c) internal pricing, including manufacturing costs;
    (d) profit levels;
    (e) the terms of contracts between exporters and their suppliers unless it is not otherwise possible for the entity to conduct the inspection in question. In such cases, the entity shall only request the information necessary for this purpose.
13. The information referred to in paragraphwhich preshipment inspection entities shall not otherwise request, may be released voluntarily by the exporter to illustrate a specific case.

Conflicts of Interest

14. User Members shall ensure that preshipment inspection entities, bearing in mind also the provisions on protection of confidential business information in paragraphs9 through 13, maintain procedures to avoid conflicts of interest :
    (a) between preshipment inspection entities and any related entities of the preshipment inspection entities in question, including any entities in which the latter have a financial or commercial interest or any entities which have a financial interest in the preshipment inspection entities in question, and whose shipments the preshipment inspection entities are to inspect;
    (b) between preshipment inspection entities and any other entities, including other entities subject to preshipment inspection, with the exception of the government entities contracting or mandating the inspections;
    (c) with divisions of preshipment inspection entities engaged in activities other than those required to carry out the inspection process.

Delays

15. User Members shall ensure that preshipment inspection entities avoid unreasonable delays in inspection of shipments. User Members shall ensurethat, once a preshipment inspection entity and an exporter agree on an inspection date, the preshipment inspection entity conducts the inspection on that date unless it is rescheduled on a mutually agreed basis between the exporter and the preshipment inspection entity, or the preshipment inspection entity is prevented from doing so by the exporter or by *force majeure2)*.
16. User Members shall ensure that, following receipt of the final documents and completion of the inspection, preshipment inspection entities, within five working days, either issue a Clean Report of Findings or provide a detailed written explanation specifying the reasons for non-issuance. User Members shall ensure that, in the latter case, preshipment inspection entities give exporters the opportunity to present their views in writing and, if exporters so request, arrange for re-inspection at the earliest mutually convenient date.
17. User Members shall ensure that, whenever so requested by the exporters, preshipment inspection entities undertake, prior to the date of physical inspection, a preliminary verification of price and, where applicable, of currency exchange rate, on the basis of the contract between exporter and importer, the *pro* invoice and, where applicable, the application for import authorization. User Members shall ensure that a price or currency exchange rate that has been accepted by a preshipment inspection entity on the basis of such preliminary verification is not withdrawn, providing the goods conform to the import documentation and/or import licence. They shall ensure that, after a preliminary verification has taken place, preshipment inspection entities immediately inform exporters in writing either of their acceptance or of their detailed reasons for non-acceptance of the price and/or currency exchange rate.
18. User Members shall ensure that, in order to avoid delays in payment, preshipment inspection entities send to exporters or to designated representatives of the exporters a Clean Report of Findings as expeditiously as possible.
19. User Members shall ensure that, in the event of a clerical error in the Clean Report of Findings, preshipment inspection entities correct the error and

forward the corrected information to the appropriate parties as expeditiously as possible.

Price Verification

20. User Members shall ensure that, in order to prevent over- and under-invoicing and fraud, preshipment inspection entities conduct price verification3) according to the following guidelines :

(a) preshipment inspection entities shall only reject a contract price agreed between an exporter and an importer if they can demonstrate that their findings of an unsatisfactory price are based on a verification process which is in conformity with the criteria set out in subparagraphs(b) through (e);

(b) the preshipment inspection entity shall base its price comparison for the verification of the export price on the price(s) of identical or similar goods offered for export from the same country of exportation at or about the same time, under competitive and comparable conditions of sale, in conformity with customary commercial practices and net of any applicable standard discounts. Such comparison shall be based on the following :

(i) only prices providing a valid basis of comparison shall be used, taking into account the relevant economic factors pertaining to the country of importation and a country or countries used for price comparison;

(ii) the preshipment inspection entity shall not rely upon the price of goods offered for export to different countries of importation to arbitrarily impose the lowest price upon the shipment;

(iii) the preshipment inspection entity shall take into account the specific elements listed in subparagraph

(iv) at any stage in the process described above, the preshipment inspection entity shall provide the exporter with an opportunity to explain the price;

(c) when conducting price verification, preshipment inspection entities shall make appropriate allowances for the terms of the sales contract and generally applicable adjusting factors pertaining to the transaction; these factors shall include but not be limited to the commercial level and quantity of the sale, delivery periods and conditions, price escalation clauses, quality specifications, special design features, special shipping or packing specifications, order size, spot sales, seasonal influences, licence or other intellectual property fees, and services rendered as part of the contract if these are not customarily invoiced separately; they shall also include certain elements relating to the exporter's price, such as the contractual relationship between the exporter and importer;

(d) the verification of transportation charges shall relate only to the agreed price of the mode of transport in the country of exportation as indicated in the sales contract;

(e) the following shall not be used for price verification purposes :

(i) the selling price in the country of importation of goods produced in such country;

(ii) the price of goods for export from a country other than the country of exportation;

(iii) the cost of production;

(iv) arbitrary or fictitious prices or values.

Appeals Procedures

21. User Members shall ensure that preshipment inspection entities establish procedures to receive, consider and render decisions concerning grievances raised by exporters, and that information concerning such procedures is made available to exporters in accordance with the provisions of paragraph 6 sand 7. User Members shall ensure that the procedures are developed and maintained in accordance with the following guidelines :

(a) preshipment inspection entities shall designate one or more officials who shall be available during normal business hours in each city or port in which they maintain a preshipment inspection administrative office to receive, consider and render decisions on exporters' appeals or grievances;

(b) exporters shall provide in writing to the designated official(s) the facts concerning the specific transaction in question, the nature of the grievance and a suggested solution;

(c) the designated official(s) shall afford sympathetic consideration to exporters' grievances and shall render a decision as soon as possible after receipt of the documentation referred to in subparagraph (b).

Derogation

22. By derogation to the provisions of Article2, user Members shall provide that, with the exception of part shipments, shipments whose value is less than a minimum value applicable to such shipments as defined by the user Member shall not be inspected, except in exceptional circumstances. This minimum value shall form part of the information furnished to exporters under the provisions of paragraph 6.
    (a) An international standard is a standard adopted by a governmental or non-governmental body whose membership is open to all Members, one of whose recognized activities is in the field of standardization.
    (b) It is understood that, for the purposes of this Agreement, "force majeure" shall mean "irresistible compulsion or coercion, unforeseeable course of events excusing from fulfilment of contract".
23. The obligations of user Members with respect to the services of preshipment inspection entities in connection with customs valuation shall be the obligations which they have accepted in GATT and the other Multilateral Trade Agreements included in Annexof the WTO Agreement.

3. 분쟁중재기관

산업통상자원부장관은 선적 전 검사와 관련하여 수출자와 선적전검사기관 간에 분쟁이 발생하였을 경우에는 그 해결을 위하여 필요한 조정(調整)을 할 수 있으며 분쟁에 관한 중재(仲裁)를 담당할 수 있도록 대통령령으로 정하는 바에 따라 독립적인 중재기관을 설치할 수 있다.(대외무역법 제45조 2,3항)

여기서 대통령령이 정하는 독립적인 중재기관은 중재법 제40조의 규정에 의하여 산업통상자원부장관이 지정하는 사단법인, 즉 "대한상사중재원"이며 그 중재에 대하여는 「중재법」의 규정을 적용한다.(대외령 제85조 1,2항)

4. 분쟁조정절차

(1) 분쟁조정신청

무역거래 또는 선적 전 검사와 관련한 분쟁이 발생한 경우 당사자의 일방 또는 쌍방은 대외무역법 제44조(무역거래자간 무역분쟁의 신속한 해결) 제4항이나 법 제45조(선적 전 검사와 관련한 분쟁 조정 등) 제2항에 따라 산업통상자원부장관에게 분쟁의 조정을 신청할 수 있으며 신청절차 등 신청에 필요한 사항은 산업통상자원부장관이 따로 정하여 고시한다. 산업통상자원부장관은 조정을 위하여 관계 전문가에게 자문하거나 이해관계자 등의 의견을 들을 수 있다.(대외령 제80조 1,2,3항)

(2) 신청접수 및 통지

분쟁조정을 신청하려는 자(이하 "신청인"이라 한다)는 조정비용의 예납과 함께 다음 사항을 기재한 조정신청서 5부를 대한상사중재원장에게 제출하여야 한다.(관리규정 제98조 1항)

① 당사자의 성명 및 주소(다만, 법인인 경우는 법인의 명칭 및 주소와 그 대표자의 성명 및 주소를 병기)

② 조정을 구하는 취지 및 이유

③ 그 밖에 분쟁조정을 위한 참고자료

중재원장은 조정의 신청을 접수한 경우에는 이를 당사자에게 서면으로 알린다. 접수된 사항의 추가 또는 변경하려는 경우에도 또한 같다. 다만, 경미한 사항은 그러하지 아니하다.(관리규정 제98조 2항)

(3) 답변

조정신청통지를 받은 조정의 피신청인(이하 "피신청인"이라 한다)은 3일 이내에 대한상사중재원에 서면으로 이에 대한 의견을 제출할 수 있다.(관리규정 제99조)

(4) 반대신청

피신청인은 조정신청 통지를 받은 날부터 3일 이내에 반대신청을 할 수 있다.

다만, 반대신청이 정상적인 조정절차를 방해한다고 인정되는 경우 대한상사중재원장은 직권으로 이를 허가하지 아니할 수 있다.(관리규정 제100조 1항)

피신청인의 반대신청은 신청인의 조정신청과 병합하여 심리한다.(관리규정 제100조 2항) 반대신청의 경우에도 처음의 조정신청의 접수 및 통지, 답변절차를 준용한다.(관리규정 제100조 3항)

(5) 조정안 작성

산업통상자원부장관은 조정신청을 받은 때에는 30일 이내에 조정안을 작성하여 당사자에게 제시하여야 한다. 그리고 조정안에는 다음 사항이 포함되어야 한다.(대외령 제81조 1,2항)

① 조정 사건의 표시

② 조정의 일시 및 장소

③ 당사자의 성명 또는 명칭

④ 조정안의 주요 내용

(6) 조정안의 통지

산업통상자원부장관은 조정안이 작성된 경우에는 당사자에게 알려야 하며 조정안을 통지받은 분쟁 당사자는 7일 이내에 조정안에 대한 수락 여부를 서면으로 산업통상자원부장관에게 알려야 한다.(대외령 제82조 1,2항)

(7) 조정의 종료

산업통상자원부장관은 다음 어느 하나에 해당하는 경우에는 해당 조정 사건을 끝낼 수 있으며 조정이 끝난 경우에는 당사자에게 알려야 한다.(대외령 제83조 1,2항)

① 당사자 간에 합의가 이루어지거나 조정안이 수락된 경우

② 조정신청인이나 당사자가 조정신청을 철회한 경우

③ 당사자가 조정안을 거부한 경우

④ 당사자 간에 합의가 성립될 가능성이 없다고 인정되는 경우나 그 밖에 조정할 필요가 없다고 판단되는 경우

(8) 조정비용

산업통상자원부장관은 이러한 조정과 관련하여 당사자에게 조정비용을 부담하도록 할 수 있다.(대외령 제84조 1항)

조정비용은 신청요금, 경비 및 수당으로 구분하며, 조정비용의 금액, 예납절차(예납절차) 등에 관하여 필요한 사항은 산업통상자원부장관이 정하여 고시한다.(대외령 제84조 2항)

조정비용기준은 다음(관리규정 별표 12)과 같다.(관리규정 제101조 1항)

구 분	수 수 료
조정사건당	50,000원
조정위원 수당	100,000원
조정안 작성수당	50,000원

당사자의 신청에 의한 경우 조정위원 및 간사의 소요경비, 증인 또는 감정인의 소요경비, 검사 또는 조사경비, 통역 또는 번역경비 등 조정에 소요되는 일체의 경비는 해당 당사자가 부담한다. 다만 그 경비가 대한상사중재원장의 요청에 의한 것일 경우에는 당사자간에 따로 정함이 없는 경우 신청인이 부담한다.(관리규정 제101조 2항)

(9) 조정비용의 예납

조정신청을 하려는 신청인은 조정비용을 중재원에 예납하여야 하며 예납액이 부족한 경우 대한상사중재원장은 신청인에게 추가예납을 요청할 수 있다.(관리규정 제102조 1,2항)

당사자가 조정비용의 예납요청을 받은 날부터 3일 이내에 이를 이행하지 않는 때에는 대한상사중재원장은 조정절차를 정지하거나 끝낼 수 있다. 다만, 일방의 당사자가 다른 당사자가 지급하여야 할 조정비용을 지급한 경우에는 그러하지 아니하다.(관리규정 제102조 3항)

대한상사중재원장은 조정이 끝난 때에는 예납된 조정비용을 정산하고 잔액이 있는 경우는 이를 당사자에게 반환하여야 한다.(관리규정 제102조 4항)

(10) WTO협정상의 분쟁 해결절차와의 관계

이상과 같은 선적 전 검사와 관련한 분쟁의 해결절차는 세계무역기구협정상의 분쟁 해결절차를 방해하지 아니한다.(대외령 제86조)

제4절 수출입 질서유지를 위한 조정

조정명령

1. 조정명령의 사유

산업통상자원부장관은 다음 어느 하나에 해당하는 경우에는 무역거래자에게 수출하는 물품 등의 가격, 수량, 품질, 그 밖에 거래조건 또는 그 대상지역 등에 관하여 필요한 조정(調整)을 명할 수 있다.(대외무역법 제46조 1항)

① 헌법에 따라 체결·공포된 조약과 일반적으로 승인된 국제법규에 따른 의무 이행을 위하여 필요한 경우

② 우리나라 또는 교역상대국의 관련 법령에 위반되는 경우

③ 그 밖에 물품 등의 수출의 공정한 경쟁을 교란할 우려가 있거나 대외 신용을 손상하는 행위를 방지하기 위한 것으로서 다음 어느 하나에 해당하는 경우

㉠ 물품 등의 수출과 관련하여 부당하게 다른 무역거래자를 제외하는 경우

㉡ 물품 등의 수출과 관련하여 부당하게 다른 무역거래자의 상대방에 대하여 다른 무역거래자와 거래하지 아니하도록 유인하거나 강제하는 경우

㉢ 물품 등의 수출과 관련하여 부당하게 다른 무역거래자의 해외에서의 사업활동을 방해하는 경우

산업통상자원부장관은 위의 규정에 따라 조정을 명하는 경우에는 다음 사항을 고려하여야 한다.(대외무역법 제46조 2항)

① 수출기반의 안정, 새로운 상품의 개발 또는 새로운 해외시장의 개척에 기여할 것

② 다른 무역거래자의 권익을 부당하게 침해하거나 차별하지 아니할 것

③ 물품 등의 수출·수입의 질서 유지를 위한 목적에 필요한 정도를 넘지 아니할 것

조정을 명하는 절차 등에 필요한 사항은 대통령령으로 정한다.(대외무역법 제46조 3항)

산업통상자원부장관은 조정을 명하는 경우에 필요하다고 인정하면 대외무역법 제11조(수출입의 제한 등) 제2항에 따른 승인을 하지 아니하거나 관계 기관의 장에게 승인에 관련된 절차를 중지하게 할 수 있다.(대외무역법 제46조 4항)

2. 조정명령의 기준

산업통상자원부장관은 필요하다고 인정하면 법 제46조 제1항(조정명령의 사유) 제3호에 따른 조정을 명할 수 있는 경우에 대한 기준을 정하여 고시할 수 있다. 이 경우 산업통상자원부장관은 미리 해당 품목을 관장하는 관계 중앙행정기관의 장의 의견을 들어야 한다.(대외령 제87조).

위에서 "대외무역법 제46조 제1항(조정명령의 사유) 제3호(그 밖에 물품 등의 수출의 공정한 경쟁을 교란할 우려가 있거나 대외 신용을 손상하는 행위를 방지하기 위한 것으로서 다음 어느 하나에 해당하는 경우)에 따른 조정을 명할 수 있는 경우에 대한 기준"이란 다음의 경우를 말한다.(관리규정 제103조)

① "부당하게 다른 무역거래자를 제외하는 경우"란 물품 등을 수출할 때에 정당한 이유 없이 그 수출에 소요되는 비용보다 낮은 가격으로 수출함으로써 다른 무역거래자를 제외시킬 우려가 있는 경우를 말한다.

② "부당하게 다른 무역거래자의 상대방에 대해 다른 무역거래자와 거래하지 않도록 유인하거나 강제하는 경우"란 정상적인 거래관행에 비추어 부당한 이익을 제공 또는 제공할 제의를 하여 다른 무역거래자의 상대방을 자기

와 거래하도록 유인하는 행위를 말한다.

③ “부당하게 다른 무역거래자의 해외에서의 사업활동을 방해하는 경우”란 다음의 경우를 말한다.

㉠ 기술, 영업정보의 부당사용 : 다른 무역거래자의 기술 또는 영업정보를 부당하게 이용하여 다른 무역거래자의 해외에서의 사업활동을 곤란하게 할 정도로 방해하는 행위

㉡ 인력의 부당유인·채용 : 다른 무역거래자의 인력을 부당하게 유인·채용하여 다른 무역거래자의 해외에서의 사업활동을 곤란하게 할 정도로 방해하는 행위

3. 조정명령을 위한 자문과 청문

산업통상자원부장관은 조정을 명하기 위하여 관계 전문가에게 자문하거나 이해관계자 등의 의견을 들을 수 있다.(대외령 제88조 1항)

또한 산업통상자원부장관 또는 관계 행정기관의 장은 조정명령 처분을 하려면 청문을 하여야 한다.(대외무역법 제47조 2호)

4. 「독점규제 및 공정거래에 관한 법률」과의 관계

산업통상자원부장관의 조정명령의 이행에 대하여는 「독점규제 및 공정거래에 관한 법률」을 적용하지 아니하며, 조정명령이 「독점규제 및 공정거래에 관한 법률」 제2조제1호에 따른 사업자 간의 국내 시장에서의 경쟁을 제한하는 것이면 공정거래위원회와 미리 협의하여야 한다.(대외무역법 제50조 1,2항)

제12장 행 정 벌

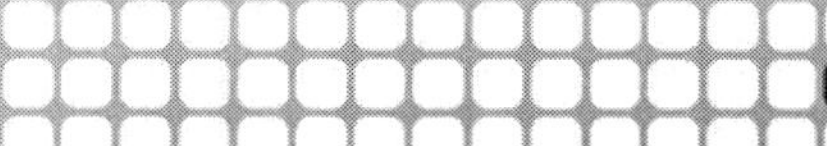

제 1 절 행정벌의 개념과 내용

I 행정벌의 개념

행정벌(Velwatungsstrafe)은 행정법상의 의무위반(행정법상의 명령·금지 위반)에 대하여 일반통치권에 의한 제재로서 일정한 벌을 과하는 것을 말한다.

이러한 행정벌은 항상 법률에 근거하여 과하며 법률에 의하여 개별적, 구체적으로 벌칙정립권을 위임하는 경우 외에는 일반적인 위임은 허용되지 않는다. 행정벌에는 형법에 근거하는 형벌인 징역·금고·자격정지·벌금·몰수 등을 과하는 행정형벌과 과태료처분의 제재를 과하는 행정질서벌로 구분할 수 있다. 이 경우 행정형벌의 과형(科刑)은 원칙적으로 형법총칙이 적용되고 법원에서의 형사소송절차에 의하여 한다. 그리고 행정질서벌인 과태료는 형벌이 아니므로 형사소송법의 적용대상이 아니며, 행정법규 위반행위가 직접적으로 행정목적을 침해하는 것은 아니고 다만, 행정목적달성에 장해가 되는 정도의 비행인 경우에 과하는 것이며 그 과형의 절차는 특정법률에서 특별히 규정하지 않는 한 비송사건절차법(非訟事件節次法)[48]의 규정에 의한다.

따라서 대외무역법 등 무역관리법규에서는 무역행위에 대하여 적용되는 행정행위의 이행을 강제하기 위하여 사항에 따라 행정벌로서 일정한 벌칙을 규정하고 있다.

이와 같이 무역관리법규에서 규정된 행정벌로서는 행정질서법이라고 할 수 있는 과태료 부과가 있고 행정형벌로서 징역 등의 자유형, 벌금·몰수와 같은 재산형이 있다.

행정법규는 행정목적의 실현을 위하여 국민에게 각종의 의무를 과하는 동시에

---

48) 비송사건절차법은 法人, 信託, 保存, 供託, 鑑定(이상 民事), 會社, 競賣, 社債, 商業登記(이상 商事) 등의 사건에 관한 절차를 규정한 법률로서 소송의 대상이 되는 私人間의 분쟁사건과 달리 소송에 의하지 아니하고 집행되어야 할 사건의 법적 절차를 규정하고 있다.

국민이 그 의무를 위반하는 때에 제재를 과할 것을 규정함으로써 행정법규의 실효성의 확보를 기하고 있다. 이와 같은 취지에서 대외무역법은 여러 가지 행정벌을 규정하고 있다.

행정벌은 일정한 의무위반에 대한 제재로 과하여지는 벌이라는 점에서 다른 종류의 벌과 다름이 없다. 그러나 처벌의 목적·절차 및 권한 등이 다른 분야의 벌과 다르며, 또 그 성질상 징계벌·집행벌 및 형사벌과 구별된다.

Ⅱ 행정벌의 내용

1. 행정질서벌

(1) 과태료

1) 2,000만원 이하

다음 어느 하나에 해당하는 자에게는 2,000만원 이하의 과태료를 부과한다. (대외무역법 제59조 1항)

① 무역거래자간 무역분쟁의 신속한 해결을 위해 무역분쟁에 관련된 서류제출요구를 받고, 그 서류를 제출하지 아니한 자(대외무역법 제44조 2항 관련)

② 무역거래자간 무역분쟁의 신속한 해결을 위한 무역분쟁에 관한 사실조사를 거부, 방해 또는 기피한 자(대외무역법 제44조 3항 관련)

③ 대외무역법 제48조제1항[산업통상자원부장관 또는 관계행정기관의 장은 제5조제4호의 규정(헌법에 따라 체결·공포된 무역에 관한 조약과 일반적으로 승인된 국제법규에서 정한 국제평화와 안전유지 등의 의무를 이행하기 위하여 필요할 경우)에 의하여 수출이 제한되거나 금지된 물품 등이나 제19조 제3항(전략물자 등의 상황허가)에 따른 물품 등에 대한 수출허가나 상황허가를 받은 자 또는 수출허가나 상황허가를 받지 아니하고 수출하거나 수출하려고 한 자에게 보고 또는 자료의 제출을 명할 수 있다]에 따른 보고 또는 자료의 제출을 하지 아니하거나 거짓으로 보고 또는 자료를 제출한 자

④ 대외무역법 제48조제2항(산업통상자원부장관 또는 관계 행정기관의 장은

이 법의 시행을 위하여 필요하다고 인정하면 그 소속 공무원에게 제1항에 규정된 자의 사무소, 영업소, 공장 또는 창고 등에서 장부·서류나 그 밖의 물건을 검사하게 할 수 있다.)에 따른 검사를 거부, 방해 또는 기피한 자

2) 1,000만원 이하

다음 어느 하나에 해당하는 자에게는 1,000만원 이하의 과태료를 부과한다. (대외무역법 제59조 2항)

① 대외무역법 제24조의2(서류의 보관)[49]에 따른 서류 보관의무를 위반한 자

② 대외무역법 제33조 제5항[50](산업통상자원부장관 또는 시·도지사는 제33조 제1항부터 제4항까지의 규정을 위반하였는지 확인하기 위하여 필요하다고 인정하면 수입한 물품등과 대통령령으로 정하는 관련 서류를 검사할 수 있다.)에 따른 검사를 거부, 방해 또는 기피한 자

---

49) 제24조의2(서류의 보관) 무역거래자는 다음 각 호의 서류를 5년간 보관하여야 한다.
1. 제20조 제2항에 따라 판정을 신청한 경우에는 그 판정에 관한 서류
2. 전략물자등을 수출·경유·환적·중개한 자의 경우 그 수출허가, 상황허가, 제23조 제3항에 따른 경유 또는 환적 허가, 제24조에 따른 중개허가에 관한 서류
3. 그 밖에 산업통상자원부장관이나 관계 행정기관의 장이 정하여 고시하는 서류

50) 제33조(수출입 물품등의 원산지의 표시) ① 산업통상자원부장관이 공정한 거래 질서의 확립과 생산자 및 소비자 보호를 위하여 원산지를 표시하여야 하는 대상으로 공고한 물품등(이하 "원산지표시대상물품"이라 한다)을 수출하거나 수입하려는 자는 그 물품등에 대하여 원산지를 표시하여야 한다.
② 수입된 원산지표시대상물품에 대하여 대통령령으로 정하는 단순한 가공활동을 거침으로써 해당 물품등의 원산지 표시를 손상하거나 변형한 자(무역거래자 또는 물품등의 판매업자에 대하여 제4항이 적용되는 경우는 제외한다)는 그 단순 가공한 물품등에 당초의 원산지를 표시하여야 한다. 이 경우 다른 법령에서 단순한 가공활동을 거친 수입 물품등에 대하여 다른 기준을 규정하고 있으면 그 기준에 따른다.
③ 제1항 및 제2항 전단에 따른 원산지의 표시방법·확인, 그 밖에 표시에 필요한 사항은 대통령령으로 정한다.
④ 무역거래자 또는 물품등의 판매업자는 다음 각 호의 어느 하나에 해당하는 행위를 하여서는 아니 된다. 다만, 제3호의 경우에는 무역거래자의 경우만 해당된다.
1. 원산지를 거짓으로 표시하거나 원산지를 오인(誤認)하게 하는 표시를 하는 행위
2. 원산지의 표시를 손상하거나 변경하는 행위
3. 원산지표시대상물품에 대하여 원산지 표시를 하지 아니하는 행위
4. 제1호부터 제3까지의 규정에 위반되는 원산지표시대상물품을 국내에서 거래하는 행위
⑤ 산업통상자원부장관 또는 시·도지사는 제1항부터 제4항까지의 규정을 위반하였는지 확인하기 위하여 필요하다고 인정하면 수입한 물품등과 대통령령으로 정하는 관련 서류를 검사할 수 있다.

③ 대외무역법 제49조(산업통상자원부장관 또는 관계 행정기관의 장은 전략물자 등과 관련하여 수출허가 또는 상황허가를 받지 아니하고 수출한 자, 경유 또는 환적 허가(대외무역법 제23조 3항) 및 중개허가(대외무역법 제24조)를 받지 아니하고 경유·환적·중개한 자, 거짓이나 그 밖의 부정한 방법으로 경유 또는 환적허가(대외무역법 제23조 3항) 및 중개허가(대외무역법 제24조)를 받은 자에게 대통령령으로 정하는 바에 따라 교육명령을 부과할 수 있다.)에 따른 교육명령을 이행하지 아니한 자

3) 과태료부과

과태료는 대통령령으로 정하는 바에 따라 산업통상자원부장관이나 시·도지사 또는 관계 행정기관의 장이 부과·징수한다.(대외무역법 제59조 3항)

<별표 4>

과태료의 부과기준(대외무역법시행령 제94조 관련)

1. 일반기준

가. 위반행위의 횟수에 따른 과태료의 부과기준은 최근 5년간 같은 위반행위로 과태료를 부과받은 경우에 적용한다. 이 경우 위반행위에 대하여 과태료 부과처분을 한 날과 다시 동일한 위반행위를 적발한 날을 각각 기준으로 하여 위반횟수를 계산한다.

나. 제2호 가목에 대한 과태료의 금액은 부과권자가 위반행위의 동기·내용 및 그 결과 등을 고려하여 과태료 금액의 2분의 1의 범위에서 감경할 수 있다.

다. 제2호 나목 및 다목에 대한 과태료의 금액은 1천만원을 넘지 못한다.

2. 개별기준

(단위 : 만원)

위반행위	과태료 금액기준		
	1차	2차	3차
가. 법 제20조 제3항에 따른 서류 보관의무를 위반한 경우	50	250	1,000
나. <삭제> <2014.1.28>			1,000
다. 법 제33조 제5항에 따른 검사를 거부, 방해 또는 기피한 경우. 다만, 농산물 및 농산물가공품의 경우에는 「농산물품질관리법 시행령」, 수산물 및 수산가공품의 경우에는「수산물품질관리법 시행령」에서 정한 과태료를 적용한다.	해당 물품의 판매장소 및 양도장소에서 원산지 표시를 하지 아니하고 유통시킨 물량(판매를 위한 창고 저장 물량과 이미 판매된 물량 중 확인 가능한 물량을 포함한다)에 현지의 실제거래가격을 곱한 금액이나 10만원 중 많은 금액	해당 물품의 판매장소 및 양도장소에서 원산지 표시를 하지 아니하고 유통시킨 물량(판매를 위한 창고 저장 물량과 이미 판매된 물량 중 확인 가능한 물량을 포함한다)에 현지의 실제거래가격을 곱한 금액이나 100만원 중 많은 금액	1,000
라. 법 제44조 제2항을 위반하여 관련되는 서류를 제출하지 아니한 경우	50	500	2,000
마. 법 제44조 제3항에 따른	30	300	1,500

사실 조사를 거부, 방해 또는 기피한 경우			
바. 법 제48조 제1항에 따른 보고 등을 하지 아니한 경우	50	250	1,000
사. 법 제48조 제2항에 따른 검사를 거부, 방해 또는 기피한 경우	50	500	1,500
아. 법 제49조에 따른 교육명령을 이행하지 아니한 경우	50	250	1,000

2. 행정형벌

(1) 7년 이하의 징역 또는 물품가격의 5배 이하의 벌금에 처하는 경우

전략물자등의 국제적 확산을 꾀할 목적으로 다음 어느 하나에 해당하는 위반행위를 한 자는 7년 이하의 징역 또는 수출・경유・환적・중개하는 물품 등의 가격의 5배에 해당하는 금액 이하의 벌금에 처한다.(대외무역법 제53조 1항)

① 전략물자 수출허가를 받지 아니하고 전략물자를 수출한 자(대외무역법 제19조 2항 관련)

② 전략물자 등의 상황허가를 받지 아니하고 상황허가 대상인 물품 등을 수출한 자(대외무역법 제19조 3항 관련)

③ 경유 또는 환적 허가를 받지 아니하고 전략물자등을 경유 또는 환적한 자(대외무역법 제23조 3항 관련)

④ 전략물자의 중개허가를 받지 아니하고 전략물자를 중개한 자(대외무역법 제24조 관련)

(2) 5년 이하의 징역 또는 물품가격의 3배 이하의 벌금에 처하는 경우

다음 어느 하나에 해당하는 자는 5년 이하의 징역 또는 수출・수입・경유・환적・중개하는 물품 등의 가격의 3배에 해당하는 금액 이하의 벌금에 처한다.(대외무역법 제53조 2항)

① 대외무역법 제5조(무역에 관한 제한 등 특별 조치)에 따른 수출 또는 수입의 제한이나 금지조치를 위반한 자

② 전략물자 수출허가를 받지 아니하고 전략물자를 수출한 자(대외무역법 제19조 2항 관련)

③ 거짓이나 그 밖의 부정한 방법으로 전략물자 수출허가를 받은 자(대외무역법 제19조 2항 관련)

④ 전략물자 등의 상황허가를 받지 아니하고 상황허가 대상인 물품 등을 수출한 자(대외무역법 제19조 3항 관련)

⑤ 거짓이나 그 밖의 부정한 방법으로 전략물자 등의 상황허가를 받은 자(대외무역법 제19조 3항 관련)

⑥ 경유 또는 환적 허가를 받지 아니하고 전략물자등을 경유 또는 환적한 자(대외무역법 제23조 3항 관련)

⑦ 거짓이나 그 밖의 부정한 방법으로 전략물자등을 경유 또는 환적 허가를 받은 자(대외무역법 제23조 3항 관련)

⑧ 전략물자의 중개허가를 받지 아니하고 전략물자를 중개한 자(대외무역법 제24조 관련)

⑨ 거짓이나 그 밖의 부정한 방법으로 전략물자의 중개허가를 받은 자(대외무역법 제24조 관련)

⑩ 대외무역법 제43조(수출입 물품등의 가격 조작 금지)를 위반하여 물품등의 수출과 수입의 가격을 조작한 자

⑪ 대외무역법 제46조 제1항(수출물품등의 가격, 수량, 품질, 그 밖에 거래 조건 또는 그 대상지역 등에 관한 조정명령)에 따른 조정명령을 위반한 자

(3) 5년 이하의 징역 또는 1억원 이하의 벌금에 처하는 경우

다음 어느 하나에 해당하는 자는 5년 이하의 징역 또는 1억원 이하의 벌금에 처한다. 이 경우 징역과 벌금은 병과(倂科)할 수 있다.(대외무역법 제53조의2)

① 대외무역법 제23조 제1항(전략물자등이 허가를 받지 아니하고 수출되거나 불법수출을 막기 위한 이동중지명령)에 따른 이동중지명령을 위반한 자

② 대외무역법 제33조 제4항 제1호(원산지를 거짓으로 표시하거나 원산지를 오인(誤認)하게 하는 표시를 하는 행위) 또는 제2호(원산지의 표시를 손상하거나 변경하는 행위)를 위반한 무역거래자 또는 물품 등의 판매업자

③ 대외무역법 제33조 제4항 제3호(원산지표시대상물품에 대하여 원산지 표시를 하지 아니하는 행위)를 위반하여 원산지표시대상물품에 대하여 원산지 표시를 하지 아니한 무역거래자

④ 대외무역법 제33조의2 제1항[51])에 따른 시정조치 명령을 위반한 자

⑤ 대외무역법 제38조(외국산 물품등을 국산 물품등으로 가장하는 행위의 금지)[52])에 따른 외국산 물품등의 국산 물품등으로의 가장 금지 의무를 위반한 자

(4) 3년 이하의 징역 또는 3천만원 이하의 벌금에 처하는 경우

다음 어느 하나에 해당하는 자는 3년 이하의 징역 또는 3천만원 이하의 벌금에 처한다.(대외무역법 第54조)

① 대외무역법 제9조 제2항(무역에 관한 조약의 이행을 위하여 필요한 자료를 직무상 습득한 자는 자료 제공자의 동의 없이 그 습득한 자료 중 기업의 영업비밀 등 비밀유지가 필요하다고 인정되는 기업정보를 타인에게 제공 또는 누설(漏泄)하거나 사용 목적 외의 용도로 사용하여서는 아니 된다.)을 위반하여 직무상 습득한 기업정보를 타인에게 제공 또는 누설하거나 사용 목적 외의 용도로 사용한 자

② 대외무역법 제11조 제2항 또는 제5항에 따른 승인 또는 변경승인을 받지 아니하고 수출 또는 수입 승인 대상 물품 등을 수출하거나 수입한 자

③ 거짓이나 그 밖의 부정한 방법으로 대외무역법 제11조 제2항 또는 제5항에 따른 수출입승인 또는 변경승인을 받거나 그 승인 또는 변경승인을 면제받고 물품 등을 수출하거나 수입한 자

---

51) 第33조의2(원산지의 표시 위반에 대한 시정명령 등) ① 산업통상자원부장관 또는 시·도지사는 제33조 제2항부터 제4항까지의 규정을 위반한 자에게 판매중지, 원상복구, 원산지 표시 등 대통령령으로 정하는 시정조치를 명할 수 있다.

52) 第38조(외국산 물품등을 국산 물품등으로 가장하는 행위의 금지) 누구든지 원산지증명서를 위조 또는 변조하거나 거짓된 내용으로 원산지증명서를 발급받거나 물품등에 원산지를 거짓으로 표시하는 등의 방법으로 외국에서 생산된 물품등(외국에서 생산되어 국내에서 대통령령으로 정하는 단순한 가공활동을 거친 물품등을 포함한다. 이하 제53조의2 제4호에서도 같다)의 원산지가 우리나라인 것처럼 가장(假裝)하여 그 물품등을 수출하거나 외국에서 판매하여서는 아니 된다.

④ 대외무역법 제16조 제3항 본문[외화획득용 원료·기재를 수입한 자와 수입을 위탁한 자, 그리고 외화획득용 원료·기재 또는 그 원료·기재로 제조된 물품 등을 양수한 자(제17조 제3항에서 준용하는 경우)는 그 수입에 대응하는 외화획득을 하여야 한다.]에 따른 수입에 대응하는 외화획득을 하지 아니한 자

⑤ 대외무역법 제17조 제1항 본문에 따른 승인(외화획득용 원료·기재의 목적외 사용승인)을 받지 아니하고 목적 외의 용도로 원료·기재 또는 그 원료·기재로 제조된 물품 등을 사용한 자

⑥ 대외무역법 제17조 제2항에 따른 승인(외화획득용 원료·기재의 양도 승인)을 받지 아니하고 원료·기재 또는 그 원료·기재로 제조된 물품 등을 양도한 자

⑦ 대외무역법 제27조(이 법에 따른 전략물자의 수출입통제업무와 관련된 공무원, 제29조에 따른 전략물자관리원의 임직원과 제29조 제5항 제1호의 판정 업무와 관련된 자는 전략물자 수출입통제업무의 수행과정에서 알게 된 영업상 비밀을 그 업체의 동의 없이 외부에 누설하여서는 아니 된다.)에 따른 비밀 준수 의무를 위반한 자

⑧ 거짓이나 그 밖의 부정한 방법으로 대외무역법 제32조(플랜트수출의 촉진 등)에 따른 승인 또는 변경 승인을 받은 자

(5) 미수범

대외무역법 제53조 제1항, 같은 조 제2항 제2호·제4호·제6호 및 제53조의2 제1호의2·제2호·제4호의 미수범은 각각 해당하는 본죄(本罪)에 준하여 처벌한다.(대외무역법 제55조)

(6) 과실범

중대한 과실로 대외무역법 제53조의2 제1호의2 또는 제2호에 해당하는 행위를 한 자는 2천만원 이하의 벌금에 처한다.(대외무역법 제56조)

제2절 행정벌 관련규정

 양벌규정

대외무역법은 법인의 대표자나 법인 또는 개인의 대리인, 사용인, 그 밖의 종업원이 그 법인 또는 개인의 업무에 관하여 제53조, 제53조의 2 또는 제54조부터 제56조까지의 어느 하나에 해당하는 위반행위를 하면 그 행위자를 벌하는 외에 그 법인 또는 개인에게도 해당조문의 벌금형을 과(科)한다. 다만, 법인 또는 개인이 그 위반행위를 방지하기 위하여 해당 업무에 관하여 상당한 주의와 감독을 게을리하지 아니한 경우에는 그러하지 아니하다.(대외무역법 제57조)

행정범에 관한 한 법인의 범죄능력을 인정하여야 할 것이며, 법인 자신의 대외무역법상 의무위반에 대하여는 형벌의 성질이 허용하는 한도안에서 법인을 처벌하여야 할 것이다.

대외무역법은 행위자를 처벌하는 이외에 법인을 처벌함으로써 행정범에 관한 법인의 범죄능력을 명문으로 인정하고 있다. 이 경우에 법인의 대표자가 법인의 업무에 관하여 대외무역법상의 의무위반행위(제53조, 제53조의 2 또는 제54조부터 제56조까지에 해당하는 행위)를 하였을 때에는 법인은 대위책임(代位責任)이 아닌 자기책임을 지는 것이며, 종업원의 비행에 대하여는 선임감독의무를 태만히 한 과실책임으로 보는 것이 통설이다. 또 개인의 대리인, 사용인, 기타 종업원이 개인의 업무에 관하여 대외무역법 제53조, 제53조의 2 또는 제54조부터 제56조까지에 해당하는 행위를 한 때에도 양벌규정이 적용된다.

이 경우에 개인(예컨대, 사업주)이 타인의 비행에 대하여 지는 책임의 본질은 타인을 대신하여 지는 대위책임이거나 무과실책임이 아니고, "자기의 생활범위 안에" 속하는 자가 법령위반행위를 하지 아니하도록 주의·감독할 의무를 태만히 한 과실책임이다.

Ⅱ 벌칙적용에 있어서 공무원의 의제

대외무역법 제29조 제5항의 업무를 수행하는 전략물자관리원의 임직원과 산업통상자원부장관이 대외무역법 제52조(권한의 위임 · 위탁)에 따라 위탁한 사무에 종사하는 한국은행, 한국수출입은행, 외국환은행, 그 밖에 대통령령으로 정하는 법인 또는 단체의 임직원은 「형법」 제129조부터 제132조까지의 벌칙을 적용할 때에는 공무원으로 본다.(대외무역법 제58조)

그리고 여기서 "대통령령으로 정하는 법인 또는 단체"란 한국무역협회, 한국소프트웨어산업협회, 한국선주협회, 「관광진흥법」 제41조 제1항 · 제45조 제1항에 따른 한국관광협회중앙회 및 업종별 관광협회, 대외무역법시행령 제91조 제7항에 따라 지정된 단체, 한국기계산업진흥회, 대한상사중재원, 대한상공회의소, 대외무역법시행령 제91조 제10항에 따라 지정된 법인을 말한다.(대외령 제93조)

제2편 관세법

제13장 관세법의 기초

제 1 절 관세법의 목적과 구성

 관세법의 목적과 성격

1. 관세법의 목적

관세법은 관세의 부과·징수 및 수출입물품의 통관을 적정하게 하고 관세수입을 확보함으로써 국민경제의 발전에 이바지함을 목적으로 한다.(관세법 제1조)

관세법은 관세의 부과·징수 및 수출입물품 통관의 적정성 확보를 수단으로 관세수입을 확보하여 궁극적으로 국민경제의 발전에 이바지함을 목적으로 하고 있다.

2. 관세법의 성격[53)]

1) 행정법적 성격

행정을 대상으로 하는 법을 행정법이라 하는데 관세법은 관세행정을 그 대상으로 하고 있으므로 행정법의 성격을 갖는다.

2) 조세법적 성격

관세는 국세로 조세에 해당하며[54)] 관세법은 관세의 부과·징수와 그 절차에 대한 내용이 대부분을 차지하고 있다.

---

53) 한국관세포럼, 관세법 강의, 2004, p.47-48.

54) 조세범처벌법 제2조(정의) "이 법에서 "조세"란 관세를 제외한 국세를 말한다."라고 규정하고 있어서 관세를 제외하고 있으며 국세기본법 제2조(정의) 제1호에서 국가가 부과하는 조세인 국세의 종류를 열거하면서 관세는 포함되어 있지 않고 있다. 그러나 국세기본법 제3조(세법 등과의 관계) 2호에서 "② 「관세법」과 「수출용 원재료에 대한 관세 등 환급에 관한 특례법」에서 세관장이 부과·징수하는 국세에 관하여 이 법에 대한 특례규정을 두고 있는 경우에는 「관세법」과 「수출용 원재료에 대한 관세 등 환급에 관한 특례법」에서 정하는 바에 따른다."라고 하여 관세법이 국세인 조세를 다루는 법임을 확인할 수 있다.

3) 통관법적 성격

관세법은 그 목적에서 “수출입물품의 통관을 적정하게 한다”라고 밝힌 바와 같이 수출입물품의 적정한 통관을 집행하는 통관법적 성격을 가진 법이다.

4) 형사법적 성격

관세징수와 통관의 적정성 보장이라는 법의 목적을 달성하기 위해 관세법은 벌칙(11장)과 관세범의 조사, 처분에 관한 절차규정(12장)을 독자적으로 두고 있으며 관세사건의 전문성을 고려하여 관세범의 조사, 처분권은 전적으로 세관공무원에게 부여하고 있다.

5) 실체법 및 절차법적 성격

실체법은 권력행사 또는 분쟁의 해결 등에 대해 규정한 법이며 절차법은 실체법상의 권리 또는 의무를 실행하거나 실행시키기 위한 절차에 관한 법이다. 관세법에서는 관세부과에 대해 규정하고 있는 제1장에서 제4장까지의 여러 조항, 관세범에 대한 벌칙을 규정한 제11장 등은 실체법적 성격을 가지고 있고 관세징수절차(제1장에서 제4장의 일부 규정), 통관절차(제6조에서 제10조까지 규정), 행정심판과 행정소송절차(제5장), 관세범 처벌절차(제12장) 등은 절차법적 성격을 갖는다.

6) 국제거래법적 성격

관세법은 국제거래활동과 관련되는 법이다. 즉, 관세법 제51조(덤핑방지관세의 부과대상) 내지 제72조(계절관세)의 탄력관세제도와 제73조(국제협력관세) 내지 제80조(양허 및 철회의 효력) 등 국제관세협상의 결과를 반영하는 조항들이 포함되어 있을 뿐만 아니라 국제간 교역물품의 통관을 담당하고 있는 법으로 국제거래법적 성격을 가지고 있다.

Ⅱ 관세법의 구성

1. 관세법[55]의 구성

현행 관세법[시행 2018.1.1] [법률 제15218호, 2017.12.29, 일부개정]은 총 13장 330조로 구성되어 있다. 구체적인 구성내용은 <표 13-1>과 같다.

<표 13-1> 관세법의 구성

<table>
<tr><th>관세법의 구성</th><th>법규의 성격</th></tr>
<tr><td>제1장 총칙</td><td rowspan="5">조세법
실체법</td></tr>
<tr><td>제2장 과세가격과 관세의 부과·징수 등</td></tr>
<tr><td>제3장 세율 및 품목 분류</td></tr>
<tr><td>제4장 감면·환급 및 분할납부 등</td></tr>
<tr><td>제5장 납세자의 권리 및 불복 절차</td></tr>
<tr><td>제6장 운송수단</td><td rowspan="4">통관법
절차법</td></tr>
<tr><td>제7장 보세구역</td></tr>
<tr><td>제8장 운송</td></tr>
<tr><td>제9장 통관</td></tr>
<tr><td>제10장 세관공무원의 자료제출요청 등</td><td>조세법</td></tr>
<tr><td>제11장 벌칙</td><td rowspan="2">형사법</td></tr>
<tr><td>제12장 조사와 처분</td></tr>
<tr><td>제13장 보칙</td><td>조세법</td></tr>
<tr><td>별표 관세율표</td><td>조세법</td></tr>
</table>

55) 수출입통관과 관련된 부분은 무역실무 등에서 자주 다루어지고 있으므로 본 「무역관계법규」 책에서는 관세의 부과·징수를 중심으로 서술하도록 하겠다.

제2절 관세법의 적용원칙

I 관세법 적용의 기본원칙[56)]

1. 조세법률주의

조세법률주의는 헌법에 그 법적 기초를 둔 것으로서 법률의 근거없이 국가는 조세를 부과·징수할 수 없고 국민은 조세의 납부를 요구받지 아니한다는 조세법의 기본원칙이다.

우리나라 헌법 제38조의 "모든 국민은 법률이 정하는 바에 의하여 납세의무를 진다."는 국민의 기본 의무적 측면에서의 규정과 제59조의 "조세의 종목과 세율은 법률로 정한다."는 국가의 과세권적 측면에서의 규정이 바로 조세법률주의를 나타내 주는 근거이다.

관세도 조세이므로 법률에 따라 관세가 부과·징수되는 조세법률주의 원칙에 따른다.

2. 조세평등주의와 납세자재산권의 부당한 침해금지

조세평등주의는 납세자간에 조세의 부담이 공평하게 배분되도록 세법을 조정하여야 한다는 원칙이다.

관세법에서도 "관세법을 해석하고 적용할 때에는 과세의 형평과 해당 조항의 합목적성에 비추어 납세자의 재산권을 부당하게 침해하지 아니하도록 하여야 한다."(관세법 제5조 1항) 라는 조세평등주의 원칙이 포함되어 있으며 또한 납세자재산권의 부당한 침해금지의 원칙이 제시되고 있다.

---

56) 한국관세포럼, 관세법 강의, 2004, p.71-98.

3. 소급과세금지의 원칙

관세법 제5조 2항은 “이 법의 해석이나 관세행정의 관행이 일반적으로 납세자에게 받아들여진 후에는 그 해석이나 관행에 따른 행위 또는 계산은 정당한 것으로 보며, 새로운 해석이나 관행에 따라 소급하여 과세되지 아니한다.”라고 규정하여 소급과세를 금지하고 있다.

4. 신의성실의 원칙

관세법 제6조에서는 “납세자가 그 의무를 이행할 때에는 신의에 따라 성실하게 하여야 한다. 세관공무원이 그 직무를 수행할 때에도 또한 같다.”라고 규정하여 신의성실의 원칙을 제시하고 있다.

신의성실의 원칙은 사람이 공동생활을 영위하면서 상대방의 신뢰를 배반하지 아니하도록 신의와 성실을 가지고 행동하여야 한다는 원칙으로 그 내용은 상당히 추상적이고 윤리적 색채가 농후하여 이를 구체적으로 명백하게 정의하기는 어렵다.

세법에서의 신의성실의 원칙은 이유 없이 종전보다 불이익한 세무상의 취급을 당하지 아니하는 원칙으로서 조세법률관계에서 과세관청의 세법해석이나 조세행정에 관한 국민의 신뢰를 보호하는 법리임을 명시한 것이다.

5. 세관공무원 재량권 남용금지의 원칙

관세법 제7조에서는 “세관공무원은 그 재량으로 직무를 수행할 때에는 과세의 형평과 이 법의 목적에 비추어 일반적으로 타당하다고 인정되는 한계를 엄수하여야 한다.”라고 규정하여 세관공무원 재량권 남용금지의 원칙을 제시하고 있다.

세법이 재산권 침해를 본질로 한다는 점에서 세관공무원의 법 집행에 있어 과세의 형평, 법의 목적 등에 벗어나 재량행위를 하지 못하도록 함으로써 납세자의 재산권 보호에 기여하고 있는 것이다.

제3절 기간과 기한의 개념

기 간

1. 기간의 의의

기간은 어느 일정한 시기부터 다른 어느 일정한 시기까지의 사이를 말한다. 이러한 기간의 개념은 관세법 상에 신고서류의 보관기간, 관세부과의 제척기간, 관세의 분할납부기간·징수유예기간·체납처분유예기간 또는 사해행위(詐害行爲) 취소소송의 기간, 보정기간, 관세의 부과기간 등 다양한 기간에 대한 규정이 있는데 이러한 기간이 경과하면 일정한 법률효과가 발생하게 된다.

2. 기간의 계산

관세법의 규정에 의한 기간의 계산은 관세법에 특별한 규정이 있는 것을 제외하고는 「민법」에 따른다.(관세법 제8조 2항) 관세법에 따른 기간을 계산할 때 제252조에 따른 수입신고수리전 반출승인을 받은 경우에는 그 승인일을 수입신고의 수리일로 본다.(관세법 제8조 1항)

여기서 민법상의 기간에 대한 규정을 살펴보면 다음과 같다.(민법 제155~161조)

기간의 계산은 법령, 재판상의 처분 또는 법률행위에 다른 정한 바가 없으면 본장의 규정에 의한다.

기간의 기산점은 기간을 시, 분, 초로 정한 때에는 즉시로부터 기산하고 기간을 일, 주, 월 또는 연으로 정한 때에는 기간의 초일은 산입하지 아니한다. 그러나 그 기간이 오전영시로부터 시작하는 때에는 그러하지 아니하다.

기간의 만료점은 기간을 일, 주, 월 또는 연으로 정한 때에는 기간말일의 종료로 기간이 만료한다.

기간을 주, 월 또는 연으로 정한 때에는 력에 의하여 계산한다. 즉, 월의 대소,

연의 평윤에 관계없이, 즉 일수를 계산하지 않고 달력에 의하여 계산한다.

주, 월 또는 연의 처음으로부터 기간을 기산하지 아니하는 때에는 최후의 주, 월 또는 연에서 그 기산일에 해당한 날의 전일로 기간이 만료한다. 월 또는 연으로 정한 경우에 최종의 월에 해당일이 없는 때에는 그 월의 말일로 기간이 만료한다. 기간의 말일이 토요일 또는 공휴일에 해당한 때에는 기간은 그 익일로 만료한다.

기 한

1. 기한의 의의

기한은 미리 한정하여 놓은 시기로, 법률적으로는 법률 행위의 효력의 발생 및 소멸, 채무 이행을 장래에 발생할 것이 확실한 사실에 의존시키는 일을 말한다.

민법상에서 기한은 "시기(始期)있는 법률행위는 기한이 도래한 때로부터 그 효력이 생기고 종기(終期)있는 법률행위는 기한이 도래한 때로부터 그 효력을 잃는다."(민법 제152조)라고 규정하고 있다.

2. 기한의 특례

관세법에 따른 기한이 공휴일(「근로자의 날 제정에 관한 법률」에 따른 근로자의 날과 토요일을 포함한다) 또는 대통령령으로 정하는 날에 해당하는 경우에는 그 다음 날을 기한으로 한다.(관세법 제8조 3항)

여기서 "대통령령으로 정하는 날"이란 금융기관(한국은행 국고대리점 및 국고수납대리점인 금융기관에 한한다. 이하 같다) 또는 체신관서의 휴무, 그 밖에 부득이한 사유로 인하여 정상적인 관세의 납부가 곤란하다고 관세청장이 정하는 날을 말한다.(시행령 제1조의4 1항)

또한 관세법 제327조(국가관세종합정보망의 구축 및 운영)에 따른 국가관세종합정보망 또는 전산처리설비가 대통령령으로 정하는 장애로 가동이 정지되어 이 법에 따른 기한까지 이 법에 따른 신고, 신청, 승인, 허가, 수리, 교부, 통지, 통고, 납부 등을 할 수 없게 되는 경우에는 그 장애가 복구된 날의 다음 날을 기한으로 한다.(관세법 제8조 4항) 또한 정전, 프로그램의 오류, 한국은행(그 대리점을 포함한다) 또는 체신관서의 정보처리장치의 비정상적인 가동 기타 관세청장이 정하는 사유로 인하여 법 제327조에 따른 국가관세종합정보망 또는 전산처리설비의 가동이 정지되어 법의 규정에 의한 신고·신청·승인·허가·수리·교부·통지·통고·납부 등을 기한내에 할 수 없게 된 때에는 법 제8조 제4항에 따라 해당 국가관세종합정보망 또는 전산처리설비의 장애가 복구된 날의 다음날을 기한으로 한다. (시행령 제1조의4 2항)

3. 기한의 연장

세관장은 천재지변이나 그 밖에 대통령령으로 정하는 사유로 이 법에 따른 신고, 신청, 청구, 그 밖의 서류의 제출, 통지, 납부 또는 징수를 정하여진 기한까지 할 수 없다고 인정되는 경우에는 1년을 넘지 아니하는 기간을 정하여 대통령령으로 정하는 바에 따라 그 기한을 연장할 수 있다. 이 경우 세관장은 필요하다고 인정하는 경우에는 납부할 관세에 상당하는 담보를 제공하게 할 수 있다.(관세법 제10조)

여기서 "대통령령으로 정하는 사유"라 함은 다음 하나에 해당하는 경우를 말한다.(시행령 제2조 1항)

① 전쟁·화재 등 재해나 도난으로 인하여 재산에 심한 손실을 입은 경우

② 사업에 현저한 손실을 입은 경우

③ 사업이 중대한 위기에 처한 경우

④ 그 밖에 세관장이 위의 ①, ②, ③에 준하는 사유가 있다고 인정하는 경우

세관장은 위의 규정에 의해 납부기한을 연장하는 때에는 관세청장이 정하는 기준에 의하여야 한다.(시행령 제2조 2항)

위의 규정에 따라 납부기한을 연장받고자 하는 자는 I) 납세의무자의 성명·주소 및 상호, ii) 납부기한을 연장받고자 하는 세액 및 당해 물품의 신고일자·신고번호·품명·규격·수량 및 가격, iii) 납부기한을 연장받고자 하는 사유 및 기간을 기재한 신청서를 당해 납부기한이 종료되기 전에 세관장에게 제출하여야 한다.(시행령 제2조 3항)

세관장은 위의 규정에 의하여 납부기한을 연장한 때에는 납세고지를 하여야 한다.(시행령 제2조 4항)

세관장은 납부기한연장을 받은 납세의무자가 다음 하나에 해당하게 된 때에는 납부기한연장을 취소할 수 있다.(시행령 제2조 6항)

① 관세를 지정한 납부기한내에 납부하지 아니하는 때

② 재산상황의 호전 기타 상황의 변화로 인하여 납부기한연장을 할 필요가 없게 되었다고 인정되는 때

③ 파산선고, 법인의 해산 기타의 사유로 당해 관세의 전액을 징수하기 곤란하다고 인정되는 때

세관장은 납부기한연장을 취소한 때에는 15일 이내의 납부기한을 정하여 납세고지를 하여야 한다.(시행령 제2조 7항)

Ⅲ 관세의 납부기한 등

1. 원칙적 납부기한

관세의 납부기한은 이 법에서 달리 규정하는 경우를 제외하고는 다음 하나의 구분에 의한다.(관세법 제9조 1항)

① 제38조 제1항[57]의 규정에 의한 납세신고를 한 경우 : 납세신고수리일 부터 15일 이내

② 제39조 제3항[58]의 규정에 의한 납세고지를 한 경우 : 납세고지를 받은 날부터 15일 이내

③ 제253조 제1항[59]의 규정에 의한 수입신고전 즉시반출신고를 한 경우 : 수

57) 제38조(신고납부) ① 물품(제39조에 따라 세관장이 부과고지하는 물품은 제외한다)을 수입하려는 자는 수입신고를 할 때에 세관장에게 관세의 납부에 관한 신고(이하 "납세신고"라 한다)를 하여야 한다.

58) 제39조(부과고지) ③ 제1항과 제2항에 따라 세관장이 관세를 징수하려는 경우에는 대통령령으로 정하는 바에 따라 납세의무자에게 납세고지를 하여야 한다.

59) 제253조(수입신고전의 물품 반출) ① 수입하려는 물품을 수입신고 전에 운송수단, 관세통로, 하역통로 또는 이 법에 따른 장치 장소로부터 즉시 반출하려는 자는 대통령령으로 정

입신고일부터 15일 이내

납세의무자는 위의 규정에도 불구하고 수입신고가 수리되기 전에 해당 세액을 납부할 수 있다.(관세법 제9조 2항)

2. 월별납부

(1) 월별납부

세관장은 납세실적 등을 고려하여 관세청장이 정하는 요건을 갖춘 성실납세자가 대통령령으로 정하는 바에 따라 신청을 하는 때에는 위의 ①, ③의 규정에도 불구하고 납부기한이 동일한 달에 속하는 세액에 대하여는 그 기한이 속하는 달의 말일까지 한꺼번에 납부하게 할 수 있다. 이 경우 세관장은 필요하다고 인정하는 경우에는 납부할 관세에 상당하는 담보를 제공하게 할 수 있다.(관세법 제9조 3항)

(2) 월별납부의 신청

납부기한이 동일한 달에 속하는 세액을 월별로 일괄하여 납부(이하 "월별납부"라 한다)하고자 하는 자는 납세실적 및 수출입실적에 관한 서류 등 관세청장이 정하는 서류를 갖추어 세관장에게 월별납부의 승인을 신청하여야 한다.(시행령 제1조의5 1항)

세관장은 위의 규정에 의하여 월별납부의 승인을 신청한 자가 관세법 제9조 제3항의 규정에 의하여 관세청장이 정하는 요건을 갖춘 경우에는 세액의 월별납부를 승인하여야 한다. 이 경우 승인의 유효기간은 승인일부터 그 후 2년이 되는 날이 속하는 달의 마지막 날까지로 한다.(시행령 제1조의5 2항) 이러한 승인을 갱신하려는 자는 납세실적 및 수출입실적에 관한 서류 등 관세청장이 정하는 서류를 갖추어 그 유효기간 만료일 1개월 전까지 승인갱신 신청을 하여야 한다.(시행령 제1조의5 5항)

(3) 월별납부 승인의 취소

세관장은 납세의무자가 다음 하나에 해당하게 된 때에는 위의 규정에 의한 월별납부의 승인을 취소할 수 있다. 이 경우 세관장은 월별납부의 대상으로 납세신

하는 바에 따라 세관장에게 즉시반출신고를 하여야 한다. 이 경우 세관장은 납부하여야 하는 관세에 상당하는 담보를 제공하게 할 수 있다.

고된 세액에 대하여는 15일 이내의 납부기한을 정하여 납세고지하여야 한다.(시행령 제1조의5 4항)

① 관세를 납부기한이 경과한 날부터 15일 이내에 납부하지 아니하는 경우

② 월별납부를 승인받은 납세의무자가 관세법 제9조 제3항의 규정에 의한 관세청장이 정한 요건을 갖추지 못하게 되는 경우

③ 사업의 폐업, 경영상의 중대한 위기, 파산선고 및 법인의 해산 등의 사유로 월별납부를 유지하기 어렵다고 세관장이 인정하는 경우

제4절 서류의 송달

Ⅰ 납세고지서의 송달

1. 송달 원칙

관세의 납세고지서는 납세의무자에게 직접 발급하는 경우를 제외하고는 인편(人便), 우편 또는 제327조에 따른 전자송달의 방법으로 한다.(관세법 제11조 1항)

2. 공시송달

세관장은 관세의 납세의무자의 주소, 거소(居所), 영업소 또는 사무소가 모두 분명하지 아니하여 관세의 납세고지서를 송달할 수 없을 때에는 해당 세관의 게시판이나 그 밖의 적당한 장소에 납세고지사항을 공시(公示)할 수 있다.(관세법 제11조 2항)

위의 규정에 의하여 납세고지사항을 공시하였을 때에는 공시일부터 14일이 지나면 관세의 납세의무자에게 납세고지서가 송달된 것으로 본다.(관세법 제11조 3항)

Ⅱ 신고서류의 보관기간

1. 신고서류의 보관기간

관세법에 따라 가격신고, 납세신고, 수출입신고, 반송신고, 보세화물반출입신고, 보세운송신고를 하거나 적하목록을 제출한 자는 신고 또는 제출한 자료(신고필증을 포함한다.)를 신고 또는 제출한 날부터 5년의 범위에서 대통령령으로 정하는 기간 동안 보관하여야 한다.(관세법 제12조)

여기서 "대통령령으로 정하는 기간"이라 함은 다음 구분에 따른 기간을 말한다.(시행령 제3조 1항)

① 다음 하나에 해당하는 서류 : 해당 신고에 대한 수리일부터 5년

㉠ 수입신고필증

㉡ 수입거래관련 계약서 또는 이에 갈음하는 서류

㉢ 관세법 제237조에 따른 지식재산권의 거래에 관련된 계약서 또는 이에 갈음하는 서류

㉣ 수입물품 가격결정에 관한 자료

② 다음 어느 하나에 해당하는 서류 : 해당 신고에 대한 수리일부터 3년

㉠ 수출신고필증

㉡ 반송신고필증

㉢ 수출물품·반송물품 가격결정에 관한 자료

㉣ 수출거래·반송거래 관련 계약서 또는 이에 갈음하는 서류

③ 다음 어느 하나에 해당하는 서류 : 당해 신고에 대한 수리일부터 2년

㉠ 보세화물반출입에 관한 자료

㉡ 적하목록에 관한 자료

㉢ 보세운송에 관한 자료

위의 각 자료는 관세청장이 정하는 바에 따라 마이크로필름·광디스크 등 자료전달 및 보관 매체에 의하여 보관할 수 있다.(시행령 제3조 2항)

제14장 관세의 과세요건

제 1 절 관세의 과세요건

I 관세의 과세요건

1. 과세물건

관세의 과세물건이란 과세의 객체 또는 과세대상을 말한다. 즉 "수입물품에는 관세를 부과한다.(관세법 제14조)"라는 규정에 따라 관세의 과세물건은 수입물품이다.

2. 과세표준

과세표준이란 세법에 의하여 직접적으로 세액 산출의 기초가 되는 과세물건의 수량 또는 가격을 말하며 관세의 과세표준은 수입물품의 가격(종가세) 또는 수량(종량세)이 된다.

우리나라는 수입물품 대부분의 과세표준을 수입물품의 가격으로 하는 종가세주의를 취하고 있기 때문에 사실상 관세의 과세표준이라 함은 과세가격을 의미한다고 할 수 있다.

3. 납세의무자

납세의무자란 관세를 납부할 의무가 있는 자를 말하며 수입신고한 물품에 대하여 그 물품을 수입한 화주가 원칙적으로 관세 납부의무자가 된다.

4. 세율

세율이란 세액을 결정하는데 있어서 과세표준에 대하여 적용되는 비율을 말한다.

세액은 관세비율(세율) × 과세표준으로 산출되기 때문에 세율은 과세표준과 더불어 세액을 결정하는 2대 요인 중 하나로서 세액산출에 중요한 역할을 한다.

제2절 과세물건

Ⅰ 관세의 과세물건

1. 관세의 과세물건

관세의 과세물건은 "수입물품에는 관세를 부과한다."(관세법 제14조)라는 규정에 따라 관세의 과세물건은 수입물품이다.

2. 과세물건 확정의 시기

(1) 원칙

관세는 수입신고(입항전수입신고를 포함한다.)를 하는 때의 물품의 성질과 그 수량에 따라 부과한다.(관세법 제16조 본문)

(2) 예외

다음 어느 하나에 해당하는 물품에 대하여는 각각에서 규정된 때의 물품의 성질과 그 수량에 따라 부과한다.(관세법 제16조 단서)

① 외국물품인 선용품 또는 기용품과 외국무역선 또는 외국무역기안에서 판매할 물품이 하역허가의 내용대로 운송수단에 적재되지 아니하여 해당 허가를 받은 자로부터 즉시 관세를 징수하는 물품(차량용품과 국경출입차량안에서 판매할 물품이 허가된 내용대로 운송수단에 적재되지 아니하여 관세를 징수하는 물품을 포함) : 하역을 허가받은 때

② 보세구역 밖에서의 보수작업의 승인기간을 경과하여 관세를 징수하는 물품 : 보세구역 밖에서 하는 보수작업을 승인받은 때

③ 보세구역에 장치된 외국물품이 멸실되거나 폐기됨에 따라 관세를 징수하는 물품 : 해당 물품이 멸실되거나 폐기된 때

④ 보세공장외 작업허가 기간을 경과하여 관세를 징수하는 물품(보세건설장외 작업허가 기간을 경과한 물품, 종합보세구역외 작업의 신고기간을 경과한 물품을 포함함) : 보세공장외 작업, 보세건설장외 작업 또는 종합보세구역외 작업을 허가받거나 신고한 때

⑤ 보세운송신고 또는 승인을 받은 물품이 지정기간내에 목적지에 도착하지 아니하여 관세를 징수하는 물품 : 보세운송의 신고를 하거나 승인받은 때

⑥ 수입신고가 수리되기 전에 소비 또는 사용하는 물품(소비 또는 사용을 수입으로 보지 아니하는 물품은 제외) : 해당 물품을 소비하거나 사용한 때

⑦ 수입신고전 즉시반출신고를 하고 반출한 물품 : 수입신고전 즉시반출 신고를 한 때

⑧ 우편에 의하여 수입되는 물품(관세법 제258조 제2항[60])에 의해 수입신고를 해야 하는 우편물을 제외) : 통관우체국에 도착한 때

⑨ 도난물품 또는 분실물품 : 해당 물품이 도난되거나 분실된 때

⑩ 관세법의 규정에 의하여 매각되는 물품 : 해당 물품이 매각된 때

⑪ 수입신고를 하지 아니하고 수입된 물품(위의 ①~⑩에 규정된 것을 제외) : 수입된 때

3. 적용법령의 시기

(1) 원칙

관세는 수입신고 당시의 법령에 의하여 부과한다.(관세법 제17조 본문)

(2) 예외

다음 하나에 해당되는 물품에 대하여는 각각에 규정된 날에 시행되는 법령에 따라 부과한다.(관세법 제17조 단서)

60) 제258조(우편물통관에 대한 결정)
② 우편물이 「대외무역법」 제11조에 따른 수출입의 승인을 받은 것이거나 그 밖에 대통령령으로 정하는 기준에 해당하는 것일 때에는 해당 우편물의 수취인이나 발송인은 제241조에 따른 신고를 하여야 한다.

① 위의 과세물건 확정시기의 예외에 해당되는 물품 : 그 사실이 발생한 날

② 보세건설장에 반입된 외국물품 : 사용전 수입신고가 수리된 날

4. 과세환율

과세가격을 결정하는 경우 외국통화로 표시된 가격을 내국통화로 환산할 때에는 관세법 제17조 적용법령의 시기에서 규정한 날(보세건설장에 반입된 물품의 경우에는 수입신고를 한 날을 말한다)이 속하는 주의 전주(前週)의 외국환매도율을 평균하여 관세청장이 그 율을 정한다.(관세법 제18조)

제3절 관세의 납세의무자

I 관세의 납세의무자

1. 관세의 납세의무자

관세의 납세의무자는 관세를 납부할 법률상의 의무를 부담하는 자를 말한다. 관세는 소비세적 성질과 간접세적 성질로 인해 관세의 납세의무자가 실질적인 담세자가 되지 않는다. 즉, 관세는 물품의 가격에 포함시키게 되므로 그 물품을 구매한 최종소비자가 실질적 담세자가 된다.

2. 일반납세의무자

수입신고를 한 물품인 경우에는 그 물품을 수입신고하는 때의 화주가 납세의무자가 된다. 다만 화주가 불분명한 때에는 다음 하나에 해당하는 자가 납세의무자가 된다.(관세법 제19조 1항 1호)

① 수입을 위탁받아 수입업체가 대행수입한 물품인 경우 : 그 물품의 수입을

위탁한 자

② 수입을 위탁받아 수입업체가 대행수입한 물품이 아닌 경우 : 송품장, 선하증권 또는 항공화물운송장에 기재된 수하인

③ 수입물품을 수입신고전에 양도한 경우 : 그 양수인

3. 특별납세의무자(관세법 제19조 1항 2~12호)

① 외국물품인 선용품 또는 기용품과 외국무역선 또는 외국무역기안에서 판매할 물품이 하역허가의 내용대로 운송수단에 적재되지 아니하여 관세를 징수하는 물품(차량용품과 국경출입차량안에서 판매할 물품이 허가된 내용대로 운송수단에 적재되지 아니하여 관세를 징수하는 물품을 포함) : 하역허가를 받은 자

② 보세구역 밖에서의 보수작업의 승인기간을 경과하여 관세를 징수하는 물품 : 보세구역밖에서의 보수작업의 승인을 얻은 자

③ 보세구역에 장치된 외국물품이 멸실되거나 폐기됨에 따라 관세를 징수하는 물품 : 운영인 또는 보관인

④ 보세공장외 작업허가 기간을 경과하여 관세를 징수하는 물품(보세건설장외 작업허가 기간을 경과한 물품, 종합보세구역외 작업의 신고기간을 경과한 물품을 포함함) : 보세공장외 작업·보세건설장외 작업 또는 종합보세구역외 작업의 허가를 받거나 신고를 한 자

⑤ 보세운송신고 또는 승인을 받은 물품이 지정기간내에 목적지에 도착하지 아니하여 관세를 징수하는 물품 : 보세운송의 신고를 하거나 승인을 얻은 자

⑥ 수입신고가 수리되기 전에 소비하거나 사용하는 물품[소비 또는 사용을 수입으로 보지 아니하는 물품(관세법 제239조)은 제외)] : 그 소비자 또는 사용자

⑦ 수입신고전 즉시반출신고를 하고 반출한 물품 : 당해 물품을 즉시 반출한 자

⑧ 우편으로 수입되는 물품 : 그 수취인

⑨ 도난물품이나 분실물품인 경우에는 다음에 규정된 자

㉠ 보세구역의 장치물품 : 그 운영인 또는 화물관리인

㉡ 보세운송물품 : 보세운송의 신고를 하거나 승인을 얻은 자

㉢ 그 밖의 물품 : 그 보관인 또는 취급인

⑩ 관세법 또는 다른 법률의 규정에 의하여 따로 납세의무자로 규정된 자

⑪ ①~⑩외의 물품 : 그 소유자 또는 점유자

4. 경합시의 납세의무자

위의 일반납세의무자와 특별납세의무자가 경합되는 경우에는 특별납세의무자가 납세의무자로 된다.(관세법 제19조 2항)

5. 연대납세의무자

(1) 수입화주가 불분명한 경우 등의 납세의무자

수입신고가 수리된 물품 또는 관세법 제252조에 따른 수입신고수리전 반출승인을 받아 반출된 물품에 대하여 납부하였거나 납부하여야 할 관세액이 부족한 경우 해당 물품을 수입신고하는 때의 화주의 주소 및 거소가 분명하지 아니하거나 수입신고인이 화주를 명백히 하지 못하는 경우에는 그 신고인은 해당 물품을 수입신고하는 때의 화주와 연대하여 해당 관세를 납부하여야 한다.(관세법 제19조 1항 1호 단서)

(2) 공유물 등의 납세의무자

앞의 일반납세의무자와 특별관세의무자 규정(제19조 제1항)에 따른 물품에 관계되는 관세·가산금·가산세 및 체납처분비에 대해서는 다음 각각에 규정된 자가 연대하여 납부할 의무를 진다.(관세법 제19조 5항)

① 수입신고물품의 경우 다음에 규정된 자

㉠ 수입신고물품이 공유물이거나 공동사업에 속하는 물품인 경우: 그 공유자 또는 공동사업자인 납세의무자

㉡ 수입신고인이 수입신고를 하면서 수입신고하는 때의 화주가 아닌 자를 납세의무자로 신고한 경우: 수입신고인 또는 납세의무자로 신고된 자가 제270조(관세포탈죄 등) 제1항 또는 제4항에 따른 관세포탈 또는 부정감면의 범죄를 범하거나 제271조(미수범 등) 제1항(제270조 제1항 또는 제4항에 따른 행위를 교사하거나 방조한 경우에 한정한다)에 따

른 범죄를 범하여 유죄의 확정판결을 받은 경우 그 수입신고인 및 납세의무자로 신고된 자와 해당 물품을 수입신고하는 때의 화주. 다만, 관세포탈 또는 부정감면으로 얻은 이득이 없는 수입신고인 또는 납세의무자로 신고된 자는 제외한다.

② 특별납세의무자 규정(제19조 제1항 제2호부터 제12호까지)에 따른 물품에 대한 납세의무자가 2인 이상인 경우 그 2인 이상의 납세의무자

(3) 법인의 분할 또는 분할 합병되는 경우 등의 납세의무자

다음 어느 하나에 해당되는 경우 「국세기본법」 제25조(연대납세의무자) 제2항부터 제4항까지의 규정을 준용하여 분할되는 법인이나 분할 또는 분할합병으로 설립되는 법인, 존속하는 분할합병의 상대방 법인 및 신회사가 관세・가산금・가산세 및 체납처분비를 연대하여 납부할 의무를 진다.(관세법 제19조 6항)

① 법인이 분할되거나 분할합병되는 경우

② 법인이 분할 또는 분할합병으로 해산하는 경우

③ 법인이 「채무자 회생 및 파산에 관한 법률」 제215조에 따라 신회사를 설립하는 경우

(4) 관세 등 연대 납부 의무에 대한 「민법」 규정 준용

관세법에 따라 관세・가산금・가산세 및 체납처분비를 연대하여 납부할 의무에 관하여는 「민법」 제413조부터 제416조까지, 제419조, 제421조, 제423조 및 제425조부터 제427조까지의 규정[61])을 준용한다.(관세법 제19조 7항)

6. 납세보증자

관세법 또는 다른 법령, 조약, 협약 등에 따라 관세의 납부를 보증한 자는 보증액의 범위에서 납세의무를 진다.(관세법 제19조 3항)

---

61) 민법 제3편 채권 제1장 총칙 제3절 수인의 채권자 및 채무자 제3관 연대채무 관련 규정들 중 일부를 준용한다.

7. 법인이 합병하거나 상속이 개시된 경우

법인이 합병하거나 상속이 개시된 경우에는 「국세기본법」 제23조(법인의 합병으로 인한 납세의무의 승계) 및 제24조(상속으로 인한 납세의무의 승계)를 준용하여 관세 · 가산금 · 가산세 및 체납처분비의 납세의무를 승계한다. 이 경우 같은 법 제24조 제2항 및 제4항의 "세무서장"은 "세관장"으로 본다.(관세법 제19조 4항)

8. 2차 납세의무자

관세의 징수에 관하여는 「국세기본법」 제38조부터 제41조[62]까지의 규정을 준용한다.(관세법 제19조 8항)

관세징수에 준용되는 「국세기본법」 제38조부터 제41조까지의 규정에 따른 제2차 납세의무자는 관세의 담보로 제공된 것이 없고 납세의무자와 관세의 납부를 보증한 자가 납세의무를 이행하지 아니하는 경우에 납세의무를 진다.(관세법 제19조 9항)

Ⅱ 양도담보재산에 의한 체납세 징수

납세의무자(관세의 납부를 보증한 자와 제2차 납세의무자를 포함)가 관세 · 가산금 · 가산세 및 체납처분비를 체납한 경우 그 납세의무자에게 「국세기본법」 제42조 제2항[63]에 따른 양도담보재산이 있을 때에는 그 납세의무자의 다른 재산에 대하여 체납처분을 집행하여도 징수하여야 하는 금액에 미치지 못한 경우에만 「국세징수법」 제13조(양도담보권자로부터의 징수절차)를 준용하여 그 양도담보재산으로써 납세의무자의 관세 · 가산금 · 가산세 및 체납처분비를 징수할 수 있다. 다만, 그 관세의 납세신고일(관세법 제39조에 따라 부과고지하는 경우에는 그 납세고지서의 발송일을 말한다) 전에 담보의 목적이 된 양도담보재산에 대하여는 그러하지 아니하다.(관세법 제19조 10항)

---

62) 제38조(청산인 등의 제2차 납세의무), 제39조(출자자의 제2차 납세의무), 제40조(법인의 제2차 납세의무), 제41조(사업양수인의 제2차 납세의무)

63) 제42조(양도담보권자의 물적납세 의무)
② 제1항에서 "양도담보재산"이란 당사자 간의 계약에 의하여 납세자가 그 재산을 양도하였을 때에 실질적으로 양도인에 대한 채권담보의 목적이 된 재산을 말한다.

제4절 과세표준

I 관세의 과세표준

관세의 과세표준은 수입물품의 가격 또는 수량으로 한다.(관세법 제15조) 물품의 가격을 과세표준으로 하는 경우 종가세라고 하고 물품의 수량을 과세표준으로 하는 경우 종량세라고 한다. 우리나라는 관세의 대부분을 수입물품의 가격을 과세표준으로 한 종가세이다.

과세표준이 가격이 되는 경우 동일한 물품이라도 거래시기, 거래수량, 거래수준, 당사자간의 관계 등에 따라 차이가 발생할 수 있으므로 수량에 이한 종량세와는 달리 가격심사시 전문성과 공정성이 요구된다. 따라서 수입물품의 가격을 과세표준으로 하는 경우 과세가격결정에 대한 구체적인 방법을 관세법에 명시하고 있다.

II 과세가격의 결정방법

과세가격을 결정하는 방법은 아래의 6가지 방법이 있다. 각 방법은 순차적으로 적용하며 납세의무자의 요청이 있는 경우 제5방법을 제4방법에 우선하여 적용할 수 있다.(관세법 제33조 1항 단서)

〈표 14-1〉 과세가격 결정방법

평가방법	관세법 규정	과세가격 결정방법
제 1 방법	제 30 조	당해 물품의 거래가격을 기초
제 2 방법	제 31 조	동종·동질물품의 거래가격을 기초
제 3 방법	제 32 조	유사물품의 거래가격을 기초
제 4 방법	제 33 조	국내판매가격을 기초
제 5 방법	제 34 조	산정가격을 기초
제 6 방법	제 35 조	합리적 기준

1. 당해 물품의 거래가격을 기초로한 과세가격 결정방법(제1방법)

(1) 거래가격

당해 물품의 거래가격을 기초로한 과세가격 결정방법으로 가장 기본적이고 원칙적인 방법이다.

여기서 거래가격은 우리나라에 수출하기 위하여 판매되는 물품[64]에 대하여 당해 수입물품의 대가로서 구매자가 지급하였거나 지급하여야 할 총금액(구매자가 당해 수입물품의 대가와 판매자의 채무를 상계하는 금액, 구매자가 판매자의 채무를 변제하는 금액, 그 밖의 간접적인 지급액[65]을 포함함.)에 아래의 가산요소 금액을 가산하고 조정비용을 차감한 거래가격으로 한다. 다만, 다음의 가산요소 금액을 가산함에 있어서는 객관적이고 수량화할 수 있는 자료에 근거하여야 하며, 이러한 자료가 없는 경우에는 이 방법으로 과세가격을 결정하지 아니하고, 관세법 제31조부터 제35조까지에 규정된 방법(제2~6방법)으로 과세가격을 결정한다.(관세법 제30조 1항)

---

64) 여기서 우리나라에 수출하기 위하여 판매되는 물품에는 다음 각호의 물품은 포함되지 아니하는 것으로 한다.(시행령 제17조)

1. 무상으로 수입하는 물품
2. 수입 후 경매 등을 통하여 판매가격이 결정되는 위탁판매수입물품
3. 수출자의 책임으로 국내에서 판매하기 위하여 수입하는 물품
4. 별개의 독립된 법적 사업체가 아닌 지점 등에서 수입하는 물품
5. 임대차계약에 따라 수입하는 물품
6. 무상으로 임차하는 수입물품
7. 산업쓰레기 등 수출자의 부담으로 국내에서 폐기하기 위하여 수입하는 물품

65) ⑥법 제30조제2항 각 호 외의 부분 본문에 따른 "그 밖의 간접적인 지급액"에는 다음 각 호의 금액이 포함되는 것으로 한다.(시행령 제20조 6항)

1. 판매자의 요청으로 수입물품의 대가 중 전부 또는 일부를 제3자에게 지급하는 경우 그 지급금액
2. 구매자가 해당 수입물품의 거래조건으로 판매자 또는 제3자가 수행하여야 하는 하자보증을 대신하고 그에 해당하는 금액을 할인받았거나 하자보증비 중 전부 또는 일부를 별도로 지급하는 경우 해당 금액
3. 수입물품의 거래조건으로 구매자가 지급하는 외국훈련비 또는 외국교육비
4. 그 밖에 일반적으로 판매자가 부담하는 금융비용 등을 구매자가 지급하는 경우 그 지급금액

1) 가산요소 금액

① 구매자가 부담하는 수수료 및 중개료. 다만, 구매수수료를 제외한다.

② 당해 물품과 동일체로 취급되는 용기의 비용과 당해 물품의 포장에 드는 노무비 및 자재비로서 구매자가 부담하는 비용

③ 구매자가 해당 물품의 생산 및 수출거래를 위하여 무료 또는 인하된 가격으로 직접 또는 간접으로 대통령령으로 정하는 물품 및 용역을 공급하는 때에는 그 가격 또는 인하차액
여기서 "대통령령으로 정하는 물품 및 용역"이란 구매자가 직접 또는 간접으로 공급하는 것으로서 다음 하나에 해당하는 것을 말한다.(시행령 제18조)

㉠ 수입물품에 결합되는 재료・구성요소・부분품 및 그 밖에 이와 비슷한 물품

㉡ 수입물품의 생산에 사용되는 공구・금형・다이스 및 그 밖에 이와 비슷한 물품으로서 기획재정부령이 정하는 것

㉢ 수입물품의 생산과정에 소비되는 물품

㉣ 수입물품의 생산에 필요한 기술・설계・고안・공예 및 디자인. 다만, 우리나라에서 개발된 것은 제외한다.

④ 특허권, 실용신안권, 디자인권, 상표권 및 이와 유사한 권리를 사용하는 대가로 지급하는 것으로서 대통령령으로 정하는 바에 따라 산출된 금액
여기서 "이와 유사한 권리"라 함은 다음 하나에 해당하는 것을 말한다.(시행령 제19조 1항)

㉠ 저작권 등의 법적 권리

㉡ 법적 권리에는 속하지 아니하지만 경제적 가치를 가지는 것으로서 상당한 노력에 의하여 비밀로 유지된 생산방법・판매방법 기타 사업활동에 유용한 기술상 또는 경영상의 정보 등(이하 "영업비밀" 이라 한다)

⑤ 당해 물품의 수입후의 전매・처분 또는 사용에 따른 수익금액중 판매자에게 직접 또는 간접으로 귀속되는 금액

⑥ 수입항(輸入港)까지의 운임・보험료와 그 밖에 운송과 관련되는 비용으로서 대통령령으로 정하는 바에 따라 결정된 금액. 다만, 기획재정부령으로

정하는 물품의 경우에는 이의 전부 또는 일부를 제외할 수 있다.

여기서 "대통령령으로 정하는 바에 의하여 결정된 금액"이란 다음의 산출 방법에 따른다.(시행령 제20조 1~5항)

㉠ 운임 및 보험료는 당해 사업자가 발급한 운임명세서·보험료명세서 또는 이에 갈음할 수 있는 서류에 의하여 산출한다.

㉡ 운임 및 보험료를 산출할 수 없는 때에는 운송거리·운송방법 등을 참작하여 관세청장이 정하는 바에 따라 산출한다.

㉮ 관세청장이 정하는 물품이 항공기로 운송되는 경우에는 당해 물품이 항공기외의 일반적인 운송방법에 의하여 운송된 것으로 보아 운임 및 보험료를 산출한다.

㉯ 수입자의 선박 또는 항공기로 운송되는 물품, 운임과 적재수량을 특약한 항해용선계약에 따라 운송되는 물품(실제 적재수량이 특약수량에 미치지 아니하는 경우를 포함한다), 기타 특수조건에 의하여 운송되는 물품의 운임이 통상의 운임과 현저하게 다른 때에는 운송거리·운송방법 등을 참작하여 관세청장이 정하는 통상의 운임을 당해 물품의 운임으로 할 수 있다.

㉰ 수입항까지의 운임·보험료 기타 운송에 관련되는 비용으로서 대통령령으로 정하는 바에 따라 결정된 금액은 당해 수입물품이 수입항에 도착하여 본선하역준비가 완료될 때까지 수입자가 부담하는 비용을 말한다.

2) 조정 비용

구매자가 지급하였거나 지급하여야 할 총금액에서 다음 하나에 해당하는 금액을 명백히 구분할 수 있는 때에는 그 금액을 뺀 금액을 말한다.(관세법 제30조 2항)

① 수입 후에 하는 해당 수입물품의 건설, 설치, 조립, 정비, 유지 또는 해당 수입물품에 관한 기술지원에 필요한 비용

② 수입항에 도착한 후 해당 수입물품을 운송하는 데에 필요한 운임·보험료와 그 밖에 운송과 관련되는 비용

③ 우리나라에서 해당 수입물품에 부과된 관세 등의 세금과 그 밖의 공과금

④ 연불조건(延拂條件)의 수입인 경우에는 해당 수입물품에 대한 연불이자
여기서 "연불이자"는 다음의 요건을 갖춘 것이어야 한다.(시행령 제20조 7항)

㉠ 연불이자가 수입물품의 대가로 실제로 지급하였거나 지급하여야 할 금액과 구분될 것

㉡ 서면에 의한 계약서로 확인될 것

㉢ 당해 물품이 수입신고된 가격으로 판매되고, 이자율이 금융이 제공된 국가에서 당시 그러한 거래에서 통용되는 수준을 초과하지 아니할 것

(2) 제1 평가방법의 배제

다음 하나에 해당하는 경우에는 제1평가방법인 거래가격을 당해 물품의 과세가격으로 하지 아니하고 관세법 제31조부터 제35조까지에 규정된 방법(제2~6방법)으로 과세가격을 결정한다. 이 경우 세관장은 다음 어느 하나에 해당하는 것으로 판단하는 근거를 납세의무자에게 미리 서면으로 통보하여 의견을 제시할 기회를 주어야 한다.(관세법 제30조 3항)

① 해당 물품의 처분 또는 사용에 제한이 있는 경우. 다만, 세관장이 제1평가방법에 따른 거래가격에 실질적으로 영향을 미치지 아니한다고 인정하는 제한이 있는 경우 등 대통령령으로 정하는 경우는 제외한다.
여기서 "물품의 처분 또는 사용에 제한이 있는 경우"란 i) 전시용·자선용·교육용 등 당해 물품을 특정용도로 사용하도록 하는 제한, ii) 당해 물품을 특정인에게만 판매 또는 임대하도록 하는 제한, iii) 기타 당해 물품의 가격에 실질적으로 영향을 미치는 제한을 말한다.(시행령 제21조)
또한 "거래가격에 실질적으로 영향을 미치지 아니한다고 인정하는 제한이 있는 경우 등 대통령령으로 정하는 경우"란 i) 우리나라의 법령이나 법령에 의한 처분에 의하여 부과되거나 요구되는 제한, ii) 수입물품이 판매될 수 있는 지역의 제한, iii) 그 밖에 수입가격에 실질적으로 영향을 미치지 아니한다고 세관장이 인정하는 제한을 말한다.(시행령 제22조 1항)

② 해당 물품에 대한 거래의 성립 또는 가격의 결정이 금액으로 계산할 수 없는 조건 또는 사정에 따라 영향을 받은 경우

여기서 "금액으로 계산할 수 없는 조건 또는 사정에 의하여 영향을 받은 경우"란 i) 구매자가 판매자로부터 특정수량의 다른 물품을 구매하는 조건으로 당해 물품의 가격이 결정되는 경우, ii) 구매자가 판매자에게 판매하는 다른 물품의 가격에 따라 당해 물품의 가격이 결정되는 경우, iii) 판매자가 반제품을 구매자에게 공급하고 그 대가로 그 완제품의 일정수량을 받는 조건으로 당해 물품의 가격이 결정되는 경우가 포함되는 것으로 한다.(시행령 제22조 2항)

③ 해당 물품을 수입한 후에 전매·처분 또는 사용하여 생긴 수익의 일부가 판매자에게 직접 또는 간접으로 귀속되는 경우. 다만, 제1평가방법에 따라 적절히 조정할 수 있는 경우는 제외한다.

④ 구매자와 판매자간에 대통령령으로 정하는 특수관계(이하 "특수관계"라 한다)가 있어 그 특수관계가 해당 물품의 가격에 영향을 미친 경우 다만, 해당 산업부문의 정상적인 가격결정 관행에 부합하는 방법으로 결정된 경우 등 대통령령으로 정하는 경우는 제외한다.
여기서 "구매자와 판매자간에 대통령령으로 정하는 특수관계"란 다음 하나에 해당하는 경우를 말한다.(시행령 제23조 1항)

㉠ 구매자와 판매자가 상호 사업상의 임원 또는 관리자인 경우

㉡ 구매자와 판매자가 상호 법률상의 동업자인 경우

㉢ 구매자와 판매자가 고용관계에 있는 경우

㉣ 특정인이 구매자 및 판매자의 의결권 있는 주식을 직접 또는 간접으로 5퍼센트 이상 소유하거나 관리하는 경우

㉤ 구매자 및 판매자중 일방이 상대방에 대하여 법적으로 또는 사실상으로 지시나 통제를 할 수 있는 위치에 있는 등 일방이 상대방을 직접 또는 간접으로 지배하는 경우

㉥ 구매자 및 판매자가 동일한 제3자에 의하여 직접 또는 간접으로 지배를 받는 경우

㉦ 구매자 및 판매자가 동일한 제3자를 직접 또는 간접으로 공동지배하는 경우

㉧ 구매자와 판매자가 「국세기본법 시행령」 제1조의2 제1항 각호의[66] 규

정 중 어느 하나에 해당하는 친족관계에 있는 경우

또한 "해당 산업부문의 정상적인 가격결정 관행에 부합하는 방법으로 결정된 경우 등 대통령령으로 정하는 경우"란 다음 어느 하나에 해당하는 경우를 말한다.(시행령 제23조 2항)

㉠ 특수관계가 없는 구매자와 판매자간에 통상적으로 이루어지는 가격결정방법으로 결정된 경우

㉡ 당해 산업부문의 정상적인 가격결정 관행에 부합하는 방법으로 결정된 경우

㉢ 해당 물품의 가격이 다음 각 목의 어느 하나의 가격에 근접하는 가격으로서 기획재정부령으로 정하는 가격에 해당함을 구매자가 입증한 경우

- 특수관계가 없는 우리나라의 구매자에게 수출되는 동종·동질물품 또는 유사물품의 거래가격
- 법 제33조 및 법 제34조의 규정에 의하여 결정되는 동종·동질물품 또는 유사물품의 과세가격

(3) 거래가격에 대한 증명자료의 제출

세관장은 납세의무자가 위의 규정에 의한 거래가격으로 가격신고를 한 경우 해당 신고가격이 동종·동질물품 또는 유사물품의 거래가격과 현저한 차이가 있는 등 이를 과세가격으로 인정하기 곤란한 경우로서 대통령령으로 정하는 경우에는 대통령령으로 정하는 바에 따라 납세의무자에게 신고가격이 사실과 같음을 증명할 수 있는 자료를 제출할 것을 요구할 수 있다.(관세법 제30조 4항) 자료제출을 요구하는 때에는 그 사유와 자료제출에 필요한 기간을 기재한 서면으로 하여야 한다.(시행령 제24조 2항)

여기서 "과세가격으로 인정하기 곤란한 경우로서 대통령령으로 정하는 경우"란 다음 하나에 해당하는 경우를 말한다.(시행령 제24조 1항)

66) 제1조의2(특수관계인의 범위) ① 법 제2조 제20호 가목에서 "혈족·인척 등 대통령령으로 정하는 친족관계"란 다음 각 호의 어느 하나에 해당하는 관계(이하 "친족관계"라 한다)를 말한다. 1. 6촌 이내의 혈족 2. 4촌 이내의 인척 3. 배우자(사실상의 혼인관계에 있는 자를 포함한다) 4. 친생자로서 다른 사람에게 친양자 입양된 자 및 그 배우자·직계비속

① 납세의무자가 신고한 가격이 동종·동질물품 또는 유사물품의 가격과 현저한 차이가 있는 경우

② 납세의무자가 동일한 공급자로부터 계속하여 수입하고 있음에도 불구하고 신고한 가격에 현저한 변동이 있는 경우

③ 신고한 물품이 원유·광석·곡물 등 국제거래시세가 공표되는 물품인 경우 신고한 가격이 그 국제거래시세와 현저한 차이가 있는 경우

④ 신고한 물품이 원유·광석·곡물 등으로서 국제거래시세가 공표되지 않는 물품인 경우 관세청장 또는 관세청장이 지정하는 자가 조사한 수입물품의 산지 조사가격이 있는 때에는 신고한 가격이 그 조사가격과 현저한 차이가 있는 경우

⑤ 납세의무자가 거래처를 변경한 경우로서 신고한 가격이 종전의 가격과 현저한 차이가 있는 경우

⑥ 위의 ①~⑤의 사유에 준하는 사유로서 기획재정부령이 정하는 경우

또한 세관장은 납세의무자가 요구받은 자료를 제출하지 아니하거나 납세의무자가 제출한 자료가 일반적으로 인정된 회계원칙에 부합하지 아니하게 작성된 경우, 그 밖에 대통령령으로 정하는 사유에 해당하여 신고가격을 과세가격으로 인정하기 곤란한 경우에는 제1평가방법에 의하여 과세가격을 결정하지 아니하고 관세법 제31조부터 제35조까지에 규정된 방법(제2~6방법)으로 과세가격을 결정한다. 이 경우 세관장은 빠른 시일 내에 과세가격 결정을 하기 위하여 납세의무자와 정보교환 등 적절한 협조가 이루어지도록 노력하여야 하며, 신고가격을 과세가격으로 인정하기 곤란한 사유와 과세가격 결정내용을 해당 납세의무자에게 통보하여야 한다.(관세법 제30조 5항) 여기서 "그 밖에 대통령령으로 정하는 사유에 해당하여 신고가격을 과세가격으로 인정하기 곤란한 경우"란 다음 어느 하나에 해당하는 경우를 말한다.(시행령 제24조 3항)

① 납세의무자가 제출한 자료가 수입물품의 거래관계를 구체적으로 나타내지 못하는 경우

② 그 밖에 납세의무자가 제출한 자료에 대한 사실관계를 확인할 수 없는 등 신고가격의 정확성이나 진실성을 의심할만한 합리적인 사유가 있는 경우

2. 동종 · 동질물품[67]의 거래가격을 기초로 한 과세가격의 결정(제2방법)

제1평가방법으로 과세가격을 결정할 수 없는 경우에는 과세가격으로 인정된 사실이 있는 동종 · 동질물품의 거래가격으로서 다음의 요건을 갖춘 가격을 기초로 하여 과세가격을 결정한다.(관세법 제31조 1항)

① 과세가격을 결정하려는 해당 물품의 생산국에서 생산된 것으로서 해당 물품의 선적일(船積日)에 선적되거나 해당 물품의 선적일을 전후하여 가격에 영향을 미치는 시장조건이나 상관행(商慣行)에 변동이 없는 기간 중에 선적되어 우리나라에 수입된 것일 것

② 거래 단계, 거래 수량, 운송 거리, 운송 형태 등이 해당 물품과 같아야 하며, 두 물품 간에 차이가 있는 경우에는 그에 따른 가격차이를 조정한 가격일 것

위의 규정에 따라 과세가격으로 인정된 사실이 있는 동종 · 동질물품의 거래가격이라 하더라도 그 가격의 정확성과 진실성을 의심할만한 합리적인 사유가 있는 경우 그 가격은 과세가격 결정의 기초자료에서 제외한다. (관세법 제31조 2항)

동종 · 동질물품의 거래가격이 둘 이상 있는 경우에는 생산자, 거래 시기, 거래 단계, 거래 수량 등(이하 "거래내용등"이라 한다)이 해당 물품과 가장 유사한 것에 해당하는 물품의 가격을 기초로 하고, 거래내용등이 같은 물품이 둘 이상이 있고 그 가격도 둘 이상이 있는 경우에는 가장 낮은 가격을 기초로 하여 과세가격을 결정한다.(관세법 제31조 3항)

3. 유사물품[68]의 거래가격을 기초로 한 과세가격의 결정(제3방법)

제1방법과 제2방법으로 과세가격을 결정할 수 없을 때에는 과세가격으로 인정

---

67) 당해 수입물품의 생산국에서 생산된 것으로서 물리적 특성, 품질 및 소비자 등의 평판을 포함한 모든 면에서 동일한 물품(외양에 경미한 차이가 있을 뿐 그 밖의 모든 면에서 동일한 물품을 포함한다)을 말한다.(시행령 제25조)

68) 당해 수입물품의 생산국에서 생산된 것으로서 모든 면에서 동일하지는 아니하지만 동일한 기능을 수행하고 대체사용이 가능할 수 있을 만큼 비슷한 특성과 비슷한 구성요소를 가지고 있는 물품을 말한다.(시행령 제26조)

된 사실이 있는 유사물품의 거래가격으로서 관세법 제31조 제1항 각호의 요건(제2방법)을 갖춘 가격을 기초로 하여 과세가격을 결정한다.(관세법 제32조 1항)

위의 규정에 따라 과세가격으로 인정된 사실이 있는 유사물품의 거래가격이라 하더라도 그 가격의 정확성과 진실성을 의심할만한 합리적인 사유가 있는 경우 그 가격은 과세가격 결정의 기초자료에서 제외한다.(관세법 제32조 2항)

유사물품의 거래가격이 둘 이상 있는 때에는 거래내용 등이 해당 물품과 가장 유사한 것에 해당하는 물품의 가격을 기초로 하고, 거래내용등이 같은 물품이 둘 이상 있고 그 가격이 둘 이상이 있는 경우에는 가장 낮은 가격을 기초로 하여 과세가격을 결정한다.(관세법 제32조 3항)

4. 국내판매가격을 기초로 한 과세가격의 결정(제4방법)

위의 제1, 2, 3방법으로 과세가격을 결정할 수 없을 때에는 해당 물품, 동종·동질물품 또는 유사물품이 수입된 것과 동일한 상태로 해당 물품의 수입신고일 또는 수입신고일과 거의 동시에 특수관계가 없는 자에게 가장 많은 수량으로 국내에서 판매되는 단위가격[69]을 기초로 하여 산출한 금액에서 i) 국내판매와 관련하여 통상적으로 지급하였거나 지급하여야 할 것으로 합의된 수수료 또는 동종·동류의 수입물품[70]이 국내에서 판매되는 때에 통상적으로 부가되는 이윤 및 일반경비에 해당하는 금액, ii) 수입항에 도착한 후 국내에서 발생된 통상의 운임·보험료와 그 밖의 관련비용, iii) 해당 물품의 수입 및 국내판매와 관련하여 납부하였거나 납부하여야 하는 조세와 그 밖의 공과금을 뺀 가격을 과세가격으로 한다. 다만, 납세의무자가 요청하면 관세법 제34조(산정가격을 기초로 한 과세가격

69) 제27조(수입물품의 국내판매가격 등) ① 법 제33조 제1항 제1호에서 "국내에서 판매되는 단위가격"이란 수입 후 최초의 거래에서 판매되는 단위가격을 말한다. 다만, 다음 각 호의 어느 하나에 해당하는 경우의 가격은 이를 국내에서 판매되는 단위가격으로 보지 아니한다.(시행령 제27조 1항)
1. 최초거래의 구매자가 판매자 또는 수출자와 제23조 제1항에 따른 특수관계에 있는 경우
2. 최초거래의 구매자가 판매자 또는 수출자에게 제18조 각호의 물품 및 용역을 수입물품의 생산 또는 거래에 관련하여 사용하도록 무료 또는 인하된 가격으로 공급하는 경우

70) "동종·동류의 수입물품"이라 함은 당해 수입물품이 제조되는 특정산업 또는 산업부문에서 생산되고 당해 수입물품과 일반적으로 동일한 범주에 속하는 물품(동종·동질물품 또는 유사물품을 포함한다)을 말한다.(시행령 제27조 3항)

의 결정 ; 제5방법)에 따라 과세가격을 결정하되 제34조에 따라 결정할 수 없는 경우에는 제4방법, 제6방법(합리적인 기준에 의한 과세가격의 결정)의 순서에 따라 과세가격을 결정한다.(관세법 제33조 1항)

위의 i)에 따른 국내에서 판매되는 단위가격이라 하더라도 그 가격의 정확성과 진실성을 의심할만한 합리적인 사유가 있는 경우에는 제4방법(국내판매가격을 기초로 한 과세가격의 결정)을 적용하지 아니할 수 있다.(관세법 제33조 2항)

해당 물품, 동종·동질물품 또는 유사물품이 수입된 것과 동일한 상태로 국내 판매되는 사례가 없는 경우 납세의무자가 요청할 때에는 해당 물품이 국내에서 가공된 후 특수관계가 없는 자에게 가장 많은 수량으로 판매되는 단위가격을 기초로 하여 산출된 금액에서 i) 국내판매와 관련하여 통상적으로 지급하였거나 지급하여야 할 것으로 합의된 수수료 또는 동종·동류의 수입물품이 국내에서 판매되는 때에 통상적으로 부가되는 이윤 및 일반경비에 해당하는 금액, ii) 수입항에 도착한 후 국내에서 발생된 통상의 운임·보험료와 그 밖의 관련비용, iii) 해당 물품의 수입 및 국내판매와 관련하여 납부하였거나 납부하여야 하는 조세와 그 밖의 공과금, iv) 국내 가공에 따른 부가가치 금액을 뺀 가격을 과세가격으로 한다.(관세법 제33조 3항)

5. 산정가격을 기초로 한 과세가격의 결정(제5방법)

위의 제1~4방법으로 과세가격을 결정할 수 없을 때에는 다음 금액을 합한 가격을 기초로 하여 과세가격을 결정한다.(관세법 제34조 1항)

① 해당 물품의 생산에 사용된 원자재 비용 및 조립이나 그 밖의 가공에 드는 비용 또는 그 가격[71]

② 수출국 내에서 해당 물품과 동종·동류의 물품의 생산자가 우리나라에 수출하기 위하여 판매할 때 통상적으로 반영하는 이윤 및 일반 경비에 해당하는 금액

---

71) 조립 기타 가공에 소요되는 비용 또는 그 가격에는 법 제30조제1항제2호의 규정에 의한 금액이 포함되는 것으로 하며, 우리나라에서 개발된 기술·설계·고안·디자인 또는 공예에 소요되는 비용을 생산자가 부담하는 경우에는 당해 비용이 포함되는 것으로 한다.(시행령 제28조)

③ 해당 물품의 수입항까지의 운임·보험료와 그 밖에 운송과 관련된 비용으로서 관세법 제30조 제1항 제6호[72]에 따라 결정된 금액

납세의무자가 위의 규정에 따른 금액을 확인하는데 필요한 자료를 제출하지 않은 경우에는 이 방법(제5방법)을 적용하지 않을 수 있다.(관세법 제34조 2항)

6. 합리적 기준에 의한 과세가격의 결정(제6방법)

위의 제1~5방법으로 과세가격을 결정할 수 없는 때에는 대통령령으로 정하는 바에 따라 제1~5방법에 규정된 원칙과 부합되는 합리적인 기준에 의하여 과세가격을 결정한다.(관세법 제35조 1항)

합리적 기준에 의한 과세가격을 결정함에 있어서는 다음 방법에 의한다.(시행령 제29조 1항)

① 제2평가방법(관세법 제31조) 또는 제3평가방법(관세법 제32조)의 규정을 적용함에 있어서 관셉법 제31조 제1항 제1호의 요건(과세가격을 결정하고자 하는 당해 물품의 생산국에서 생산된 것으로서 당해 물품의 선적일에 선적되거나 당해 물품의 선적일을 전후하여 가격에 영향을 미치는 시장조건이나 상관행에 변동이 없는 기간중에 선적되어 우리나라에 수입된 것일 것)을 신축적으로 해석·적용하는 방법

② 제4평가방법(관세법 제33조)을 적용함에 있어서 수입된 것과 동일한 상태로 판매되어야 한다는 요건을 신축적으로 해석·적용하는 방법

③ 제4평가방법(관세법 제33조) 또는 제5평가방법(관세법 제34조)의 규정에 의하여 과세가격으로 인정된 바 있는 동종·동질물품 또는 유사물품의 과세가격을 기초로 과세가격을 결정하는 방법

④ 제27조 제2항 단서(법 제33조 제1항 제1호의 규정을 적용함에 있어서의 수입신고일과 거의 동시에 판매되는 단위가격은 당해 물품의 종류와 특성에 따라 수입신고일의 가격과 가격변동이 거의 없다고 인정되는 기간중의 판매가격으로 한다. 다만, 수입신고일부터 90일이 경과된 후에 판매되는

---

72) 수입항(輸入港)까지의 운임·보험료와 그 밖에 운송과 관련되는 비용으로서 대통령령으로 정하는 바(시행령 제20조 1~5항)에 따라 결정된 금액. 다만, 기획재정부령으로 정하는 물품의 경우에는 이의 전부 또는 일부를 제외할 수 있다.

가격을 제외한다.)의 규정을 적용하지 아니하는 방법

⑤ 그 밖에 거래의 실질 및 관행에 비추어 합리적이라고 인정되는 방법

합리적 기준에 의한 과세가격을 결정함에 있어서는 다음에 해당하는 가격을 기준으로 하여서는 아니된다.(시행령 제29조 2항)

① 우리나라에서 생산된 물품의 국내판매가격

② 선택가능한 가격중 반드시 높은 가격을 과세가격으로 하여야 한다는 기준에 따라 결정하는 가격

③ 수출국의 국내판매가격

④ 동종·동질물품 또는 유사물품에 대하여 법 제34조의 규정에 의한 방법외의 방법으로 생산비용을 기초로 하여 결정된 가격

⑤ 우리나라외의 국가에 수출하는 물품의 가격

⑥ 특정수입물품에 대하여 미리 설정하여 둔 최저과세기준가격

⑦ 자의적 또는 가공적인 가격

합리적인 방법으로 과세가격을 결정할 수 없을 때에는 국제거래시세·산지조사가격을 조정한 가격을 적용하는 방법 등 거래의 실질 및 관행에 비추어 합리적으로 인정되는 방법에 따라 과세가격을 결정한다.(관세법 제35조 2항)

Ⅲ 과세가격 결정방법의 통보 및 사전심사

1. 과세가격 결정방법 등의 통보

세관장은 납세의무자가 서면으로 요청하면 과세가격을 결정하는 데에 사용한 방법과 과세가격 및 그 산출근거를 그 납세의무자에게 서면으로 통보하여야 한다.(관세법 제36조)

2. 과세가격 결정방법의 사전심사

납세신고를 하여야 하는 자는 과세가격 결정과 관련하여 다음 사항에 관하여

의문이 있을 때에는 가격신고를 하기 전에 대통령령으로 정하는 바에 따라 관세청장에게 미리 심사하여 줄 것을 신청할 수 있다.(관세법 제37조 1항)

① 제1평가방법에서 해당 수입물품의 대가로서 구매자가 실제로 지급하였거나 지급하여야 할 가격을 산정할 때 더하거나 빼야 할 금액

② 제1평가방법의 배제에 해당하는지 여부

③ 특수관계가 있는 자들 간에 거래되는 물품의 과세가격 결정 방법

위의 규정에 따른 신청을 받은 관세청장은 대통령령으로 정하는 기간 이내에 과세가격의 결정방법을 심사한 후 그 결과를 신청인에게 통보하여야 한다.(관세법 제37조 2항) 여기서 "대통령령으로 정하는 기간"이란 다음의 구분에 따른 기간을 말한다. 이 경우 관세청장이 제출된 과세가격 결정에 관한 사전심사 신청서 및 서류의 보완을 요구한 경우에는 그 기간은 산입하지 아니한다.(시행령 제31조 3항)

① 위의 ①, ②에 해당하는 경우 : 1개월

② 위의 ③에 해당하는 경우 : 1년

제1평가방법에서 해당 수입물품의 대가로서 구매자가 실제로 지급하였거나 지급하여야 할 가격을 산정할 때 더하거나 빼야 할 금액 또는 제1평가방법의 배제에 해당하는지 여부에 관하여 의문이 있어 사전심사를 신청하여 결과를 통보받은 자가 그 결과에 이의가 있는 경우에는 그 결과를 통보받은 날부터 30일 이내에 대통령령으로 정하는 바에 따라 관세청장에게 재심사를 신청할 수 있다. 이 경우 재심사의 기간 및 결과의 통보에 관하여는 위의 규정(관세법 제37조 제2항)을 준용한다.(관세법 제37조 3항)

세관장은 관세의 납세의무자가 통보된 과세가격의 결정방법에 따라 납세신고를 한 경우 대통령령으로 정하는 요건을 갖춘 때에는 그 결정방법에 따라 과세가격을 결정하여야 한다.(관세법 제37조 4항) 여기서 "대통령령으로 정하는 요건"이란 다음 요건을 말한다.(시행령 제31조 5항)

① 과세가격 결정방법의 사전심사 신청인과 납세의무자가 동일할 것

② 과세가격 결정방법의 사전심사 신청시 제출된 내용에 거짓이 없고 그 내

용이 가격신고된 내용과 같을 것

③ 사전심사의 기초가 되는 법령이나 거래관계 등이 달라지지 아니하였을 것

④ 과세가격결정 방법 사전 심사 결과의 통보일로부터 3년 이내에 신고될 것

3. 국세의 정상가격 산출방법의 사전조정

관세법 제37조 제1항 제3호(특수관계가 있는 자들 간에 거래되는 물품의 과세가격 결정방법)에 관하여 의문이 있어 같은 항에 따른 사전심사를 신청하는 자는 관세의 과세가격과 국세의 정상가격을 사전에 조정(이하 이 조에서 "사전조정"이라 한다)받기 위하여 「국제조세조정에 관한 법률」 제6조 제1항에 따른 정상가격 산출방법의 사전승인(같은 조 제2항 단서에 따른 일방적 사전승인의 대상인 경우에 한정한다)을 관세청장에게 동시에 신청할 수 있다.(관세법 제37조의2 1항)

관세청장은 앞의 사전승인 신청을 받은 경우에는 국세청장에게 정상가격 산출방법의 사전승인 신청서류를 첨부하여 신청을 받은 사실을 통보하고, 국세청장과 과세가격 결정방법, 정상가격 산출방법 및 사전조정 가격의 범위에 대하여 대통령령으로 정하는 바에 따라 협의하여야 한다.(관세법 제37조의2 2항)

여기서 "대통령령으로 정하는 경우"란 해당 물품에 대한 관세의 과세가격 결정이 동종·동질물품의 거래가격을 기초로 한 과세가격의 결정방법(제2방법), 유사물품의 거래가격을 기초로 한 과세가격의 결정방법(제3방법), 국내판매가격을 기초로 한 과세가격의 결정방법(제4방법), 산정가격을 기초로 한 과세가격의 결정방법(제5방법) 중 어느 하나에 해당하는 방법에 따른 경우로서 그 물품에 대한 국세의 정상가격 산출이 다음 어느 하나에 해당하는 방법에 따른 경우를 말한다.(시행령 제31조의2)

① 「국제조세조정에 관한 법률」 제5조 제1항 제1호에 따른 비교가능 제3자 가격방법[73]

② 「국제조세조정에 관한 법률」 제5조 제1항 제2호에 따른 재판매가격방법[74]

---

73) 1. 비교가능 제3자 가격방법: 거주자와 국외특수관계인 간의 국제거래에서 그 거래와 유사한 거래 상황에서 특수관계가 없는 독립된 사업자 간의 거래가격을 정상가격으로 보는 방법

74) 2. 재판매가격방법: 거주자와 국외특수관계인이 자산을 거래한 후 거래의 어느 한 쪽인 그 자산의 구매자가 특수관계가 없는 자에게 다시 그 자산을 판매하는 경우 그 판매가격

③ 「국제조세조정에 관한 법률」 제5조 제1항 제3호에 따른 원가가산방법[75]

관세청장은 정상가격 산출방법의 사전승인과 관련하여 국세청장과 협의가 이루어진 경우에는 사전조정을 하여야 한다.(관세법 제37조의2 3항)

관세청장은 사전승인 신청의 처리결과를 사전조정을 신청한 자와 기획재정부장관에게 통보하여야 한다.(관세법 제37조의2 4항)

사전조정 신청 방법 및 절차 등에 관하여 필요한 사항은 관세법시행령 제31조(과세가격 결정방법의 사전심사) 및 「국제조세조정에 관한 법률 시행령」 제9조, 제10조, 제11조의2, 제12조 및 제13조를 준용한다.(관세법 제37조의2 5항)(시행령 제31조의3 3항)

Ⅳ 과세가격결정에 필요한 세부사항의 결정과 가산율 또는 공제율의 적용

1. 과세가격결정에 필요한 세부사항

관세청장은 다음 하나에 해당하는 물품에 대한 과세가격결정에 필요한 기초자료, 금액의 계산방법 등 과세가격결정에 필요한 세부사항을 정할 수 있다.(시행령 제29조 3항)

① 수입신고전에 변질·손상된 물품

② 여행자 또는 승무원의 휴대품·우편물·탁송품 및 별송품

③ 임차수입물품

④ 중고물품

⑤ 관세법 제188조(제품과세) 단서의 규정에 의하여 외국물품으로 보는 물품

⑥ 범칙물품

⑦ 기타 관세청장이 과세가격결정에 혼란이 발생할 우려가 있다고 인정하는 물품

에서 그 구매자의 통상의 이윤으로 볼 수 있는 금액을 뺀 가격을 정상가격으로 보는 방법

75) 3. 원가가산방법: 거주자와 국외특수관계인 간의 국제거래에서 자산의 제조·판매나 용역의 제공 과정에서 발생한 원가에 자산 판매자나 용역 제공자의 통상의 이윤으로 볼 수 있는 금액을 더한 가격을 정상가격으로 보는 방법

2. 가산율 또는 공제율의 적용

관세청장 또는 세관장은 장기간 반복하여 수입되는 물품에 대하여 법 제30조 제1항이나 법 제33조제1항 또는 제2항의 규정을 적용함에 있어서 납세의무자의 편의와 신속한 통관업무를 위하여 필요하다고 인정되는 때에는 당해 물품에 대하여 통상적으로 인정되는 가산율 또는 공제율을 정하여 이를 적용할 수 있다.(시행령 제30조 1항)

위의 규정에 의한 가산율 또는 공제율의 적용은 납세의무자의 요청이 있는 경우에 한한다.(시행령 제30조 2항)

 관세의 부과 등을 위한 정보제공 등

1. 관세의 부과 등을 위한 정보제공

관세청장 또는 세관장은 과세가격의 결정·조정 및 관세의 부과·징수를 위하여 필요한 경우에는 국세청장, 지방국세청장 또는 관할 세무서장에게 대통령령으로 정하는 정보 또는 자료를 요청할 수 있다. 이 경우 요청을 받은 기관은 정당한 사유가 없으면 요청에 따라야 한다.(관세법 제37조의3)

2. 특수관계자 수입물품 과세가격결정자료 제출

세관장은 관세법 제38조(신고납부) 제2항에 따른 세액심사시 특수관계에 있는 자가 수입하는 물품의 과세가격의 적정성을 심사하기 위하여 해당 특수관계자에게 과세가격결정자료를 제출할 것을 요구할 수 있다. 이 경우 자료의 제출범위, 제출방법 등은 대통령령으로 정한다.(관세법 제37조의4 1항)

세관장은 제출받은 과세가격결정자료에서 제30조(제1방법) 제1항 각 호의 어느 하나에 해당하는 금액이 이에 해당하지 아니하는 금액과 합산되어 있는지 불분명한 경우에는 이를 구분하여 계산할 수 있는 객관적인 증명자료의 제출을 요구할 수 있다.(관세법 제37조의4 2항)

위의 과세가격결정자료의 제출을 요구받은 자는 자료제출을 요구받은 날부터

60일 이내에 해당 자료를 제출하여야 한다. 다만, 대통령령으로 정하는 부득이한 사유로 제출기한의 연장을 신청하는 경우에는 세관장은 한 차례만 60일까지 연장할 수 있다.(관세법 제37조의4 3항)

세관장은 특수관계에 있는 자가 제2항에 따른 객관적인 증명자료를 위에서 정한 기한까지 제출하지 아니하는 경우에는 해당 과세가격결정자료에 따른 금액을 제30조 제1항 각 호 외의 부분 본문에 따른 거래가격으로 하여 과세가격을 결정할 수 있다. 다만, 특수관계에 있는 자의 요청이 있는 경우에는 제31조부터 제35조까지에 규정된 방법으로 과세가격을 결정하여야 한다.(관세법 제37조의4 4항)

제5절 세 율

I 관세율의 개념과 종류

1. 관세율의 개념

세율은 세액을 결정하는데 있어서 과세표준에 대하여 적용되는 비율을 말한다. 관세율은 과세표준인 수입물품의 가격 또는 수량에 대한 관세액의 비율이다. 즉, 관세액은 관세율 × 과세표준으로 산출된다. 세율은 조세법률주의에 따라 국회에서 법률로 정하는 것이 원칙이다.

2. 관세율의 종류

수입물품에 부과되는 관세의 세율은 기본세율, 잠정세율, 관세법 제51조부터 제67조까지, 제67조의2 및 제68조부터 제77조까지의 규정에 따라 대통령령 또는 기획재정부령이 정하는 세율이 있다.(관세법 제49조)

(1) 기본세율

관세율표상에 기본세율로 정해진 관세율을 말하며 수입물품에 원칙적으로 적용되는 세율이다. 기본세율은 잠정세율의 인상 또는 인하의 기준이 되며 탄력세율 산정의 기준이 된다.

(2) 잠정세율

관세율표상에 기본세율과 함께 잠정세율이란 이름으로 규정되어 있는 세율로서, 특정물품에 대하여 기본세율에 대한 예외적인 세율을 잠정적으로 적용하기 위하여 마련된 세율이다.

(3) 관세법 제51조부터 제67조까지, 제67조의2 및 제68조부터 제77조까지의 규정에 따라 대통령령 또는 기획재정부령이 정하는 세율

① 탄력세율 : 관세법 제51조 내지 제72조, 제74조, 제75조에 규정된 세율을 소위 탄력세율이라고 한다. 관세율은 조세법률주의원칙에 따라 국회에서 법률로서 정해지지만, 급변하는 국내외 경제정세에 신속히 대처하기 위하여 일정한 범위내에서 행정부에 관세율을 탄력적으로 조정, 변경할 수 있도록 위임할 필요가 있다. 이렇게 행정부가 관세율을 변경, 조정한 관세율을 탄력세율이라고 한다.

② 협정세율 : 협정세율은 대외무역의 증진을 위하여 필요하다고 인정되는 때에 정부가 특정국가 또는 국제기구와 관세에 관한 협상을 수행하는 과정에서 관세율을 양허한 경우의 관세율을 말한다. 관세법 제73조의 국제협력관세, 제76조와 제77조의 일반특혜관세가 이에 해당된다.

3. 세율적용의 우선순위

관세율은 다음 <표 14-2>의 순서에 따라 적용한다.(관세법 제50조 1,2항)

〈표 14-2〉 세율적용의 우선순위

1순위	• 덤핑방지관세(제51조) • 상계관세(제57조) • 보복관세(제63조) • 긴급관세(제65조) • 특정국물품긴급관세(제67조의2) • 농림축산물에 대한 특별긴급관세(제68조)	최우선 적용
2순위	• 국제협력관세(제73조) • 편익관세(제74조)	3~6순위 세율보다 낮은 경우에 한해 우선 적용
3순위	• 조정관세(제69조) • 할당관세(제71조) • 계절관세(제72조)	할당관세는 4순위 세율보다 낮은 경우에 한해 우선 적용
4순위	• 일반특혜관세(제76조)	
5순위	• 잠정관세율(제50조)	
6순위	• 기본관세율(제50조)	

* 국제협력관세(제73조) 중 국제기구와 관세에 관한 협상에서 국내외 가격차에 상당하는 율로 양허하거나 국내시장개방과 함께 기본세율보다 높은 세율로 양허한 농림축산물 중 대통령령이 정하는 물품에 대하여 양허한 세율(시장접근물량에 대한 양허세율을 포함한다)은 기본세율 및 잠정세율에 우선하여 적용

관세법 별표 관세율표 중 잠정세율의 적용을 받는 물품에 대하여는 대통령령으로 정하는 바에 따라 그 물품의 전부 또는 일부에 대하여 잠정세율의 적용을 정지하거나 기본세율과의 세율차를 좁히도록 잠정세율을 올리거나 내릴 수 있다. (관세법 제50조 4항) 이에 따라 잠정세율의 적용정지나 잠정세율의 인상 또는 인하의 필요가 있다고 인정되는 때에는 이를 기획재정부장관에게 요청할 수 있으며 요청시 관계부처의 장 또는 이해관계인은 다음의 사항에 관한 자료를 기획재정부장관에게 제출하여야 한다.(시행령 제57조 1,2항)

① 해당 물품의 관세율표 번호·품명·규격·용도 및 대체물품

② 해당 물품의 제조용 투입원료 및 해당 물품을 원료로 하는 관련제품의 제

조공정설명서 및 용도

③ 적용을 정지하여야 하는 이유 및 기간

④ 변경하여야 하는 세율·이유 및 그 적용기간

⑤ 최근 1년간의 월별 주요 수입국별 수입가격 및 수입실적

⑥ 최근 1년간의 월별 주요 국내제조업체별 공장도가격 및 출고실적

⑦ 기타 참고사항

기획재정부장관은 잠정세율의 적용정지 등에 관한 사항을 조사하기 위하여 필요하다고 인정되는 때에는 관계기관·수출자·수입자 기타 이해관계인에게 관련 자료의 제출 기타 필요한 협조를 요청할 수 있다.(시행령 제57조 3항)

한편 관세법 제51조부터 제67조까지, 제67조의2 및 제68조부터 제77조까지의 규정에 따라 대통령령 또는 기획재정부령으로 정하는 세율(탄력세율, 협정세율)을 적용함에 있어서 별표 관세율표 중 종량세인 경우에는 당해 세율에 상당하는 금액을 적용한다.(관세법 제50조 5항)

Ⅱ 탄력세율과 협정세율

1. 탄력세율

(1) 덤핑방지관세

① 덤핑방지관세의 부과대상

국내산업에 이해관계가 있는 자로서 대통령령으로 정하는 자 또는 주무부장관의 부과요청을 한 경우로서 외국의 물품이 대통령령으로 정하는 정상가격 이하로 수입(이하 "덤핑"이라 한다)되어 i) 국내산업이 실질적인 피해를 받거나 받을 우려가 있는 경우 또는 ii) 국내산업의 발전이 실질적으로 지연된 경우에 해당하는 것(이하 "실질적 피해 등"이라 한다)으로 조사를 통하여 확인되고 해당 국내산업을 보호할 필요가 있다고 인정되는 경우에는 기획재정부령으로 그 물품과 공급자 또는 공급국을 지정하여 해당 물품에 대하여 정상가격과 덤핑가격 간의 차액(이하 "덤핑차액"이라 한

다)에 상당하는 금액 이하의 관세 즉, 덤핑방지관세를 추가하여 부과할 수 있다.(관세법 제51조)

여기서 "정상가격"이라 함은 당해 물품의 공급국에서 소비되는 동종물품의 통상거래가격을 말한다. 다만, 동종물품이 거래되지 아니하거나 특수한 시장상황 등으로 인하여 통상거래가격을 적용할 수 없는 때에는 당해 국가에서 제3국으로 수출되는 수출가격 중 대표적인 가격으로서 비교 가능한 가격 또는 원산지국에서의 제조원가에 합리적인 수준의 관리비 및 판매비와 이윤을 합한 가격(이하 "구성가격"이라 한다)을 정상가격으로 본다.(시행령 제58조 1항)

당해 물품의 원산지국으로부터 직접 수입되지 아니하고 제3국을 거쳐 수입되는 경우에는 그 제3국의 통상거래가격을 정상가격으로 본다. 다만, 그 제3국안에서 당해 물품을 단순히 옮겨 싣거나 동종물품의 생산실적이 없는 때 또는 그 제3국내에 통상거래가격으로 인정될 가격이 없는 때에는 원산지국의 통상거래가격을 정상가격으로 본다.(시행령 제58조 2항)

당해 물품이 통제경제를 실시하는 시장경제체제가 확립되지 아니한 국가로부터 수입되는 때에는 위의 규정에 불구하고 i) 우리나라를 제외한 시장경제국가에서 소비되는 동종물품의 통상거래가격 또는 ii) 우리나라를 제외한 시장경제국가에서 우리나라를 포함한 제3국으로의 수출가격 또는 구성가격을 정상가격으로 본다. 다만, 시장경제체제가 확립되지 아니한 국가가 시장경제로의 전환체제에 있는 등 기획재정부령이 정하는 경우에는 위의 규정에 따른 통상거래가격 등을 정상가격으로 볼 수 있다.(시행령 제58조 3항)

또한 "덤핑가격"이라 함은 덤핑 및 실질적 피해등의 조사가 개시된 조사대상물품에 대하여 실제로 지급하였거나 지급하여야 하는 가격을 말한다. 다만, 공급자와 수입자 또는 제3자 사이에 특수관계 또는 보상약정이 있어 실제로 지급하였거나 지급하여야 하는 가격에 의할 수 없는 때에는 i) 수입물품이 그 특수관계 또는 보상약정이 없는 구매자에게 최초로 재판매된 경우에는 기획재정부령이 정하는 바에 따라 그 재판매 가격을 기초로 산정한 가격, ii) 수입물품이 그 특수관계 또는 보상약정이 없는 구매자에게 재판매된 실적이 없거나 수입된 상태로 물품이 재판매되지 아니하는 때에는 기획재정부령이 정하는 합리적인 기준에 의한 가격을 덤핑가격으

로 할 수 있다.(시행령 제58조 4항)

한편 정상가격과 덤핑가격의 비교는 가능한 한 동일한 시기 및 동일한 거래단계(통상적으로 공장도 거래단계를 말한다)에서 비교하여야 한다. 이 경우 당해 물품의 물리적 특성, 판매수량, 판매조건, 과세상의 차이, 거래단계의 차이, 환율변동 등이 가격비교에 영향을 미치는 경우에는 기획재정부령이 정하는 바에 따라 정상가격 및 덤핑가격을 조정하여야 하며, 덤핑률 조사대상기간은 6월 이상의 기간으로 한다.(시행령 제58조 5항)

이해관계인은 물리적 특성, 판매수량 및 판매조건의 차이로 인하여 덤핑가격 또는 정상가격의 가격조정을 요구하는 때에는 그러한 차이가 시장가격 또는 제조원가에 직접적으로 영향을 미친다는 사실을 입증하여야 한다.(시행령 제58조 6항)

② 덤핑 및 실질적 피해등의 조사

덤핑사실과 실질적 피해등의 사실에 관한 조사는 대통령령으로 정하는 바에 따른다.(관세법 제52조 1항)

기획재정부장관은 덤핑방지관세를 부과할 때 관련 산업의 경쟁력 향상, 국내 시장구조, 물가안정, 통상협력 등을 고려할 필요가 있는 경우에는 이를 조사하여 반영할 수 있다.(관세법 제52조 2항)

③ 덤핑방지관세를 부과하기 전의 잠정조치

기획재정부장관은 덤핑방지관세의 부과여부를 결정하기 위하여 조사가 개시된 경우로서 다음 하나에 해당하는 경우에는 조사기간 중에 발생하는 피해를 방지하기 위하여 해당 조사가 종결되기 전이라도 대통령령으로 정하는 바에 따라 그 물품과 공급자 또는 공급국 및 기간을 정하여 잠정적으로 추계된 덤핑차액에 상당하는 금액 이하의 잠정덤핑방지관세를 추가하여 부과하도록 명하거나 담보를 제공하도록 명하는 조치(이하 (1) 덤핑방지관세에서 "잠정조치"라 한다)를 할 수 있다.(관세법 제53조 1항)

- 해당 물품에 대한 덤핑사실 및 그로 인한 실질적 피해등의 사실이 있다고 추정되는 충분한 증거가 있는 경우
- 관세법 제54조(덤핑방지관세와 관련된 약속의 제의)의 규정에 따른 약속을 위반하거나 약속의 이행에 관한 자료제출 요구 및 제출자료의 검증 허용 요구에 응하지 아니한 경우로서 이용할 수 있는 최선의 정보가 있

는 경우

한편 다음 하나에 해당하는 경우에는 대통령령으로 정하는 바에 따라 납부된 잠정덤핑방지관세를 환급하거나 제공된 담보를 해제하여야 한다.(관세법 제53조 2항)

- 잠정조치를 한 물품에 대한 덤핑방지관세의 부과요청이 철회되어 조사가 종결된 경우
- 잠정조치를 한 물품에 대한 덤핑방지관세의 부과여부가 결정된 경우
- 관세법 제54조(덤핑방지관세와 관련된 약속의 제의)에 따른 약속이 수락된 경우

다음 하나에 해당하는 경우 덤핑방지관세액이 잠정덤핑방지관세액을 초과할 때에는 그 차액을 징수하지 아니하며, 덤핑방지관세액이 잠정덤핑방지관세액에 미달될 때에는 그 차액을 환급하여야 한다.(관세법 제53조 3항)

- 덤핑과 그로 인한 산업피해를 조사한 결과 해당 물품에 대한 덤핑 사실 및 그로 인한 실질적 피해등의 사실이 있는 것으로 판정된 이후에 관세법 제54조(덤핑방지관세와 관련된 약속의 제의)에 따른 약속이 수락된 경우
- 관세법 제55조(덤핑방지관세의 부과 시기) 단서에 따라 덤핑방지관세를 소급하여 부과하는 경우

④ 덤핑방지관세와 관련된 약속의 제의

덤핑방지관세의 부과여부를 결정하기 위한 예비조사결과 해당 물품에 대한 덤핑사실 및 그로 인한 실질적 피해등의 사실이 있는 것으로 판정된 경우 해당 물품의 수출자 또는 기획재정부장관은 대통령령으로 정하는 바에 따라 덤핑으로 인한 피해가 제거될 정도의 가격수정이나 덤핑수출의 중지에 관한 약속을 제의할 수 있다.(관세법 제54조 1항)

이러한 약속이 수락된 경우 기획재정부장관은 잠정조치 또는 덤핑방지관세의 부과 없이 조사가 중지 또는 종결되도록 하여야 한다. 다만, 기획재정부장관이 필요하다고 인정하거나 수출자가 조사를 계속하여 줄 것을 요청한 경우에는 그 조사를 계속할 수 있다.(관세법 제54조 2항)

⑤ 덤핑방지관세의 부과시기

덤핑방지관세의 부과와 잠정조치는 각각의 조치일 이후 수입되는 물품에 대하여 적용된다. 다만, 잠정조치가 적용된 물품에 대하여 국제협약에서 달리 정하는 경우와 그 밖에 대통령령으로 정하는 경우에는 그 물품에 대하여도 덤핑방지관세를 부과할 수 있다.(관세법 제55조)

⑥ 덤핑방지관세에 대한 재심사 등

기획재정부장관은 필요하다고 인정될 때에는 대통령령으로 정하는 바에 따라 덤핑방지관세의 부과와 관세법 제54조(덤핑방지관세와 관련된 약속의 제의)에 따른 약속에 대하여 재심사를 할 수 있으며, 재심사의 결과에 따라 덤핑방지관세의 부과, 약속의 내용변경, 환급 등 필요한 조치를 할 수 있다.(관세법 제56조 1항)

덤핑방지관세의 부과나 관세법 제54조(덤핑방지관세와 관련된 약속의 제의)의 규정에 의하여 수락된 약속은 기획재정부령으로 그 적용시한을 따로 정하는 경우를 제외하고는 해당 덤핑방지관세 또는 약속의 시행일부터 5년이 지나면 그 효력을 잃으며, 위의 규정(관세법 제56조 1항)에 따라 덤핑과 산업피해를 재심사하고 그 결과에 따라 내용을 변경할 때에는 기획재정부령으로 그 적용시한을 따로 정하는 경우를 제외하고는 변경된 내용의 시행일부터 5년이 지나면 그 효력을 잃는다.(관세법 제56조 2항)

덤핑방지관세의 부과 및 시행 등에 관하여 필요한 사항은 대통령령으로 정한다.(관세법 제56조 3항)

(2) 상계관세

① 상계관세의 부과대상

국내산업에 이해관계가 있는 자로서 대통령령으로 정하는 자 또는 주무부장관이 부과요청을 한 경우로서 외국에서 제조·생산 또는 수출에 관하여 직접 또는 간접으로 보조금이나 장려금(이하 "보조금등"이라 한다)을 받은 물품의 수입으로 인하여 i) 국내산업이 실질적인 피해를 받거나 받을 우려가 있는 경우 또는 ii) 국내산업의 발전이 실질적으로 지연된 경우에 해당하는 것(이하 "실질적 피해 등"이라 한다)으로 조사를 통하여 확인되고, 해당 국내산업을 보호할 필요가 있다고 인정되는 경우에는 기획재정부령으로 그 물품과 수출자 또는 수출국을 지정하여 그 물품에 대하여 해당 보조금등의 금액 이하의 관세(이하 "상계관세"라 한다)를 추가하여 부과할 수 있다.(관세법 제57조)

여기서 "보조금등"은 정부·공공기관 등의 재정지원 등에 의한 혜택 중 특정성이 있는 것을 말한다. 다만, 기획재정부령이 정하는 보조금 또는 장려금은 제외한다. "특정성"이라 함은 보조금등이 특정기업이나 산업 또는 특정기업군이나 산업군에 지급되는 경우를 말하며, 구체적인 판별기준은 기획재정부령으로 정한다. 보조금등의 금액은 수혜자가 실제로 받는 혜택을 기준으로 하여 기획재정부령이 정하는 바에 따라 계산한다.(시행령 제72조 1,2,3항)

② 보조금등의 지급과 실질적 피해등의 조사

보조금등의 지급과 실질적 피해등의 사실에 관한 조사는 대통령령으로 정하는 바에 따르며(관세법 제58조 1항) 기획재정부장관은 상계관세를 부과할 때 관련 산업의 경쟁력 향상, 국내 시장구조, 물가안정, 통상협력 등을 고려할 필요가 있는 경우에는 이를 조사하여 반영할 수 있다.(관세법 제58조 2항)

③ 상계관세를 부과하기 전의 잠정조치

기획재정부장관은 상계관세의 부과여부를 결정하기 위하여 조사가 개시된 물품이 보조금등을 받아 수입되어 다음 하나에 해당한다고 인정되는 경우에는 대통령령으로 정하는 바에 따라 국내산업의 보호를 위하여 조사가 종결되기 전이라도 그 물품의 수출자 또는 수출국 및 기간을 정하여 보조금등의 추정액에 상당하는 금액 이하의 잠정상계관세를 부과하도록 명하거나 담보를 제공하도록 명하는 조치(이하 "잠정조치"라 한다)를 할 수 있다.(관세법 제59조 1항)

- 국내산업에 실질적 피해등이 발생한 사실이 있다고 추정되는 충분한 증거가 있음이 확인되는 경우
- 관세법 제60조(상계관세와 관련된 약속의 제의)에 따른 약속을 철회하거나 위반한 경우와 그 약속의 이행에 관한 자료를 제출하지 아니한 경우로서 이용할 수 있는 최선의 정보가 있는 경우

잠정조치가 취하여진 물품에 대하여 상계관세의 부과요청이 철회되어 조사가 종결되거나 상계관세의 부과여부가 결정된 경우 또는 제60조에 따른

약속이 수락된 경우에는 대통령령으로 정하는 바에 따라 납부된 잠정상계관세를 환급하거나 제공된 담보를 해제하여야 한다. 다만, 다음 하나에 해당하는 경우 상계관세액이 잠정상계관세액을 초과할 때에는 그 차액을 징수하지 아니하고, 상계관세액이 잠정상계관세액에 미달될 때에는 그 차액을 환급하여야 한다.(관세법 제59조 2항)

- 보조금등의 지급과 그로 인한 산업피해를 조사한 결과 해당 물품에 대한 보조금등의 지급과 그로 인한 실질적 피해등의 사실이 있다고 판정된 이후에 제60조(상계관세와 관련된 약속의 제의에 따른 약속이 수락된 경우
- 제61조(상계관세의 부과 시기) 단서에 따라 상계관세를 소급하여 부과하는 경우

④ 상계관세와 관련된 약속의 제의

상계관세의 부과여부를 결정하기 위한 예비조사를 한 결과 보조금등의 지급과 그로 인한 실질적 피해등의 사실이 있는 것으로 판정된 경우 해당 물품의 수출국정부 또는 기획재정부장관은 대통령령으로 정하는 바에 따라 해당 물품에 대한 보조금등을 철폐 또는 삭감하거나 보조금등의 국내산업에 대한 피해효과를 제거하기 위한 적절한 조치에 관한 약속을 제의할 수 있으며, 해당 물품의 수출자는 수출국정부의 동의를 얻어 보조금등의 국내산업에 대한 피해효과가 제거될 수 있을 정도로 가격을 수정하겠다는 약속을 제의할 수 있다.(관세법 제60조 1항) 이러한 약속이 수락된 경우 기획재정부장관은 잠정조치 또는 상계관세의 부과 없이 조사가 중지 또는 종결되도록 하여야 한다. 다만, 기획재정부장관이 필요하다고 인정하거나 수출국 정부가 피해조사를 계속하여 줄 것을 요청한 경우에는 그 조사를 계속할 수 있다.(관세법 제60조 2항)

⑤ 상계관세의 부과시기

상계관세의 부과와 잠정조치는 각각의 조치일 이후 수입되는 물품에 대하여 적용된다. 다만, 잠정조치가 적용된 물품에 대하여 국제협약에서 달리 정하고 있는 경우와 그 밖에 대통령령으로 정하는 경우에는 그 물품에 대하여도 상계관세를 부과할 수 있다.(관세법 제61조)

⑥ 상계관세에 대한 재심사 등

기획재정부장관은 필요하다고 인정될 때에는 대통령령으로 정하는 바에 따라 상계관세의 부과와 제60조에 따른 약속에 대하여 재심사를 할 수 있으며, 재심사의 결과에 따라 상계관세의 부과, 약속 내용의 변경, 환급 등 필요한 조치를 할 수 있다.(관세법 제62조 1항)

상계관세의 부과나 제60조에 따라 수락된 약속은 기획재정부령으로 그 적용시한을 따로 정하는 경우를 제외하고는 해당 상계관세 또는 약속의 시행일부터 5년이 지나면 그 효력을 잃으며, 제1항에 따라 보조금등의 지급과 산업피해를 재심사하고 그 결과에 따라 내용을 변경할 때에는 기획재정부령으로 그 적용시한을 따로 정하는 경우를 제외하고는 변경된 내용의 시행일부터 5년이 지나면 그 효력을 잃는다.(관세법 제62조 2항)

상계관세의 부과 및 시행 등에 관하여 필요한 사항은 대통령령으로 정한다.(관세법 제62조 3항)

(3) 보복관세

① 보복관세의 부과대상

교역상대국이 우리나라의 수출물품 등에 대하여 다음 어느 하나에 해당하는 행위를 하여 우리나라의 무역이익이 침해되는 경우에는 그 나라로부터 수입되는 물품에 대하여 피해상당액의 범위에서 관세(이하 "보복관세"라 한다)를 부과할 수 있다.(관세법 제63조 1항)

㉠ 관세 또는 무역에 관한 국제협정이나 양자 간의 협정 등에 규정된 우리나라의 권익을 부인하거나 제한하는 경우

㉡ 그 밖에 우리나라에 대하여 부당하거나 차별적인 조치를 하는 경우

보복관세를 부과하여야 하는 대상국가·물품·수량·세율·적용시한 기타 필요한 사항에 관하여는 대통령령으로 정한다.(관세법 제63조 2항)

② 보복관세의 부과에 관한 협의

기획재정부장관은 보복관세를 부과할 때 필요하다고 인정되는 경우에는

관련 국제기구 또는 당사국과 미리 협의할 수 있다.(관세법 제64조)

(4) 긴급관세

① 긴급관세의 부과대상 등

특정물품의 수입증가로 인하여 동종물품 또는 직접적인 경쟁관계에 있는 물품을 생산하는 국내산업(이하 "국내산업"이라 한다)이 심각한 피해를 받거나 받을 우려(이하 "심각한 피해등""이라 한다)가 있음이 조사를 통하여 확인되고 해당 국내산업을 보호할 필요가 있다고 인정되는 경우에는 해당 물품에 대하여 심각한 피해등을 방지하거나 치유하고 조정을 촉진(이하 "피해의 구제등"이라 한다)하기 위하여 필요한 범위에서 관세(이하 "긴급관세"라 한다)를 추가하여 부과할 수 있다.(관세법 제65조 1항)

긴급관세는 해당 국내산업의 보호 필요성, 국제통상관계, 긴급관세 부과에 따른 보상 수준 및 국민경제 전반에 미치는 영향 등을 검토하여 부과 여부와 그 내용을 결정한다.(관세법 제65조 2항)

기획재정부장관은 긴급관세를 부과하는 경우에는 이해당사국과 긴급관세 부과의 부정적 효과에 대한 적절한 무역보상방법에 관하여 협의를 할 수 있다(관세법 제65조 3항)

긴급관세의 부과와 잠정긴급관세의 부과는 각각의 부과조치 결정 시행일 이후 수입되는 물품에 한정하여 적용한다.(관세법 제65조 4항)

긴급관세의 부과기간은 4년을 초과할 수 없으며, 잠정긴급관세는 200일을 초과하여 부과할 수 없다. 다만, 제67조(긴급관세에 대한 재심사 등)에 따른 재심사의 결과에 따라 부과기간을 연장하는 경우에는 잠정긴급관세의 부과기간, 긴급관세의 부과기간, 「대외무역법」 제39조 제1항에 따른 수입수량제한 등의 적용기간 및 그 연장기간을 포함한 총 적용기간은 8년을 초과할 수 없다.(관세법 제65조 5항)

긴급관세 또는 잠정긴급관세를 부과하여야 하는 대상 물품, 세율, 적용기간, 수량, 수입관리방안, 그 밖에 필요한 사항은 기획재정부령으로 정한다.(관세법 제65조 6항)

기획재정부장관은 긴급관세 또는 잠정긴급관세의 부과 여부를 결정하기 위하여 필요하다고 인정되는 경우에는 관계 행정기관의 장 및 이해관계인

등에게 관련 자료의 제출 등 필요한 협조를 요청할 수 있다.(관세법 제65조 7항)

② 잠정긴급관세의 부과 등

긴급관세의 부과 여부를 결정하기 위하여 조사가 시작된 물품 또는 「불공정무역행위 조사 및 산업피해구제에 관한 법률」 제7조 제1항에 따라 잠정조치가 건의된 물품에 대하여 조사기간 중에 발생하는 심각한 피해등을 방지하지 아니하는 경우 회복하기 어려운 피해가 초래되거나 초래될 우려가 있다고 판단될 때에는 조사가 종결되기 전에 피해의 구제등을 위하여 필요한 범위에서 잠정긴급관세를 추가하여 부과할 수 있다.(관세법 제66조 1항)

긴급관세의 부과 또는 수입수량제한등의 조치 여부를 결정한 때에는 제1항에 따른 잠정긴급관세의 부과를 중단한다.(관세법 제66조 2항)

긴급관세의 부과 또는 수입수량제한등의 조치 여부를 결정하기 위하여 조사한 결과 수입증가가 국내산업에 심각한 피해를 초래하거나 초래할 우려가 있다고 판단되지 아니하는 경우에는 납부된 잠정긴급관세를 환급하여야 한다.(관세법 제66조 3항)

③ 긴급관세에 대한 재심사 등

기획재정부장관은 필요하다고 인정되는 때에는 긴급관세의 부과결정에 대하여 재심사를 할 수 있으며, 재심사결과에 따라 부과내용을 변경할 수 있다. 이 경우 변경된 내용은 최초의 조치내용보다 더 강화되어서는 아니된다.(관세법 제67조)

(5) 특정국물품긴급관세 부과

① 부과요건

국제조약 또는 일반적인 국제법규에 따라 허용되는 한도에서 대통령령으로 정하는 국가를 원산지로 하는 물품(이하 "특정국물품"이라 한다)이 다음 어느 하나에 해당하는 것으로 조사를 통하여 확인된 경우에는 피해를 구제하거나 방지하기 위하여 필요한 범위에서 관세(이하 "특정국물품 긴급관세"라 한다)를 추가하여 부과할 수 있다.(관세법 제67조의2 1항)

㉠ 해당 물품의 수입증가가 국내시장의 교란 또는 교란우려의 중대한 원인이 되는 경우

㉡ 세계무역기구 회원국이 해당 물품의 수입증가에 대하여 자국의 피해를 구제하거나 방지하기 위하여 한 조치로 인하여 중대한 무역전환이 발생하여 해당 물품이 우리나라로 수입되거나 수입될 우려가 있는 경우

여기서 "국내시장의 교란 또는 교란우려"란 특정국물품의 수입증가로 인하여 동종물품 또는 직접적인 경쟁관계에 있는 물품을 생산하는 국내산업이 실질적 피해를 받거나 받을 우려가 있는 경우를 말한다.(관세법 제67조의2 2항)

특정국물품 긴급관세 또는 특정국물품 잠정긴급관세를 부과하여야 하는 대상 물품, 세율, 적용기간, 수량, 수입관리방안 등에 관하여 필요한 사항은 기획재정부령으로 정한다.(관세법 제67조의2 3항)

② 이해당사국과의 협의

기획재정부장관은 특정국물품 긴급관세를 부과할 때에는 이해당사국과 해결책을 모색하기 위하여 사전 협의를 할 수 있다.(관세법 제67조의2 4항)

③ 특정국물품잠정긴급관세의 부과 및 환급

관세법 제67조의 1 제1항 제1호(해당 물품의 수입증가가 국내시장의 교란 또는 교란우려의 중대한 원인이 되는 경우)에 따라 특정국물품 긴급관세의 부과 여부를 결정하기 위한 조사가 시작된 물품에 대하여 조사기간 중에 발생하는 국내시장의 교란을 방지하지 아니하는 경우 회복하기 어려운 피해가 초래되거나 초래될 우려가 있다고 판단될 때에는 조사가 종결되기 전에 피해를 구제하거나 방지하기 위하여 필요한 범위에서 특정국물품에 대한 잠정긴급관세(이하 "특정국물품 잠정긴급관세"라 한다)를 200일의 범위에서 부과할 수 있다.(관세법 제67조의2 5항)

특정국물품 긴급관세의 부과 여부를 결정하기 위하여 조사한 결과 국내시장의 교란 또는 교란우려가 있다고 판단되지 아니하는 경우에는 제5항에 따라 납부된 특정국물품 잠정긴급관세를 환급하여야 한다.(관세법 제67조의2 6항)

④ 특정국물품긴급관세의 부과중지

관세법 제67조의 1 제1항 제2호(세계무역기구 회원국이 해당 물품의 수입증가에 대하여 자국의 피해를 구제하거나 방지하기 위하여 한 조치로 인하여 중대한 무역전환이 발생하여 해당 물품이 우리나라로 수입되거나 수입될 우려가 있는 경우)에 따른 특정국물품 긴급관세 부과의 원인이 된

세계무역기구 회원국의 조치가 종료된 때에는 그 종료일부터 30일 이내에 특정국물품 긴급관세 부과를 중지하여야 한다.(관세법 제67조의2 7항)

⑤ 특정국물품 (잠정)긴급관세에 대한 (잠정)긴급관세 규정 준용
특정국물품 긴급관세 또는 특정국물품 잠정긴급관세의 부과에 관하여는 제65조(긴급관세의 부과대상 등)제2항 · 제4항 · 제7항, 제66조(잠정긴급관세의 부과 등)제2항 및 제67조(긴급관세에 대한 재심사 등)를 준용한다.(관세법 제67조의2 8항)

(6) 농림축산물에 대한 특별긴급관세

관세법 제73조(국제협력관세)에 따라 국내외 가격차에 상당한 율로 양허한 농림축산물의 수입물량이 급증하거나 수입가격이 하락하는 경우에는 대통령령으로 정하는 바에 따라 양허한 세율을 초과하여 관세(이하 "특별긴급관세"라 한다)를 부과할 수 있다.(관세법 제68조 1항)

특별긴급관세를 부과하여야 하는 대상물품 · 세율 · 적용시한 · 수량 등은 기획재정부령으로 정한다.(관세법 제68조 2항)

(7) 조정관세

① 조정관세의 부과대상
다음 하나에 해당하는 경우에는 100분의 100에서 해당 물품의 기본세율을 뺀 율을 기본세율에 더한 율의 범위에서 관세를 부과할 수 있다. 다만, 농림축수산물 또는 이를 원재료로 하여 제조된 물품의 국내외 가격차가 해당 물품의 과세가격을 초과하는 경우에는 국내외 가격차에 상당하는 율의 범위에서 관세를 부과할 수 있다.(관세법 제69조)

㉠ 산업구조의 변동 등으로 물품 간의 세율 불균형이 심하여 이를 시정할 필요가 있는 경우

㉡ 국민보건, 환경보전, 소비자보호 등을 위하여 필요한 경우

㉢ 국내에서 개발된 물품을 일정 기간 보호할 필요가 있는 경우

㉣ 농림축수산물 등 국제경쟁력이 취약한 물품의 수입증가로 인하여 국내시장이 교란되거나 산업기반이 붕괴될 우려가 있어 이를 시정하거나

방지할 필요가 있는 경우

② 조정관세의 적용세율 등

조정관세는 해당 국내산업의 보호 필요성, 국제통상관계, 국민경제 전반에 미치는 영향 등을 검토하여 부과 여부와 그 내용을 정한다.(관세법 제70조 1항)

조정관세를 부과하여야 하는 대상 물품, 세율 및 적용시한 등은 대통령령으로 정한다.(관세법 제70조 2항)

(8) 할당관세

다음 하나에 해당하는 경우에는 100분의 40의 범위의 율을 기본세율에서 빼고 관세를 부과할 수 있다. 이 경우 필요하다고 인정될 때에는 그 수량을 제한할 수 있다.(관세법 제71조 1항)

① 원활한 물자수급 또는 산업의 경쟁력 강화를 위하여 특정물품의 수입을 촉진할 필요가 있는 경우

② 수입가격이 급등한 물품 또는 이를 원재료로 한 제품의 국내가격을 안정시키기 위하여 필요한 경우

③ 유사물품 간의 세율이 현저히 불균형하여 이를 시정할 필요가 있는 경우 원활한 물자수급 또는 산업의 경쟁력 강화를 위하여 특정물품의 수입을 촉진시킬 필요가 있는 경우

특정물품의 수입을 억제할 필요가 있는 경우에는 일정한 수량을 초과하여 수입되는 분에 대하여 100분의 40의 범위의 율을 기본세율에 더하여 관세를 부과할 수 있다. 다만, 농림축수산물인 경우에는 기본세율에 동종물품·유사물품 또는 대체물품의 국내외 가격차에 상당하는 율을 더한 율의 범위에서 관세를 부과할 수 있다.(관세법 제71조 2항)

위의 규정에 따른 관세를 부과하여야 하는 대상 물품, 수량, 세율, 적용기간 등은 대통령령으로 정한다.(관세법 제71조 3항)

기획재정부장관은 매 회계연도 종료 후 5개월 이내에 위의 규정에 따른 관세의 전년도 부과 실적 및 그 결과(관세 부과의 효과 등을 조사·분석한 보고서를 포함)를 국회 소관 상임위원회에 보고하여야 한다.(관세법 제71조 4항)

(9) 계절관세

계절에 따라 가격의 차이가 심한 물품으로서 동종물품·유사물품 또는 대체물품의 수입으로 인하여 국내시장이 교란되거나 생산 기반이 붕괴될 우려가 있을 때에는 계절에 따라 해당 물품의 국내외 가격차에 상당하는 율의 범위에서 기본세율보다 높게 관세를 부과하거나 100분의 40의 범위의 율을 기본세율에서 빼고 관세를 부과할 수 있다.(관세법 제72조 1항)

계절관세를 부과하여야 하는 대상 물품, 세율 및 적용시한 등은 기획재정부령으로 정한다.(관세법 제72조 2항)

(10) 편익관세

① 편익관세의 적용기준 등

관세에 관한 조약에 따른 편익을 받지 아니하는 나라의 생산물로서 우리나라에 수입되는 물품에 대하여 이미 체결된 외국과의 조약에 따른 편익의 한도에서 관세에 관한 편익(이하 "편익관세"라 한다)을 부여할 수 있다.(관세법 제74조 1항) 편익관세를 부여할 수 있는 대상 국가, 대상 물품, 적용 세율, 적용방법, 그 밖에 필요한 사항은 대통령령으로 정한다.(관세법 제74조 2항)

편익관세적용대상국가(시행령 제95조)

지 역	국 가
1. 아시아	부탄
2. 중동	이란·이라크·레바논·시리아
3. 대양주	나우루
4. 아프리카	코모로·에디오피아·소말리아
5. 유럽	안도라·모나코·산마리노·바티칸, 덴마크(그린란드 및 페로제도에 한정한다.)

② 편익관세의 적용정지 등

기획재정부장관은 다음 어느 하나에 해당하는 경우에는 국가, 물품 및 기간을 지정하여 편익관세의 적용을 정지시킬 수 있다.(관세법 제75조)

㉠ 편익관세의 적용으로 국민경제에 중대한 영향이 초래되거나 초래될 우려가 있는 경우

㉡ 그 밖에 편익관세의 적용을 정지시켜야 할 긴급한 사태가 있는 경우

2. 협정관세

(1) 국제협력관세

정부는 우리나라의 대외무역 증진을 위하여 필요하다고 인정될 때에는 특정국가 또는 국제기구와 관세에 관한 협상을 할 수 있다.(관세법 第73조 1항)

위의 규정에 따른 협상을 수행할 때 필요하다고 인정되면 관세를 양허할 수 있다. 다만, 특정 국가와 협상할 때에는 기본 관세율의 100분의 50의 범위를 초과하여 관세를 양허할 수 없다.(관세법 第73조 2항)

위의 규정에 따른 관세를 부과하여야 하는 대상 물품, 세율 및 적용기간 등은 대통령령으로 정한다.(관세법 第73조 3항)

(2) 일반특혜관세

① 일반특혜관세의 적용기준

대통령령으로 정하는 개발도상국가(이하 "특혜대상국"이라 한다)를 원산지로 하는 물품 중 대통령령으로 정하는 물품(이하 "특혜대상물품"이라 한다)에 대하여는 기본세율보다 낮은 세율의 관세(이하 "일반특혜관세"라 한다)를 부과할 수 있다.(관세법 第76조 1항)

일반특혜관세를 부과할 때 해당 특혜대상물품의 수입이 국내산업에 미치는 영향 등을 고려하여 그 물품에 적용되는 세율에 차등을 두거나 특혜대상물품의 수입수량 등을 한정할 수 있다.(관세법 第76조 2항)

또한 국제연합총회의 결의에 따른 최빈(最貧) 개발도상국 중 대통령령으로 정하는 국가를 원산지로 하는 물품에 대하여는 다른 특혜대상국보다 우대하여 일반특혜관세를 부과할 수 있다.(관세법 第76조 3항)

특혜대상물품에 적용되는 세율 및 적용기간과 그 밖에 필요한 사항은 대통령령으로 정한다.(관세법 第76조 4항)

② 일반특혜관세의 적용정지 등

기획재정부장관은 특정한 특혜대상 물품의 수입이 증가하여 이와 동종의 물품 또는 직접적인 경쟁관계에 있는 물품을 생산하는 국내산업에 중대한 피해를 주거나 줄 우려가 있는 등 일반특혜관세를 부과하는 것이 적당하지 아니하다고 판단될 때에는 대통령령으로 정하는 바에 따라 해당 물품과 그 물품의 원산지인 국가를 지정하여 일반특혜관세의 적용을 정지할 수 있다.(관세법 제77조 1항)

기획재정부장관은 특정한 특혜대상국의 소득수준, 우리나라의 총수입액 중 특정한 특혜대상국으로부터의 수입액이 차지하는 비중, 특정한 특혜대상국의 특정한 특혜대상물품이 지니는 국제경쟁력의 정도, 그 밖의 사정을 고려하여 일반특혜관세를 부과하는 것이 적당하지 아니하다고 판단될 때에는 대통령령으로 정하는 바에 따라 해당 국가를 지정하거나 해당 국가 및 물품을 지정하여 일반특혜관세의 적용을 배제할 수 있다.(관세법 제77조 2항)

(3) 관세양허에 대한 조치 등

① 양허의 철회 및 수정

정부는 외국에서의 가격 하락이나 그 밖에 예상하지 못하였던 사정의 변화 또는 조약상 의무의 이행으로 인하여 특정물품의 수입이 증가됨으로써 이와 동종의 물품 또는 직접 경쟁관계에 있는 물품을 생산하는 국내 생산자에게 중대한 피해를 가져오거나 가져올 우려가 있다고 인정되는 경우에는 다음 구분에 따른 조치를 할 수 있다.(관세법 제78조 1항)

㉠ 조약에 따라 관세를 양허하고 있는 경우: 해당 조약에 따라 이루어진 특정물품에 대한 양허를 철회하거나 수정하여 이 법에 따른 세율이나 수정 후의 세율에 따라 관세를 부과하는 조치

㉡ 특정물품에 대하여 제1호의 조치를 하려고 하거나 그 조치를 한 경우: 해당 조약에 따른 협의에 따라 그 물품 외에 이미 양허한 물품의 관세율을 수정하거나 양허품목을 추가하여 새로 관세의 양허를 하고 수정 또는 양허한 후의 세율을 적용하는 조치

위의 ㉡의 조치는 ㉠의 조치에 대한 보상으로서 필요한 범위에서만 할 수 있다.(관세법 제78조 2항)

관세양허에 대한 조치의 시기 및 내용과 그 밖에 필요한 사항은 대통령령으로 정한다.(관세법 제78조 3항)

② 대항조치

정부는 외국이 특정물품에 관한 양허의 철회·수정 또는 그 밖의 조치를 하려고 하거나 그 조치를 한 경우 해당 조약에 따라 대항조치를 할 수 있다고 인정될 때에는 다음 조치를 할 수 있다.(관세법 제79조 1항)

㉠ 특정물품에 대하여 이 법에 따른 관세 외에 그 물품의 과세가격 상당액의 범위에서 관세를 부과하는 조치

㉡ 특정물품에 대하여 관세의 양허를 하고 있는 경우에는 그 양허의 적용을 정지하고 이 법에 따른 세율의 범위에서 관세를 부과하는 조치

위의 조치는 외국의 조치에 대한 대항조치로서 필요한 범위에서만 할 수 있다.(관세법 제79조 2항)

대항조치의 대상 국가, 시기, 내용, 그 밖에 필요한 사항은 대통령령으로 정한다.(관세법 제79조 3항)

③ 양허 및 철회의 효력

조약에 따라 우리나라가 양허한 품목에 대하여 그 양허를 철회한 경우에는 해당 조약에 따라 철회의 효력이 발생한 날부터 이 법에 따른 세율을 적용한다.(관세법 제80조 1항)

위의 규정에 따른 양허의 철회에 대한 보상으로 우리나라가 새로 양허한 품목에 대하여는 그 양허의 효력이 발생한 날부터 이 법에 따른 세율을 적용하지 아니한다.(관세법 제80조 2항)

Ⅲ 세율의 적용 등[76)]

1. 간이세율

(1) 간이세율의 적용

간이세율은 수입물품에는 관세 이외에도 특소세, 부가세, 주세, 교육세 등 내국세가 부과되는데 여행자 휴대품이나 우편물 등 수입은 빈번하나 그 금액이 크지 않은 물품에 대하여 관세와 내국세를 포함하여 간이한 세율을 적용하여 신속, 간편하게 처리하기 위해 채택한 것이다.

다음 하나에 해당하는 물품 중 대통령령으로 정하는 물품에 대하여는 다른 법령에도 불구하고 간이세율을 적용할 수 있다.(관세법 제81조 1항)

① 여행자 또는 외국을 오가는 운송수단의 승무원이 휴대하여 수입하는 물품

② 우편물. 다만, 수입신고를 하여야 하는 것을 제외한다.

③ 외국에서 선박 또는 항공기의 일부를 수리하거나 개체(改替)하기 위하여 사용된 물품

④ 탁송품 또는 별송품

위의 ③에 따른 물품의 과세가격은 수리 또는 개체를 위하여 지급하는 외화가격으로 한다.(관세법 제81조 2항)

간이세율은 수입물품(위의 ③의 경우에는 해당 선박 또는 해당 항공기를 말한다)에 대한 관세, 임시수입부가세 및 내국세의 세율을 기초로 하여 대통령령으로 정한다.(관세법 제81조 3항)

위의 ①에 해당하는 물품으로서 그 총액이 대통령령으로 정하는 금액 이하인 물품에 대하여는 일반적으로 휴대하여 수입하는 물품의 관세, 임시수입부가세 및 내국세의 세율을 고려하여 위의 규정(관세법 제81조 3항)에 의한 세율을 단일한 세율로 할 수 있다.(관세법 제81조 4항)

간이세율(이하 "간이세율"이라 한다)을 적용하는 물품과 그 세율은 <별표 2>

76) 류수현, 관세법론, 무역경영사, pp.202~203.

와 같다.(시행령 제96조 1항)

(2) 간이세율 적용의 예외

간이세율 적용대상 물품임에도 다음의 물품에 대하여는 간이세율을 적용하지 아니한다.(시행령 제96조 2항)

① 관세율이 무세인 물품과 관세가 감면되는 물품

② 수출용원재료

③ 관세법 제11장(벌칙)의 범칙행위에 관련된 물품

④ 종량세가 적용되는 물품

⑤ 다음 하나에 해당하는 물품으로서 관세청장이 정하는 물품

㉠ 상업용으로 인정되는 수량의 물품

㉡ 고가품

㉢ 해당 물품의 수입이 국내산업을 저해할 우려가 있는 물품

㉣ 관세법 제81조(간이세율의 적용) 제4항의 규정에 의한 단일한 간이세율의 적용이 과세형평을 현저히 저해할 우려가 있는 물품

⑥ 화주가 수입신고를 할 때에 과세대상물품의 전부에 대하여 간이세율의 적용을 받지 아니할 것을 요청한 경우의 해당 물품

<별표 2>

간이세율(시행령 제96조)

품 명	세율(%)
1. 다음 각 목의 어느 하나에 해당하는 물품 중 개별소비세가 과세되는 물품	
가. 투전기, 오락용 사행기구 그 밖의 오락용품, 수렵용 총포류	55
나. 보석·진주·별갑·산호·호박 및 상아와 이를 사용한 제품, 귀금속 제품	92만 6천원 + 463만원을 초과하는 금액의 50
다. 고급 시계, 고급 가방	37만 400원 + 185만 2천원을 초과하는 금액의 50
2. 수리선박(관세가 무세인 것을 제외한다)	2.5
3. 다음 각 목의 어느 하나에 해당하는 물품 중 기본관세율이 10 퍼센트 이상인 것으로서 개별소비세가 과세되지 아니하는 물품	
가. 모피의류, 모피의류의 부속품 그 밖의 모피제품	30
나. 가죽제 또는 콤포지션레더제의 의류와 그 부속품, 방직용 섬유와 방직용 섬유의 제품, 신발류	25
다. 녹용	32
4. 다음 각 목의 어느 하나에 해당하는 물품. 다만, 고급모피와 그 제품, 고급융단, 고급가구, 승용자동차, 주류 및 담배를 제외한다. 가. 제1호부터 제3호까지에 해당하지 아니하는 물품 나. 제1호 및 제3호에 불구하고 여행자가 휴대수입하는 물품으로 1인당 과세대상 물품가격의 합산총액이 미화 1천불 이하인 물품	20

2. 합의에 의한 세율적용

여러 종류의 견본, 시약 등 소량 다품종의 물품을 일괄하여 수입신고된 물품으로서 물품별 세율이 다른 물품에 대하여 신고인의 신청에 의하여 그 세율 중 가장 높은 세율을 적용할 수 있도록 한 것이 합의에 의한 세율적용이다. 즉, 일괄하여 수입신고된 물품으로서 물품별 세율이 다른 물품에 대하여는 신고인의 신청에 따라 그 세율 중 가장 높은 세율을 적용할 수 있다.(관세법 제82조 1항)

위의 규정을 적용하는 때에는 관세법 제5장 제2절[심사와 심판(제119조부터 제132조까지)]은 적용하지 아니한다.(관세법 제82조 2항)

3. 용도세율의 적용

하나의 물품이라도 그 물품의 용도에 따라 세율을 달리하는 경우가 있는데 이와 같이 용도에 따라 달리하는 세율 중 낮은 세율을 용도세율이라고 한다.

관세법의 별표 관세율표나 제50조 제4항, 제65조, 제67조의2, 제68조, 제70조부터 제73조까지 및 제76조에 따른 대통령령 또는 기획재정부령으로 용도에 따라 세율을 다르게 정하는 물품을 세율이 낮은 용도에 사용하려는 자는 대통령령으로 정하는 바에 따라 세관장의 승인을 받아야 한다. 다만, 물품의 성질과 형태가 그 용도 외의 다른 용도에 사용할 수 없는 경우에는 그러하지 아니하다.(관세법 제83조 1항)

용도세율의 적용을 받고자 하는 자는 해당 물품의 수입신고를 하는 때부터 해당 수입신고가 수리되기 전까지 그 품명·규격·수량·가격·용도·사용방법 및 사용장소를 기재한 신청서를 세관장에게 제출하여야 한다.(시행령 제97조)

위의 규정에 의하여 낮은 세율(이하 "용도세율"이라 한다)이 적용된 물품은 그 수입신고의 수리일부터 3년의 범위에서 대통령령으로 정하는 기준에 따라 관세청장이 정하는 기간에는 해당 용도 외의 다른 용도에 사용하거나 양도할 수 없다. 다만, 다음 어느 하나에 해당하는 경우에는 그러하지 아니하다.(관세법 제83조 2항)

① 대통령령으로 정하는 바에 따라 미리 세관장의 승인을 얻은 경우

② 위의 관세법 제83조 제1항 단서에 해당하는 경우

용도세율 적용을 위해 세관장에게 승인을 얻은 물품을 위의 규정에 따른 기간에 해당 용도 외의 다른 용도에 사용하거나 그 용도 외의 다른 용도에 사용하려는 자에게 양도한 경우에는 해당 물품을 특정용도 외에 사용한 자 또는 그 양도인으로부터 해당 물품을 특정용도에 사용할 것을 요건으로 하지 아니하는 세율에 따라 계산한 관세액과 해당 용도세율에 따라 계산한 관세액의 차액에 상당하는 관세를 즉시 징수하며, 양도인으로부터 해당 관세를 징수할 수 없을 때에는 그 양수인으로부터 즉시 징수한다. 다만, 재해나 그 밖의 부득이한 사유로 멸실되었거나 미리 세관장의 승인을 받아 폐기한 경우에는 그러하지 아니하다. (관세법 제83조 3항)

제6절 품목분류

I 관세 · 통계통합품목분류표(HSK)

1. 관세 · 통계통합품목분류표의 고시

기획재정부장관은 「통일상품명 및 부호체계에 관한 국제협약」(이하 이 조에서 "협약"이라 한다) 제3조 제3항에 따라 수출입물품의 신속한 통관, 통계파악 등을 위하여 협약 및 관세법 별표 관세율표를 기초로 하여 품목을 세분한 관세 · 통계통합품목분류표(이하 이 조에서 "품목분류표"라 한다)를 고시할 수 있다.(시행령 제98조 1항) 이에 따라 현재 기획재정부는 관세통계통합품목분류표 개정고시(기획재정부고시 제2013-26호)를 통해 2014년 1월 1일부터 개정된 품목분류표를 적용하고 있다.

기획재정부장관은 관세협력이사회로부터 협약의 품목분류에 관한 권고 또는 결정이 있거나 새로운 상품이 개발되는 등 법 별표 관세율표와 「세계무역기구협정 등에 의한 양허관세규정」 · 「특정국가와의 관세협상에 따른 국제협력관세의 적용에 관한 규정」 및 「최빈개발도상국에 대한 특혜관세 공여규정」(이하 이 항에서 "양허관세규정등"이라 한다)에 의한 품목분류 및 품목분류표를 변경할 필요가 있는 때에는 그 세율을 변경함이 없이 관세법 별표 관세율표와 양허관세규정등에 의한 품목분류 및 품목분류표를 변경고시할 수 있다.(시행령 제98조 2항)

기획재정부장관은 관세협력이사회로부터 협약의 품목분류에 관한 권고 또는 결정이 있어서 품목분류를 변경하는 때에는 협약 제16조제4항의 규정에 의한 기한내에 관세법 별표 관세율표상의 품목분류 및 품목분류표에 이를 반영하여야 한다.(시행령 제98조 3항)

2. 품목분류체계의 수정

기획재정부장관은 「통일상품명 및 부호체계에 관한 국제협약」에 따른 관세협력이사회의 권고 또는 결정이나 새로운 상품의 개발 등으로 별표 관세율표 또는 제73조(국제협력관세) 및 제76조(일반특혜관세의 적용기준)에 따라 대통령령으로 정한 품목분류를 변경할 필요가 있는 경우 그 세율이 변경되지 아니하는 경우에는 대통령령으로 정하는 바에 따라 새로 품목분류를 하거나 다시 품목분류를 할 수 있다.(관세법 제84조)

3. 품목분류의 적용기준 등

기획재정부장관은 대통령령으로 정하는 바에 따라 품목분류를 적용하는 데에 필요한 기준을 정할 수 있다.(관세법 제85조 1항)

이에 따라 품목분류의 적용기준은 품목분류의 적용기준은 기획재정부령으로 정한다.(시행령 제99조 1항) 기획재정부장관은 관세협력이사회가 협약에 따라 권고한 통일상품명 및 부호체계의 품목분류에 관한 사항을 관세청장으로 하여금 고시하게 할 수 있다. 이 경우 관세청장은 고시할 때 기획재정부장관의 승인을 받아야 한다.(시행령 제99조 2항)

Ⅱ 관세품목분류위원회

1. 관세품목분류위원회의 설치

다음 사항을 심의하기 위하여 관세청에 관세품목분류위원회(이하 이 부분에서 "위원회"라 한다)를 둔다.(관세법 제85조 2항)

① 품목분류 적용기준의 신설 또는 변경과 관련하여 관세청장이 기획재정부장관에게 요청할 사항

② 특정물품에 적용될 품목분류의 사전심사 및 재심사

③ 특정물품에 적용될 품목분류의 변경 및 재심사

④ 그 밖에 품목분류에 관하여 관세청장이 분류위원회에 부치는 사항

2. 관세품목분류위원회의 구성

관세품목분류위원회는 위원장 1인과 20인 이상 30인 이하의 위원으로 구성한다.(시행령 제100조 1항)

관세품목분류위원회의 위원장은 관세청의 3급 공무원 또는 고위공무원단에 속하는 일반직공무원으로서 관세청장이 지정하는 자가 되고, 위원은 다음 어느 하나에 해당하는 자 중에서 관세청장이 임명 또는 위촉한다.(시행령 제100조 2항)

① 관세청소속 공무원

② 관계중앙행정기관의 공무원

③ 시민단체(「비영리민간단체 지원법」 제2조의 규정에 의한 비영리민간단체를 말한다.)에서 추천한 자

④ 기타 상품학에 관한 지식이 풍부한 자

Ⅲ 특정물품에 적용될 품목분류의 사전심사 등

1. 특정물품에 적용될 품목분류의 사전심사

물품을 수출입하려는 자, 수출할 물품의 제조자 및 「관세사법」에 따른 관세사·관세법인 또는 통관취급법인(이하 "관세사등"이라 한다)은 수출입신고를 하기 전에 대통령령으로 정하는 서류를 갖추어 관세청장에게 해당 물품에 적용될 별표 관세율표상의 품목분류를 미리 심사하여 줄 것을 신청할 수 있다.(관세법 제86조 1항)

관세법 제86조 제1항·제3항 및 동법 제87조 제3항에 따라 특정물품에 적용될 품목분류의 사전심사 또는 재심사(이하 이 조에서 "사전심사 또는 재심사"라 한다)를 신청하려는 자는 관세청장에게 다음 각 서류 및 물품을 제출하여야 한다. 다만, 관세청장은 물품의 성질상 견본을 제출하기 곤란한 물품으로서 견본이 없어도 품목분류 심사에 지장이 없고, 해당 물품의 통관 시에 세관장이 이를 확인할 수 있다고 인정되는 때에는 신청대상물품 견본의 제출을 생략하게 할 수 있다.(시행령 제106조 1항)

① 물품의 품명·규격·제조과정·원산지·용도·통관예정세관 및 신청사유 등을 기재한 신청서

② 신청대상물품의 견본

③ 기타 설명자료

관세청장은 위의 규정에 의하여 제출된 신청서와 견본 및 기타 설명자료가 미비하여 품목분류를 심사하기가 곤란한 때에는 20일 이내의 기간을 정하여 보정을 요구할 수 있다.(시행령 제106조 2항)

2. 품목분류 사전 심사의 통지 및 고시

위의 규정에 따른 품목분류 사전심사의 신청을 받은 관세청장은 해당 물품에 적용될 품목분류를 심사하여 대통령령으로 정하는 기간 이내에 이를 신청인에게 통지하여야 한다. 다만, 제출자료의 미비 등으로 품목분류를 심사하기 곤란한 경우에는 그 뜻을 통지하여야 한다.(관세법 제86조 2항) 여기서 "대통령령으로 정하는 기간"

이란 사전심사 또는 재심사의 신청을 받은 날부터 30일(동 시행령 제106조 제2항에 따른 보정기간은 제외한다)을 말한다.(시행령 제106조 4항)

관세청장은 위와 같이 품목분류를 심사하여 신청인에게 통지하는 경우에는 통관예정세관장에게도 그 내용을 통지하여야 한다. 이 경우 설명자료를 함께 송부하여야 한다.(시행령 제106조 5항)

품목분류 사전심사의 통지를 받은 자는 통지받은 날부터 30일 이내에 대통령령으로 정하는 서류를 갖추어 관세청장에게 재심사를 신청할 수 있다. 이 경우 재심사의 기간 및 결과의 통지에 관하여는 품목분류 사전심사의 통지 규정(관세법 제86조 제2항)을 준용한다.(관세법 제86조 3항)

관세청장은 사전심사 또는 재심사의 신청이 다음 어느 하나에 해당하는 경우에는 해당 신청을 반려할 수 있다.(시행령 제106조 3항)

① 관세법시행령 제106조 제2항에 따른 보정기간 내에 보정하지 아니한 경우

② 신청인이 사전심사 또는 재심사를 신청한 물품과 동일한 물품을 이미 수출입신고한 경우

관세청장은 심사 신청에 의해 품목분류를 심사한 물품 및 재심사 결과 적용할 품목 분류가 변경된 물품에 대하여는 해당 물품에 적용될 품목분류와 품명, 용도, 규격, 그 밖에 필요한 사항을 고시 또는 공표하여야 한다. 다만, 신청인의 영업 비밀을 포함하는 등 해당 물품에 적용될 품목분류를 고시 또는 공표하는 것이 적당하지 아니하다고 인정되는 물품에 대하여는 고시 또는 공표하지 아니할 수 있다.(관세법 제86조 4항)

세관장은 수출입신고가 된 물품이 품목분류 사전심사 및 재심사에 따라 통지한 물품과 같을 때에는 그 통지 내용에 따라 품목분류를 적용하여야 한다. 이 경우 재심사 결과 적용할 품목분류가 변경되었을 때에는 신청인이 변경 내용을 통지받은 날과 위의 규정에 따른 고시 또는 공표일 중 빠른 날(이하 "변경일"이라 한다)부터 변경된 품목분류를 적용하되, 다음 각 호의 기준에 따라 달리 적용할 수 있다.(관세법 제86조 5항)

① 변경일부터 30일이 지나기 전에 우리나라에 수출하기 위하여 선적된 물품에 대하여 변경 전의 품목분류를 적용하는 것이 수입신고인에게 유리한

경우: 변경 전의 품목분류 적용

② 다음 어느 하나에 해당하는 경우: 변경일 전에 수출입신고가 수리된 물품에 대해서도 소급하여 변경된 품목분류 적용

㉠ 거짓자료 제출 등 신청인에게 책임 있는 사유로 품목분류가 변경된 경우

㉡ 다음의 어느 하나에 해당하는 경우로서 수출입신고인에게 유리한 경우

- 신청인에게 자료제출 미비 등의 책임 있는 사유가 없는 경우
- 신청인이 아닌 자가 관세청장이 결정하여 고시하거나 공표한 품목분류에 따라 수출입신고를 한 경우

관세청장은 품목분류를 심사 또는 재심사하기 위하여 해당 물품에 대한 구성재료의 물리적·화학적 분석이 필요한 경우에는 해당 품목분류를 심사 또는 재심사하여 줄 것을 신청한 자에게 기획재정부령으로 정하는 수수료를 납부하게 할 수 있다.(관세법 제86조 6항)

품목분류 사전심사 신청에 따라 통지받은 사전심사 결과의 유효기간은 해당 통지를 받은 날부터 3년으로 한다. 다만, 재심사 결과 품목분류가 변경된 경우에는 해당 통지를 받은 날부터 유효기간을 다시 기산한다.(관세법 제86조 7항)

Ⅳ 특정물품에 적용되는 품목분류의 변경 및 적용

1. 특정물품에 적용되는 품목분류의 변경 및 적용

관세청장은 관세법 제86조(특정물품에 적용될 품목분류의 사전심사)에 따라 사전심사 또는 재심사한 품목분류를 변경하여야 할 필요가 있거나 그 밖에 관세청장이 직권으로 한 품목분류를 변경하여야 할 부득이한 사유가 생겼을 때에는 해당 물품에 적용할 품목분류를 변경할 수 있다.(관세법 제87조 1항)

품목분류를 변경할 수 있는 경우는 다음과 같다.(시행령 제107조)

① 관계법령의 개정에 따라 해당 물품의 품목분류가 변경된 경우

② 관세법 제84조(품목분류체계의 수정)의 규정에 의하여 품목분류를 변경한

경우

③ 신청인의 허위자료제출 등으로 품목분류에 중대한 착오가 생긴 경우

관세청장은 위의 규정에 의하여 품목분류를 변경한 때에는 그 내용을 고시하고, 품목분류 사전 심사 및 재심사에 의한 결과를 통지한 신청인에게는 그 내용을 통지하여야 한다. 다만, 신청인의 영업 비밀을 포함하는 등 해당 물품에 적용될 품목분류를 고시하는 것이 적당하지 아니하다고 인정되는 물품에 대해서는 고시하지 아니할 수 있다.(관세법 第87조 2항)

위의 규정에 따라 통지를 받은 자는 통지받은 날부터 30일 이내에 대통령령으로 정하는 서류를 갖추어 관세청장에게 재심사를 신청할 수 있다. 이 경우 재심사의 기간, 재심사 결과의 통지 및 고시·공표, 수수료 및 재심사의 절차·방법 등에 관하여는 제86조(특정물품에 적용될 품목분류의 사전심사) 제3항, 제4항, 제6항 및 제8항을 준용한다.(관세법 第87조 3항)

품목분류 사전심사 신청 및 재심사 신청에 따라 관세청장이 품목분류를 변경하거나 직권으로 변경한 경우 및 이 변경 사항에 대한 재심사로 인해 품목분류가 변경된 경우 품목분류의 적용에 관하여는 제86조 제5항을 준용한다. 다만, 관계법령의 개정이나 제84조(품목분류체계의 수정)에 따라 품목분류를 변경한 경우에는 제86조 제5항 제2호 나목77)을 준용하지 아니한다.(관세법 第87조 4항)

---

77) ⑤ 세관장은 제241조제1항에 따른 수출입신고가 된 물품이 제2항 본문 및 제3항에 따라 통지한 물품과 같을 때에는 그 통지 내용에 따라 품목분류를 적용하여야 한다. 이 경우 제3항에 따른 재심사 결과 적용할 품목분류가 변경되었을 때에는 신청인이 변경 내용을 통지받은 날과 제4항에 따른 고시 또는 공표일 중 빠른 날(이하 "변경일"이라 한다)부터 변경된 품목분류를 적용하되, 다음 각 호의 기준에 따라 달리 적용할 수 있다.

1. 변경일부터 30일이 지나기 전에 우리나라에 수출하기 위하여 선적된 물품에 대하여 변경 전의 품목분류를 적용하는 것이 수입신고인에게 유리한 경우: 변경 전의 품목분류 적용
2. 다음 각 목의 어느 하나에 해당하는 경우: 변경일 전에 수출입신고가 수리된 물품에 대해서도 소급하여 변경된 품목분류 적용
   가. 거짓자료 제출 등 신청인에게 책임 있는 사유로 품목분류가 변경된 경우
   나. 다음의 어느 하나에 해당하는 경우로서 수출입신고인에게 유리한 경우
      1) 제1항 및 제3항에 따른 신청인에게 자료제출 미비 등의 책임 있는 사유가 없는 경우
      2) 제1항 및 제3항에 따른 신청인이 아닌 자가 관세청장이 결정하여 고시하거나 공표한 품목분류에 따라 수출입신고를 한 경우

품목분류 사전심사 신청 및 재심사 신청에 따라 관세청장이 품목분류를 변경하거나 직권으로 변경한 경우 및 이 변경 사항에 대한 재심사로 인해 품목분류가 변경된 경우 품목분류의 유효기간은 해당 통지를 받은 날부터 3년으로 한다.(관세법 제87조 5항)

제15장 관세의 부과 · 징수

제 1 절 가격신고

가격신고

1. 가격신고

관세의 납세의무자는 수입신고를 할 때 i) 수입관련거래에 관한 사항, ii) 과세가격산출내용에 관한 사항을 적은 서류를 세관장에게 제출하여 해당 물품의 가격에 대한 신고(이하 "가격신고"라 한다)를 하여야 한다.(관세법 제27조 1항)(시행령 제15조 1항)

세관장은 다음 어느 하나에 해당하는 경우로서 관세청장이 정하여 고시하는 경우에는 위의 서류의 전부 또는 일부를 제출하지 아니하게 할 수 있다.(시행령 제15조 2항)

① 같은 물품을 같은 조건으로 반복적으로 수입하는 경우

② 수입항까지의 운임 및 보험료 외에 우리나라에 수출하기 위하여 판매되는 물품에 대하여 구매자가 실제로 지급하였거나 지급하여야 할 가격에 가산할 금액이 없는 경우

③ 그 밖에 과세가격결정에 곤란이 없다고 인정하여 관세청장이 정하는 경우

세관장은 가격신고를 하려는 자가 같은 물품을 같은 조건으로 반복적으로 수입하는 경우에는 가격신고를 일정기간 일괄하여 신고하게 할 수 있다.(시행령 제15조 3항)

다만, 통관의 능률을 높이기 위하여 필요하다고 인정되는 경우에는 물품의 수입신고를 하기 전에 가격신고를 할 수 있으며(관세법 제27조 1항 단서) 물품의 수입신고일 이전에 가격신고를 하고자 하는 자는 그 사유와 i) 수입관련거래에 관한 사항, ii) 과세가격산출내용에 관한 사항을 기재한 신고서를 세관장에게 제출하여야 한다.(시행령 제15조 4항)

가격신고를 할 때에는 대통령령으로 정하는 바에 따라 과세가격의 결정에 관계되는 자료(이하 "과세가격결정자료"라 한다)를 제출하여야 한다.(관세법 제27조 2항) 과

세가격결정자료는 다음과 같다. 다만, 해당 물품의 거래의 내용, 과세가격결정방법 등에 비추어 과세가격결정에 곤란이 없다고 세관장이 인정하는 경우에는 자료의 일부를 제출하지 아니할 수 있다.(시행령 제15조 5항)

① 송품장

② 계약서

③ 각종 비용의 금액 및 산출근거를 나타내는 증빙자료

④ 기타 가격신고의 내용을 입증하는 데에 필요한 자료

과세가격을 결정하기가 곤란하지 아니하다고 인정하여 기획재정부령으로 정하는 물품에 대하여는 가격신고를 생략할 수 있다.(관세법 제27조 3항)

2. 잠정가격의 신고 등

납세의무자는 가격신고를 할 때 신고하여야 할 가격이 확정되지 아니한 경우로서 대통령령으로 정하는 경우에는 잠정가격으로 가격신고를 할 수 있다.(관세법 제28조 1항)

여기서 "신고하여야 할 가격이 확정되지 아니한 경우로서 대통령령으로 정하는 경우"란 다음 어느 하나에 해당하는 경우를 말한다.(시행령 제16조 1항)

① 거래관행상 거래가 성립된 때부터 일정기간이 지난 후에 가격이 정하여지는 물품(기획재정부령이 정하는 것에 한정한다)으로서 수입신고일 현재 그 가격이 정하여지지 아니한 경우

② 관세법 제30조(과세가격결정의 원칙) 제1항 각호의 규정에 의하여 조정하여야 할 금액이 수입신고일부터 일정기간이 경과된 후에 정하여 질 수 있음이 잠정가격신고서류 등에 의하여 확인되는 경우

③ 관세법 제37조 제1항 제3호(특수관계가 있는 자들 간에 거래되는 물품의 과세가격 결정방법)에 따라 과세가격 결정방법의 사전심사를 신청한 경우

④ 계약의 내용이나 거래의 특성상 잠정가격으로 가격신고를 하는 것이 불가피하다고 세관장이 인정하는 경우

납세의무자는 잠정가격으로 가격신고를 하였을 때에는 2년의 범위안에서 구매자와 판매자간의 거래계약의 내용 등을 고려하여 세관장이 지정하는 기간내에 해당 물품의 확정된 가격을 세관장에게 신고하여야 한다.(관세법 제28조 2항)(시행령 제16조 3항)

세관장은 납세의무자가 위의 규정에 따른 기간 내에 확정된 가격을 신고하지 아니하는 경우에는 해당 물품에 적용될 가격을 확정할 수 있다. 다만, 납세의무자가 폐업, 파산신고, 법인해산 등의 사유로 확정된 가격을 신고하지 못할 것으로 인정되는 경우에는 위의 규정에 따른 기간 중에도 해당 물품에 적용될 가격을 확정할 수 있다.(관세법 제28조 3항) 세관장은 확정된 가격을 신고 받거나 위의 규정에 따라 가격을 확정하였을 때에는 대통령령으로 정하는 바에 따라 잠정가격을 기초로 신고납부한 세액과 확정된 가격에 따른 세액의 차액을 징수하거나 환급하여야 한다.(관세법 제28조 4항)

3. 가격조사보고 등

기획재정부장관 또는 관세청장은 과세가격을 결정하기 위하여 필요하다고 인정되는 경우에는 수출입업자, 경제단체 또는 그 밖의 관계인에게 과세가격 결정에 필요한 자료를 제출할 것을 요청할 수 있다. 이 경우 그 요청을 받은 자는 정당한 사유가 없으면 이에 따라야 한다.(관세법 제29조 1항)

관세청장은 다음 어느 하나에 해당하는 경우 국민 생활에 긴요한 물품으로서 국내물품과 비교 가능한 수입물품의 평균 신고가격이나 반입 수량에 관한 자료를 대통령령으로 정하는 바에 따라 집계하여 공표할 수 있다.(관세법 제29조 2항)

① 원활한 물자수급을 위하여 특정물품의 수입을 촉진시킬 필요가 있는 경우

② 수입물품의 국내가격을 안정시킬 필요가 있는 경우

제2절 관세의 부과와 징수

I 세액의 확정

1. 신고납부

(1) 납세신고

물품(세관장이 부과고지하는 물품은 제외)을 수입하려는 자는 수입신고를 할 때에 세관장에게 관세의 납부에 관한 신고(이하 "납세신고"라 한다)를 하여야 한다.(관세법 제38조 1항)

세관장은 납세신고를 받으면 수입신고서에 기재된 사항과 관세법에 따른 확인 사항 등을 심사하되, 신고한 세액에 대하여는 수입신고를 수리한 후에 심사한다. 다만, 신고한 세액에 대하여 관세채권을 확보하기가 곤란하거나, 수입신고를 수리한 후 세액심사를 하는 것이 적당하지 아니하다고 인정하여 기획재정부령으로 정하는 물품의 경우에는 수입신고를 수리하기 전에 이를 심사한다.(관세법 제38조 2항)

(2) 자율심사

세관장은 납세신고 내용에 대해 심사하게 되어 있는데 납세실적과 수입규모 등을 고려하여 관세청장이 정하는 요건을 갖춘 자가 신청할 때에는 납세신고한 세액을 자체적으로 심사(이하 "자율심사"라 한다)하게 할 수 있다. 이 경우 해당 납세의무자는 자율심사한 결과를 세관장에게 제출하여야 한다.(관세법 제38조 3항)

세관장은 납세의무자가 납세신고세액을 자체적으로 심사하고자 신청하는 경우에는 관세청장이 정하는 절차에 의하여 자율심사를 하는 납세의무자(이하 "자율심사업체"라 한다)로 승인할 수 있다. 이 경우 세관장은 자율심사의 방법 및 일정 등에 대하여 자율심사업체와 사전협의할 수 있다.(시행령 제32조의2 1항)

세관장은 자율심사업체에게 수출입업무의 처리방법 및 체계 등에 관한 관세청

장이 정한 자료를 제공하여야 한다.(시행령 제32조의2 2항)

자율심사업체는 세관장이 제공한 자료에 따라 다음 사항을 기재한 자율심사결과 및 조치내용을 세관장에게 제출하여야 한다. 이 경우 자율심사업체는 해당 결과를 제출하기 전에 납부세액의 과부족분에 대하여는 보정신청하거나 수정신고 또는 경정청구하여야 하며, 과다환급금이 있는 경우에는 세관장에게 통지하여야 한다.(시행령 제32조의2 3항)

① 세관장이 자율심사업체에게 제공한 수출입업무의 처리방법 및 체계 등에 관한 관세청장이 정한 자료에 따라 작성한 심사결과

② 자율심사를 통하여 업무처리방법·체계 및 세액 등에 대한 보완이 필요한 것으로 확인된 사항에 대하여 조치한 내용

세관장은 위의 규정에 의하여 제출된 결과를 평가하여 자율심사업체에 통지하여야 한다. 다만, 자율심사가 부적절하게 이루어진 것으로 판단되는 경우에는 추가적으로 필요한 자료의 제출을 요청하거나 방문하여 심사한 후에 통지할 수 있다.(시행령 제32조의2 4항)

세관장은 위의 단서 규정에 의한 자료의 요청 또는 방문심사한 결과에 따라 해당 자율심사업체로 하여금 자율심사를 적정하게 할 수 있도록 보완사항을 고지하고, 개선방법 및 일정 등에 대한 의견을 제출하게 하는 등 자율심사의 유지에 필요한 조치를 할 수 있다.(시행령 제32조의2 5항)

한편 세관장은 자율심사업체가 다음 하나에 해당하는 때에는 자율심사의 승인을 취소할 수 있다.(시행령 제32조의2 6항)

① 자율심사를 할 수 있도록 한 관세청장이 정한 요건을 갖추지 못하게 되는 경우

② 자율심사를 하지 아니할 의사를 표시하는 경우

③ 자율심사 결과의 제출 등 자율심사의 유지를 위하여 필요한 의무 등을 이행하지 아니하는 경우

(3) 세액의 정정

납세의무자는 납세신고한 세액을 납부하기 전에 그 세액이 과부족하다는 것을

알게 되었을 때에는 납세신고한 세액을 정정할 수 있다. 이 경우 납부기한은 당초의 납부기한(관세법 제9조의 규정에 의한 납부기한을 말한다)으로 한다.(관세법 제38조 4항) 위의 규정에 따라 세액을 정정하고자 하는 자는 해당 납세신고와 관련된 서류를 세관장으로부터 교부받아 과세표준 및 세액 등을 정정하고, 그 정정한 부분에 서명 또는 날인하여 세관장에게 제출하여야 한다.(시행령 제32조의3)

(4) 국세기본법의 준용

관세의 납부에 관하여는「국세기본법」제46조의2(신용카드등에 의한 국세납부)[78]를 준용한다.(관세법 제38조 6항)

(5) 신용카드등에 의한 관세 등의 납부

관세법 제38조 제6항에 따라 납세의무자가 신고하거나 세관장이 부과 또는 경정하여 고지한 세액(세관장이 관세와 함께 징수하는 내국세등의 세액을 포함한다)은 신용카드, 직불카드 등(이하 이 조에서 "신용카드등"이라 한다)으로 납부할 수 있다.(시행령 제32조의5 1항)

관세법 제38조 제6항에 따라 준용되는「국세기본법」제46조의2 제1항에 따른 국세납부대행기관이란 정보통신망을 이용하여 신용카드등에 의한 결제를 수행하는 기관으로서 기획재정부령으로 정하는 바에 따라 관세납부를 대행하는 기관(이하 이 조에서 "관세납부대행기관"이라 한다)을 말한다.(시행령 제32조의5 2항)

관세납부대행기관은 납세자로부터 신용카드등에 의한 관세납부대행용역의 대가로 기획재정부령으로 정하는 바에 따라 납부대행수수료를 받을 수 있다.(시행령 제32조의5 3항)

관세청장은 납부에 사용되는 신용카드등의 종류, 그 밖에 관세납부에 필요한 사항을 정할 수 있다.(시행령 제32조의5 4항)

---

78) 국세기본법 [시행 2015.1.1.] [법률 제12848호, 2014.12.23., 일부개정]
제46조의2(신용카드 등으로 하는 국세납부) ① 납세의무자는 세법에 따라 신고하거나 과세관청이 결정 또는 경정하여 고지한 세액을 대통령령으로 정하는 국세납부대행기관을 통하여 신용카드, 직불카드 등(이하 이 조에서 "신용카드등"이라 한다)으로 납부할 수 있다.
② 제1항에 따라 신용카드등으로 국세를 납부하는 경우에는 국세납부대행기관의 승인일을 납부일로 본다.
③ 국세납부대행기관의 지정 및 운영, 납부대행 수수료 등에 관한 사항은 대통령령으로 정한다.

2. 보정

(1) 납세의무자의 보정신청

납세의무자는 신고납부한 세액이 부족하다는 것을 알게 되거나 세액산출의 기초가 되는 과세가격 또는 품목분류 등에 오류가 있는 것을 알게 되었을 때에는 신고납부한 날부터 6개월 이내(이하 "보정기간"이라 한다)에 대통령령으로 정하는 바에 따라 해당 세액을 보정(補正)하여 줄 것을 세관장에게 신청할 수 있다.(관세법 제38조의2 1항)

(2) 세관장의 보정통지서 교부

세관장은 신고납부한 세액이 부족하다는 것을 알게 되거나 세액산출의 기초가 되는 과세가격 또는 품목분류 등에 오류가 있다는 것을 알게 되었을 때에는 대통령령으로 정하는 바에 따라 납세의무자에게 해당 보정기간에 보정신청을 하도록 통지할 수 있다. 이 경우 세액보정을 신청하려는 납세의무자는 대통령령으로 정하는 바에 따라 세관장에게 신청하여야 한다.(관세법 제38조의2 2항)

세관장은 세액의 보정을 통지하는 경우에는 다음 사항을 기재한 보정통지서를 교부하여야 한다.(시행령 제32조의4 1항)

① 해당 물품의 수입신고번호와 품명·규격 및 수량

② 보정전 해당 물품의 품목분류·과세표준·세율 및 세액

③ 보정후 해당 물품의 품목분류·과세표준·세율 및 세액

④ 보정사유 및 보정기한

⑤ 그 밖의 참고사항

(3) 보정신청 절차

신고납부한 세액을 보정하고자 하는 자는 세관장에게 세액보정을 신청한 다음에 이미 제출한 수입신고서를 교부받아 수입신고서상의 품목분류·과세표준·세율 및 세액 그 밖의 관련사항을 보정하고, 그 보정한 부분에 서명 또는 날인하여 세관장에게 제출하여야 한다.(시행령 제32조의4 2항)

(4) 보정에 따른 관세 납부

납세의무자가 부족한 세액에 대한 세액의 보정을 신청한 경우에는 해당 보정 신청을 한 날의 다음날까지 해당 관세를 납부하여야 한다.(관세법 제38조의2 4항)

세관장은 세액보정 신청에 따라 세액을 보정한 결과 부족한 세액이 있는 때에는 납부기한[관세법 제9조(관세의 납부기한 등)에 따른 납부기한을 말한다.] 다음날부터 보정신청을 한 날까지의 기간과 금융회사의 정기예금에 대하여 적용하는 이자율을 고려하여 대통령령으로 정하는 이율에 따라 계산한 금액을 더하여 해당 부족세액을 징수하여야 한다. 다만, 관세법 제41조 제4항에 따라 가산금 및 중가산금을 징수하지 아니하는 경우나 신고납부한 세액의 부족 등에 대하여 납세의무자에게 정당한 사유가 있는 경우에는 그러하지 아니하다.(관세법 제38조의2 5항)

3. 수정 및 경정

(1) 세액의 수정

납세의무자는 신고납부한 세액이 부족한 경우에는 대통령령으로 정하는 바에 따라 수정신고(보정기간이 지난 날부터 관세법 제21조(관세부과의 제척기간) 제1항에 따른 기간이 끝나기 전까지로 한정한다)를 할 수 있다. 이 경우 납세의무자는 수정신고한 날의 다음 날까지 해당 관세를 납부하여야 한다.(관세법 제38조의3 1항)

수정신고를 하고자 하는 자는 다음 사항을 기재한 수정신고서를 세관장에게 제출하여야 한다.(시행령 제33조)

① 해당 물품의 수입신고번호와 품명 · 규격 및 수량

② 수정신고전의 해당 물품의 품목분류 · 과세표준 · 세율 및 세액

③ 수정신고후의 해당 물품의 품목분류 · 과세표준 · 세율 및 세액

④ 가산세액

⑤ 기타 참고사항

(2) 세액의 경정

납세의무자는 신고납부한 세액이 과다한 것을 알게 되었을 때에는 최초로 납

세신고를 한 날부터 5년 이내에 대통령령으로 정하는 바에 따라 신고한 세액의 경정을 세관장에게 청구할 수 있다. 이 경우 경정의 청구를 받은 세관장은 그 청구를 받은 날부터 2개월 이내에 세액을 경정하거나 경정하여야 할 이유가 없다는 뜻을 청구한 자에게 통지하여야 한다.(관세법 제38조의3 2항)

납세의무자는 최초의 신고 또는 경정에서 과세표준 및 세액의 계산근거가 된 거래 또는 행위 등이 그에 관한 소송에 대한 판결(판결과 같은 효력을 가지는 화해나 그 밖의 행위를 포함한다)에 의하여 다른 것으로 확정되는 등 대통령령으로 정하는 사유가 발생하여 납부한 세액이 과다한 것을 알게 되었을 때에는 최초로 납세신고를 한 날부터 5년 이내에 세액경정 청구하도록 되어 있는 기간에도 불구하고 그 사유가 발생한 것을 안 날부터 2개월 이내에 대통령령으로 정하는 바에 따라 납부한 세액의 경정을 세관장에게 청구할 수 있다.(관세법 제38조의3 3항)

위의 내용에 따라 경정의 청구를 받은 세관장은 그 청구를 받은 날부터 2개월 이내에 세액을 경정하거나 경정하여야 할 이유가 없다는 뜻을 청구한 자에게 통지하여야 한다.(관세법 제38조의3 4항)

위의 내용에 따라 경정을 청구한 자가 2개월 이내에 세관장으로부터 세액을 경정하거나 경정하여야 할 이유가 없다는 뜻의 통지를 받지 못한 경우에는 그 2개월이 되는 날의 다음 날부터 제5장(납세자의 권리 및 불복절차)에 따른 이의신청, 심사청구, 심판청구 또는 「감사원법」에 따른 심사청구를 할 수 있다.(관세법 제38조의3 5항)

세관장은 납세의무자가 신고납부한 세액, 납세신고한 세액 또는 제2항 및 제3항에 따라 경정청구한 세액을 심사한 결과 과부족하다는 것을 알게 되었을 때에는 대통령령으로 정하는 바에 따라 그 세액을 경정하여야 한다.(관세법 제38조의3 6항)

(3) 수입물품의 과세가격 조정에 따른 경정

납세의무자는 「국제조세조정에 관한 법률」 제4조 제1항[79]에 따라 관할 지방국

---

79) 제4조(정상가격에 의한 과세조정) ① 과세당국은 거래 당사자의 어느 한 쪽이 국외특수관계인인 국제거래에서 그 거래가격이 정상가격보다 낮거나 높은 경우에는 정상가격을 기준으로 거주자(내국법인과 국내사업장을 포함한다. 이하 이 장에서 같다)의 과세표준 및 세액을 결정하거나 경정할 수 있다. 다만, 제5조에 따른 정상가격 산출방법 중 동일한 정상가격 산출방법을 적용하여 둘 이상의 과세연도에 대하여 정상가격을 산출하고 그 정상가격을 기준으로 일부 과세연도에 대한 과세표준 및 세액을 결정하거나 경정하는 경우에는

세청장 또는 세무서장이 해당 수입물품의 거래가격을 조정하여 과세표준 및 세액을 결정·경정 처분하거나 같은 법 제6조 제3항 단서[80]에 따라 국세청장이 해당 수입물품의 거래가격과 관련하여 소급하여 적용하도록 사전승인을 함에 따라 그 거래가격과 관세법에 따라 신고납부·경정한 세액의 산정기준이 된 과세가격 간 차이가 발생한 경우에는 그 결정·경정 처분 또는 사전승인이 있음을 안 날(처분 또는 사전승인의 통지를 받은 경우에는 그 받은 날)부터 3개월 또는 최초로 납세신고를 한 날부터 5년 내에 대통령령으로 정하는 바에 따라 세관장에게 세액의 경정을 청구할 수 있다.(관세법 제38조의4 1항)

위의 규정에 따른 경정청구를 받은 세관장은 대통령령으로 정하는 바에 따라 해당 수입물품의 거래가격 조정방법과 계산근거 등이 제30조부터 제35조까지의 규정에 적합하다고 인정하는 경우에는 세액을 경정할 수 있다.(관세법 제38조의4 2항)

세관장은 위의 규정에 따른 경정청구를 받은 날부터 2개월 내에 세액을 경정하거나 경정하여야 할 이유가 없다는 뜻을 청구인에게 통지하여야 한다.(관세법 제38조의4 3항)

이 같은 세관장의 통지에 이의가 있는 청구인은 그 통지를 받은 날(2개월 내에 통지를 받지 못한 경우에는 2개월이 경과한 날)부터 30일 내에 기획재정부장관에게 국세의 정상가격과 관세의 과세가격 간의 조정을 신청할 수 있다. 이 경우 「국제조세조정에 관한 법률」 제10조의3[81]을 준용한다.(관세법 제38조의4 4항)

나머지 과세연도에 대하여도 그 정상가격을 기준으로 과세표준 및 세액을 결정하거나 경정하여야 한다.

80) ③ 국세청장은 거주자가 승인신청 대상기간 이전의 과세연도에 대하여 정상가격 산출방법을 소급하여 적용해 줄 것을 신청하는 때에는 승인신청 대상기간 직전의 5년 이내에서 소급하여 적용하도록 승인할 수 있다. 다만, 일방적 사전승인의 경우에 정상가격 산출방법을 소급하여 적용하여 줄 것을 신청하는 때에는 승인신청 대상기간 직전의 3년 이내에서 소급하여 적용하도록 승인할 수 있다.

81) 제10조의3(국제거래가격에 대한 과세의 조정) ① 납세의무자는 제10조의2 제2항의 통지를 받은 날(2개월 내에 통지를 받지 못한 경우에는 2개월이 경과한 날)부터 30일 내에 기획재정부장관에게 국세의 정상가격과 관세의 과세가격 간 조정을 신청할 수 있다. 이 경우 기획재정부장관은 과세당국 또는 세관장에게 거래가격에 대한 과세의 조정을 권고할 수 있고, 그 조정권고에 대한 과세당국 또는 세관장의 이행계획(불이행 시 그 이유를 포함한다)을 받아 납세의무자에게 그 조정의 신청을 받은 날부터 90일 내에 통지하여야 한다.
② 제1항에 따른 조정의 신청, 조정 방법 등에 관하여 필요한 사항은 대통령령으로 정한다.
③ 제1항에 따라 조정을 신청한 날부터 통지를 받은 날까지의 기간은 「국세기본법」 제61조, 제66조, 제68조 및 「관세법」 제121조, 제131조, 제132조의 청구기간 또는 신청기간에 산입하지 아니한다.

청구인은 제38조의4 제3항에 따라 2개월 이내에 통지를 받지 못한 경우에는 그 2개월이 되는 날의 다음 날부터 관세법 제5장에 따른 이의신청, 심사청구, 심판청구 또는 「감사원법」에 따른 심사청구를 할 수 있다.(관세법 제38조의4 5항)

세관장은 관세법 제38조의4 제2항에 따라 세액을 경정하기 위하여 필요한 경우에는 관할 지방국세청장 또는 세무서장과 협의할 수 있다.(관세법 제38조의4 6항)

(4) 경정청구서 등 우편제출에 따른 특례

관세법 제38조의2(보정) 제1항, 제38조의3(수정 및 경정) 제1항부터 제3항까지, 제38조의4(수입물품의 과세가격 조정에 따른 경정) 제1항 및 제4항에 따른 각각의 기한까지 우편으로 발송(「국세기본법」 제5조의2에서 정한 날을 기준으로 한다)한 청구서 등이 세관장 또는 기획재정부장관에게 기간을 지나서 도달한 경우 그 기간의 만료일에 신청·신고 또는 청구된 것으로 본다.(관세법 제38조의5)

4. 부과고지

다음 하나에 해당하는 경우에는 관세법 제38조(신고납부)의 규정에도 불구하고 세관장이 관세를 부과·징수한다.(관세법 제39조 1항)

① 관세법 제16조 제1호부터 제6호까지 및 제8호부터 제11호까지에[82] 해당

---

82) ① 외국물품인 선용품 또는 기용품과 외국무역선 또는 외국무역기안에서 판매할 물품이 하역허가의 내용대로 운송수단에 적재되지 아니하여 관세를 징수하는 물품(차량용품과 국경출입차량안에서 판매할 물품이 허가된 내용대로 운송수단에 적재되지 아니하여 관세를 징수하는 물품을 포함) : 하역을 허가 받은 때
② 보세구역 밖에서의 보수작업의 승인기간을 경과하여 관세를 징수하는 물품 : 보세구역 밖에서의 보수작업을 승인 받은 때
③ 보세구역에 장치된 외국물품이 멸실되거나 폐기됨에 따라 관세를 징수하는 물품 : 해당 물품이 멸실되거나 폐기된 때
④ 보세공장외 작업허가 기간을 경과하여 관세를 징수하는 물품(보세건설장외 작업허가 기간을 경과한 물품, 종합보세구역외 작업의 신고기간을 경과한 물품을 포함함) : 보세공장외 작업, 보세건설장외 작업 또는 종합보세구역외 작업을 허가 받거나 신고 한 때
⑤ 보세운송신고 또는 승인을 받은 물품이 지정기간내에 목적지에 도착하지 아니하여 관세를 징수하는 물품 : 보세운송을 신고 하거나 승인 받은 때
⑥ 수입신고가 수리되기 전에 소비하거나 사용하는 물품(소비 또는 사용을 수입으로 보지 아니하는 물품은 제외) : 해당 물품을 소비하거나 사용한 때
⑦ 수입신고전 즉시반출신고를 하고 반출한 물품: 수입신고전 즉시반출신고를 한 때
⑧ 우편으로 수입되는 물품(관세법 제258조 제2항에 의해 수입신고를 해야 하는 우편물을

되어 관세를 징수하는 경우

② 보세건설장에서 건설된 시설로서 수입신고가 수리되기 전에 가동된 경우

③ 보세구역(제156조 제1항에 따라 보세구역 외 장치를 허가 받은 장소를 포함한다)에 반입된 물품이 신고수리 전에는 운송수단, 관세통로, 하역통로 또는 관세법에 따른 장치 장소로부터 신고된 물품을 반출하여서는 안된다는 관세법 제248조(신고의 수리) 제3항을 위반하여 수입신고가 수리되기 전에 반출된 경우

④ 납세의무자가 관세청장이 정하는 사유로 과세가격이나 관세율 등을 결정하기 곤란하여 부과고지를 요청하는 경우

⑤ 관세법 제253조(수입신고수리전 반출)에 따라 즉시 반출한 물품을 즉시반출신고를 한 날부터 10일 이내에 수입신고를 하지 아니하여 관세를 징수하는 경우

⑥ 그 밖에 관세법 제38조(신고납부)에 따른 납세신고가 부적당한 것으로서 기획재정부령으로 정하는 경우

세관장은 과세표준, 세율, 관세의 감면 등에 관한 규정의 적용 착오 또는 그 밖의 사유로 이미 징수한 금액이 부족한 것을 알게 되었을 때에는 그 부족액을 징수한다.(관세법 제39조 2항)

위의 규정에 따라 세관장이 관세를 징수하려는 경우에는 대통령령으로 정하는 바에 따라 납세의무자에게 납세고지를 하여야 한다.(관세법 제39조 3항)

5. 징수금액의 최저한

세관장은 납세의무자가 납부하여야 하는 세액이 1만원 미만인 때에는 이를 징수하지 아니한다.(관세법 제40조)(시행령 제37조 1항) 이에 따라 관세를 징수하지 아니하게 된 경우에는 해당 물품의 수입신고수리일을 그 납부일로 본다.(시행령 제37조 2항)

제외) : 통관우체국에 도착한 때

⑨ 도난물품 또는 분실물품 : 해당 물품이 도난되거나 분실된 때

⑩ 관세법에 따라 매각되는 물품 : 해당 물품이 매각된 때

⑪ 수입신고를 하지 아니하고 수입된 물품(위의 ①~⑩에 규정된 것을 제외) : 수입된 때

6. 가산금

관세를 납부기한까지 완납(完納)하지 아니하면 그 납부기한이 지난 날부터 체납된 관세에 대하여 100분의 3에 상당하는 가산금을 징수한다.(관세법 제41조 1항) 체납된 관세를 납부하지 아니하면 그 납부기한이 지난 날부터 1개월이 지날 때마다 체납된 관세의 1천분의 12에 상당하는 가산금(이하에서 "중가산금"이라 한다)을 제1항에 따른 가산금에 다시 더하여 징수한다. 이 경우 중가산금을 더하여 징수하는 기간은 60개월을 초과하지 못한다.(관세법 제41조 2항)

체납된 관세(세관장이 징수하는 내국세가 있는 때에는 그 금액을 포함한다)가 100만원 미만인 경우에는 위의 규정에 의한 중가산금을 적용하지 아니한다.(관세법 제41조 3항)

국가나 지방자치단체(지방자치단체조합을 포함)가 직접 수입하는 물품과 국가 또는 지방자치단체에 기증되는 물품, 그리고 우편물(다만, 수입신고를 하여야 하는 것은 제외)에 대하여는 위의 규정을 적용하지 아니한다.(관세법 제41조 4항)(시행령 제38조)

7. 가산세

(1) 가산세의 징수

세관장은 관세법 제38조의3(수정 및 경정) 제1항 또는 제4항에 따라 부족한 관세액을 징수할 때에는 다음의 금액을 합한 금액을 가산세로 징수한다. 다만, 잠정가격신고를 기초로 납세신고를 하고 이에 해당하는 세액을 납부한 경우 등 대통령령으로 정하는 경우에는 대통령령으로 정하는 바에 따라 그 전부 또는 일부를 징수하지 아니하다.(관세법 제42조 1항)

① 해당 부족세액의 100분의 10

② 다음의 계산식을 적용하여 계산한 금액

해당 부족세액 × 당초 납부기한의 다음 날부터 수정신고일 또는 납세고지일까지의 기간 × 금융회사 등이 연체대출금에 대하여 적용하는 이자율 등을 고려하여 대통령령으로 정하는 이자율(즉, 1일 1만분의 3의 율)(시행령 제39조 1항)

(2) 가산세 징수의 예외

관세법 제42조 제1항 단서에 있는 "잠정가격신고를 기초로 납세신고를 하고 이에 해당하는 세액을 납부한 경우 등 대통령령으로 정하는 경우"에 가산세를 전부 또는 일부를 징수하지 아니하는 경우는 다음과 같다.(시행령 제39조 2항)

① 수입신고가 수리되기 전에 관세를 납부한 결과 부족세액이 발생한 경우로서 수입신고가 수리되기 전에 납세의무자가 해당 세액에 대하여 수정신고를 하거나 세관장이 경정하는 경우

② 잠정가격신고를 기초로 납세신고를 하고 이에 해당하는 세액을 납부한 경우. 다만, 납세의무자가 제출한 자료가 사실과 다름이 판명되어 추징의 사유가 발생한 경우에는 그러하지 아니하다.

③ 관세법 제37조(과세가격 결정방법의 사전심사) 제1항 제3호(특수관계가 있는 자들 간에 거래되는 물품의 과세가격 결정방법)에 관한 사전심사의 결과를 통보받은 경우 그 통보일부터 2개월 이내에 통보된 과세가격 결정방법에 따라 해당 사전심사 신청 이전에 신고납부한 세액을 수정신고하는 경우

④ 관세법 제38조(신고납부) 제2항 단서의 규정에 의하여 기획재정부령이 정하는 물품중 감면대상 및 감면율을 잘못 적용하여 부족세액이 발생한 경우

⑤ 관세법 제38조의3 제1항에 따라 수정신고(관세법 제38조의2 제1항에 따른 보정기간이 지난 날부터 1년 6개월이 지나기 전에 한 수정신고로 한정한다)를 한 경우. 다만, 해당 관세에 대하여 과세표준과 세액을 경정할 것을 미리 알고 수정신고서를 제출한 경우로서 기획재정부령으로 정하는 경우는 제외한다.

⑥ 관세법 제41조(가산금) 제4항의 규정에 의하여 동조 제1항 내지 제3항의 규정[국가나 지방자치단체(지방자치단체조합을 포함)가 직접 수입하는 물품과 국가 또는 지방자치단체에 기증되는 물품, 그리고 우편물(다만, 수입신고를 하여야 하는 것은 제외)에 대하여]을 적용하지 아니하는 경우

⑦ 관세심사위원회가 관세법 제118조 제3항에 따른 기간 내에 과세전적부심사의 결정·통지(이하 이 조에서 "결정·통지"라 한다)를 하지 아니한 경우

⑧ 신고납부한 세액의 부족 등에 대하여 납세의무자에게 정당한 사유가 있는 경우

(3) 부당한 방법에 의한 과소신고에 대한 가산세

납세자가 부당한 방법(납세자가 관세의 과세표준 또는 세액계산의 기초가 되는 사실의 전부 또는 일부를 은폐하거나 가장하는 것에 기초하여 관세의 과세표준 또는 세액의 신고의무를 위반하는 것으로서 대통령령으로 정하는 방법[83]을 말한다)으로 과소신고한 경우에는 세관장은 해당 부족세액의 100분의 40에 상당하는 금액과 위의 가산세 징수금액 중 ②의 금액(관세법 제42조 1항 2호) 을 합한 금액을 가산세로 징수한다.(관세법 제42조 2항)

(4) 수입신고를 하지 아니하고 수입된 물품에 대한 가산세

세관장은 제16조 제11호에 따른 물품(수입신고를 하지 아니하고 수입된 물품)에 대하여 관세를 부과·징수할 때에는 다음의 금액을 합한 금액을 가산세로 징수한다. 다만, 제241조 제5항[84]에 따라 가산세를 징수하는 경우와 천재지변 등 수입신고를 하지 아니하고 수입한 데에 정당한 사유가 있는 것으로 세관장이 인정하는 경우는 제외한다.(관세법 제42조 3항)

① 해당 관세액의 100분의 20(제269조의 죄에 해당하여 처벌받거나 통고처분을 받은 경우에는 100분의 40)

② 다음의 계산식을 적용하여 계산한 금액

해당 관세액 × 수입된 날부터 납세고지일까지의 기간 × 금융회사 등이 연체대출금에 대하여 적용하는 이자율 등을 고려하여 대통령령으로 정하는 이자율

---

83) 1. 이중송품장·이중계약서 등 허위증명 또는 허위문서의 작성이나 수취, 2. 세액심사에 필요한 자료의 파기, 3. 관세부과의 근거가 되는 행위나 거래의 조작·은폐, 4. 그 밖에 관세를 포탈하거나 환급받기 위한 부정한 행위(시행령 제39조 4항)

84) 1. 여행자나 승무원이 제2항 제1호에 해당하는 휴대품(제96조 제1항 제1호 및 제3호에 해당하는 물품은 제외한다)을 신고하지 아니하여 과세하는 경우
2. 우리나라로 거주를 이전하기 위하여 입국하는 자가 입국할 때에 수입하는 이사물품(제96조 제1항 제2호에 해당하는 물품은 제외한다)을 신고하지 아니하여 과세하는 경우

8. 관세의 현장수납

다음 어느 하나에 해당하는 물품에 대한 관세는 그 물품을 검사한 공무원이 검사장소에서 수납할 수 있다.(관세법 제43조 1항)

① 여행자의 휴대품

② 조난 선박에 적재된 물품으로서 보세구역이 아닌 장소에 장치한 물품

위의 규정에 의하여 물품을 검사한 공무원이 관세를 수납하는 때에는 부득이한 사유가 있는 경우를 제외하고는 다른 공무원을 참여시켜야 하며 (관세법 제43조 2항) 출납공무원이 아닌 공무원이 관세를 수납하였을 때에는 지체없이 출납공무원에게 인계하여야 한다.(관세법 제43조 3항)

또한 출납공무원이 아닌 공무원이 선량한 관리자로서의 주의를 게을리하여 현장 수납한 현금을 잃어버린 경우에는 변상하여야 한다.(관세법 제43조 4항)

Ⅱ 체납자료의 제공 등

1. 체납자료의 제공

세관장은 관세징수 또는 공익목적을 위하여 필요한 경우로서 「신용정보의 이용 및 보호에 관한 법률」 제2조 제5호에 따른 신용정보회사 또는 같은 조 제6호에 따른 신용정보집중기관, 그 밖에 대통령령으로 정하는 자가 다음 어느 하나에 해당하는 체납자의 인적사항 및 체납액에 관한 자료(이하 "체납자료"라 한다)를 요구한 경우에는 이를 제공할 수 있다. 다만, 체납된 관세 및 내국세등과 관련하여 관세법에 따른 이의신청·심사청구 또는 심판청구 및 행정소송이 계류 중인 경우나 그 밖에 대통령령으로 정하는 경우에는 체납자료를 제공하지 아니한다. (관세법 제44조 1항) 여기서 "대통령령으로 정하는 경우"란 전쟁·화재 등 재해나 도난으로 인하여 재산에 심한 손실을 입은 경우, 사업에 현저한 손실을 입은 경우, 사업이 중대한 위기에 처한 경우(시행령 제2조 제1항 제1, 2, 3호) 또는 체납처분이 유

예된 경우를 말한다.(시행령 제41조 1항)

① 체납 발생일부터 1년이 지나고 체납액이 대통령령으로 정하는 금액(500만원) 이상인 자

② 1년에 3회 이상 체납하고 체납액이 대통령령으로 정하는 금액(500만원) 이상인 자

체납자료의 제공 절차 등에 필요한 사항은 대통령령으로 정한다.(관세법 제44조 2항)

체납자료를 제공받은 자는 이를 업무 목적 외의 목적으로 누설하거나 이용하여서는 아니 된다.(관세법 제44조 3항)

2. 관세체납정리위원회

관세(세관장이 징수하는 내국세등을 포함한다)의 체납정리에 관한 사항을 심의하기 위하여 세관에 관세체납정리위원회를 둘 수 있다.(관세법 제45조 1항)

관세체납정리위원회는 위원장 1인을 포함한 5인 이상 7인 이내의 위원으로 구성하며 관세체납정리위원회의 위원장은 세관장이 되며, 위원은 다음의 자중에서 세관장이 임명 또는 위촉한다.(시행령 제42조 2,3항)

① 세관공무원

② 변호사・관세사・공인회계사・세무사

③ 상공계의 대표

④ 기획재정에 관한 학식과 경험이 풍부한 자

Ⅲ 관세환급금의 환급 등

1. 관세환급금의 환급

(1) 관세환급금의 환급신청과 통지

세관장은 납세의무자가 관세・가산금・가산세 또는 체납처분비의 과오납금 또는 관세법에 따라 의 환급을 청구할 때에는 대통령령으로 정하는 바에 따라 지

체 없이 이를 관세환급금으로 결정하고 30일 이내에 환급하여야 하며, 세관장이 확인한 관세환급금은 납세의무자가 환급을 청구하지 아니하더라도 환급하여야 한다.(관세법 제46조 1항)

구체적으로 과오납한 관세·가산금·가산세 또는 체납처분비의 과오납금 또는 관세법에 따라 환급을 받고자 하는 자는 당해 물품의 품명·규격·수량·수입신고수리연월일·신고번호 및 환급사유와 환급받고자 하는 금액을 기재한 신청서를 세관장에게 제출하여야 하며(시행령 제50조) 세관장이 관세환급 사유를 확인한 때에는 권리자에게 그 금액과 이유 등을 통지하여야 한다.(시행령 제51조 1항)

(2) 관세환급금의 충당

관세환급금을 환급하는 경우에 환급받을 자가 세관에 납부하여야 하는 관세와 그 밖의 세금, 가산금, 가산세 또는 체납처분비가 있을 때에는 환급하여야 하는 금액에서 이를 충당할 수 있다.(관세법 제46조 2항) 이때 세관장은 그 사실을 권리자에게 통보하여야 한다. 다만, 권리자의 신청에 의하여 충당한 경우에는 그 통지를 생략한다.(시행령 제52조)

(3) 관세환급금의 양도

납세의무자의 관세환급금에 관한 권리는 대통령령으로 정하는 바에 따라 제3자에게 양도할 수 있다.(관세법 제46조 3항) 제3자에게 양도하고자 하는 자는 양도인의 주소와 성명, 양수인의 주소와 성명, 환급사유, 환급금액을 기재한 문서에 인감증명을 첨부하여 세관장에게 제출하여야 한다.(시행령 제53조)

(4) 관세환급금의 환급절차

관세환급금의 환급은 「국가재정법」 제17조에도 불구하고 대통령령으로 정하는 바에 따라 「한국은행법」에 따른 한국은행의 해당 세관장의 소관 세입금에서 지급한다.(관세법 제46조 4항)

2. 과다환급관세의 징수

세관장은 관세법 법46조(관세환급금의 환급)에 따른 관세환급금의 환급에 있어서 그 환급액이 과다한 것을 알게 되었을 때에는 해당 관세환급금을 지급받은 자로부터 과다지급된 금액을 징수하여야 한다.(관세법 제47조 1항)

세관장은 위의 규정에 따라 관세환급금의 과다환급액을 징수할 때에는 과다환급을 한 날의 다음날부터 징수결정을 하는 날까지의 기간에 대하여 대통령령이 정하는 이율에 따라 계산한 금액을 과다환급액에 더하여야 한다.(관세법 제47조 2항)

3. 관세환급가산금

세관장은 관세환급금을 환급하거나 충당할 때에는 대통령령으로 정하는 관세환급가산금 기산일부터 환급결정 또는 충당결정을 하는 날까지의 기간과 대통령령으로 정하는 이율에 따라 계산한 금액을 환급금에 더하여야 한다. 다만, 관세법 제41조(가산금) 제4항에 따라 같은 조 제1항부터 제3항까지의 규정을 적용받지 아니하는 물품 즉, 국가 또는 지방자치단체(지방자치단체조합을 포함)가 직접 수입하는 물품과 국가 또는 지방자치단체에 기증되는 물품, 그리고 우편물(다만, 수입신고를 하여야 하는 것은 제외)에 대하여는 그러하지 아니하다.(관세법 제48조)

제3절 납세의무의 소멸

I 납부의무의 소멸

관세, 가산금 또는 체납처분비를 납부하여야 하는 의무는 다음 어느 하나에 해당되는 때에는 소멸한다.(관세법 제20조)

① 관세를 납부하거나 관세에 충당한 때

② 관세부과가 취소된 때

③ 관세를 부과할 수 있는 기간에 관세가 부과되지 아니하고 그 기간이 만료된 때

④ 관세징수권의 소멸시효가 완성된 때

Ⅱ 관세부과의 제척기간

1. 관세부과의 제척기간

관세는 해당 관세를 부과할 수 있는 날부터 5년이 지나면 부과할 수 없다. 다만, 부정한 방법으로 관세를 포탈하였거나 환급 또는 감면받은 경우에는 관세를 부과할 수 있는 날부터 10년이 지나면 부과할 수 없다.(관세법 제21조 1항)

2. 관세부과 제척기간의 기산일

관세부과의 제척기간을 산정할 때 수입신고한 날의 다음날을 관세를 부과할 수 있는 날로 한다. 다만, 다음의 경우에는 해당 사항에 규정된 날을 관세를 부과할 수 있는 날로 한다.(시행령 제6조)

① 관세법 제16조(과세물건의 확정시기) 제1호 내지 제11호에 해당되는 경우에는 그 사실이 발생한 날의 다음날

② 의무불이행 등의 사유로 감면된 관세를 징수하는 경우에는 그 사유가 발생한 날의 다음날

③ 보세건설장에 반입된 외국물품의 경우에는 다음의 날 중 먼저 도래한 날의 다음날

㉠ 시행령 제211조의 규정에 의하여 건설공사완료보고를 한 날

㉡ 관세법 제176조의 규정에 의한 특허기간(특허기간을 연장한 경우에는 연장기간을 말한다)이 만료되는 날

④ 과다환급 또는 부정환급 등의 사유로 관세를 징수하는 경우에는 환급한 날의 다음날

⑤ 관세법 제28조(잠정가격의 신고 등)에 따라 잠정가격을 신고한 후 확정된 가격을 신고한 경우에는 확정된 가격을 신고한 날의 다음 날(다만, 관세법 제28조 제2항에 따른 기간 내에 확정된 가격을 신고하지 아니하는 경우에는 해당 기간의 만료일의 다음날)

3. 제척기간의 특례

다음 어느 하나에 해당하는 경우에는 원칙적인 제척기간에도 불구하고 아래 ①에서 ⑤까지의 결정·판결이 확정되거나 회신을 받은 날부터 1년, ⑥에 따른 경정 청구일 및 ⑦에 따른 결정통지일로부터 2개월이 지나기 전까지는 해당 결정·판결·회신 또는 경정청구에 따라 경정이나 그 밖에 필요한 처분을 할 수 있다.(관세법 제21조 2항)

① 이의신청·심사청구 또는 심판청구에 대한 결정이 있은 경우

② 「감사원법」에 따른 심사청구에 대한 결정이 있은 경우

③ 「행정소송법」에 따른 소송에 대한 판결이 있은 경우

④ 관세법 제313조(압수물품의 반환)에 따른 압수물품의 반환결정이 있은 경우

⑤ 관세법과 「자유무역협정의 이행을 위한 관세법의 특례에 관한 법률」 및 조약·협정 등이 정하는 바에 따라 양허세율의 적용여부 및 세액 등을 확정하기 위하여 원산지증명서를 발급한 국가의 세관이나 그 밖에 발급권한이 있는 기관에게 원산지증명서 및 원산지증명서 확인자료의 진위 여부, 정확성 등의 확인을 요청하여 회신을 받은 경우

⑥ 관세법 제38조의3(수정 및 경정) 제2항·제3항 또는 제38조의4(수입물품의 과세가격 조정에 따른 경정) 제1항에 따른 경정청구가 있는 경우

⑦ 관세법 제38조의4(수입물품의 과세가격 조정에 따른 경정) 제4항에 따른 조정 신청에 대한 결정통지가 있는 경우

Ⅲ 관세징수권 등의 소멸시효

1. 관세징수권의 소멸시효

관세의 징수권은 이를 행사할 수 있는 날부터 다음 각 호의 구분에 따른 기간 동안 행사하지 아니하면 소멸시효가 완성된다.(관세법 제22조 1항)

① 5억원 이상의 관세(내국세를 포함. 이하 이 항에서 같다): 10년

② ① 외의 관세: 5년

위의 규정에 따른 관세징수권을 행사할 수 있는 날은 아래와 같다.(시행령 제7조 1항)

① 신고납부하는 관세에 있어서는 수입신고가 수리된 날부터 15일이 경과한 날의 다음날. 다만, 월별납부의 경우에는 그 납부기한이 경과한 날의 다음날로 한다.

② 납부하는 관세에 있어서는 부족세액에 대한 보정신청일의 다음날의 다음날

③ 납부하는 관세에 있어서는 수정신고일의 다음날의 다음날

④ 부과고지하는 관세에 있어서는 납세고지를 받은 날부터 15일이 경과한 날의 다음날

⑤ 납부하는 관세에 있어서는 수입신고한 날부터 15일이 경과한 날의 다음날

⑥ 기타 법령에 의하여 납세고지하여 부과하는 관세에 있어서는 납부기한을 정한 때에는 그 납부기한이 만료된 날의 다음날

2. 관세 환급청구권의 소멸시효

납세자의 과오납금 또는 그 밖의 관세의 환급청구권은 그 권리를 행사할 수 있는 날부터 5년간 행사하지 아니하면 소멸시효가 완성된다.(관세법 제22조 2항)

관세환급청구권을 행사할 수 있는 날은 아래와 같다.(시행령 제7조 2항)

① 경정으로 인한 환급의 경우에는 경정결정일

② 착오납부 또는 이중납부로 인한 환급의 경우에는 그 납부일

③ 관세법 제106조[85] 제1항에 따른 계약과 상이한 물품 등에 대한 환급의 경

우에는 해당 물품의 수출신고수리일 또는 보세공장반입신고일

④ 관세법 제106조(계약 내용과 다른 물품 등에 대한 관세 환급) 제3항 및 제4항에 따른 폐기, 멸실, 변질, 또는 손상된 물품에 대한 환급의 경우에는 해당 물품이 폐기, 멸실, 변질 또는 손상된 날

⑤ 종합보세구역에서 물품을 판매하는 자가 환급받고자 하는 경우에는 환급에 필요한 서류의 제출일

⑥ 수입신고 또는 입항전수입신고를 하고 관세를 납부한 후 신고가 취하 또는 각하된 경우에는 신고의 취하일 또는 각하일

⑦ 적법하게 납부한 후 법률의 개정으로 인하여 환급하는 경우에는 그 법률의 시행일

Ⅳ 시효의 중단 및 정지

관세징수권의 소멸시효는 다음 어느 하나에 해당하는 사유로 중단된다.(관세법 제23조 1항)

① 납세고지

② 경정처분

③ 납세독촉(납부최고(納付催告)를 포함한다)

---

85) 제106조(계약 내용과 다른 물품 등에 대한 관세 환급) ① 수입신고가 수리된 물품이 계약 내용과 다르고 수입신고 당시의 성질이나 형태가 변경되지 아니한 경우 해당 물품이 수입신고 수리일부터 1년 이내에 다음 각 호의 어느 하나에 해당하면 그 관세를 환급한다.
1. 해당 물품이 외국으로부터 반입된 물품인 경우: 보세구역(제156조제1항에 따라 세관장의 허가를 받았을 때에는 그 허가받은 장소를 포함한다. 이하 이 조에서 같다)에 이를 반입하였다가 다시 수출하였을 때
2. 해당 물품이 보세공장에서 생산된 물품인 경우: 보세공장에 이를 다시 반입하였을 때
② 제1항에 따른 수입물품으로서 세관장이 환급세액을 산출하는 데에 지장이 없다고 인정하여 승인한 경우에는 그 수입물품의 일부를 수출하였을 때에도 제1항에 따라 그 관세를 환급할 수 있다.
③ 제1항과 제2항에 따른 수입물품의 수출을 갈음하여 이를 폐기하는 것이 부득이하다고 인정하여 그 물품을 수입신고 수리일부터 1년 내에 보세구역에 반입하여 미리 세관장의 승인을 받아 폐기하였을 때에는 그 관세를 환급한다.
④ 수입신고가 수리된 물품이 수입신고 수리 후에도 지정보세구역에 계속 장치되어 있는 중에 재해로 멸실되거나 변질 또는 손상되어 그 가치가 떨어졌을 때에는 대통령령으로 정하는 바에 따라 그 관세의 전부 또는 일부를 환급할 수 있다.

④ 통고처분

⑤ 고발

⑥ 「특정범죄가중처벌 등에 관한 법률」 제16조에 따른 공소제기

⑦ 교부청구

⑧ 압류

환급청구권의 소멸시효는 환급청구권의 행사로 중단된다.(관세법 제23조 2항)

관세징수권의 소멸시효는 관세의 분할납부기간, 징수유예기간, 체납처분유예기간 또는 사해행위(詐害行爲) 취소소송기간 중에는 진행하지 아니한다.(관세법 제23조 3항) 다만, 사해행위 취소소송으로 인한 시효정지의 효력은 소송이 각하, 기각 또는 취하된 경우에는 효력이 없다.(관세법 제23조 4항)

관세징수권과 환급청구권의 소멸시효에 관하여 이 법에서 규정한 것을 제외하고는 「민법」을 준용한다.(관세법 제23조 5항)

제4절 납세담보

I 납세담보

1. 담보의 종류 등

관세법에 따라 제공하는 담보의 종류는 다음과 같다.(관세법 제24조 1항)

① 금전

② 국채 또는 지방채

③ 세관장이 인정하는 유가증권

④ 납세보증보험증권

⑤ 토지

⑥ 보험에 가입된 등기 또는 등록된 건물・공장재단・광업재단・선박・항공기 또는 건설기계

⑦ 세관장이 인정하는 보증인의 납세보증서

단, 위의 ④에 따른 납세보증보험증권 및 ⑦에 따른 납세보증서는 세관장이 요청하면 특정인이 납부하여야 하는 금액을 일정 기일 이후에는 언제든지 세관장에게 지급한다는 내용의 것이어야 한다.(관세법 제24조 2항)

담보의 제공에 필요한 사항은 대통령령으로 정한다.(관세법 제24조 3항)

납세의무자(관세의 납부를 보증한 자를 포함한다)는 이 법에 따라 계속하여 담보를 제공하여야 하는 사유가 있는 경우에는 관세청장이 정하는 바에 따라 일정 기간에 제공하여야 하는 담보를 포괄하여 미리 세관장에게 제공할 수 있다.(관세법 제24조 4항)

2. 담보의 관세충당

세관장은 담보를 제공한 납세의무자가 그 납부기한까지 해당 관세를 납부하지 아니하면 기획재정부령으로 정하는 바에 따라 그 담보를 해당 관세에 충당할 수 있다. 이 경우 담보로 제공된 금전을 해당 관세에 충당할 때에는 납부기한이 지난 후에 충당하더라도 관세법 제41조(가산금)를 적용하지 아니한다.(관세법 제25조 1항)

세관장은 위의 규정에 따라 담보를 관세에 충당하고 남은 금액이 있을 때에는 담보를 제공한 자에게 이를 돌려주어야 하며, 돌려줄 수 없는 경우에는 이를 공탁할 수 있다.(관세법 제25조 2항)

그리고 세관장은 관세의 납세의무자가 아닌 자가 관세의 납부를 보증한 경우 그 담보로 관세에 충당하고 남은 금액이 있을 때에는 그 보증인에게 이를 직접 돌려주어야 한다.(관세법 제25조 3항)

3. 담보 등이 없는 경우의 관세징수

담보 제공이 없거나 징수한 금액이 부족한 관세의 징수에 관하여는 이 법에 규정된 것을 제외하고는 「국세기본법」과 「국세징수법」의 예에 따른다.(관세법 제26조 1항)

세관장은 관세의 체납처분을 할 때에는 재산의 압류, 보관, 운반 및 공매에 드는 비용에 상당하는 체납처분비를 징수할 수 있다.(관세법 제26조 2항)

4. 담보의 해제

세관장은 납세담보의 제공을 받은 관세·가산금 및 체납처분비가 납부되었을 때에는 지체 없이 담보해제의 절차를 밟아야 한다.(관세법 제26조의 2)

제16장 관세감면 · 환급 및 분할납부

제1절 관세감면

Ⅰ 관세면세

1. 외교관용물품 등의 면세

다음 어느 하나에 해당하는 물품이 수입될 때에는 그 관세를 면제한다.(관세법 제88조 1항)

① 우리나라에 있는 외국의 대사관·공사관 및 그 밖에 이에 준하는 기관의 업무용품

② 우리나라에 주재하는 외국의 대사·공사 및 그 밖에 이에 준하는 사절과 그 가족이 사용하는 물품

③ 우리나라에 있는 외국의 영사관 및 그 밖에 이에 준하는 기관의 업무용품

④ 우리나라에 있는 외국의 대사관·공사관·영사관 및 그 밖에 이에 준하는 기관의 직원 중 대통령령으로 정하는 직원과 그 가족이 사용하는 물품

⑤ 정부와 체결한 사업계약을 수행하기 위하여 외국계약자가 계약조건에 따라 수입하는 업무용품

⑥ 국제기구 또는 외국 정부로부터 우리나라 정부에 파견된 고문관·기술단원 및 그 밖에 기획재정부령으로 정하는 자가 사용하는 물품우리나라에 있는 외국의 대사관·공사관 기타 이에 준하는 기관의 업무용품

위의 규정에 따라 관세를 면제받은 물품 중 기획재정부령으로 정하는 물품은 수입신고 수리일부터 3년의 범위에서 대통령령으로 정하는 기준에 따라 관세청장이 정하는 기간에 제1항의 용도 외의 다른 용도로 사용하기 위하여 양수할 수 없다. 다만, 대통령령으로 정하는 바에 따라 미리 세관장의 승인을 받았을 때에는 그러하지 아니하다.(관세법 제88조 2항)

따라서 위의 규정에 따라 관세를 면제받은 물품 중 기획재정부령이 정하는 물

품을 수입신고수리일부터 3년의 범위내에서 대통령령이 정하는 기준에 따라 관세청장이 정하는 기간내에 용도 외의 다른 용도로 사용하기 위하여 양수한 경우에는 그 양수자로부터 면제된 관세를 즉시 징수한다.(관세법 제88조 3항)

2. 세율불균형물품의 면세

세율불균형을 시정하기 위하여 「조세특례제한법」제5조 제1항에 따른 중소기업이 대통령령으로 정하는 바에 따라 세관장이 지정하는 공장에서 다음 어느 하나에 해당하는 물품을 제조 또는 수리하기 위하여 사용되는 부분품과 원재료(수출한 후 외국에서 수리·가공되어 수입되는 부분품과 원재료의 가공수리분을 포함한다) 중 기획재정부령으로 정하는 물품에 대하여는 그 관세를 면제할 수 있다.(관세법 제89조 1항)

① 항공기(부분품을 포함한다)

② 반도체 제조용 장비(부속기기를 포함한다)

다음 어느 하나에 해당하는 자는 위의 규정에 따른 지정을 받을 수 없다.(관세법 제89조 2항)

① 제175조(운영인의 결격사유) 제1호부터 제5호까지 및 제7호의 어느 하나에 해당하는 자

② 관세법 제39조 제4항에 따라 지정이 취소(제175조 제1호부터 제3호까지의 어느 하나에 해당하여 취소된 경우는 제외한다)된 날부터 2년이 지나지 아니한 자

③ ① 또는 ②에 해당하는 사람이 임원(해당 공장의 운영업무를 직접 담당하거나 이를 감독하는 자로 한정한다)으로 재직하는 법인

위의 규정에 따른 지정기간은 3년 이내로 하되, 지정 받은 자의 신청에 의하여 연장할 수 있다.(관세법 제89조 3항)

세관장은 위의 규정에 따라 지정을 받은 자가 다음 어느 하나에 해당하는 경우에는 그 지정을 취소할 수 있다. 다만, ① 또는 ②에 해당하는 경우에는 지정을 취소하여야 한다.(관세법 제89조 4항)

① 관세법 제89조 제2항 각 호의 어느 하나에 해당하는 경우

② 거짓이나 그 밖의 부정한 방법으로 지정을 받은 경우

③ 1년 이상 휴업하여 세관장이 지정된 공장의 설치목적을 달성하기 곤란하다고 인정하는 경우

위의 규정에 따라 지정된 공장에 대하여는 관세법 제179조(특허의 효력상시 및 승계), 제180조(특허보세구역의 설치·운영에 관한 감독 등) 제2항, 제182조(특허의 효력상실시 조치 등) 및 제187조(보세공장 외 작업 허가)를 준용한다. (관세법 제89조 5항)

3. 종교용품·자선용품·장애인용품 등의 면세

다음 어느 하나에 해당하는 물품이 수입될 때에는 그 관세를 면제한다.(관세법 제91조)

① 교회, 사원 등 종교단체의 예배용품과 식전용품(式典用品)으로서 외국으로부터 기증되는 물품. 다만, 기획재정부령으로 정하는 물품은 제외한다.

② 자선 또는 구호의 목적으로 기증되는 물품 및 기획재정부령으로 정하는 자선시설·구호시설 또는 사회복지시설에 기증되는 물품으로서 해당 용도로 직접 사용하는 물품. 다만, 기획재정부령으로 정하는 물품은 제외한다.

③ 국제적십자사·외국적십자사 및 기획재정부령으로 정하는 국제기구가 국제평화봉사활동 또는 국제친선활동을 위하여 기증하는 물품

④ 시각장애인, 청각장애인, 언어장애인, 지체장애인, 만성신부전증환자, 희귀난치성질환자 등을 위한 용도로 특수하게 제작되거나 제조된 물품 중 기획재정부령으로 정하는 물품

⑤ 「장애인복지법」 제58조에 따른 장애인복지시설 및 장애인의 재활의료를 목적으로 국가·지방자치단체 또는 사회복지법인이 운영하는 재활 병원·의원에서 장애인을 진단하고 치료하기 위하여 사용하는 의료용구

4. 정부용품 등의 면세

다음 어느 하나에 해당하는 물품이 수입될 때에는 그 관세를 면제할 수 있다. (관세법 제92조)

① 국가기관이나 지방자치단체에 기증된 물품으로서 공용으로 사용하는 물품. 다만, 기획재정부령으로 정하는 물품은 제외한다.

② 정부가 외국으로부터 수입하는 군수품(정부의 위탁을 받아 정부 외의 자가 수입하는 경우를 포함한다) 및 국가원수의 경호용으로 사용하는 물품. 다만, 기획재정부령으로 정하는 물품은 제외한다.

③ 외국에 주둔하는 국군이나 재외공관으로부터 반환된 공용품

④ 과학기술정보통신부장관이 국가의 안전보장을 위하여 긴요하다고 인정하여 수입하는 비상통신용 물품 및 전파관리용 물품

⑤ 정부가 직접 수입하는 간행물, 음반, 녹음된 테이프, 녹화된 슬라이드, 촬영된 필름, 그 밖에 이와 유사한 물품 및 자료

⑥ 국가나 지방자치단체(이들이 설립하였거나 출연 또는 출자한 법인을 포함한다)가 환경오염(소음 및 진동을 포함한다)을 측정하거나 분석하기 위하여 수입하는 기계·기구 중 기획재정부령으로 정하는 물품

⑦ 상수도 수질을 측정하거나 이를 보전·향상하기 위하여 국가나 지방자치단체(이들이 설립하였거나 출연 또는 출자한 법인을 포함한다)가 수입하는 물품으로서 기획재정부령으로 정하는 물품

⑧ 국가정보원장 또는 그 위임을 받은 자가 국가의 안전보장 목적의 수행상 긴요하다고 인정하여 수입하는 물품

5. 특정물품의 면세 등

다음 어느 하나에 해당되는 물품이 수입될 때에는 그 관세를 면제할 수 있다. (관세법 제93조)

① 동식물의 번식·양식 및 종자개량을 위한 물품 중 기획재정부령으로 정하는 물품

② 박람회, 국제경기대회, 그 밖에 이에 준하는 행사 중 기획재정부령으로 정하는 행사에 사용하기 위하여 그 행사에 참가하는 자가 수입하는 물품 중 기획재정부령으로 정하는 물품

③ 핵사고 또는 방사능 긴급사태 시 그 복구지원과 구호를 목적으로 외국으

로부터 기증되는 물품으로서 기획재정부령으로 정하는 물품

④ 우리나라 선박이 외국 정부의 허가를 받아 외국의 영해에서 채집하거나 포획한 수산물(이를 원료로 하여 우리나라 선박에서 제조하거나 가공한 것을 포함한다. 이하 이 조에서 같다)

⑤ 우리나라 선박이 외국의 선박과 협력하여 기획재정부령으로 정하는 방법으로 채집하거나 포획한 수산물로서 해양수산부장관이 추천하는 것

⑥ 해양수산부장관의 허가를 받은 자가 기획재정부령으로 정하는 요건에 적합하게 외국인과 합작하여 채집하거나 포획한 수산물 중 해양수산부장관이 기획재정부장관과 협의하여 추천하는 것

⑦ 우리나라 선박 등이 채집하거나 포획한 수산물과 제5호 및 제6호에 따른 수산물의 포장에 사용된 물품으로서 재사용이 불가능한 것 중 기획재정부령으로 정하는 물품

⑧ 「중소기업기본법」 제2조에 따른 중소기업이 해외구매자의 주문에 따라 제작한 기계·기구가 해당 구매자가 요구한 규격 및 성능에 일치하는지를 확인하기 위하여 하는 시험생산에 필요한 원재료로서 기획재정부령으로 정하는 요건에 적합한 물품

⑨ 우리나라를 방문하는 외국의 원수와 그 가족 및 수행원의 물품

⑩ 우리나라의 선박이나 그 밖의 운송수단이 조난으로 인하여 해체된 경우 그 해체재(解體材) 및 장비

⑪ 우리나라와 외국 간에 건설될 교량, 통신시설, 해저통로, 그 밖에 이에 준하는 시설의 건설 또는 수리에 필요한 물품

⑫ 우리나라 수출물품의 품질, 규격, 안전도 등이 수입국의 권한 있는 기관이 정하는 조건에 적합한 것임을 표시하는 수출물품에 부착하는 증표로서 기획재정부령으로 정하는 물품

⑬ 우리나라의 선박이나 항공기가 해외에서 사고로 발생한 피해를 복구하기 위하여 외국의 보험회사 또는 외국의 가해자의 부담으로 하는 수리 부분에 해당하는 물품

⑭ 우리나라의 선박이나 항공기가 매매계약상의 하자보수 보증기간 중에 외

국에서 발생한 고장에 대하여 외국의 매도인의 부담으로 하는 수리 부분에 해당하는 물품

⑮ 국제올림픽·장애인올림픽·농아인올림픽 및 아시아운동경기·장애인아시아운동경기 종목에 해당하는 운동용구(부분품을 포함한다)로서 기획재정부령으로 정하는 물품

⑯ 국립묘지의 건설·유지 또는 장식을 위한 자재와 국립묘지에 안장되는 자의 관·유골함 및 장례용 물품

⑰ 피상속인이 사망하여 국내에 주소를 둔 자에게 상속되는 피상속인의 신변용품

6. 소액물품 등의 면세

다음 어느 하나에 해당되는 물품이 수입될 때에는 그 관세를 면제할 수 있다.(관세법 제94조)

① 우리나라의 거주자에게 수여된 훈장·기장(紀章) 또는 이에 준하는 표창장 및 상패

② 기록문서 또는 그 밖의 서류

③ 상용견품(商用見品) 또는 광고용품으로서 기획재정부령으로 정하는 물품 여기서 기획재정부령이 정하는 물품은 다음과 같다.(시행규칙 제45조 1항)

- 물품이 천공 또는 절단되었거나 통상적인 조건으로 판매할 수 없는 상태로 처리되어 견품으로 사용될 것으로 인정되는 물품
- 판매 또는 임대를 위한 물품의 상품목록·가격표 및 교역안내서등
- 과세가격이 미화 250달러 이하인 물품으로서 견품으로 사용될 것으로 인정되는 물품
- 물품의 형상·성질 및 성능으로 보아 견품으로 사용될 것으로 인정되는 물품

④ 우리나라 거주자가 받는 소액물품으로서 기획재정부령으로 정하는 물품 여기서 기획재정부령이 정하는 물품은 다음과 같다.(시행규칙 제45조 2항)

- 물품 가격이 미화 150달러 이하의 물품으로서 자가사용 물품으로 인정

되는 것. 다만, 반복 또는 분할하여 수입되는 물품으로서 관세청장이 정하는 기준에 해당하는 것을 제외한다.

- 박람회 기타 이에 준하는 행사에 참가하는 자가 행사장안에서 관람자에게 무상으로 제공하기 위하여 수입하는 물품(전시할 기계의 성능을 보여주기 위한 원료를 포함한다). 다만, 관람자 1인당 제공량의 정상도착가격이 미화 5달러 상당액 이하의 것으로서 세관장이 타당하다고 인정하는 것에 한한다.

7. 여행자휴대품 · 이사물품 등의 면세

다음 어느 하나에 해당하는 물품이 수입될 때에는 그 관세를 면제할 수 있다.(관세법 제96조 1항)

① 여행자의 휴대품 또는 별송품으로서 여행자의 입국 사유, 체재기간, 직업, 그 밖의 사정을 고려하여 기획재정부령으로 정하는 기준에 따라 세관장이 타당하다고 인정하는 물품
여기서 기획재정부령이 정하는 기준에 따라 세관장이 타당하다고 인정하는 물품은 다음과 같다.(시행규칙 제48조 1항)

- 여행자가 휴대하는 것이 통상적으로 필요하다고 인정하는 신변용품 및 신변장식품일 것
- 비거주자인 여행자가 반입하는 물품으로서 본인의 직업상 필요하다고 인정되는 직업용구일 것
- 세관장이 반출 확인한 물품으로서 재반입되는 물품일 것
- 물품의 성질 · 수량 · 가격 · 용도 등으로 보아 통상적으로 여행자의 휴대품 또는 별송품인 것으로 인정되는 물품일 것

위의 규정에 따른 관세의 면제 한도는 여행자 1명의 휴대품 또는 별송품으로서 각 물품의 과세가격 합계 기준으로 미화 600달러 이하(이하 이 항 및 제3항에서 “기본면세 범위”라 한다)로 한다. 다만, 농림축산물 등 관세청장이 정하는 물품이 휴대품 또는 별송품에 포함되어 있는 경우에는 기본면세 범위에서 해당 농림축산물 등에 대하여 관세청장이 따로 정한 면세한도를 적용할 수 있다.

(시행규칙 제48조 2항)

위의 규정에도 불구하고 술·담배·향수에 대해서는 기본면세 범위와 관계없이 다음 표에 따라 관세를 면제하되, 19세 미만인 사람이 반입하는 술·담배는 관세를 면제하지 아니한다. 이 경우 해당 물품이 다음 표의 면세한도를 초과하여 관세를 부과하는 경우에는 해당 물품의 가격을 과세가격으로 한다.(시행규칙 제48조 3항)

구분	면세한도	비고
술	1병	1리터(*l*) 이하이고, 미화 400달러 이하인 것으로 한정한다.
담배	궐련 200개비, 엽궐련 50개비, 전자담배 니코틴 용액 20밀리리터(*ml*), 그 밖의 담배는 250그램	2 이상의 담배 종류를 반입하는 경우에는 한 종류로 한정한다.
향수	60밀리리터(*ml*)	

② 우리나라로 거주를 이전하기 위하여 입국하는 자가 입국할 때 수입하는 이사물품으로서 거주 이전의 사유, 거주기간, 직업, 가족 수, 그 밖의 사정을 고려하여 기획재정부령으로 정하는 기준에 따라 세관장이 타당하다고 인정하는 물품

위의 규정에 따라 관세가 면제되는 물품은 우리나라 국민(재외영주권자를 제외한다. 이하 이 항에서 같다)으로서 외국에 주거를 설정하여 1년(가족을 동반한 경우에는 6개월) 이상 거주하였거나 외국인 또는 재외영주권자로서 우리나라에 주거를 설정하여 1년(가족을 동반한 경우에는 6개월) 이상 거주하려는 사람이 반입하는 다음 어느 하나에 해당하는 것으로 한다. 다만, 자동차(아래 ㉢에 해당하는 것은 제외한다), 선박, 항공기와 개당 과세가격이 500만원 이상인 보석·진주·별갑·산호·호박·상아 및 이를 사용한 제품은 제외한다.(시행규칙 제48조 4항)

㉠ 해당 물품의 성질·수량·용도 등으로 보아 통상적으로 가정용으로 인정되는 것으로서 우리나라에 입국하기 전에 3개월 이상 사용하였고 입국한 후에도 계속하여 사용할 것으로 인정되는 것

㉡ 우리나라에 상주하여 취재하기 위하여 입국하는 외국국적의 기자가 최

초로 입국할 때에 반입하는 취재용품으로서 문화체육관광부장관이 취재용임을 확인하는 물품일 것

㉢ 우리나라에서 수출된 물품(조립되지 아니한 물품으로서 관세법 별표 관세율표상의 완성품에 해당하는 번호로 분류되어 수출된 것을 포함한다)이 반입된 경우로서 관세청장이 정하는 사용기준에 적합한 물품일 것

㉣ 외국에 거주하던 우리나라 국민이 다른 외국으로 주거를 이전하면서 우리나라로 반입(송부를 포함한다)하는 것으로서 통상 가정용으로 3개월 이상 사용하던 것으로 인정되는 물품일 것

위의 규정에도 불구하고 사망이나 질병 등 관세청장이 정하는 사유가 발생하여 반입하는 이사물품에 대해서는 거주기간과 관계없이 관세를 면제할 수 있다.(시행규칙 제48조 5항)

위의 ①에 의한 별송품과 ②에 의한 이사물품 중 별도로 수입하는 물품은 천재지변 등 부득이한 사유가 있는 때를 제외하고는 여행자 또는 입국자가 입국한 날부터 6월 이내에 도착한 것이어야 한다.(시행규칙 제48조 6항)

③ 외국무역선 또는 외국무역기의 승무원이 휴대하여 수입하는 물품으로서 항행일수, 체재기간, 그 밖의 사정을 고려하여 세관장이 타당하다고 인정하는 물품. 다만, 기획재정부령으로 정하는 물품은 제외한다.

위의 단서의 규정에 의하여 관세를 부과하는 물품은 자동차(이륜자동차와 삼륜자동차를 포함한다)·선박·항공기 및 개당 과세가격 50만원 이상의 보석·진주·별갑·산호·호박 및 상아와 이를 사용한 제품으로 한다. (시행규칙 제48조 7항)

여행자가 휴대품 또는 별송품(위의 ①에 해당하는 물품은 제외한다)을 기획재정부령으로 정하는 방법으로 자진신고하는 경우에는 15만원을 넘지 아니하는 범위에서 해당 물품에 부과될 관세의 100분의 30에 상당하는 금액을 경감할 수 있다.(관세법 제96조 2항)

여기서 "기획재정부령으로 정하는 방법"이란 여행자가 다음 구분에 따른 여행자 휴대품 신고서를 작성하여 세관공무원에게 제출하는 것을 말한다.(시행규칙 제49조의2)

- 항공기를 통하여 입국하는 경우: 별지 제42호서식의 여행자 휴대품 신고서

• 선박을 통하여 입국하는 경우: 별지 제43호서식의 여행자 휴대품 신고서

8. 재수출면세

수입신고 수리일부터 다음 어느 하나의 기간에 다시 수출하는 물품에 대하여는 그 관세를 면제할 수 있다.(관세법 제97조 1항)

① 기획재정부령으로 정하는 물품 : 1년의 범위에서 대통령령으로 정하는 기준에 따라 세관장이 정하는 기간. 다만, 세관장은 부득이한 사유가 있다고 인정될 때에는 1년의 범위에서 그 기간을 연장할 수 있다.

② 1년을 초과하여 수출하여야 할 부득이한 사유가 있는 물품으로서 기획재정부령으로 정하는 물품 : 세관장이 정하는 기간

위의 규정에 따라 관세를 면제받은 물품은 같은 항의 기간에 같은 항에서 정한 용도 외의 다른 용도로 사용되거나 양도될 수 없다. 다만, 대통령령으로 정하는 바에 따라 미리 세관장의 승인을 받았을 때에는 그러하지 아니하다.(관세법 제97조 2항)

또한 위의 규정에 의하여 ① 관세를 면제받은 물품을 규정된 기간내에 수출하지 아니한 경우나 ② 용도외의 다른 용도에 사용하거나 해당 용도외의 다른 용도로 사용하려는 자에게 양도한 경우에는 수출을 하지 아니한 자, 용도외에 사용한 자 또는 양도를 한 자로부터 면제된 관세를 즉시 징수하며, 양도인으로부터 해당 관세를 징수할 수 없을 때에는 양수인으로부터 면제된 관세를 즉시 징수한다. 다만, 재해나 그 밖에 부득이한 사유로 멸실되었거나 미리 세관장의 승인을 받아 폐기하였을 때에는 그러하지 아니하다.(관세법 제97조 3항)

세관장은 위의 규정(관세법 제97조 1항)에 따라 관세를 면제받은 물품 중 기획재정부령으로 정하는 물품이 위에서 규정된 기간 내에 수출되지 아니한 경우에는 500만원을 넘지 아니하는 범위에서 해당 물품에 부과될 관세의 100분의 20에 상당하는 금액을 가산세로 징수한다.(관세법 제97조 4항)

9. 재수입면세

다음 어느 하나에 해당하는 물품이 수입될 때에는 그 관세를 면제할 수 있다.(관세법 제99조)

① 우리나라에서 수출(보세가공수출을 포함한다)된 물품으로서 해외에서 제조·가공·수리 또는 사용(장기간에 걸쳐 사용할 수 있는 물품으로서 임대차계약 또는 도급계약 등에 따라 해외에서 일시적으로 사용하기 위하여 수출된 물품 중 기획재정부령으로 정하는 물품이 사용된 경우와 박람회, 전시회, 품평회, 그 밖에 이에 준하는 행사에 출품 또는 사용된 경우는 제외한다)되지 아니하고 수출신고 수리일부터 2년 내에 다시 수입되는 물품. 다만, 다음 어느 하나에 해당하는 경우에는 관세를 면제하지 아니한다.

㉠ 해당 물품 또는 원자재에 대하여 관세의 감면을 받은 경우

㉡ 관세법 또는 「수출용원재료에 대한 관세 등 환급에 관한 특례법」에 따른 환급을 받은 경우

㉢ 관세법 또는 「수출용 원재료에 대한 관세 등 환급에 관한 특례법」에 따른 환급을 받을 수 있는 자 외의 자가 해당 물품을 재수입하는 경우. 다만, 재수입하는 물품에 대하여 환급을 받을 수 있는 자가 환급받을 권리를 포기하였음을 증명하는 서류를 재수입하는 자가 세관장에게 제출하는 경우는 제외한다.

㉣ 보세가공 또는 장치기간경과물품을 재수출조건으로 매각함에 따라 관세가 부과되지 아니한 경우

② 수출물품의 용기로서 다시 수입하는 물품

③ 해외시험 및 연구를 목적으로 수출된 후 재수입되는 물품

Ⅱ 관세의 감면세

1. 학술연구용품의 감면세

다음 하나에 해당하는 물품이 수입되는 때에는 그 관세를 감면할 수 있다. (관세법 제90조 1항)

① 국가기관, 지방자치단체 및 기획재정부령으로 정하는 기관에서 사용할 학술연구용품·교육용품 및 실험실습용품으로서 기획재정부령으로 정하는 물품

② 학교, 공공의료기관, 공공직업훈련원, 박물관, 그 밖에 이에 준하는 기획재정부령으로 정하는 기관에서 학술연구용·교육용·훈련용·실험실습용 및 과학기술연구용으로 사용할 물품 중 기획재정부령으로 정하는 물품

③ 위의 ②의 기관에서 사용할 학술연구용품·교육용품·훈련용품·실험실습용품 및 과학기술연구용품으로서 외국으로부터 기증되는 물품. 다만, 기획재정부령으로 정하는 물품은 제외한다.

④ 기획재정부령으로 정하는 자가 산업기술의 연구개발에 사용하기 위하여 수입하는 물품으로서 기획재정부령으로 정하는 물품

위의 규정에 따라 관세를 감면하는 경우 그 감면율은 기획재정부령으로 정한다.(관세법 제90조 2항)

2. 환경오염방지물품 등에 대한 감면세

다음 어느 하나에 해당하는 물품으로서 국내에서 제작하기 곤란한 물품이 수입될 때에는 그 관세를 감면할 수 있다.(관세법 제95조 1항)

① 오염물질(소음 및 진동을 포함한다)의 배출 방지 또는 처리를 위하여 사용하는 기계·기구·시설·장비로서 기획재정부령으로 정하는 것

② 폐기물 처리(재활용을 포함한다)를 위하여 사용하는 기계·기구로서 기획재정부령으로 정하는 것

③ 기계·전자기술 또는 정보처리기술을 응용한 공장 자동화 기계·기구·설비(그 구성기기를 포함한다) 및 그 핵심부분품으로서 기획재정부령으로 정하는 것

위의 규정에 따라 관세를 감면하는 경우 그 감면기간 및 감면율은 기획재정부령으로 정한다.(관세법 제95조 2항)

3. 재수출감면세

장기간에 걸쳐 사용할 수 있는 물품으로서 그 수입이 임대차계약에 의하거나 도급계약의 이행과 관련하여 국내에서 일시적으로 사용하기 위하여 수입하는 물

품 중 기획재정부령으로 정하는 물품[86]이 그 수입신고 수리일부터 2년(장기간의 사용이 부득이한 물품으로서 기획재정부령으로 정하는 것 중 수입하기 전에 세관장의 승인을 받은 것은 4년의 범위에서 대통령령으로 정하는 기준에 따라 세관장이 정하는 기간을 말한다) 이내에 재수출되는 것에 대하여는 다음의 구분에 따라 그 관세를 경감할 수 있다. 다만, 외국과 체결한 조약·협정 등에 따라 수입되는 것에 대하여는 상호 조건에 따라 그 관세를 면제한다.(관세법 제98조 1항)

① 재수출기간이 6개월 이내인 경우: 해당 물품에 대한 관세액의 100분의 85

② 재수출기간이 6개월 초과 1년 이내인 경우: 해당 물품에 대한 관세액의 100분의 70

③ 재수출기간이 1년 초과 2년 이내인 경우: 해당 물품에 대한 관세액의 100분의 55

④ 재수출기간이 2년 초과 3년 이내인 경우: 해당 물품에 대한 관세액의 100분의 40

⑤ 재수출기간이 3년 초과 4년 이내인 경우: 해당 물품에 대한 관세액의 100분의 30

위의 규정에 의하여 관세를 감면한 물품에 대하여는 관세법 제97조(재수출면세) 제2항부터 제4항까지의 규정을 준용한다.(관세법 제98조 2항)

---

86) 관세법시행규칙 제52조 (재수출감면 및 가산세징수 대상물품) 법 제98조제1항의 규정에 의하여 관세가 감면되거나 동조제2항의 규정에 의하여 가산세가 징수되는 물품은 다음 각 호의 요건을 갖춘 물품으로서 국내제작이 곤란함을 해당 물품의 생산에 관한 업무를 관장하는 중앙행정기관의 장 또는 그 위임을 받은 자가 확인하고 추천하는 기관 또는 기업이 수입하는 물품에 한한다.

1. 「법인세법 시행규칙」 제15조의 규정에 의한 내용연수가 5년(금형의 경우에는 2년) 이상인 물품
2. 개당 또는 셋트당 관세액이 500만원 이상인 물품

Ⅲ 관세의 감세

1. 손상감세

수입신고한 물품이 수입신고가 수리되기 전에 변질되거나 손상되었을 때에는 대통령령으로 정하는 바에 따라 그 관세를 경감할 수 있다.(관세법 제100조 1항)

관세법이나 그 밖의 법률 또는 조약·협정 등에 따라 관세를 감면받은 물품에 대하여 관세를 추징하는 경우 그 물품이 변질 또는 손상되거나 사용되어 그 가치가 떨어졌을 때에는 대통령령으로 정하는 바에 따라 그 관세를 경감할 수 있다.(관세법 제100조 2항)

2. 해외임가공물품 등의 감세

다음 어느 하나에 해당하는 물품이 수입될 때에는 대통령령으로 정하는 바에 따라 그 관세를 경감할 수 있다.(관세법 제101조 1항)

① 원재료 또는 부분품을 수출하여 기획재정부령으로 정하는 물품으로 제조하거나 가공한 물품

② 가공 또는 수리할 목적으로 수출한 물품으로서 기획재정부령으로 정하는 기준에 적합한 물품

위의 물품이 다음 어느 하나에 해당하는 경우에는 그 관세를 경감하지 아니한다.(관세법 제101조 2항)

① 해당 물품 또는 원자재에 대하여 관세의 감면을 받은 경우. 다만, 위의 ②(가공 또는 수리할 목적으로 수출한 물품으로서 기획재정부령으로 정하는 기준에 적합한 물품)의 경우는 제외한다.

② 관세법 또는 「수출용원재료에 대한 관세 등 환급에 관한 특례법」에 따른 환급을 받은 경우

③ 보세가공 또는 장치기간경과물품을 재수출조건으로 매각함에 따라 관세가 부과되지 아니한 경우

Ⅳ 관세감면물품의 사후관리 등

1. 관세감면물품의 사후관리

관세법 제89조(세율불균형물품의 감면세), 제90조(학술연구용품의 감면세), 제91조(종교용품, 자선용품, 장애인용품 등의 면세) 그리고 제93조(특정물품의 면세 등) 및 제95조(환경오염방지물품 등에 대한 감면세)에 따라 관세를 감면받은 물품은 수입신고 수리일부터 3년의 범위내에서 대통령령으로 정하는 기준에 따라 관세청장이 정하는 기간에는 그 감면받은 용도 외의 다른 용도로 사용하거나 양도(임대를 포함한다. 이하 같다)할 수 없다. 다만, 기획재정부령으로 정하는 물품과 대통령령으로 정하는 바에 따라 미리 세관장의 승인을 받은 물품의 경우에는 그러하지 아니하다.(관세법 제102조 1항)

한편 다음 어느 하나에 해당하면 그 용도 외의 다른 용도로 사용한 자나 그 양도인(임대인을 포함한다. 이하 같다)으로부터 감면된 관세를 즉시 징수하며, 양도인으로부터 해당 관세를 징수할 수 없을 때에는 양수인(임차인을 포함한다. 이하 같다)으로부터 감면된 관세를 징수한다. 다만, 재해나 그 밖의 부득이한 사유로 멸실되었거나 미리 세관장의 승인을 받아 폐기하였을 때에는 그러하지 아니하다.(관세법 제102조 2항)

① 위의 규정에 따라 관세를 감면받은 물품을 위에서 규정한 기간에 감면받은 용도 외의 다른 용도로 사용한 경우

② 위의 규정에 따라 관세를 감면받은 물품을 위에서 규정한 기간에 감면받은 용도 외의 다른 용도로 사용하려는 자에게 양도한 경우

2. 관세감면물품의 용도외 사용

법령, 조약, 협정 등에 따라 관세를 감면받은 물품을 감면받은 용도 외의 다른 용도로 사용하거나 감면받은 용도 외의 다른 용도로 사용하려는 자에게 양도하는 경우(해당 물품을 다른 용도로 사용하는 자나 해당 물품을 다른 용도로 사용하기 위하여 양수하는 자가 그 물품을 다른 용도로 사용하기 위하여 수입하는 경우에는 그 물품에 대하여 법령 또는 조약, 협정 등에 따라 관세를 감면받을 수

있는 경우로 한정한다)에는 대통령령으로 정하는 바에 따라 제83조(외교관용 물품 등의 면세) 제3항, 제88조(용도세율의 적용) 제3항, 제97조(재수출면세) 제3항, 제98조(재수출감면세) 제2항, 제102조(관세감면물품의 사후관리) 제2항, 제104조(수출용 원자재 등의 감면세와 환급) 제6항 또는 제109조(다른 법령 등에 따른 감면물품의 관세징수) 제2항에 따라 징수하여야 하는 관세를 감면할 수 있다. 다만, 이 법 외의 법령, 조약, 협정 등에 따라 그 감면된 관세를 징수할 때에는 그러하지 아니하다.(관세법 제103조 1항)

관세법 제98조(재수출감면세) 제2항과 제102조(관세감면물품의 사후관리) 제1항에도 불구하고 제90조(학술연구용품의 감면세), 제93조(특정물품의 면세 등), 제95조(환경오염방지물품 등에 대한 감면세) 또는 제98조(재수출감면세)에 따라 관세를 감면받은 물품은 「대·중소기업 상생협력 촉진에 관한 법률」 제2조 제4호에 따른 수탁·위탁거래의 관계에 있는 기업에 양도할 수 있으며, 이 경우 제98조(재수출감면세) 제2항과 제102조(관세감면물품의 사후관리) 제2항에 따라 징수할 관세를 감면할 수 있다. 다만, 이 법 외의 법령, 조약, 협정 등에 따라 그 감면된 관세를 징수할 때에는 그러하지 아니하다.(관세법 제103조 2항)

위의 규정에 따라 관세를 감면 받은 경우 그 사후관리기간은 당초의 수입신고 수리일부터 계산한다.(관세법 제103조 3항)

3. 시설대여업자에 대한 감면 등

「여신전문금융업법」에 따른 시설대여업자(이하 "시설대여업자"라 한다)가 관세법에 따라 관세가 감면되거나 분할납부되는 물품을 수입할 때에는 제19조(납세의무자)에도 불구하고 대여시설 이용자를 납세의무자로 하여 수입신고를 할 수 있다. 이 경우 납세의무자는 대여시설 이용자가 된다.(관세법 제105조 1항) 위의 규정에 따라 관세를 감면받거나 분할납부를 승인받은 물품에 대하여 관세를 징수하는 경우 납세의무자인 대여시설 이용자로부터 관세를 징수할 수 없을 때에는 시설대여업자로부터 징수한다.(관세법 제105조 2항)

제2절 환급 및 분할납부 등

 Ⅰ 계약내용과 상이한 물품 등에 대한 관세환급

수입신고가 수리된 물품이 계약 내용과 다르고 수입신고 당시의 성질이나 형태가 변경되지 아니한 경우 해당 물품이 수입신고 수리일부터 1년 이내에 다음 어느 하나에 해당하면 그 관세를 환급한다.(관세법 제106조 1항)

① 외국으로부터 수입된 물품 : 보세구역(제156조 제1항에 따라 세관장의 허가를 받았을 때에는 그 허가받은 장소를 포함한다. 이하 이 조에서 같다)에 이를 반입하였다가 다시 수출하였을 때. 이 경우 수출은 수입신고 수리일부터 1년이 지난 후에도 할 수 있다.

② 보세공장에서 생산된 물품 : 보세공장에 이를 다시 반입하였을 것

위의 규정에 따른 수입물품으로서 세관장이 환급세액을 산출하는 데에 지장이 없다고 인정하여 승인한 경우에는 그 수입물품의 일부를 수출하였을 때에도 관세를 환급할 수 있다.(관세법 제106조 2항)

또한 위의 규정에 따른 수입물품의 수출을 갈음하여 이를 폐기하는 것이 부득이하다고 인정하여 그 물품을 수입신고 수리일부터 1년 내에 보세구역에 반입하여 미리 세관장의 승인을 받아 폐기하였을 때에는 그 관세를 환급한다.(관세법 제106조 3항)

그리고 수입신고가 수리된 물품이 수입신고 수리 후에도 지정보세구역에 계속 장치되어 있는 중에 재해로 멸실되거나 변질 또는 손상되어 그 가치가 떨어졌을 때에는 대통령령으로 정하는 바에 따라 그 관세의 전부 또는 일부를 환급할 수 있다.(관세법 제106조 4항)

위의 규정들을 적용할 때 해당 수입물품에 대한 관세의 납부기한이 종료되기 전이거나 징수유예 중 또는 분할납부기간이 끝나지 아니하여 해당 물품에 대한 관세가 징수되지 아니한 경우에는 세관장은 해당 관세의 부과를 취소할 수 있다.

(관세법 제106조 5항)

위의 관세법 제106조 1항부터 4항까지에서 규정한 관세의 환급에 관하여는 관세법 제46조(관세환급금의 환급)와 제47조(과다환급관세의 징수)를 준용한다.
(관세법 제106조 6항)

Ⅱ 수입한 상태 그대로 수출되는 자가사용물품에 대한 관세 환급

수입신고가 수리된 개인의 자가사용물품이 수입한 상태 그대로 수출되는 경우로서 다음 어느 하나에 해당하는 경우에는 수입할 때 납부한 관세를 환급한다. 이 경우 수입한 상태 그대로 수출되는 경우의 기준은 대통령령으로 정한다.(관세법 제106조의 2 1항)

① 수입신고 수리일부터 6개월 이내에 보세구역에 반입하였다가 다시 수출하는 경우

② 수입신고 수리일부터 6개월 이내에 관세청장이 정하는 바에 따라 세관장의 확인을 받고 다시 수출하는 경우

위의 규정에 따른 관세 환급에 관하여는 관세법 제46조(관세환급금의 환급), 제47조(과다환급관세의 징수) 및 제106조(계약 내용과 다른 물품 등에 대한 관세환급) 제2항·제5항을 준용한다.(관세법 제106조의 2 2항)

Ⅲ 관세의 분할납부

세관장은 천재지변이나 그 밖에 대통령령으로 정하는 사유로 이 법에 따른 신고, 신청, 청구, 그 밖의 서류의 제출, 통지, 납부 또는 징수를 정하여진 기한까지 할 수 없다고 인정될 때에는 1년을 넘지 아니하는 기간을 정하여 대통령령으로 정하는 바에 따라 관세를 분할하여 납부하게 할 수 있다.(관세법 제107조 1항)

다음 어느 하나에 해당하는 물품이 수입될 때에는 세관장은 기획재정부령으로 정하는 바에 따라 5년을 넘지 아니하는 기간을 정하여 관세의 분할납부를 승인할 수 있다.(관세법 제107조 2항)

① 시설기계류, 기초설비품, 건설용 재료 및 그 구조물과 공사용 장비로서 기획재정부장관이 고시하는 물품. 다만, 기획재정부령으로 정하는 업종에 소요되는 물품은 제외한다.

② 정부나 지방자치단체가 수입하는 물품으로서 기획재정부령으로 정하는 물품

③ 학교나 직업훈련원에서 수입하는 물품과 비영리법인이 공익사업을 위하여 수입하는 물품으로서 기획재정부령으로 정하는 물품

④ 의료기관 등 기획재정부령으로 정하는 사회복지기관 및 사회복지시설에서 수입하는 물품으로서 기획재정부장관이 고시하는 물품

⑤ 기획재정부령으로 정하는 기업부설연구소, 산업기술연구조합 및 비영리법인인 연구기관, 그 밖에 이와 유사한 연구기관에서 수입하는 기술개발연구용품 및 실험실습용품으로서 기획재정부장관이 고시하는 물품

⑥ 기획재정부령으로 정하는 중소제조업체가 직접 사용하려고 수입하는 물품. 다만, 기획재정부령으로 정하는 기준에 적합한 물품이어야 한다.

⑦ 기획재정부령으로 정하는 기업부설 직업훈련원에서 직업훈련에 직접 사용하려고 수입하는 교육용품 및 실험실습용품 중 국내에서 제작하기가 곤란한 물품으로서 기획재정부장관이 고시하는 물품

위의 규정에 따라 관세의 분할납부를 승인받은 자가 해당 물품의 용도를 변경하거나 그 물품을 양도하려는 경우에는 미리 세관장의 승인을 받아야 한다.(관세법 제107조 3항)

관세의 분할납부를 승인받은 법인이 합병·분할·분할합병 또는 해산을 하거나 파산선고를 받은 경우 또는 관세의 분할납부를 승인받은 자가 파산선고를 받은 경우에는 그 관세를 납부하여야 하는 자는 지체 없이 그 사유를 세관장에게 신고하여야 한다.(관세법 제107조 4항)

관세의 분할납부를 승인받은 물품을 동일한 용도로 사용하려는 자에게 양도한 경우에는 그 양수인이 관세를 납부하여야 하며, 해당 용도 외의 다른 용도로 사용하려는 자에게 양도한 경우에는 그 양도인이 관세를 납부하여야 한다. 이 경우 양도인으로부터 해당 관세를 징수할 수 없을 때에는 그 양수인으로부터 징수한다.(관세법 제107조 5항)

관세의 분할납부를 승인받은 법인이 합병·분할 또는 분할합병된 경우에는 합

병・분할 또는 분할합병 후에 존속하거나 합병・분할 또는 분할합병으로 설립된 법인이 연대하여 관세를 납부하여야 한다.(관세법 제107조 6항)

관세의 분할납부를 승인받은 자가 파산선고를 받은 경우에는 그 파산관재인이 관세를 납부하여야 한다.(관세법 제107조 7항)

관세의 분할납부를 승인받은 법인이 해산한 경우에는 그 청산인이 관세를 납부하여야 한다.(관세법 제107조 8항)

다음 어느 하나에 해당하는 경우에는 납부하지 아니한 관세의 전액을 즉시 징수한다.(관세법 제107조 9항)

① 관세의 분할납부를 승인 받은 물품을 기획재정부령이 정하는 바에 의하여 5년을 초과하지 아니하는 기간에 해당 용도 외의 다른 용도로 사용하거나 해당 용도 외의 다른 용도로 사용하려는 자에게 양도한 경우

② 관세를 지정된 기한까지 납부하지 아니한 때. 다만, 관세청장이 부득이한 사유가 있다고 인정하는 경우는 제외한다.

③ 파산선고를 받은 경우

④ 법인이 해산한 경우

Ⅳ 담보제공 및 사후관리

세관장은 필요하다고 인정될 때에는 대통령령으로 정하는 범위에서 관세청장이 정하는 바에 따라 이 법이나 그 밖의 법령・조약・협정 등에 따라 관세를 감면받거나 분할납부를 승인받은 물품에 대하여 그 물품을 수입할 때에 감면받거나 분할납부하는 관세액(제97조(재수출면세) 제4항 및 제98조(재수출감면세) 제2항에 따른 가산세는 제외한다)에 상당하는 담보를 제공하게 할 수 있다.(관세법 제108조 1항)

관세법이나 그 밖의 법률・조약・협정 등에 따라 용도세율을 적용받거나 관세의 감면 또는 분할납부를 승인받은 자는 대통령령으로 정하는 바에 따라 해당 조건의 이행 여부를 확인하는 데에 필요한 서류를 세관장에게 제출하여야 한다.(관세법 제108조 2항)

관세청장은 해당 조건의 이행 여부를 확인하기 위하여 필요할 때에는 대통령령

령으로 정하는 바에 따라 해당 물품의 사후관리에 관한 사항을 주무부장관에게 위탁할 수 있다.(관세법 제108조 3항)

용도세율을 적용받거나 관세를 감면받은 물품을 세관장의 승인을 받아 수출한 경우에는 이 법을 적용할 때 용도 외의 사용으로 보지 아니하고 사후관리를 종결한다. 다만, 용도세율을 적용받거나 관세를 감면받은 물품을 가공하거나 수리할 목적으로 수출한 후 다시 수입하거나 해외시험 및 연구를 목적으로 수출한 후 다시 수입하여 제99조(재수입면세) 제3호 또는 제101조(해외임가공물품 등의 감세) 제1항 제2호에 따른 감면을 받은 경우에는 사후관리를 계속한다.(관세법 제108조 4항)

 다른 법령 등에 의한 감면물품의 관세징수

관세법 외의 법령이나 조약·협정 등에 따라 관세가 감면된 물품을 그 수입신고 수리일부터 3년 내에 해당 법령이나 조약·협정 등에 규정된 용도 외의 다른 용도로 사용하거나 양도하려는 경우에는 세관장의 확인을 받아야 한다. 다만, 해당 법령이나 조약·협정 등에 다른 용도로 사용하거나 양도한 경우에 해당 관세의 징수를 면제하는 규정이 있을 때에는 그러하지 아니하다.(관세법 제109조 1항)

위의 규정에 따라 세관장의 확인을 받아야 하는 물품에 대하여는 해당 용도 외의 다른 용도로 사용한 자 또는 그 양도를 한 자로부터 감면된 관세를 즉시 징수하여야 하며, 양도인으로부터 해당 관세를 징수할 수 없을 때에는 그 양수인으로부터 감면된 관세를 즉시 징수한다. 다만, 그 물품이 재해나 그 밖의 부득이한 사유로 멸실되었거나 미리 세관장의 승인을 받아 그 물품을 폐기하였을 때에는 예외로 한다.(관세법 제109조 2항)

제17장 납세자의 권리 및 불복절차

제 1 절 납세자의 권리

I 납세자 권리헌장

1. 납세자권리헌장의 제정 및 고시

관세청장은 관세법 제111조(중복조사의 금지), 제112조(관세조사의 경우 조력을 받을 권리), 제113조(납세자의 성실성 추정 등), 제114조(관세조사의 사전통지와 연기신청), 제115조(관세조사의 결과통지), 제116조(비밀유지), 제116조의2(고액·상습체납자 명단공개), 제117조(정보의 제공)에 규정한 사항과 그 밖에 납세자의 권리보호에 관한 사항을 포함하는 납세자권리헌장을 제정하여 고시하여야 한다.(관세법 제110조 1항)

2. 납세자 권리헌장의 교부

세관공무원은 다음 어느 하나에 해당하는 경우에는 납세자권리헌장의 내용이 수록된 문서를 납세자에게 내주어야 한다.(관세법 제110조 2항) (시행령 제135조)

① 관세법 또는 관세법에 따른 명령을 위반하는 행위로서 관세법에 따라 형사처벌되거나 통고처분되는 관세범(「수출용원재료에 대한 관세 등 환급에 관한 특례법」 제23조 제1항부터 제4항까지의 규정에 따른 죄를 포함한다)에 관한 조사를 하는 경우

② 관세의 과세표준과 세액의 결정 또는 경정을 위하여 납세자를 방문 또는 서면으로 조사(관세법 제110조의2에 따른 통합조사를 포함한다. 이하 이 절에서 "관세조사"라 한다)하는 경우

③ 징수권의 확보를 위하여 압류를 하는 경우

④ 보세판매장에 대한 조사를 하는 경우

3. 납세자 권리헌장 교부의 예외

세관공무원은 납세자를 긴급히 체포·압수·수색하는 경우 또는 현행범인 납세자가 도주할 우려가 있는 등 조사목적을 달성할 수 없다고 인정되는 경우에는 납세자권리헌장을 내주지 아니할 수 있다.(관세법 제110조 3항)

Ⅱ 납세자의 권리

1. 통합조사 원칙 및 관세조사 대상자 선정

(1) 통합조사의 원칙

세관공무원은 특정한 분야만을 조사할 필요가 있는 등 대통령령으로 정하는 경우를 제외하고는 신고납부세액과 관세법 및 다른 법령에서 정하는 수출입 관련 의무 이행과 관련하여 그 권한에 속하는 사항을 통합하여 조사하는 것을 원칙으로 한다.(관세법 제110조의 2)

(2) 관세조사 대상자 선정

세관장은 다음 어느 하나에 해당하는 경우에 정기적으로 신고의 적정성을 검증하기 위하여 대상을 선정(이하 "정기선정"이라 한다)하여 조사를 할 수 있다. 이 경우 세관장은 객관적 기준에 따라 공정하게 그 대상을 선정하여야 한다.(관세법 제110조의 3 1항)

① 관세청장이 수출입업자의 신고 내용에 대하여 정기적으로 성실도를 분석한 결과 불성실 혐의가 있다고 인정하는 경우

② 최근 4년 이상 조사를 받지 아니한 납세자에 대하여 업종, 규모 등을 고려하여 대통령령으로 정하는 바에 따라 신고 내용이 적정한지를 검증할 필요가 있는 경우

③ 무작위추출방식으로 표본조사를 하려는 경우

세관장은 정기선정에 의한 조사 외에 다음 어느 하나에 해당하는 경우에는 조사를 할 수 있다.(관세법 제110조의 3 2항)

① 납세자가 관세법에서 정하는 신고・신청, 과세가격결정자료의 제출 등의 납세협력의무를 이행하지 아니한 경우

② 수출입업자에 대한 구체적인 탈세제보 등이 있는 경우

③ 신고내용에 탈세나 오류의 혐의를 인정할 만한 자료가 있는 경우

④ 납세자가 세관공무원에게 직무와 관련하여 금품을 제공하거나 금품제공을 알선한 경우

세관장은 부과고지를 하는 경우 과세표준과 세액을 결정하기 위한 조사를 할 수 있다.(관세법 제110조의 3 3항) 세관장은 최근 2년간 수출입신고 실적이 일정금액 이하인 경우 등 대통령령으로 정하는 요건을 충족하는 자에 대해서는 위의 규정에 따른 조사를 하지 아니할 수 있다. 다만, 객관적인 증거자료에 의하여 과소 신고한 것이 명백한 경우에는 그러하지 아니하다.(관세법 제110조의 3 4항)

2. 중복조사의 금지

세관공무원은 적정하고 공평한 과세를 실현하고 통관의 적법성을 보장하기 위하여 필요한 최소한의 범위에서 관세조사를 하여야 하며 다른 목적 등을 위하여 조사권을 남용하여서는 아니 된다.(관세법 제111조 1항)

세관공무원은 다음 어느 하나에 해당하는 경우를 제외하고는 해당 사안에 대하여 이미 조사를 받은 자에 대하여 다시 조사 할 수 없다.(관세법 제111조 2항)

① 관세포탈 등의 혐의를 인정할 만한 명백한 자료가 있는 경우

② 이미 조사를 받은 자의 거래상대방을 조사할 필요가 있는 경우

③ 관세법 제118조(과세전적부심사) 제4항 제2호 후단 또는 동법 제128조(심사청구) 제1항 제3호 후단(제132조 제4항 본문에서 준용하는 경우를 포함한다)에 따른 재조사 결정에 따라 재조사를 하는 경우(결정서 주문에 기재된 범위의 재조사에 한정한다)

④ 납세자가 세관공무원에게 직무와 관련하여 금품을 제공하거나 금품제공을 알선한 경우

⑤ 밀수출입, 부정・불공정무역 등 경제질서 교란 등을 통한 탈세혐의가 있는 자에 대하여 일제조사를 하는 경우(시행령 제136조)

3. 관세조사의 경우 조력을 받을 권리

세관공무원이 납세자권리헌장의 내용이 수록된 문서를 납세자에게 교부하는 경우(관세법 제110조 2항)에 해당하여 납세자가 세관공무원에게 조사를 받는 경우에 변호사, 관세사로 하여금 조사에 참여하게 하거나 의견을 진술하게 할 수 있다.(관세법 제112조)

4. 납세자의 성실성 추정 등

세관공무원은 납세자가 이 법에 따른 신고 등의 의무를 이행하지 아니한 경우 또는 납세자에게 구체적인 관세포탈 등의 혐의가 있는 경우 등 대통령령으로 정하는 경우를 제외하고는 납세자가 성실하며 납세자가 제출한 신고서 등이 진실한 것으로 추정하여야 한다.(관세법 제113조 1항)

여기서 "대통령령으로 정하는 경우"라 함은 다음 하나에 해당하는 경우를 말한다.(시행령 제138조 1항)

① 납세자가 법에서 정하는 신고 및 신청, 과세자료의 제출 등의 납세협력의무를 이행하지 아니한 경우

② 납세자에 대한 구체적인 탈세정보가 있는 경우

③ 신고내용에 탈루나 오류의 혐의를 인정할 만한 명백한 자료가 있는 경우

④ 납세자의 신고내용이 관세청장이 정한 기준과 비교하여 불성실하다고 인정되는 경우

위의 규정은 세관공무원이 납세자가 제출한 신고서 등의 내용에 관하여 질문을 하거나 신고한 물품에 대하여 확인을 하는 행위 등 대통령령으로 정하는 행위[87]를 하는 것을 제한하지 아니한다.(관세법 제113조 2항)

---

87) 관세법 시행령 제138조(납세자의 성실성 추정 등의 배제사유)
②법 제113조제2항에서 "대통령령으로 정하는 행위"란 다음 각 호의 어느 하나에 해당하는 것을 말한다.
1. 법 제38조제2항에 따른 세액심사를 위한 질문이나 자료제출의 요구
2. 법 제246조에 따른 물품의 검사
3. 법 제266조제1항에 따른 장부 또는 자료의 제출
4. 그 밖의 법(「수출용원재료에 대한 관세 등 환급에 관한 특례법」을 포함한다)에 따른 자료조사나 자료제출의 요구

5. 관세조사의 사전통지와 연기신청

세관공무원은 납세자권리헌장을 교부하는 경우(관세법 제110조 2항)에 해당하는 조사를 위하여 해당 장부, 서류, 전산처리장치 또는 그 밖의 물품 등을 조사하는 경우에는 조사를 받게 될 납세자(그 위임을 받은 자를 포함한다.)에게 조사 시작 15일 전에 조사 대상, 조사 사유, 그 밖에 대통령령으로 정하는 사항을 통지하여야 한다. 다만, ① 범칙사건에 대하여 조사하는 경우나 ② 사전에 통지하면 증거인멸 등으로 조사 목적을 달성할 수 없는 경우에 해당하는 경우에는 그러하지 아니하다.(관세법 제114조 1항)

위의 규정에 따른 통지를 받은 납세자가 천재지변이나 그 밖에 대통령령으로 정하는 사유로 조사를 받기가 곤란한 경우에는 대통령령으로 정하는 바에 따라 해당 세관장에게 조사를 연기하여 줄 것을 신청할 수 있다.(관세법 제114조 2항)

6. 장부·서류 등의 보관 금지

세관공무원은 관세조사의 목적으로 납세자의 장부·서류 또는 그 밖의 물건(이하 "장부등"이라 한다)을 세관관서에 임의로 보관할 수 없다.(관세법 제114조의2 1항)

위의 규정에도 불구하고 세관공무원은 제110조의3 제2항 각 호의 어느 하나의 사유(세관장이 정기조사 이외에 조사할 수 있는 사유)에 해당하는 경우에는 조사 목적에 필요한 최소한의 범위에서 납세자, 소지자 또는 보관자 등 정당한 권한이 있는 자가 임의로 제출한 장부등을 납세자의 동의를 받아 세관관서에 일시 보관할 수 있다.(관세법 제114조의2 2항)

세관공무원은 관세법 제114조의2 제2항에 따라 납세자의 장부등을 세관관서에 일시 보관하려는 경우 납세자로부터 일시 보관 동의서를 받아야 하며, 일시 보관증을 교부하여야 한다.(관세법 제114조의2 3항)

세관공무원은 일시 보관하고 있는 장부등에 대하여 납세자가 반환을 요청한 경우에는 납세자가 그 반환을 요청한 날부터 14일을 초과하여 장부등을 보관할 수 없다. 다만, 조사목적을 달성하기 위하여 필요한 경우에는 납세자의 동의를 받아 한 차례만 14일 이내의 범위에서 보관 기간을 연장할 수 있다.(관세법 제114조의2 4항)

관세법 제114조의2 제4항에도 불구하고 세관공무원은 납세자가 제2항에 따라 일시 보관하고 있는 장부등의 반환을 요청한 경우로서 관세조사에 지장이 없다고 판단될 때에는 요청한 장부등을 즉시 반환하여야 한다.(관세법 제114조의2 5항)

납세자에게 장부등을 반환하는 경우 세관공무원은 장부등의 사본을 보관할 수 있고, 그 사본이 원본과 다름없다는 사실을 확인하는 납세자의 서명 또는 날인을 요구할 수 있다.(관세법 제114조의2 6항)

위에서 규정한 사항 외에 장부등의 일시 보관 방법 및 절차 등에 관하여 필요한 사항은 대통령령으로 정한다.(관세법 제114조의2 7항)

7. 관세조사의 결과통지

세관공무원은 납세자권리헌장을 교부하는 경우(관세법 제110조 2항)에 해당하는 조사를 종료하였을 때에는 종료 후 20일 이내에 그 조사 결과를 서면으로 납세자에게 통지하여야 한다. 다만, 납세자가 폐업한 경우 등 대통령령으로 정하는 경우에는 그러하지 아니하다.(관세법 제115조)

8. 비밀유지

세관공무원은 납세자가 이 법에서 정한 납세의무를 이행하기 위하여 제출한 자료나 관세의 부과·징수 또는 통관을 목적으로 업무상 취득한 자료 등(이하 "과세정보"라 한다)을 타인에게 제공하거나 누설하여서는 아니 되며, 사용 목적 외의 용도로 사용하여서도 아니 된다. 다만, 다음 어느 하나에 해당하는 경우에는 그 사용 목적에 맞는 범위에서 납세자의 과세정보를 제공할 수 있다.(관세법 제116조 1항)

① 국가기관이 관세에 관한 쟁송이나 관세범에 대한 소추(訴追)를 목적으로 과세정보를 요구하는 경우

② 법원의 제출명령이나 법관이 발부한 영장에 따라 과세정보를 요구하는 경우

③ 세관공무원 상호간에 관세를 부과·징수, 통관 또는 질문·검사하는 데에 필요하여 과세정보를 요구하는 경우

④ 통계청장이 국가통계작성 목적으로 과세정보를 요구하는 경우

⑤ 다른 법률에 따라 과세정보를 요구하는 경우

위의 ①, ④, ⑤에 따라 과세정보의 제공을 요구하는 자는 문서로 해당 세관장에게 요구하여야 한다.(관세법 제116조 2항)

세관공무원은 위의 규정에 위반되게 과세정보의 제공을 요구받으면 이를 거부하여야 한다.(관세법 제116조 3항)

한편 위의 과세정보에 대한 비밀유지의 예외 규정에 의하여 과세정보를 알게 된 자는 타인에게 제공하거나 누설하여서는 아니 되며, 그 목적 외의 용도로 사용하여서도 아니 된다.(관세법 제116조 4항) 또한 과세정보를 제공받아 알게 된 자 중 공무원이 아닌 자는 「형법」이나 그 밖의 법률에 따른 벌칙을 적용할 때 공무원으로 본다.(관세법 제116조 5항)

9. 고액·상습체납자 명단공개

과세정보에 대한 비밀유지 규정(관세법 제116조)에 불구하고 관세청장은 체납발생일부터 1년이 지난 관세 및 내국세등(이하 "체납관세등"이라 한다)이 2억원 이상인 체납자에 대하여는 그 인적사항과 체납액 등을 공개할 수 있다. 다만, 체납관세등에 대하여 이의신청·심사청구 등 불복청구가 진행 중이거나 체납액의 일정금액 이상을 납부한 경우 등 대통령령으로 정하는 사유에 해당하는 경우[88]에는 그러하지 아니하다.(관세법 제116조의2 1항)

체납자의 인적사항과 체납액 등에 대한 공개 여부를 심의하거나 재심의하기 위하여 관세청에 관세정보공개심의위원회를 둔다.(관세법 제116조의2 2)

관세청장은 관세정보공개심의위원회의 심의를 거친 공개대상예정자에게 체납자 명단 공개대상예정자임을 통지하여 소명할 기회를 주어야 한다.(관세법 제116조의2 3항)

---

88) 第141조의2(고액·상습체납자 명단공개) ① 법 제116조의2제1항 단서에서 "대통령령으로 정하는 사유"란 다음 각 호의 어느 하나에 해당하는 경우를 말한다.(시행령 제141조의2 1항)

1. 체납액의 100분의 30이상을 납부한 경우
2. 「채무자 회생 및 파산에 관한 법률」 제243조에 따른 회생계획인가의 결정에 따라 체납된 세금의 징수를 유예받고 그 유예기간 중에 있거나 체납된 세금을 회생계획의 납부일정에 따라 납부하고 있는 경우
3. 재산상황, 미성년자 해당여부 및 그 밖의 사정 등을 고려할 때 법 제116조의2제2항에 따른 관세정보공개심의위원회가 공개할 실익이 없거나 공개하는 것이 부적절하다고 인정하는 경우

그리고 관세청장은 체납자 명단 공개대상예정자임을 통지한 날부터 6개월이 지나면 관세정보공개심의위원회로 하여금 체납액의 납부이행 등을 고려하여 체납자의 명단 공개 여부를 재심의하게 한다.(관세법 제116조의2 4항)

고액·상습체납자 명단공개는 관보에 게재하거나 관세청장이 지정하는 정보통신망 또는 관할세관의 게시판에 게시하는 방법으로 한다.(관세법 제116조의2 5항)

10. 납세증명서의 제출 및 발급

납세자(미과세된 자를 포함한다. 이하 이 조에서 같다)는 다음 어느 하나에 해당하는 경우에는 대통령령으로 정하는 바에 따라 납세증명서를 제출하여야 한다.(관세법 제116조의3 1항)

① 국가, 지방자치단체 또는 대통령령으로 정하는 정부관리기관으로부터 대금을 지급받을 경우

② 관세를 납부할 의무가 있는 외국인이 출국할 경우

③ 내국인이 외국으로 이주하거나 1년을 초과하여 외국에 체류할 목적으로 외교부장관에게 거주목적의 여권을 신청하는 경우

세관장은 납세자로부터 납세증명서의 발급신청을 받았을 때에는 그 사실을 확인하고 즉시 납세증명서를 발급하여야 한다.(관세법 제116조의3 2항)

11. 정보의 제공

세관공무원은 납세자가 납세자의 권리행사에 필요한 정보를 요구하면 신속하게 제공하여야 한다. 이 경우 세관공무원은 납세자가 요구한 정보와 관련되어 있어 관세청장이 정하는 바에 따라 납세자가 반드시 알아야 한다고 판단되는 그 밖의 정보도 함께 제공하여야 한다.(관세법 제117조)

12. 과세전적부심사

(1) 부족한 납부세액 징수를 위한 통지

세관장은 관세법 제38조의3(수정 및 경정) 제6항[89] 또는 제39조(부과고지) 제2

항[90])에 따라 납부세액이나 납부하여야 하는 세액에 미치지 못한 금액을 징수하려는 경우에는 미리 납세의무자에게 그 내용을 서면으로 통지하여야 한다. 다만, 다음의 어느 하나에 해당하는 경우에는 그러하지 아니하다.(관세법 제118조 1항)

① 통지하려는 날부터 3개월 이내에 관세부과의 제척기간이 만료되는 경우

② 잠정가격신고를 한 경우 대통령령이 정하는 기간내에 납세의무자가 확정가격의 신고를 한 경우

③ 수입신고 수리 전에 세액을 심사하는 경우로서 그 결과에 따라 부족세액을 징수하는 경우

④ 재수출면세 규정에 따라 관세를 면제받은 물품을 규정된 기간내에 수출하지 아니한 경우나 용도외의 다른 용도에 사용하거나 해당 용도외의 다른 용도로 사용하려는 자에게 양도한 경우 면제된 관세를 징수하는 경우(관세법 제97조 3항) 또는 관세법 제89조(세율불균형물품의 감면세), 제90조(학술연구용품의 감면세), 제91조(종교용품, 자선용품, 장애인용품 등의 면세) 그리고 제93조(특정물품의 면세 등) 및 제95조(환경오염방지물품 등에 대한 감면세)에 따라 관세를 감면받은 물품을 규정한 기간에 감면받은 용도외의 다른 용도로 사용하는 경우나 감면받은 용도외의 다른 용도로 사용하려는 자에게 양도한 경우(관세법 제102조 2항) 감면된 관세를 징수하는 경우

⑤ 관세포탈죄로 고발되어 포탈세액을 징수하는 경우

⑥ 그 밖에 관세의 징수가 곤란하게 되는 등 사전통지가 적당하지 아니한 경우로서 대통령령으로 정하는 경우

(2) 과세전적부심사

납세의무자는 위의 규정에 따른 통지를 받았을 때에는 그 통지를 받은 날부터 30일 이내에 기획재정부령으로 정하는 세관장에게 통지 내용이 적법한지에 대한 심사, 즉 "과세전적부심사"를 청구할 수 있다. 다만, 법령에 대한 관세청장의 유

89) ⑥ 세관장은 납세의무자가 신고납부한 세액, 납세신고한 세액 또는 제2항 및 제3항에 따라 경정청구한 세액을 심사한 결과 과부족하다는 것을 알게 되었을 때에는 대통령령으로 정하는 바에 따라 그 세액을 경정하여야 한다.

90) ② 세관장은 과세표준, 세율, 관세의 감면 등에 관한 규정의 적용 착오 또는 그 밖의 사유로 이미 징수한 금액이 부족한 것을 알게 되었을 때에는 그 부족액을 징수한다.

권해석을 변경하여야 하거나 새로운 해석이 필요한 경우 등 대통령령으로 정하는 경우에는 관세청장에게 이를 청구할 수 있다.(관세법 제118조 2항)

관세청장에게 과세전적부심사를 청구할 수 있는 경우는 다음과 같다.(시행령 제143조)

① 관세청장의 훈령·예규·고시 등과 관련하여 새로운 해석이 필요한 경우

② 관세청장의 업무감사결과 또는 업무지시에 따라 세액을 경정하거나 부족한 세액을 징수하는 경우

③ 관세평가분류원장의 품목분류 및 유권해석에 따라 수출입물품에 적용할 세율이나 물품분류의 관세율표 번호가 변경되어 세액을 경정하거나 부족한 세액을 징수하는 경우

④ 동일 납세의무자가 동일한 사안에 대하여 둘 이상의 세관장에게 과세전적부심사를 청구하여야 하는 경우

⑤ 위의 ①~④까지의 규정에 해당하지 아니하는 경우로서 과세전적부심사 청구금액이 5억원 이상인 것

과세전적부심사를 청구받은 세관장이나 관세청장은 그 청구를 받은 날부터 30일 이내에 관세법 제124조에 따른 관세심사위원회의 심사를 거쳐 결정을 하고, 그 결과를 청구인에게 통지하여야 한다.(관세법 제118조 3항)

과세전적부심사청구에 대한 결정은 다음의 구분에 따른다.(관세법 제118조 4항)

① 청구가 이유없다고 인정되는 경우 : 채택하지 아니한다는 결정

② 청구가 이유있다고 인정되는 경우 : 청구의 전부 또는 일부를 채택하는 결정. 이 경우 구체적인 채택의 범위를 정하기 위하여 사실관계 확인 등 추가적으로 조사가 필요한 경우에는 제1항 본문에 따른 통지를 한 세관장으로 하여금 이를 재조사하여 그 결과에 따라 당초 통지 내용을 수정하여 통지하도록 하는 재조사 결정을 할 수 있다.

③ 청구기간이 지났거나 보정기간 내에 보정하지 아니하는 경우 또는 적법하지 아니한 청구를 하는 경우: 심사하지 아니한다는 결정

세관장이 수정 및 경정, 부과고지에 따라 납부세액이나 납부하여야 하는 세액에 미치지 못한 금액을 징수하려는 경우 그 내용을 서면으로 통지를 받은 자는

과세전적부심사를 청구하지 아니하고 통지를 한 세관장에게 통지받은 내용의 전부 또는 일부에 대하여 조기에 경정해 줄 것을 신청할 수 있다. 이 경우 해당 세관장은 즉시 신청받은 대로 세액을 경정하여야 한다.(관세법 제118조 5항)

과세전적부심사에 관하여는 관세법 제122조(심사청구절차) 제2항, 제123조(심사청구서의 보정), 제126조(대리인), 제128조(결정) 제5,6항 및 제130조(서류의 열람 및 의견 진술)를 준용한다.(관세법 제118조 6항)

과세전적부심사에 관하여는 「행정심판법」 제15조, 제16조, 제20조부터 제22조까지, 제29조, 제39조 및 제40조를 준용한다. 이 경우 "위원회"는 "관세심사위원회"로 본다.(관세법 제118조 7항) 과세전적부심사의 방법과 그 밖에 필요한 사항은 대통령령으로 정한다.(관세법 제118조 8항)

제2절 심사와 심판

I 심사청구와 심판청구

1. 불복의 신청

(1) 심사청구 및 심판청구

관세법이나 그 밖의 관세에 관한 법률 또는 조약에 따른 처분으로서 위법한 처분 또는 부당한 처분을 받거나 필요한 처분을 받지 못하여 권리 또는 이익을 침해당한 자는 심사청구 또는 심판청구를 하여 그 처분을 취소 또는 변경하거나 그 밖에 필요한 처분을 하여 줄 것을 청구할 수 있다. 다만, 관세청장이 조사결정한 처분 또는 처리하였거나 처리하였어야 하는 처분인 경우를 제외하고는 그 처분에 대하여 심사청구 또는 심판청구에 앞서 이의신청을 할 수 있다.(관세법 제119조 1항)

다음의 처분은 위에서 언급한 처분에 포함되지 아니한다.(관세법 제119조 2항)

① 이의신청·심사청구 또는 심판청구에 대한 처분.(당초 처분의 적법성에 관하여 재조사하여 그 결과에 따라 과세표준과 세액을 경정하거나 당초 처분을 유지하는 등의 처분을 하도록 하는 결정에 따른 처분을 포함한다. 이하 이 항에서 같다). 다만, 이의신청에 대한 처분에 대하여 심사청구 또는 심판청구를 하는 경우는 제외한다.

② 통고처분

③ 「감사원법」에 따라 심사청구를 한 처분이나 그 심사청구에 대한 처분

수입물품에 부과하는 내국세등의 부과, 징수, 감면, 환급 등에 관한 세관장의 처분에 불복하는 자는 이의신청·심사청구 및 심판청구를 할 수 있다.(관세법 제119조 6항)

동일한 처분에 대하여는 심사청구와 심판청구를 중복하여 제기할 수 없다.(관세법 제119조 8항)

(2) 심사청구 및 심판청구의 제기기간

「감사원법」에 따라 심사청구를 한 처분이나 그 심사청구에 대한 처분은 그 처분을 한 것을 안 날(처분의 통지를 받았을 때에는 그 통지를 받은 날을 말한다)부터 90일 이내에 하여야 한다.(관세법 제119조 3항)

「감사원법」에 따라 심사청구를 거친 처분에 대한 행정소송은 「행정소송법」 제18조 제2항·제3항 및 같은 법 제20조에도 불구하고 그 심사청구에 대한 결정을 통지받은 날부터 90일 내에 처분청을 당사자로 하여 제기하여야 한다.(관세법 제119조 4항)

위의 기간들은 불변기간(不變期間)[91]으로 한다.(관세법 제119조 5항)

(3) 제2차 납세의무자 등 이해관계인에 의한 청구

관세법이나 그 밖의 관세에 관한 법률 또는 조약에 따른 처분으로 권리나 이익을 침해받게 되는 제2차 납세의무자 등 대통령령으로 정하는 이해관계인은 그 처분에 대하여 이 절에 따른 심사청구 또는 심판청구를 하여 그 처분의 취소 또는 변경이나 그 밖에 필요한 처분을 청구할 수 있다. 이 경우 위의 규정, 즉 관세법 제119조 제1항 단서, 제2항 및 제6항을 준용한다.(관세법 제119조 7항)

---

91) 소송 행위에서, 변경하지 못하도록 법률로 정한 기간.

2. 「행정소송법」 등과의 관계

관세법 제119조에 따른 처분에 대하여는 「행정심판법」을 적용하지 아니한다. 다만, 심사청구 또는 심판청구에 관하여는 「행정심판법」 제15조, 제16조, 제20조부터 제22조까지, 제29조, 제39조, 제40조, 제42조 및 제51조를 준용하며, 이 경우 "위원회"는 "관세심사위원회", "조세심판관회의" 또는 "조세심판관합동회의"로 본다.(관세법 제120조 1항)

관세법 제119조에 따른 위법한 처분에 대한 행정소송은 「행정소송법」 제18조 제1항 본문, 제2항 및 제3항에도 불구하고 관세법에 따른 심사청구 또는 심판청구와 그에 대한 결정을 거치지 아니하면 제기할 수 없다.(관세법 제120조 2항)

그리고 관세법 제119조에 따른 위법한 처분에 대한 행정소송은 「행정소송법」 제20조에도 불구하고 심사청구나 심판청구에 따른 결정을 통지받은 날부터 90일 이내에 제기하여야 한다. 다만, 심사청구 또는 심판청구 규정에 따른 결정기간 내에 결정을 통지받지 못한 경우에는 위의 규정에도 불구하고 결정을 통지받기 전이라도 그 결정기간이 지난 날부터 행정소송을 제기할 수 있다.(관세법 제120조 3항) 위의 제3항의 기간은 불변기간으로 한다.(관세법 제120조 5항)

「감사원법」에 따른 심사청구를 거친 경우에는 관세법에 따른 심사청구나 심판청구를 거친 것으로 보고 위에서 규정한 행정소송을 제기할 수 있다.(관세법 제120조 4항)

〈그림 17-1〉 권리구제제도

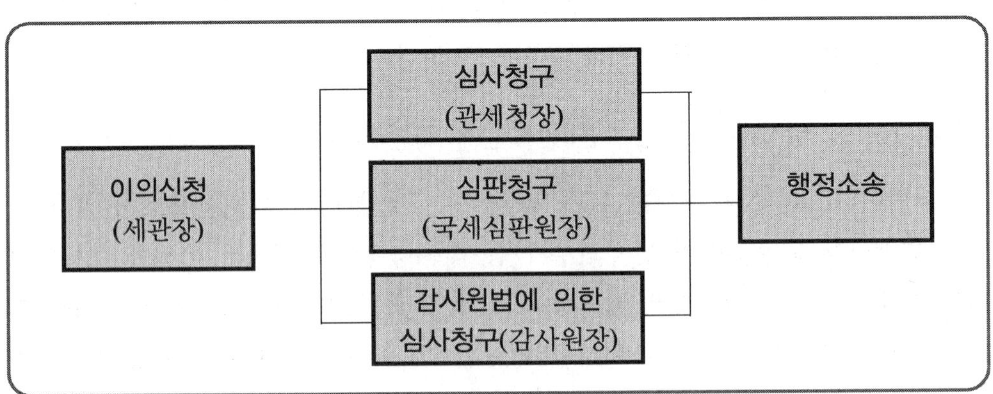

3. 청구기간

심사청구는 해당 처분을 한 것을 안 날(처분하였다는 통지를 받았을 때에는 통지를 받은 날을 말한다)부터 90일 이내에 제기하여야 한다.(관세법 제121조 1항)

이의신청을 거친 후 심사청구를 하려는 경우에는 이의신청에 대한 결정을 통지받은 날부터 90일 이내에 하여야 한다. 다만, 이의신청이 결정기간인 30일 이내에 결정을 통지받지 못한 경우에는 결정을 통지받기 전이라도 그 결정기간이 지난 날부터 심사청구를 할 수 있다.(관세법 제121조 2항)

위에서 규정한 기한 내에 우편으로 제출(「국세기본법」 제5조의2[92])에서 정한 날을 기준으로 한다)한 심사청구서가 청구기간이 지나 세관장 또는 관세청장에게 도달한 경우에는 그 기간의 만료일에 적법하게 청구된 것으로 본다.(관세법 제121조 3항)

심사청구인이 관세법 제10조(천재지변 등으로 인한 기한의 연장)에서 규정하는 사유(신고, 신청, 청구, 그 밖의 서류의 제출 및 통지에 관한 기한 연장 사유로 한정한다)로 제1항에서 정한 기간 내에 심사청구를 할 수 없을 때에는 그 사유가 소멸한 날부터 14일 이내에 심사청구를 할 수 있다. 이 경우 심사청구인은 그 기간 내에 심사청구를 할 수 없었던 사유, 그 사유가 발생한 날과 소멸한 날, 그 밖에 필요한 사항을 적은 문서를 함께 제출하여야 한다.(관세법 제121조 4항)

4. 청구절차

심사청구는 대통령령으로 정하는 바에 따라 불복하는 사유를 심사청구서에 적어 해당 처분을 하였거나 하였어야 하는 세관장을 거쳐 관세청장에게 하여야 한다.(관세법 제122조 1항)

심사청구기간을 계산할 때에는 위의 규정에 따라 해당 심사청구서가 세관장에게 제출된 때에 심사청구가 된 것으로 본다. 해당 심사청구서가 해당 처분을 하였거나 하였어야 하는 세관장 외의 세관장이나 관세청장에게 제출된 경우에도

---

92) 제5조의2(우편신고 및 전자신고) ① 우편으로 과세표준신고서, 과세표준수정신고서, 경정청구서 또는 과세표준신고·과세표준수정신고·경정청구와 관련된 서류를 제출한 경우 「우편법」에 따른 통신날짜도장이 찍힌 날(통신날짜도장이 찍히지 아니하였거나 분명하지 아니한 경우에는 통상 걸리는 우송일수를 기준으로 발송한 날로 인정되는 날)에 신고된 것으로 본다.

또한 같다.(관세법 제122조 2항)

해당 심사청구서를 제출받은 세관장은 이를 받은 날부터 7일 내에 그 심사청구서에 의견서를 첨부하여 관세청장에게 보내야 한다.(관세법 제122조 3항)

관세청장은 심사청구서에 의견서를 첨부한 세관장의 의견서를 받은 때에는 지체 없이 해당 의견서의 부본을 심사청구인에게 송부하여야 한다.(관세법 제122조 4항)

심사청구인은 송부받은 의견서에 대하여 반대되는 증거서류 또는 증거물을 관세청장에게 제출할 수 있다.(관세법 제122조 5항)

5. 청구서의 보정

관세청장은 심사청구의 내용이나 절차가 이 절에 적합하지 아니하지만 보정할 수 있다고 인정되는 경우에는 20일 이내의 기간을 정하여 해당 사항을 보정할 것을 요구할 수 있다. 다만, 보정할 사항이 경미한 경우에는 직권으로 보정할 수 있다.(관세법 제123조 1항)

이 같은 보정기간은 심사청구기간에 산입(算入)하지 아니한다.(관세법 제123조 2항)

6. 관세심사위원회

관세법 제118조(과세전적부심사)에 따른 과세전적부심사와 관세법 제122조에 따른 심사청구 및 제132조에 따른 이의신청을 심의하기 위하여 세관 및 관세청에 각각 관세심사위원회를 둔다.(관세법 제124조 1항) 관세심사위원회의 구성과 운영에 필요한 사항은 대통령령으로 정한다.(관세법 제124조 2항)

7. 심사청구 등이 집행에 미치는 효력

이의신청·심사청구 또는 심판청구는 법령에 특별한 규정이 있는 경우를 제외하고는 해당 처분의 집행에 효력을 미치지 아니한다. 다만, 해당 재결청이 필요하다고 인정할 때에는 그 처분의 집행을 중지하게 하거나 중지할 수 있다.(관세법 제125조)

8. 대리인

이의신청인, 심사청구인 또는 심판청구인은 변호사나 관세사를 대리인으로 선임할 수 있다.(관세법 제126조 1항)

이의신청인, 심사청구인 또는 심판청구인은 신청 또는 청구의 대상이 대통령령으로 정하는 금액 미만인 경우에는 배우자, 4촌 이내의 혈족 또는 배우자의 4촌 이내의 혈족을 대리인으로 선임할 수 있다.(관세법 제126조 2항)

대리인의 권한은 서면으로 증명하여야 하며(관세법 제126조 3항) 대리인은 본인을 위하여 청구에 관한 모든 행위를 할 수 있다. 다만, 청구의 취하는 특별한 위임을 받은 경우에만 할 수 있다.(관세법 제126조 4항)

또한 대리인을 해임하였을 때에는 그 뜻을 서면으로 해당 재결청에 신고하여야 한다.(관세법 제126조 5항)

9. 결정절차

심사청구가 있으면 관세청장은 관세심사위원회의 심의를 거쳐 이를 결정하여야 한다. 다만, 심사청구기간이 지난 후 심사청구가 제기된 경우 등 대통령령으로 정하는 사유에 해당하는 경우에는 그러하지 아니하다.(관세법 제127조 1항)

관세심사위원회의 회의는 공개하지 아니한다. 다만, 관세심사위원회의 위원장이 필요하다고 인정할 때에는 공개할 수 있다.(관세법 제127조 2항)

10. 결정

심사청구에 대한 결정은 다음의 구분에 따른다.(관세법 제128조 1항)

① 심사청구가 다음 어느 하나에 해당하는 경우 : 그 청구를 각하하는 결정

- 심판청구를 제기한 후 심사청구를 제기(같은 날 제기한 경우도 포함한다)한 경우
- 제121조(심사청구기간)에 따른 심사청구 기간이 지난 후에 심사청구를 제기한 경우

· 제123조(심사청구서의 보정)에 따른 보정기간 내에 필요한 보정을 하지 아니한 경우

② 심사청구가 이유 없다고 인정되는 경우 : 그 청구를 기각하는 결정

③ 심사청구가 이유 있다고 인정되는 경우 : 그 청구의 대상이 된 처분의 취소·경정 또는 필요한 처분의 결정. 이 경우 취소·경정 또는 필요한 처분을 하기 위하여 사실관계 확인 등 추가적으로 조사가 필요한 경우에는 처분청으로 하여금 이를 재조사하여 그 결과에 따라 취소·경정하거나 필요한 처분을 하도록 하는 재조사 결정을 할 수 있다.

심사청구에 대한 결정은 심사청구를 받은 날부터 90일 이내에 하여야 한다. 다만, 부득이한 사유가 있을 때에는 그러하지 아니하다.(관세법 제128조 2항)

심사청구에 대한 결정을 하였을 때에는 심사청구를 받은 날부터 90일 이내에 그 이유를 적은 결정서를 심사청구인에게 통지하여야 한다.(관세법 제128조 3항)

심사청구서의 보정기간은 위의 규정에 의한 결정기간에 산입하지 아니한다.(관세법 제128조 4항)

앞의 ③의 후단에 따른 재조사 결정이 있는 경우 처분청은 재조사 결정일부터 60일 이내에 결정서 주문에 기재된 범위에 한정하여 조사하고, 그 결과에 따라 취소·경정하거나 필요한 처분을 하여야 한다. 이 경우 처분청은 대통령령으로 정하는 바에 따라 조사를 연기 또는 중지하거나 조사기간을 연장할 수 있다.(관세법 제128조 5항)

앞의 ③의 후단 및 위의 관세법 제128조 제5항에서 규정한 사항 외에 재조사 결정에 필요한 사항은 대통령령으로 정한다.(관세법 제128조 6항)

11. 불복방법의 통지

이의신청·심사청구 또는 심판청구의 재결청은 결정서에 다음 구분에 따른 사항을 함께 적어야 한다.(관세법 제129조 1항)

① 이의신청인 경우: 결정서를 받은 날부터 90일 이내에 심사청구 또는 심판청구를 제기할 수 있다는 뜻

② 심사청구 또는 심판청구인 경우: 결정서를 받은 날부터 90일 이내에 행정소송을 제기할 수 있다는 뜻

이의신청·심사청구 또는 심판청구의 재결청은 해당 신청 또는 청구에 대한 결정기간이 지날 때까지 결정을 하지 못한 경우에는 지체 없이 신청인이나 청구인에게 다음 각 호의 사항을 서면으로 통지하여야 한다.(관세법 제129조 2항)

① 이의신청인 경우: 결정을 통지받기 전이라도 그 결정기간이 지난 날부터 심사청구 또는 심판청구를 제기할 수 있다는 뜻

② 심사청구 또는 심판청구인 경우: 결정을 통지받기 전이라도 그 결정기간이 지난 날부터 행정소송을 제기할 수 있다는 뜻

12. 서류의 열람 및 의견진술

이의신청인·심사청구인·심판청구인 또는 처분청(처분청의 경우 심판청구에 한정한다)은 그 청구와 관계되는 서류를 열람할 수 있으며 대통령령으로 정하는 바에 따라 해당 재결청에 의견을 진술할 수 있다.(관세법 제130조)

13. 심판청구

심판청구에 관하여는 「국세기본법」 제7장(심사와 심판) 제3절(심판)을 준용한다. 이 경우 「국세기본법」 중 "세무서장"은 "세관장"으로, "국세청장"은 "관세청장"으로 본다. (관세법 제131조)

Ⅱ 이의 신청

1. 이의신청

이의신청은 대통령령으로 정하는 바에 따라 불복의 사유를 갖추어 해당 처분을 하였거나 하였어야 할 세관장에게 하여야 한다. 이 경우 제258조(우편물통관에 대한 결정)[93]에 따른 결정사항 또는 우편물에 대한 관세를 징수하고자 하는

93) 제258조(우편물통관에 대한 결정) ① 통관우체국의 장은 세관장이 우편물에 대하여 수출

경우 통지한 세액에 관한 이의신청은 해당 결정사항 또는 세액에 관한 통지를 직접 우송한 우체국의 장에게 이의신청서를 제출함으로써 할 수 있고, 우체국의 장이 이의신청서를 접수한 때에 세관장이 접수한 것으로 본다.(관세법 제132조 1항)

이의신청을 받은 세관장은 관세심사위원회의 심의를 거쳐 결정하여야 한다.(관세법 제132조 2항) 이의신청은 관세법 제121조(심사청구기간), 제122조(심사청구절차) 제2항, 제123조(심사청구서의 보정), 제127조(결정절차) 및 제128조(결정)를 준용한다. 다만, 제128조 제2항 중 "90일"은 "30일"(제6항에 따라 증거서류 또는 증거물을 제출한 경우에는 "60일")로 본다.(관세법 제132조 4항)

이의신청을 받은 세관장은 이의신청을 받은 날부터 7일 이내에 이의신청의 대상이 된 처분에 대한 의견서를 이의신청인에게 송부하여야 한다. 이 경우 의견서에는 처분의 근거·이유 및 처분의 이유가 된 사실 등이 구체적으로 기재되어야 한다.(관세법 제132조 5항)

이의신청인은 송부받은 의견서에 대하여 반대되는 증거서류 또는 증거물을 세관장에게 제출할 수 있다.(관세법 제132조 6항)

· 수입 또는 반송을 할 수 없다고 결정하였을 때에는 그 우편물을 발송하거나 수취인에게 내줄 수 없다.

제18장 벌 칙

제 1 절 행정형벌

 징역 또는 벌금

1. 전자문서 위조·변조죄 등

(1) 1년 이상 10년 이하의 징역 또는 1억원 이하의 벌금

관세법 제327조의4(전자문서 등 관련 정보에 관한 보안) 제1항[94]을 위반하여 국가관세종합정보망이나 전자문서중계사업자의 전산처리설비에 기록된 전자문서 등 관련 정보를 위조 또는 변조하거나 위조 또는 변조된 정보를 행사한 자는 1년 이상 10년 이하의 징역 또는 1억원 이하의 벌금에 처한다.(관세법 제268조의2 1항)

(2) 5년 이하의 징역 또는 5천만원 이하의 벌금

다음 어느 하나에 해당하는 자는 5년 이하의 징역 또는 5천만원 이하의 벌금에 처한다.(관세법 제268조의2 2항)

① 관세법 제327조의2(국가관세종합정보망 운영사업자의 지정 등) 제1항에 따른 지정을 받지 아니하고 국가관세종합정보망을 운영하거나 제327조의3(전자문서중계사업자의 지정 등) 제1항을 위반하여 관세청장의 지정을 받지 아니하고 전자문서중계업무를 행한 자

② 관세법 제327조의4(전자문서 등 관련 정보에 관한 보안) 제2항을 위반하여 국가관세종합정보망 또는 전자문서중계사업자의 전산처리설비에 기록된 전자문서 등 관련 정보를 훼손하거나 그 비밀을 침해한 자

③ 관세법 제327조의4(전자문서 등 관련 정보에 관한 보안) 제3항을 위반하

---

94) ① 누구든지 국가관세종합정보망 또는 전자문서중계사업자의 전산처리설비에 기록된 전자문서 등 관련 정보를 위조 또는 변조하거나 위조 또는 변조된 정보를 행사하여서는 아니 된다.

여 업무상 알게 된 전자문서 등 관련 정보에 관한 비밀을 누설하거나 도용한 국가관세종합정보망 운영사업자 또는 전자문서중계사업자의 임직원 또는 임직원이었던 사람

2. 밀수출입죄

(1) 7년 이하의 징역 또는 7천만원 이하의 벌금

관세법 제234조(수출입의 금지) 각호의 물품을 수출하거나 수입한 자는 7년 이하의 징역 또는 7천만원 이하의 벌금에 처한다.(관세법 제269조 1항)

다음 어느 하나에 해당하는 자는 5년 이하의 징역 또는 관세액의 10배와 물품원가 중 높은 금액 이하에 상당하는 벌금에 처한다.(관세법 제269조 2항)

① 관세법 제241조(수출・수입 또는 반송의 신고) 제1항・제2항 또는 제244조(입항전수입신고) 제1항에 따른 신고를 하지 아니하고 물품을 수입한 자. 다만, 제253조(수입신고전의 물품 반출) 제1항에 따른 반출신고를 한 자는 제외한다.

② 관세법 제241조(수출・수입 또는 반송의 신고) 제1항・제2항 또는 제244조(입항전수입신고) 제1항에 따른 신고를 하였으나 해당 수입물품과 다른 물품으로 신고하여 수입한 자

(2) 3년 이하의 징역 또는 물품원가 이하에 상당하는 벌금

다음 어느 하나에 해당하는 자는 3년 이하의 징역 또는 물품원가 이하에 상당하는 벌금에 처한다.(관세법 제269조 3항)

① 관세법 제241조(수출・수입 또는 반송의 신고) 제1항 및 제2항에 따른 신고를 하지 아니하고 물품을 수출하거나 반송한 자

② 관세법 제241조(수출・수입 또는 반송의 신고) 제1항 및 제2항에 따른 신고를 하였으나 해당 수출물품 또는 반송물품과 다른 물품으로 신고하여 수출하거나 반송한 자

3. 관세포탈죄 등

(1) 관세포탈죄 등

관세법 제241조(수출・수입 또는 반송의 신고) 제1항・제2항 또는 제244조(입항전수입신고) 제1항에 따른 수입신고를 한 자 중 다음 어느 하나에 해당하는 자는 3년 이하의 징역 또는 포탈한 관세액의 5배와 물품원가 중 높은 금액 이하에 상당하는 벌금에 처한다. 이 경우 아래 ①의 물품원가는 전체 물품 중 포탈한 세액의 전체 세액에 대한 비율에 해당하는 물품만의 원가로 한다.(관세법 제270조 1항)

① 세액결정에 영향을 미치기 위하여 과세가격 또는 관세율 등을 거짓으로 신고하거나 신고하지 아니하고 수입한 자

② 세액결정에 영향을 미치기 위하여 거짓으로 서류를 갖추어 관세법 제86조(특정물품에 적용될 품목분류의 사전심사) 제1항·제3항에 따른 사전심사·재심사 및 제87조(특정물품에 적용되는 품목분류의 변경 및 적용) 제3항에 따른 재심사를 신청한 자

③ 법령에 따라 수입이 제한된 사항을 회피할 목적으로 부분품으로 수입하거나 주요 특성을 갖춘 미완성・불완전한 물품이나 완제품을 부분품으로 분할하여 수입한 자

(2) 수입에 필요한 허가 등 조건 불비 및 부정 구비

관세법 제241조(수출・수입 또는 반송의 신고) 제1항・제2항 또는 제244조(입항전수입신고) 제1항에 따른 수입신고를 한 자 중 법령에 따라 수입에 필요한 허가・승인・추천・증명 또는 그 밖의 조건을 갖추지 아니하거나 부정한 방법으로 갖추어 수입한 자는 3년 이하의 징역 또는 3천만원 이하의 벌금에 처한다.(관세법 제270조 2항)

(3) 수출에 필요한 허가 등 조건 불비 및 부정 구비

관세법 제241조(수출・수입 또는 반송의 신고) 제1항 및 제2항에 따른 수출신고를 한 자 중 법령에 따라 수출에 필요한 허가・승인・추천・증명 또는 그 밖의 조건을 갖추지 아니하거나 부정한 방법으로 갖추어 수출한 자는 1년 이하의 징역 또는 2천만원 이하의 벌금에 처한다.(관세법 제270조 3항)

(4) 부정감면 및 부정환급

부정한 방법으로 관세를 감면받거나 관세를 감면받은 물품에 대한 관세의 징수를 면탈한 자는 3년 이하의 징역에 처하거나, 감면받거나 면탈한 관세액의 5배 이하에 상당하는 벌금에 처한다.(관세법 제270조 4항)

부정한 방법으로 관세를 환급받은 자는 3년 이하의 징역 또는 환급받은 세액의 5배 이하에 상당하는 벌금에 처한다. 이 경우 세관장은 부정한 방법으로 환급받은 세액을 즉시 징수한다.(관세법 제270조 5항)

(5) 가격조작죄

다음의 신청 또는 신고를 할 때 부당하게 재물이나 재산상 이득을 취득하거나 제3자로 하여금 이를 취득하게 할 목적으로 물품의 가격을 조작하여 신청 또는 신고한 자는 2년 이하의 징역 또는 물품원가와 5천만원 중 높은 금액 이하의 벌금에 처한다.(관세법 제270조의2)

① 제38조의2(보정) 제1항・제2항에 따른 보정신청

② 제38조의3(수정 및 경정) 제1항에 따른 수정신고

③ 제241조(수출・수입 또는 반송의 신고) 제1항・제2항에 따른 신고

④ 제244조(입항전수입신고) 제1항에 따른 신고

4. 미수범 등

그 정황을 알면서 관세법 제269조(밀수출입죄) 및 제270조(관세포탈죄 등)에 따른 행위를 교사하거나 방조한 자는 정범(正犯)에 준하여 처벌한다.(관세법 제271조 1항)

또한 관세법 제268조의2(전자문서 위조・변조죄 등), 제269조(밀수출입죄) 및 제270조(관세포탈죄 등)의 미수범은 본죄에 준하여 처벌한다.(관세법 제271조 2항)

관세법 제268조의2(전자문서 위조・변조죄 등), 제269조(밀수출입죄) 및 제270조(관세포탈죄 등)의 죄를 범할 목적으로 그 예비를 한 자는 본죄의 2분의 1을 감경하여 처벌한다.(관세법 제271조 3항)

5. 밀수품의 취득죄 등

다음 어느 하나에 해당되는 물품을 취득·양도·운반·보관 또는 알선하거나 감정한 자는 3년 이하의 징역 또는 물품원가 이하에 상당하는 벌금에 처한다.(관세법 제274조 1항)

① 관세법 제269조(밀수출입죄)에 해당되는 물품

② 관세법 제270조(관세포탈죄 등) 제1항 제3호, 같은 조 제2항 및 제3항에 해당되는 물품

위에 규정된 죄의 미수범은 본죄에 준하여 처벌하며(관세법 제274조 2항) 위에 규정된 죄를 범할 목적으로 그 예비를 한 자는 본죄의 2분의 1을 감경하여 처벌한다.(관세법 제274조 3항)

6. 체납처분면탈죄 등

납세의무자 또는 납세의무자의 재산을 점유하는 자가 체납처분의 집행을 면탈할 목적 또는 면탈하게 할 목적으로 그 재산을 은닉·탈루하거나 거짓 계약을 하였을 때에는 3년 이하의 징역 또는 3천만원 이하의 벌금에 처한다.(관세법 제275조의2 1항)

관세법 제303조(압수와 보관) 제2항에 따른 압수물건의 보관자 또는 「국세징수법」 제38조에 따른 압류물건의 보관자가 그 보관한 물건을 은닉·탈루, 손괴 또는 소비하였을 때에도 3년 이하의 징역 또는 3천만원 이하의 벌금에 처한다.(관세법 제275조의2 2항)

위의 내용에 대한 사정을 알고도 이를 방조하거나 거짓 계약을 승낙한 자는 2년 이하의 징역 또는 2천만원 이하의 벌금에 처한다.(관세법 제275조의2 3항)

7. 타인에 대한 명의대여죄

관세(세관장이 징수하는 내국세등을 포함한다)의 회피 또는 강제집행의 면탈을 목적으로 타인에게 자신의 명의를 사용하여 관세법 제38조(신고납부)에 따른 납세신고를 할 것을 허락한 자는 1년 이하의 징역 또는 1천만원 이하의 벌금에 처한다.(관세법 제275조의3)

8. 허위신고죄 등

(1) 물품원가 또는 2천만원 중 높은 금액 이하의 벌금

다음 어느 하나에 해당하는 자는 물품원가 또는 2천만원 중 높은 금액 이하의 벌금에 처한다.(관세법 제276조 2항)

① 관세법 제198조(종합보세사업장의 설치·운영에 관한 신고 등) 제1항에 따른 종합보세사업장의 설치·운영에 관한 신고를 하지 아니하고 종합보세기능을 수행한 자

② 관세법 제204조(종합보세구역지정의 취소 등) 제2항에 따른 세관장의 중지조치를 위반하여 종합보세기능을 수행한 자

③ 관세법 제238조(보세구역 반입명령)에 따른 보세구역 반입명령에 대하여 반입대상 물품의 전부 또는 일부를 반입하지 아니한 자

④ 관세법 제241조(수출·수입 또는 반송의 신고) 제1항·제2항 또는 제244조(입항전수입신고) 제1항에 따른 신고를 할 때 제241조 제1항[95]에 따른 사항을 신고하지 아니하거나 허위신고를 한 자

⑤ 관세법 제248조(신고의 수리) 제3항[96]을 위반한 자

(2) 2천만원 이하의 벌금

다음 어느 하나에 해당되는 자는 2천만원 이하의 벌금에 처한다. 다만, 과실로 아래 ②, ③ 또는 ⑤에 해당하게 된 경우에는 300만원 이하의 벌금에 처한다.(관세법 제276조 3항)

① 부정한 방법으로 적하목록을 작성하였거나 제출한 자

② 관세법 제12조[*제277조(과태료) 제5항 제2호(제12조(신고서류의 보관기간)를 위반하여 신고필증을 보관하지 아니한 자)에 해당하는 경우는 제외한다*], 제98조(재수출감면세) 제2항[97], 제109조(다른 법령 등에 따른 감면물품의 관세징수)

95) 제241조(수출·수입 또는 반송의 신고) ① 물품을 수출·수입 또는 반송하려면 해당 물품의 품명·규격·수량 및 가격과 그 밖에 대통령령으로 정하는 사항을 세관장에게 신고하여야 한다.

96) 제248조(신고의 수리) ③ 제1항에 따른 신고수리 전에는 운송수단, 관세통로, 하역통로 또는 이 법에 따른 장치 장소로부터 신고된 물품을 반출하여서는 아니 된다.

제1항[98][*제277조(과태료) 제4항 제3호*[99] *에 해당하는 경우는 제외한다*], 제134조(개항 등에의 출입) 제1항(제146조 제1항에서 준용하는 경우를 포함한다)[100], 제136조(출항절차) 제2항[101], 제148조(관세통로) 제1항[102], 제149조(국경출입차량의 도착절차), 제222조(보세운송업자등의 등록) 제1항[103]

---

97) 제98조(재수출감면세) ② 제1항에 따라 관세를 감면한 물품에 대하여는 제97조 제2항부터 제4항까지의 규정을 준용한다.
[제97조(재수출면세) ② 제1항에 따라 관세를 면제받은 물품은 같은 항의 기간에 같은 항에서 정한 용도 외의 다른 용도로 사용되거나 양도될 수 없다. 다만, 대통령령으로 정하는 바에 따라 미리 세관장의 승인을 받았을 때에는 그러하지 아니하다.
③ 다음 각 호의 어느 하나에 해당하는 경우에는 수출하지 아니한 자, 용도 외로 사용한 자 또는 양도를 한 자로부터 면제된 관세를 즉시 징수하며, 양도인으로부터 해당 관세를 징수할 수 없을 때에는 양수인으로부터 면제된 관세를 즉시 징수한다. 다만, 재해나 그 밖의 부득이한 사유로 멸실되었거나 미리 세관장의 승인을 받아 폐기하였을 때에는 그러하지 아니하다. 1. 제1항에 따라 관세를 면제받은 물품을 같은 항에 규정된 기간 내에 수출하지 아니한 경우, 2. 제1항에서 정한 용도 외의 다른 용도로 사용하거나 해당 용도 외의 다른 용도로 사용하려는 자에게 양도한 경우
④ 세관장은 제1항에 따라 관세를 면제받은 물품 중 기획재정부령으로 정하는 물품이 같은 항에 규정된 기간 내에 수출되지 아니한 경우에는 500만원을 넘지 아니하는 범위에서 그 물품의 종류와 과세가격을 고려하여 대통령령으로 정하는 금액을 가산세로 징수한다.]

98) 제109조(다른 법령 등에 따른 감면물품의 관세징수) ① 이 법 외의 법령이나 조약·협정 등에 따라 관세가 감면된 물품을 그 수입신고 수리일부터 5년 내에 해당 법령이나 조약·협정 등에 규정된 용도 외의 다른 용도로 사용하거나 해당 용도 외의 다른 용도로 사용하려는 자에게 양도하려는 경우에는 세관장의 확인을 받아야 한다. 다만, 해당 법령이나 조약·협정 등에 다른 용도로 사용하거나 다른 용도로 사용하려는 자에게 양도한 경우에 해당 관세의 징수를 면제하는 규정이 있을 때에는 그러하지 아니하다.

99) 제83조(용도세율의 적용) 제2항, 제88조(외교관용 물품 등의 면세) 제2항, 제97조(재수출면세) 제2항, 제102조(관세감면물품의 사후관리) 제1항 및 제109조(다른 법령 등에 따른 감면물품의 관세징수) 제1항을 위반한 자 중 해당 물품을 직접 수입한 경우 관세를 감면받을 수 있고 수입자와 동일한 용도에 사용하려는 자에게 양도한 자

100) 제134조(개항 등에의 출입) ① 외국무역선이나 외국무역기는 개항에 한정하여 운항할 수 있다. 다만, 대통령령으로 정하는 바에 따라 개항이 아닌 지역에 대한 출입의 허가를 받은 경우에는 그러하지 아니하다.

101) 제136조(출항절차) ② 선장이나 기장은 제1항에 따른 출항허가를 받으려면 그 개항에서 적재한 물품의 목록을 제출하여야 한다. 다만, 세관장이 출항절차를 신속하게 진행하기 위하여 필요하다고 인정하여 출항허가 후 7일의 범위에서 따로 기간을 정하는 경우에는 그 기간 내에 그 목록을 제출할 수 있다.

102) 제148조(관세통로) ① 국경을 출입하는 차량(이하 "국경출입차량"이라 한다)은 관세통로를 경유하여야 하며, 통관역이나 통관장에 정차하여야 한다.

103) 제222조(보세운송업자등의 등록) ① 다음 각 호의 어느 하나에 해당하는 자(이하 "보세운송업자등"이라 한다)는 대통령령으로 정하는 바에 따라 관세청장이나 세관장에게 등록하

[*제146조(그 밖의 선박 또는 항공기) 제1항*[104] *에서 준용하는 경우를 포함한다.*] 또는 제225조(보세화물운송 주선 등) 제1항[105] 전단을 위반한 자

③ 관세법 제83조(용도세율의 적용) 제2항[106], 제88조(외교관용 물품 등의 면세) 제2항[107], 제97조(재수출면세) 제2항[108] 및 제102조(관세감면물품의 사후관리) 제1항[109]을 위반한 자. 다만, 제277조(과태료) 제4항 제3호에

여야 한다. 1. 보세운송업자, 2. 외국무역선·외국무역기 또는 국경출입차량에 물품을 하역하는 것을 업으로 하는 자, 3. 외국무역선·외국무역기 또는 국경출입차량에 다음 각 목의 어느 하나에 해당하는 물품 등을 공급하는 것을 업으로 하는 자, 가. 선용품, 나. 기용품, 다. 차량용품, 라. 선박·항공기 또는 철도차량 안에서 판매할 물품, 마. 용역, 4. 개항 안에 있는 보세구역에서 물품이나 용역을 제공하는 것을 업으로 하는 자, 5. 외국무역선·외국무역기 또는 국경출입차량을 이용하여 상업서류나 그 밖의 견본품 등을 송달하는 것을 업으로 하는 자

104) 제146조(그 밖의 선박 또는 항공기) ① 다음 각 호의 어느 하나에 해당하는 선박이나 항공기는 외국무역선이나 외국무역기에 관한 규정을 준용한다. 다만, 대통령령으로 정하는 선박 및 항공기에 대하여는 그러하지 아니하다.
1. 외국무역선 또는 외국무역기 외의 선박이나 항공기로서 외국에 운항하는 선박 또는 항공기, 2. 외국을 왕래하는 여행자와 제241조 제2항 제1호의 물품을 전용으로 운송하기 위하여 국내에서만 운항하는 항공기(이하 "환승전용내항기"라 한다)

105) 제225조(보세화물운송 주선 등) ① 다른 법령에 따라 화물운송의 주선을 업으로 하는 자(이하 "화물운송주선업자"라 한다)가 보세화물을 취급하려면 대통령령으로 정하는 바에 따라 세관장에게 신고하여야 한다. 신고인의 주소 등 대통령령으로 정하는 중요한 사항을 변경한 경우에도 또한 같다.

106) 제83조(용도세율의 적용) ② 제1항에 따라 낮은 세율(이하 "용도세율"이라 한다)이 적용된 물품은 그 수입신고의 수리일부터 3년의 범위에서 대통령령으로 정하는 기준에 따라 관세청장이 정하는 기간에는 해당 용도 외의 다른 용도에 사용하거나 양도할 수 없다. 다만, 다음 각 호의 어느 하나에 해당하는 경우에는 그러하지 아니하다.
1. 대통령령으로 정하는 바에 따라 미리 세관장의 승인을 받은 경우
2. 제1항 단서에 해당하는 경우

107) 제88조(외교관용 물품 등의 면세)② 제1항에 따라 관세를 면제받은 물품 중 기획재정부령으로 정하는 물품은 수입신고 수리일부터 3년의 범위에서 대통령령으로 정하는 기준에 따라 관세청장이 정하는 기간에 제1항의 용도 외의 다른 용도로 사용하기 위하여 양수할 수 없다. 다만, 대통령령으로 정하는 바에 따라 미리 세관장의 승인을 받았을 때에는 그러하지 아니하다.

108) 제97조(재수출면세) ② 제1항에 따라 관세를 면제받은 물품은 같은 항의 기간에 같은 항에서 정한 용도 외의 다른 용도로 사용되거나 양도될 수 없다. 다만, 대통령령으로 정하는 바에 따라 미리 세관장의 승인을 받았을 때에는 그러하지 아니하다.

109) 제102조(관세감면물품의 사후관리) ① 제89조부터 제91조까지와 제93조 및 제95조에 따라 관세를 감면받은 물품은 수입신고 수리일부터 3년의 범위에서 대통령령으로 정하는 기준에 따라 관세청장이 정하는 기간에는 그 감면받은 용도 외의 다른 용도로 사용하거나 양도(임대를 포함한다. 이하 같다)할 수 없다. 다만, 기획재정부령으로 정하는 물품과

해당하는 자는 제외한다.

④ 관세법 제174조(특허보세구역의 설치·운영에 관한 특허) 제1항에 따른 특허보세구역의 설치·운영에 관한 특허를 받지 아니하고 특허보세구역을 운영한 자

⑤ 관세법 제227조(과태료)에 따른 세관장의 의무이행 요구를 이행하지 아니한 자

⑥ 관세법 제38조(신고납부) 제3항 후단에 따른 자율심사 결과를 거짓으로 작성하여 제출한 자

⑦ 관세법 제178조(반입정지 등과 특허의 취소) 제2항 제1호(거짓이나 그 밖의 부정한 방법으로 특허를 받은 경우) 제5호[*관세법 제177조의2(특허보세구역 운영인의 명의대여 금지)를 위반하여 명의를 대여한 경우*] 및 제224조(보세운송업자등의 행정제재) 제1항 제1호(*거짓이나 그 밖의 부정한 방법으로 등록을 한 경우*)에 해당하는 자

(4) 1천만원 이하의 벌금

다음 어느 하나에 해당하는 자는 1천만원 이하의 벌금에 처한다. 다만, 과실로 아래 ②, ③, ④에 해당하게 된 경우에는 200만원 이하의 벌금에 처한다.(관세법 제276조 4항)

① 세관공무원의 질문에 대하여 거짓의 진술을 하거나 그 직무의 집행을 거부 또는 기피한 자

② 관세법 제135조(입항절차) 제1항[*제146조(그 밖의 선박 또는 항공기) 제1항에서 준용하는 경우를 포함한다*]에 따른 입항보고를 거짓으로 하거나 제136조제1항(*제146조 제1항에서 준용하는 경우를 포함한다*)에 따른 출항허가를 거짓으로 받은 자

③ 관세법 제135조(입항절차) 제1항[110][*제146조(그 밖의 선박 또는 항공기) 제1항*

대통령령으로 정하는 바에 따라 미리 세관장의 승인을 받은 물품의 경우에는 그러하지 아니하다.

110) 제135조(입항절차) ① 외국무역선이나 외국무역기가 개항(제134조제1항 단서에 따라 출입허가를 받은 지역을 포함한다. 이하 같다)에 입항하였을 때에는 선장이나 기장은 대통령령으로 정하는 사항이 적힌 선용품 또는 기용품의 목록, 여객명부, 승무원명부, 승무원 휴대품목록과 적하목록을 첨부하여 지체 없이 세관장에게 입항보고를 하여야 하며, 외국

에서 준용하는 경우를 포함하며 제277조 제4항 제4호에 해당하는 자는 제외한다], 제136조(출항절차) 제1항[111](*제146조 제1항에서 준용하는 경우를 포함한다*), 제137조의2(승객예약자료의 요청) 제1항[112] 각 호 외의 부분 후단(*제277조 제4항 제4호에 해당하는 자는 제외한다*), 제140조(물품의 하역) 제1항 · 제2항 · 제4항[113](*제146조 제1항에서 준용하는 경우를 포함한다*), 제141조(외국물품의 일시양륙 등) 제1호 · 제3호[114](*제146조 제1항에서 준용하는 경우를 포함한*다), 제142조(항외하역) 제1항[115](*제146조 제1항에서 준용하는 경우를 포함한다*), 제

무역선은 선박국적증서와 최종 출발항의 출항면장(出港免狀)이나 이를 갈음할 서류를 제시하여야 한다. 다만, 세관장은 감시 · 단속에 지장이 없다고 인정될 때에는 선용품 또는 기용품의 목록이나 승무원 휴대품목록의 첨부를 생략하게 할 수 있다.

111) 제136조(출항절차) ① 외국무역선이나 외국무역기가 개항을 출항하려면 선장이나 기장은 출항하기 전에 세관장에게 출항허가를 받아야 한다.

112) 제137조의2(승객예약자료의 요청) ① 세관장은 다음 각 호의 어느 하나에 해당하는 업무를 수행하기 위하여 필요한 경우 제135조에 따라 입항하거나 제136조에 따라 출항하는 선박 또는 항공기가 소속된 선박회사 또는 항공사가 운영하는 예약정보시스템의 승객예약자료(이하 이 조에서 “승객예약자료”라 한다)를 정보통신망을 통하여 열람하거나 기획재정부령으로 정하는 시한 내에 제출하여 줄 것을 선박회사 또는 항공사에 요청할 수 있다. 이 경우 해당 선박회사 또는 항공사는 이에 따라야 한다.

1. 제234조에 따른 수출입금지물품을 수출입한 자 또는 수출입하려는 자에 대한 검사업무, 2. 제241조제1항 · 제2항을 위반한 자 또는 제241조제1항 · 제2항을 위반하여 다음 각 목의 어느 하나의 물품을 수출입하거나 반송하려는 자에 대한 검사업무, 가. 「마약류관리에 관한 법률」에 따른 마약류, 나. 「총포 · 도검 · 화약류 등 단속법」에 따른 총포 · 도검 · 화약류 · 분사기 · 전자충격기 및 석궁

113) 제140조(물품의 하역) ① 외국무역선이나 외국무역기는 제135조에 따른 입항절차를 마친 후가 아니면 물품을 하역하거나 환적할 수 없다. 다만, 세관장의 허가를 받은 경우에는 그러하지 아니하다.

② 외국무역선이나 외국무역기에 물품을 하역하거나 환적하려면 세관장에게 신고하고 현장에서 세관공무원의 확인을 받아야 한다. 다만, 세관공무원이 확인할 필요가 없다고 인정하는 경우에는 그러하지 아니하다.

④ 외국무역선이나 외국무역기에는 내국물품을 적재할 수 없으며, 내항선이나 내항기에는 외국물품을 적재할 수 없다. 다만, 세관장의 허가를 받았을 때에는 그러하지 아니하다.

114) 제141조(외국물품의 일시양륙 등) 다음 각 호의 어느 하나에 해당하는 행위를 하려면 세관장에게 신고를 하고, 현장에서 세관공무원의 확인을 받아야 한다. 다만, 관세청장이 감시 · 단속에 지장이 없다고 인정하여 따로 정하는 경우에는 간소한 방법으로 신고 또는 확인하거나 이를 생략하게 할 수 있다.

1. 외국물품을 운송수단으로부터 일시적으로 육지에 내려놓으려는 경우
3. 외국물품을 적재한 운송수단에서 다른 운송수단으로 물품을 환적 또는 복합환적하거나 사람을 이동시키는 경우

115) 제142조(항외 하역) ① 외국무역선이 개항의 바깥에서 물품을 하역하거나 환적하려는 경

144조(외국무역선의 내항선으로의 전환 등)(*제146조 제1항에서 준용하는 경우를 포함한다*), 제150조(국경출입차량의 출발절차), 제151조(물품의 하역 등) 또는 제213조(보세운송의 신고) 제2항[116]을 위반한 자

④ 관세법 제135조(입항절차) 제2항[117](*제146조 제1항에서 준용하는 경우를 포함하며 제277조 제4항 제4호에 해당하는 자는 제외한다*), 제200조(반출입물품의 범위 등) 제3항[118], 제203조(종합보세구역에 대한 세관의 관리 등) 제1항[119] 또는 제262조(운송수단의 출발중지 등)[120]에 따른 관세청장 또는 세관장의 조치를 위반하거나 검사를 거부·방해 또는 기피한 자

⑤ 부정한 방법으로 관세법 제248조(신고의 수리) 제1항 단서[121]에 따른 신고필증을 발급받은 자

⑥ 관세법 제263조(서류의 제출 또는 보고 등의 명령)[122]를 위반하여 서류의

우에는 선장은 세관장의 허가를 받아야 한다.

116) 제213조(보세운송의 신고) ② 제1항에 따라 보세운송을 하려는 자는 관세청장이 정하는 바에 따라 세관장에게 보세운송의 신고를 하여야 한다. 다만, 물품의 감시 등을 위하여 필요하다고 인정하여 대통령령으로 정하는 경우에는 세관장의 승인을 받아야 한다.

117) 제135조(입항절차) ② 세관장은 신속한 입항 및 통관절차의 이행과 효율적인 감시·단속을 위하여 필요할 때에는 관세청장이 정하는 바에 따라 입항하는 해당 선박 또는 항공기가 소속된 선박회사 또는 항공사(그 업무를 대행하는 자를 포함한다. 이하 같다)로 하여금 제1항에 따른 여객명부·적하목록 등을 입항하기 전에 제출하게 할 수 있다.

118) 제200조(반출입물품의 범위 등) ③ 세관장은 종합보세구역에 반입·반출되는 물품으로 인하여 국가안전, 공공질서, 국민보건 또는 환경보전 등에 지장이 초래되거나 종합보세구역의 지정 목적에 부합되지 아니하는 물품이 반입·반출되고 있다고 인정될 때에는 해당 물품의 반입·반출을 제한할 수 있다.

119) 제203조(종합보세구역에 대한 세관의 관리 등) ① 세관장은 관세채권의 확보, 감시·단속 등 종합보세구역을 효율적으로 운영하기 위하여 종합보세구역에 출입하는 인원과 차량 등의 출입을 통제하거나 휴대 또는 운송하는 물품을 검사할 수 있다.

120) 제262조(운송수단의 출발 중지 등) 관세청장이나 세관장은 이 법 또는 이 법에 따른 명령을 집행하기 위하여 필요하다고 인정될 때에는 운송수단의 출발을 중지시키거나 그 진행을 정지시킬 수 있다.

121) 제248조(신고의 수리) ① 세관장은 제241조 또는 제244조에 따른 신고가 이 법에 따라 적합하게 이루어졌을 때에는 이를 지체 없이 수리하고 신고인에게 신고필증을 발급하여야 한다. 다만, 제327조제2항에 따라 국가관세종합정보망의 전산처리설비를 이용하여 신고를 수리하는 경우에는 관세청장이 정하는 바에 따라 신고인이 직접 전산처리설비를 이용하여 신고필증을 발급받을 수 있다.

122) 제263조(서류의 제출 또는 보고 등의 명령) 관세청장이나 세관장은 이 법(「수출용원재료에 대한 관세 등 환급에 관한 특례법」을 포함한다. 이하 이 조에서 같다) 또는 이 법에

제출·보고 또는 그 밖에 필요한 사항에 관한 명령을 이행하지 아니하거나 거짓의 보고를 한 자

⑦ 관세법 제265조(물품 또는 운송수단 등에 대한 검사 등)[123)]에 따른 세관장 또는 세관공무원의 조치를 거부 또는 방해한 자

⑧ 관세법 제266조(장부 또는 자료의 제출 등) 제1항[124)]에 따른 세관공무원의 장부 또는 자료의 제시요구 또는 제출요구를 거부한 자

(5) 500만원 이하의 벌금

관세법 제165조 제2항(*보세사의 자격을 갖춘 사람이 보세사로 근무하려면 해당 보세구역을 관할하는 세관장에게 등록하여야 한다.*)을 위반한 자는 500만원 이하의 벌금에 처한다.(관세법 제276조 5항)

9. 징역과 벌금의 병과

관세법 제269조(밀수출입죄), 제270조(관세포탈죄 등), 제271조(미수범 등) 및 제274조(밀수품의 취득죄 등)의 죄를 범한 자는 정상(情狀)에 따라 징역과 벌금을 병과할 수 있다.(관세법 제275조)

따른 명령을 집행하기 위하여 필요하다고 인정될 때에는 물품·운송수단 또는 장치 장소에 관한 서류의 제출·보고 또는 그 밖에 필요한 사항을 명하거나, 세관공무원으로 하여금 수출입자·판매자 또는 그 밖의 관계자에 대하여 관계 자료를 조사하게 할 수 있다.

123) 제265조(물품 또는 운송수단 등에 대한 검사 등) 세관공무원은 이 법 또는 이 법에 따른 명령을 위반한 행위를 방지하기 위하여 필요하다고 인정될 때에는 물품, 운송수단, 장치 장소 및 관계 장부·서류를 검사 또는 봉쇄하거나 그 밖에 필요한 조치를 할 수 있다.

124) 제266조(장부 또는 자료의 제출 등) ① 세관공무원은 이 법에 따른 직무를 집행하기 위하여 필요하다고 인정될 때에는 수출입업자·판매업자 또는 그 밖의 관계자에 대하여 문서화되거나 전산화된 장부·서류 등 관계 자료를 조사하거나, 그 제시 또는 제출을 요구할 수 있다.

Ⅱ 몰수 및 추징

1. 몰수 · 추징

관세법 제269조(밀수출입죄) 제1항[125]의 경우에는 그 물품을 몰수한다.(관세법 제282조 1항)

관세법 제269조(밀수출입죄) 제2항 · 제3항[126] 또는 제274조(밀수품의 취득죄 등) 제1항 제1호[127]의 경우에는 범인이 소유하거나 점유하는 그 물품을 몰수한다. 다만, 제269조 제2항의 경우로서 다음 어느 하나에 해당하는 물품은 몰수하지 아니할 수 있다.(관세법 제282조 2항)

① 보세구역에 관세법 제157조(물품의 반입 · 반출)에 따라 신고를 한 후 반입한 외국물품

② 관세법 제156조(보세구역외 장치의 허가)에 따라 세관장의 허가를 받아 보세구역이 아닌 장소에 장치한 외국물품

위의 규정에 따라 몰수할 물품의 전부 또는 일부를 몰수할 수 없는 때에는 그 몰수할 수 없는 물품의 범칙 당시의 국내도매가격에 상당한 금액을 범인으로부터 추징한다. 다만, 제274조(밀수품의 취득죄 등) 제1항 제1호 중 제269조(밀수

---

125) 제269조(밀수출입죄) ① 제234조(수출입의 금지) 각 호의 물품을 수출하거나 수입한 자는 7년 이하의 징역 또는 7천만원 이하의 벌금에 처한다.

126) 제269조(밀수출입죄) ② 다음 각 호의 어느 하나에 해당하는 자는 5년 이하의 징역 또는 관세액의 10배와 물품원가 중 높은 금액 이하에 상당하는 벌금에 처한다.
1. 관세법 제241조(수출 · 수입 또는 반송의 신고) 제1항 · 제2항 또는 제244조(입항전수입신고) 제1항에 따른 신고를 하지 아니하고 물품을 수입한 자. 다만, 제253조(수입신고전의 물품 반출) 제1항에 따른 반출신고를 한 자는 제외한다.
2. 관세법 제241조(수출 · 수입 또는 반송의 신고) 제1항 · 제2항 또는 제244조(입항전수입신고) 제1항에 따른 신고를 하였으나 해당 수입물품과 다른 물품으로 신고하여 수입한 자
③ 다음 각 호의 어느 하나에 해당하는 자는 3년 이하의 징역 또는 물품원가 이하에 상당하는 벌금에 처한다.
1. 관세법 제241조(수출 · 수입 또는 반송의 신고) 제1항 및 제2항에 따른 신고를 하지 아니하고 물품을 수출하거나 반송한 자
2. 관세법 제241조(수출 · 수입 또는 반송의 신고) 제1항 및 제2항에 따른 신고를 하였으나 해당 수출물품 또는 반송물품과 다른 물품으로 신고하여 수출하거나 반송한 자

127) 제274조(밀수품의 취득죄 등) ① 다음 각 호의 어느 하나에 해당되는 물품을 취득 · 양도 · 운반 · 보관 또는 알선하거나 감정한 자는 3년 이하의 징역 또는 물품원가 이하에 상당하는 벌금에 처한다. 1. 제269조(밀수출입죄)에 해당되는 물품

출입죄) 제2항의 물품을 감정한 자는 제외한다.(관세법 제282조 3항)

관세법 제279조(양벌규정)의 개인 및 법인은 위의 제1항부터 제3항까지의 규정을 적용할 때에는 이를 범인으로 본다.(관세법 제282조 4항)

2. 밀수전용 운반기구 몰수

관세법 제269조(밀수출입죄)의 죄에 전용(專用)되는 선박·자동차나 그 밖의 운반기구는 그 소유자가 범죄에 사용된다는 정황을 알고 있고, 다음 어느 하나에 해당하는 경우에는 몰수한다.(관세법 제272조)

① 범죄물품을 적재하거나 적재하려고 한 경우

② 검거를 기피하기 위하여 권한 있는 공무원의 정지명령을 받고도 정지하지 아니하거나 적재된 범죄물품을 해상에서 투기·파괴 또는 훼손한 경우

③ 범죄물품을 해상에서 인수 또는 취득하거나 인수 또는 취득하려고 한 경우

④ 범죄물품을 운반한 경우

3. 범죄에 사용된 물품의 몰수 등

관세법 제269조(밀수출입죄)에 사용하기 위하여 특수한 가공을 한 물품은 누구의 소유이든지 몰수하거나 그 효용을 소멸시킨다.(관세법 제273조 1항)

또한 관세법 제269조(밀수출입죄)에 해당되는 물품이 다른 물품 중에 포함되어 있는 경우 그 물품이 범인의 소유일 때에는 그 다른 물품도 몰수할 수 있다.(관세법 제273조 2항)

제2절 행정질서벌

I 과태료

1. 1억원 이하의 과태료

관세법 제37조의4(특수관계자 수입물품 과세가격결정자료 제출) 제1항[128)]에 따라 자료제출을 요구받은 특수관계에 있는 자가 제10조(천재지변 등으로 인한 기한의 연장)에서 정하는 정당한 사유 없이 제37조의4 제3항[129)]에서 정한 기한까지 자료를 제출하지 아니하거나 거짓의 자료를 제출하는 경우에는 1억원 이하의 과태료를 부과한다. 이 경우 제276조(허위신고죄 등)는 적용되지 아니한다. (관세법 제277조 1항)

2. 1,000만원 이하의 과태료

다음 어느 하나에 해당하는 자에게는 1,000만원 이하의 과태료를 부과한다. (관세법 제277조 2항)

① 관세법 제139조(외국 기착의 보고)[130)], 제143조(선용품 및 기용품의 하역 등) 제1항[131)], 제152조(도로차량의 국경출입) 제1항[132)], 제155조(물품의

128) ① 세관장은 제38조제2항에 따른 세액심사시 특수관계에 있는 자가 수입하는 물품의 과세가격의 적정성을 심사하기 위하여 해당 특수관계자에게 과세가격결정자료를 제출할 것을 요구할 수 있다. 이 경우 자료의 제출범위, 제출방법 등은 대통령령으로 정한다.

129) ③ 제1항 또는 제2항에 따라 자료제출을 요구받은 자는 자료제출을 요구받은 날부터 60일 이내에 해당 자료를 제출하여야 한다. 다만, 대통령령으로 정하는 부득이한 사유로 제출기한의 연장을 신청하는 경우에는 세관장은 한 차례만 60일까지 연장할 수 있다.

130) 제139조(외국 기착의 보고) 재해나 그 밖의 부득이한 사유로 내항선이나 내항기가 외국에 기착(寄着)하고 우리나라로 되돌아왔을 때에는 선장이나 기장은 지체 없이 그 사실을 세관장에게 보고하여야 하며, 외국에서 적재한 물품이 있을 때에는 그 목록을 제출하여야 한다.

131) 제143조(선용품 및 기용품의 하역 등) ① 다음 각 호의 어느 하나에 해당하는 물품을 외

장치) 제1항[133]), 제156조(보세구역 외 장치의 허가) 제1항[134]), 제159조(해체·절단 등의 작업) 제2항[135]), 제160조(장치물품의 폐기) 제1항[136]), 제161조(견본품 반출) 제1항[137]), 제186조(사용신고 등) 제1항[138])[*제205조(준용규정)에서 준용하는 경우를 포함한다*], 제192조(사용 전 수입신고)[139])(*제205조(준용규정)에서 준용하는 경우를 포함한다*), 제200조(반출입물품의 범위 등) 제1항[140]), 제201조(운영인의 물품관리) 제1항·제3항[141]), 제219조(조난물품의 운송) 제2항[142]) 또는 제266조(장부 또는 자료의 제출 등) 제2항[143])을

국무역선 또는 외국무역기에 하역하거나 환적하려면 세관장의 허가를 받아야 하며, 하역 또는 환적허가의 내용대로 하역하거나 환적하여야 한다.
1. 선용품 또는 기용품, 2. 외국무역선 또는 외국무역기 안에서 판매하는 물품

132) 제152조(도로차량의 국경출입) ① 국경을 출입하려는 도로차량의 운전자는 해당 도로차량이 국경을 출입할 수 있음을 증명하는 서류를 세관장으로부터 발급받아야 한다.

133) 제155조(물품의 장치) ① 외국물품과 제221조제1항에 따른 내국운송의 신고를 하려는 내국물품은 보세구역이 아닌 장소에 장치할 수 없다. 다만, 다음 각 호의 어느 하나에 해당하는 물품은 그러하지 아니하다.
1. 제241조제1항에 따른 수출신고가 수리된 물품, 2. 크기 또는 무게의 과다나 그 밖의 사유로 보세구역에 장치하기 곤란하거나 부적당한 물품, 3. 재해나 그 밖의 부득이한 사유로 임시로 장치한 물품, 4. 검역물품, 5. 압수물품, 6. 우편물품

134) 제156조(보세구역 외 장치의 허가) ① 제155조제1항제2호에 해당하는 물품을 보세구역이 아닌 장소에 장치하려는 자는 세관장의 허가를 받아야 한다.

135) 제159조(해체·절단 등의 작업) ① 보세구역에 장치된 물품에 대하여는 그 원형을 변경하거나 해체·절단 등의 작업을 할 수 있다.
② 제1항에 따른 작업을 하려는 자는 세관장의 허가를 받아야 한다.

136) 제160조(장치물품의 폐기) ① 부패·손상되거나 그 밖의 사유로 보세구역에 장치된 물품을 폐기하려는 자는 세관장의 승인을 받아야 한다.

137) 제161조(견본품 반출) ① 보세구역에 장치된 외국물품의 전부 또는 일부를 견본품으로 반출하려는 자는 세관장의 허가를 받아야 한다.

138) 제186조(사용신고 등) ① 운영인은 보세공장에 반입된 물품을 그 사용 전에 세관장에게 사용신고를 하여야 한다. 이 경우 세관공무원은 그 물품을 검사할 수 있다.

139) 제192조(사용 전 수입신고) 운영인은 보세건설장에 외국물품을 반입하였을 때에는 사용 전에 해당 물품에 대하여 수입신고를 하고 세관공무원의 검사를 받아야 한다. 다만, 세관공무원이 검사가 필요 없다고 인정하는 경우에는 검사를 하지 아니할 수 있다.

140) 제200조(반출입물품의 범위 등) ① 종합보세구역에서 소비하거나 사용되는 물품으로서 기획재정부령으로 정하는 물품은 수입통관 후 이를 소비하거나 사용하여야 한다.

141) 제201조(운영인의 물품관리) ① 운영인은 종합보세구역에 반입된 물품을 종합보세기능별로 구분하여 관리하여야 한다.
③ 운영인은 종합보세구역에 반입된 물품을 종합보세구역 안에서 이동·사용 또는 처분을 할 때에는 장부 또는 전산처리장치를 이용하여 그 기록을 유지하여야 한다. 이 경우 기획재정부령으로 정하는 물품은 미리 세관장에게 신고하여야 한다.

위반한 자

② 관세법 제187조(보세공장 외 작업 허가) 제1항[144](*제89조 제5항에서 준용하는 경우를 포함한다*) 또는 제195조(보세건설장 외 작업 허가) 제1항[145]에 따른 허가를 받지 아니하거나 제202조(설비의 유지의무 등) 제2항[146]에 따른 신고를 하지 아니하고 보세공장·보세건설장·종합보세구역 또는 지정공장 외의 장소에서 작업을 한 자

3. 500만원 이하의 과태료

다음 어느 하나에 해당하는 자에게는 500만원 이하의 과태료를 부과한다. (관세법 제277조 3항)

① 관세법 제240조의2(통관 후 유통이력 신고) 제1항을 위반하여 유통이력을 신고하지 아니하거나 거짓으로 신고한 자

② 관세법 제240조의2(통관 후 유통이력 신고) 제2항을 위반하여 장부기록 자료를 보관하지 아니한 자

③ 관세법 제243조(신고의 요건) 제4항[147]을 위반하여 관세청장이 정하는 장소

---

142) 제219조(조난물품의 운송) ① 재해나 그 밖의 부득이한 사유로 선박 또는 항공기로부터 내려진 외국물품은 그 물품이 있는 장소로부터 제213조제1항 각 호의 장소로 운송될 수 있다.
② 제1항에 따라 외국물품을 운송하려는 자는 제213조제2항에 따른 승인을 받아야 한다. 다만, 긴급한 경우에는 세관공무원이나 국가경찰공무원(세관공무원이 없는 경우로 한정한다)에게 신고하여야 한다.

143) 제266조(장부 또는 자료의 제출 등) ② 상설영업장을 갖추고 외국에서 생산된 물품을 판매하는 자로서 기획재정부령으로 정하는 기준에 해당하는 자는 해당 물품에 관하여 「부가가치세법」 제32조 및 제35조에 따른 세금계산서나 수입 사실 등을 증명하는 자료를 영업장에 갖춰 두어야 한다.

144) 제187조(보세공장 외 작업 허가) ① 세관장은 가공무역이나 국내산업의 진흥을 위하여 필요한 경우에는 대통령령으로 정하는 바에 따라 기간, 장소, 물품 등을 정하여 해당 보세공장 외에서 제185조제1항에 따른 작업을 허가할 수 있다.

145) 제195조(보세건설장 외 작업 허가) ① 세관장은 보세작업상 필요하다고 인정될 때에는 대통령령으로 정하는 바에 따라 기간, 장소, 물품 등을 정하여 해당 보세건설장 외에서의 보세작업을 허가할 수 있다.

146) 제202조(설비의 유지의무 등) ② 종합보세구역에 장치된 물품에 대하여 보수작업을 하거나 종합보세구역 밖에서 보세작업을 하려는 자는 대통령령으로 정하는 바에 따라 세관장에게 신고하여야 한다.

에 반입하지 아니하고 제241조(수출・수입 또는 반송의 신고) 제1항[148]에 따른 수출의 신고를 한 자

4. 200만원 이하의 과태료

다음 하나에 해당하는 자에게는 200만원 이하의 과태료를 부과한다.(관세법 제277조 4항)

① 특허보세구역의 특허사항을 위반한 운영인

② 관세법 제38조(신고납부) 제3항[149], 제83조(용도세율의 적용) 제1항[150], 제107조(관세의 분할납부) 제3항[151], 제140조(물품의 하역) 제3항[152], 제157조(물품의 반입・반출) 제1항[153], 제158조(보수작업) 제2항・제4항[154], 제172조(물품에 대한 보관책임) 제3항[155], 제194조(보세건설물품의 가동 제

---

147) 제243조(신고의 요건) ③ 제241조 제1항에 따른 반송의 신고는 해당 물품이 이 법에 따른 장치 장소에 있는 경우에만 할 수 있다.

148) 제241조(수출・수입 또는 반송의 신고) ① 물품을 수출・수입 또는 반송하려면 해당 물품의 품명・규격・수량 및 가격과 그 밖에 대통령령으로 정하는 사항을 세관장에게 신고하여야 한다.

149) 제38조(신고납부) ③ 세관장은 제2항 본문에도 불구하고 납세실적과 수입규모 등을 고려하여 관세청장이 정하는 요건을 갖춘 자가 신청할 때에는 납세신고한 세액을 자체적으로 심사(이하 "자율심사"라 한다)하게 할 수 있다. 이 경우 해당 납세의무자는 자율심사한 결과를 세관장에게 제출하여야 한다.

150) 제83조(용도세율의 적용) ① 별표 관세율표나 제50조제4항, 제65조, 제67조의2, 제68조, 제70조부터 제73조까지 및 제76조에 따른 대통령령 또는 기획재정부령으로 용도에 따라 세율을 다르게 정하는 물품을 세율이 낮은 용도에 사용하려는 자는 대통령령으로 정하는 바에 따라 세관장의 승인을 받아야 한다. 다만, 물품의 성질과 형태가 그 용도 외의 다른 용도에 사용할 수 없는 경우에는 그러하지 아니하다.

151) 제107조(관세의 분할납부) ③ 제2항에 따라 관세의 분할납부를 승인받은 자가 해당 물품의 용도를 변경하거나 그 물품을 양도하려는 경우에는 미리 세관장의 승인을 받아야 한다.

152) 제140조(물품의 하역) ③ 세관장은 감시・단속을 위하여 필요할 때에는 제2항에 따라 물품을 하역하는 장소 및 통로(이하 "하역통로"라 한다)와 기간을 제한할 수 있다.

153) 제157조(물품의 반입・반출) ① 보세구역에 물품을 반입하거나 반출하려는 자는 대통령령으로 정하는 바에 따라 세관장에게 신고하여야 한다.

154) 제158조(보수작업) ① 보세구역에 장치된 물품은 그 현상을 유지하기 위하여 필요한 보수작업과 그 성질을 변하지 아니하게 하는 범위에서 포장을 바꾸거나 구분・분할・합병을 하거나 그 밖의 비슷한 보수작업을 할 수 있다. 이 경우 보세구역에서의 보수작업이 곤란하다고 세관장이 인정할 때에는 기간과 장소를 지정받아 보세구역 밖에서 보수작업을 할 수 있다. ② 제1항에 따른 보수작업을 하려는 자는 세관장의 승인을 받아야 한다. ④ 외국물품은 수입될 물품의 보수작업의 재료로 사용할 수 없다.

한) [156](*제205조에서 준용하는 경우를 포함한다*), 제198조(종합보세사업장의 설치·운영에 관한 신고 등) 제3항[157], 제199조(종합보세구역에의 물품의 반입·반출 등) 제1항[158], 제202조(설비의 유지의무 등) 제1항[159], 제214조(보세운송의 신고인)[160], 제215조(보세운송 보고)[161](제219조 제4항 및 제221조 제2항에서 준용하는 경우를 포함한다), 제216조(보세운송통로) 제2항[162](*제219조 제4항 및 제221조 제2항에서 준용하는 경우를 포함한다*), 제221조(내국운송의 신고) 제1항[163], 제222조(보세운송업자등의 등록) 제3항[164], 제225조(보세화물운송 주선 등) 제1항 후단[165] 또는 제251조(수출신고수리물품의 적재 등) 제1항[166]을 위반한 자

---

155) 제172조(물품에 대한 보관책임) ③ 지정장치장의 화물관리인은 화물관리에 필요한 비용(제323조에 따른 세관설비 사용료를 포함한다)을 화주로부터 징수할 수 있다. 다만, 그 요율에 대하여는 세관장의 승인을 받아야 한다.

156) 제194조(보세건설물품의 가동 제한) 운영인은 보세건설장에서 건설된 시설을 제248조에 따른 수입신고가 수리되기 전에 가동하여서는 아니 된다.

157) 제198조(종합보세사업장의 설치·운영에 관한 신고 등) ③ 종합보세사업장의 운영인은 그가 수행하는 종합보세기능을 변경하려면 세관장에게 이를 신고하여야 한다.

158) 제199조(종합보세구역에의 물품의 반입·반출 등) ① 종합보세구역에 물품을 반입하거나 반출하려는 자는 대통령령으로 정하는 바에 따라 세관장에게 신고하여야 한다.

159) 제202조(설비의 유지의무 등) ① 운영인은 대통령령으로 정하는 바에 따라 종합보세기능의 수행에 필요한 시설 및 장비 등을 유지하여야 한다.

160) 제214조(보세운송의 신고인) 제213조제2항에 따른 신고 또는 승인신청은 다음 각 호의 어느 하나에 해당하는 자의 명의로 하여야 한다. 1. 화주, 2. 관세사등, 3. 보세운송을 업(業)으로 하는 자(이하 "보세운송업자"라 한다)

161) 제215조(보세운송 보고) 제213조제2항에 따라 보세운송의 신고를 하거나 승인을 받은 자는 해당 물품이 운송 목적지에 도착하였을 때에는 관세청장이 정하는 바에 따라 도착지의 세관장에게 보고하여야 한다.

162) 제216조(보세운송통로) ② 보세운송은 관세청장이 정하는 기간 내에 끝내야 한다. 다만, 세관장은 재해나 그 밖의 부득이한 사유로 필요하다고 인정될 때에는 그 기간을 연장할 수 있다.

163) 제221조(내국운송의 신고) ① 내국물품을 외국무역선이나 외국무역기로 운송하려는 자는 대통령령으로 정하는 바에 따라 세관장에게 내국운송의 신고를 하여야 한다.

164) 제222조(보세운송업자등의 등록) ③ 관세청장이나 세관장은 필요하다고 인정할 때는 보세운송업자등에게 그 영업에 관하여 보고를 하게 하거나 장부 또는 그 밖의 서류를 제출하도록 명할 수 있다.

165) 제225조(보세화물운송 주선 등) ① 다른 법령에 따라 화물운송의 주선을 업으로 하는 자(이하 "화물운송주선업자"라 한다)가 보세화물을 취급하려면 대통령령으로 정하는 바에 따라 세관장에게 신고하여야 한다. 신고인의 주소 등 대통령령으로 정하는 중요한 사항을 변경한 경우에도 또한 같다.

③ 관세법 제83조(용도세율의 적용) 제2항[167], 제88조(외교관용 물품 등의 면세) 제2항[168], 제97조(재수출면세) 제2항[169], 제102조(관세감면물품의 사후관리) 제1항[170] 및 제109조(다른 법령 등에 따른 감면물품의 관세징수) 제1항[171]을 위반한 자 중 해당 물품을 직접 수입한 경우 관세를 감면받을 수 있고 수입자와 동일한 용도에 사용하려는 자에게 양도한 자

④ 관세법 제135조(입항절차) 제1항·제2항[172] 또는 제137조의2(승객예약자

---

166) 제251조(수출신고수리물품의 적재 등) ① 수출신고가 수리된 물품은 수출신고가 수리된 날부터 30일 이내에 운송수단에 적재하여야 한다. 다만, 기획재정부령으로 정하는 바에 따라 1년의 범위에서 적재기간의 연장승인을 받은 것은 그러하지 아니하다.

167) 제83조(용도세율의 적용) ② 제1항에 따라 낮은 세율(이하 "용도세율"이라 한다)이 적용된 물품은 그 수입신고의 수리일부터 3년의 범위에서 대통령령으로 정하는 기준에 따라 관세청장이 정하는 기간에는 해당 용도 외의 다른 용도에 사용하거나 양도할 수 없다. 다만, 다음 각 호의 어느 하나에 해당하는 경우에는 그러하지 아니하다. 1. 대통령령으로 정하는 바에 따라 미리 세관장의 승인을 받은 경우, 2. 제1항 단서에 해당하는 경우

168) 제88조(외교관용 물품 등의 면세) ② 제1항에 따라 관세를 면제받은 물품 중 기획재정부령으로 정하는 물품은 수입신고 수리일부터 3년의 범위에서 대통령령으로 정하는 기준에 따라 관세청장이 정하는 기간에 제1항의 용도 외의 다른 용도로 사용하기 위하여 양수할 수 없다. 다만, 대통령령으로 정하는 바에 따라 미리 세관장의 승인을 받았을 때에는 그러하지 아니하다.

169) 제97조(재수출면세) ② 제1항에 따라 관세를 면제받은 물품은 같은 항의 기간에 같은 항에서 정한 용도 외의 다른 용도로 사용되거나 양도될 수 없다. 다만, 대통령령으로 정하는 바에 따라 미리 세관장의 승인을 받았을 때에는 그러하지 아니하다.

170) 제102조(관세감면물품의 사후관리) ① 제89조부터 제91조까지와 제93조 및 제95조에 따라 관세를 감면받은 물품은 수입신고 수리일부터 3년의 범위에서 대통령령으로 정하는 기준에 따라 관세청장이 정하는 기간에는 그 감면받은 용도 외의 다른 용도로 사용하거나 양도(임대를 포함한다. 이하 같다)할 수 없다. 다만, 기획재정부령으로 정하는 물품과 대통령령으로 정하는 바에 따라 미리 세관장의 승인을 받은 물품의 경우에는 그러하지 아니하다.

171) 제109조(다른 법령 등에 따른 감면물품의 관세징수) ① 이 법 외의 법령이나 조약·협정 등에 따라 관세가 감면된 물품을 그 수입신고 수리일로부터 3년 내에 해당 법령이나 조약·협정 등에 규정된 용도 외의 다른 용도로 사용하거나 양도하려는 경우에는 세관장의 확인을 받아야 한다. 다만, 해당 법령이나 조약·협정 등에 다른 용도로 사용하거나 양도한 경우에 해당 관세의 징수를 면제하는 규정이 있을 때에는 그러하지 아니하다.

172) 제135조(입항절차) ① 외국무역선이나 외국무역기가 개항(제134조제1항 단서에 따라 출입허가를 받은 지역을 포함한다. 이하 같다)에 입항하였을 때에는 선장이나 기장은 대통령령으로 정하는 사항이 적힌 선용품 또는 기용품의 목록, 여객명부, 승무원명부, 승무원 휴대품목록과 적하목록을 첨부하여 지체 없이 세관장에게 입항보고를 하여야 하며, 외국무역선은 선박국적증서와 최종 출발항의 출항면장(出港免狀)이나 이를 갈음할 서류를 제시하여야 한다. 다만, 세관장은 감시·단속에 지장이 없다고 인정될 때에는 선용품 또는

료의 요청) 제1항[173] 각 호 외의 부분 후단을 위반한 자 중 과실로 여객명부 또는 승객예약자료를 제출하지 아니한 자

⑤ 관세법 제159조(해체 · 절단 등의 작업) 제4항[174], 제180조(특허보세구역의 설치 · 운영에 관한 감독 등) 제3항[175](*제205조에서 준용하는 경우를 포함한다*), 제196조(보세판매장) 제2항[176], 제216조(보세운송통로) 제1항[177][*제219조(조난물품의 운송) 제4항 및 제221조(내국운송의 신고) 제2항에서 준용하는 경우를 포함한다*], 제222조(보세운송업자등의 등록 및 보고) 제4항[178], 제225조(보세화물운송주선 등) 제2항[179], 제228조(통관표지)[180] 또는 제266조

기용품의 목록이나 승무원 휴대품목록의 첨부를 생략하게 할 수 있다. ② 세관장은 신속한 입항 및 통관절차의 이행과 효율적인 감시 · 단속을 위하여 필요할 때에는 관세청장이 정하는 바에 따라 입항하는 해당 선박 또는 항공기가 소속된 선박회사 또는 항공사(그 업무를 대행하는 자를 포함한다. 이하 같다)로 하여금 제1항에 따른 여객명부 · 적하목록 등을 입항하기 전에 제출하게 할 수 있다.

173) 제137조의2(승객예약자료의 요청) ① 세관장은 다음 각 호의 어느 하나에 해당하는 업무를 수행하기 위하여 필요한 경우 제135조에 따라 입항하거나 제136조에 따라 출항하는 선박 또는 항공기가 소속된 선박회사 또는 항공사가 운영하는 예약정보시스템의 승객예약자료(이하 이 조에서 "승객예약자료"라 한다)를 정보통신망을 통하여 열람하거나 기획재정부령으로 정하는 시한 내에 제출하여 줄 것을 선박회사 또는 항공사에 요청할 수 있다. 이 경우 해당 선박회사 또는 항공사는 이에 따라야 한다.
1. 제234조에 따른 수출입금지물품을 수출입한 자 또는 수출입하려는 자에 대한 검사업무
2. 제241조제1항 · 제2항을 위반한 자 또는 제241조제1항 · 제2항을 위반하여 다음 각 목의 어느 하나의 물품을 수출입하거나 반송하려는 자에 대한 검사업무
가. 「마약류관리에 관한 법률」에 따른 마약류
나. 「총포 · 도검 · 화약류 등 단속법」에 따른 총포 · 도검 · 화약류 · 분사기 · 전자충격기 및 석궁

174) 제159조(해체 · 절단 등의 작업) ① 보세구역에 장치된 물품에 대하여는 그 원형을 변경하거나 해체 · 절단 등의 작업을 할 수 있다. ④ 세관장은 수입신고한 물품에 대하여 필요하다고 인정될 때에는 화주 또는 그 위임을 받은 자에게 제1항에 따른 작업을 명할 수 있다.

175) 제180조(특허보세구역의 설치 · 운영에 관한 감독 등)③ 세관장은 특허보세구역의 운영에 필요한 시설 · 기계 및 기구의 설치를 명할 수 있다.

176) 제196조(보세판매장) ② 세관장은 보세판매장에서 판매할 수 있는 물품의 종류, 수량, 장치 장소 등을 제한할 수 있다.

177) 제216조(보세운송통로) ① 세관장은 보세운송물품의 감시 · 단속을 위하여 필요하다고 인정될 때에는 관세청장이 정하는 바에 따라 운송통로를 제한할 수 있다.

178) 제222조(보세운송업자등의 등록 및 보고) ④ 관세청장이나 세관장은 화물운송주선업자에게 제225조 제2항에 따라 해당 업무에 관하여 보고하게 할 수 있다.

179) 제225조(보세화물운송 주선 등) ② 세관장은 통관의 신속을 기하고 보세화물의 관리절차

(장부 또는 자료의 제출 등) 제3항[181]에 따른 관세청장 또는 세관장의 조치를 위반한 자

⑥ 관세법 제321조(세관의 업무시간·물품취급시간) 제2항 제2호[182]를 위반하여 운송수단에서 물품을 취급한 자

5. 100만원 이하의 과태료

다음 어느 하나에 해당하는 자에게는 100만원 이하의 과태료를 부과한다. (관세법 제277조 5항)

① 적재물품과 일치하지 아니하는 적하목록을 작성하였거나 제출한 자. 다만, 다음 어느 하나에 해당하는 자가 투입 및 봉인한 것이어서 적하목록을 제출한 자가 해당 적재물품의 내용을 확인하는 것이 불가능한 경우에는 해당 적하목록을 제출한 자는 제외한다.

㉠ 제276조(허위신고죄 등) 제3항 제1호[183]에 해당하는 자

㉡ 적재물품을 수출한 자

㉢ 다른 선박회사·항공사 및 화물운송주선업자

② 관세법 제12조(신고 서류의 보관기간)[184]을 위반하여 신고필증을 보관하지 아니한 자

를 간소화하기 위하여 필요하다고 인정될 때에는 대통령령으로 정하는 바에 따라 화물운송주선업자로 하여금 해당 업무에 관하여 보고하게 할 수 있다.

180) 제228조(통관표지) 세관장은 관세 보전을 위하여 필요하다고 인정할 때에는 대통령령으로 정하는 바에 따라 수입하는 물품에 통관표지를 첨부할 것을 명할 수 있다.

181) 제266조(장부 또는 자료의 제출 등) ③ 관세청장이나 세관장은 이 법 또는 이 법에 따른 명령을 집행하기 위하여 필요하다고 인정될 때에는 제2항에 따른 상설영업장의 판매자나 그 밖의 관계인으로 하여금 대통령령으로 정하는 바에 따라 영업에 관한 보고를 하게 할 수 있다.

182) 321조(세관의 업무시간·물품취급시간) ② 다음 각 호의 어느 하나에 해당하는 자는 대통령령으로 정하는 바에 따라 세관장에게 미리 통보하여야 한다. 2. 운송수단의 물품취급시간이 아닌 때에 물품을 취급하려는 자

183) 부정한 방법으로 적하목록을 작성하였거나 제출한 자

184) 제12조(신고 서류의 보관기간) 이 법에 따라 가격신고, 납세신고, 수출입신고, 반송신고, 보세화물반출입신고, 보세운송신고를 하거나 적하목록을 제출한 자는 신고 또는 제출한 자료(신고필증을 포함한다)를 신고 또는 제출한 날부터 5년의 범위에서 대통령령으로 정하는 기간 동안 보관하여야 한다.

③ 관세법 제28조(잠정가격의 신고 등) 제2항[185]에 따른 신고를 하지 아니한 자

④ 관세법 제107조(관세의 분할납부) 제4항[186], 제108조(담보 제공 및 사후관리) 제2항[187], 제138조(재해나 그 밖의 부득이한 사유로 인한 면책) 제2항·제4항[188], 제141조(외국물품의 일시양륙 등) 제2호[189], 제157조의2(수입신고수리물품의 반출)[190], 제162조(물품취급자에 대한 단속)[191], 제179조(특허의 효력상실 및 승계) 제2항[192], 제182조(특허의 효력상실시 조치 등) 제1항[193](*제205조에서 준용하는 경우를 포함한다*), 제183조(보세창고) 제2

---

185) 제28조(잠정가격의 신고 등) ② 납세의무자는 제1항에 따른 잠정가격으로 가격신고를 하였을 때에는 대통령령으로 정하는 기간 내에 해당 물품의 확정된 가격을 세관장에게 신고하여야 한다.

186) 제107조(관세의 분할납부) ④ 관세의 분할납부를 승인받은 법인이 합병·분할·분할합병 또는 해산을 하거나 파산선고를 받은 경우 또는 관세의 분할납부를 승인받은 자가 파산선고를 받은 경우에는 제6항부터 제8항까지의 규정에 따라 그 관세를 납부하여야 하는 자는 지체 없이 그 사유를 세관장에게 신고하여야 한다.

187) 제108조(담보 제공 및 사후관리) ② 이 법이나 그 밖의 법률·조약·협정 등에 따라 용도세율을 적용받거나 관세의 감면 또는 분할납부를 승인받은 자는 대통령령으로 정하는 바에 따라 해당 조건의 이행 여부를 확인하는 데에 필요한 서류를 세관장에게 제출하여야 한다.

188) 제138조(재해나 그 밖의 부득이한 사유로 인한 면책) ② 제1항의 경우 선장이나 기장은 지체 없이 그 이유를 세관공무원이나 국가경찰공무원(세관공무원이 없는 경우로 한정한다)에게 신고하여야 한다. ④ 선장이나 기장은 재해나 그 밖의 부득이한 사유가 종료되었을 때에는 지체 없이 세관장에게 그 경과를 보고하여야 한다.

189) 제141조(외국물품의 일시양륙 등) 다음 각 호의 어느 하나에 해당하는 행위를 하려면 세관장에게 신고를 하고, 현장에서 세관공무원의 확인을 받아야 한다. 다만, 관세청장이 감시·단속에 지장이 없다고 인정하여 따로 정하는 경우에는 간소한 방법으로 신고 또는 확인하거나 이를 생략하게 할 수 있다. 2. 해당 운송수단의 여객·승무원 또는 운전자가 아닌 자가 타려는 경우

190) 제157조의2(수입신고수리물품의 반출) 관세청장이 정하는 보세구역에 반입되어 수입신고가 수리된 물품의 화주 또는 반입자는 제177조에도 불구하고 그 수입신고 수리일부터 15일 이내에 해당 물품을 보세구역으로부터 반출하여야 한다. 다만, 외국물품을 장치하는 데에 방해가 되지 아니하는 것으로 인정되어 세관장으로부터 해당 반출기간의 연장승인을 받았을 때에는 그러하지 아니하다.

191) 제162조(물품취급자에 대한 단속) 다음 각 호의 어느 하나에 해당하는 자는 물품 및 보세구역감시에 관한 세관장의 명령을 준수하고 세관공무원의 지휘를 받아야 한다. 1. 제155조제1항 각 호의 물품을 취급하는 자, 2. 보세구역에 출입하는 자

192) 제179조(특허의 효력상실 및 승계) ② 제1항제1호(운영인이 특허보세구역을 운영하지 아니하게 된 경우) 및 제2호(운영인이 해산하거나 사망한 경우)의 경우에는 운영인, 그 상속인, 청산법인 또는 합병·분할·분할합병 후 존속하거나 합병·분할·분할합병으로 설립된 법인(이하 "승계법인"이라 한다)은 지체 없이 세관장에게 그 사실을 보고하여야 한다.

항 · 제3항[194]), 제184조(장치기간이 지난 내국물품)[195])(*제205조에서 준용하는 경우를 포함한다*), 제185조(보세공장) 제2항[196])(*제205조에서 준용하는 경우를 포함한다*), 제245조(신고 시의 제출서류) 제3항[197]) 또는 제254조의2(탁송품의 특별통관) 제2항 및 제3항[198])을 위반한 자

⑤ 관세법 제160조(장치물품의 폐기) 제4항[199])[*제207조(유치 및 예치물품의 보관) 제2항에서 준용하는 경우를 포함한다*]에 따른 세관장의 명령을 이행하지 아니한 자

⑥ 관세법 제177조(장치기간) 제2항[200])(제205조에서 준용하는 경우를 포함한

---

193) 제182조(특허의 효력상실 시 조치 등) ① 특허보세구역의 설치·운영에 관한 특허의 효력이 상실되었을 때에는 운영인이나 그 상속인은 해당 특허보세구역에 있는 외국물품을 지체 없이 다른 보세구역으로 반출하여야 한다.

194) 제183조(보세창고) ② 운영인은 미리 세관장에게 신고를 하고 제1항에 따른 물품의 장치에 방해되지 아니하는 범위에서 보세창고에 내국물품을 장치할 수 있다. 다만, 동일한 보세창고에 장치되어 있는 동안 수입신고가 수리된 물품은 신고 없이 계속하여 장치할 수 있다. ③ 운영인은 보세창고에 1년(제2항 단서에 따른 물품은 6개월) 이상 계속하여 제2항에서 규정한 내국물품만을 장치하려면 세관장의 승인을 받아야 한다.

195) 제184조(장치기간이 지난 내국물품) ① 제183조제2항에 따른 내국물품으로서 장치기간이 지난 물품은 그 기간이 지난 후 10일 내에 그 운영인의 책임으로 반출하여야 한다. ② 제183조제3항에 따라 승인받은 내국물품도 그 승인기간이 지난 경우에는 제1항과 같다.

196) 제185조(보세공장) ② 보세공장에서는 세관장의 허가를 받지 아니하고는 내국물품만을 원료로 하거나 재료로 하여 제조·가공하거나 그 밖에 이와 비슷한 작업을 할 수 없다.

197) 제245조(신고 시의 제출서류) ③ 제2항에 따라 서류의 제출을 생략하게 하거나 수입신고 수리 후에 서류를 제출하게 하는 경우 세관장이 필요하다고 인정하여 신고인에게 관세청장이 정하는 장부나 그 밖의 관계 자료의 제시 또는 제출을 요청하면 신고인은 이에 따라야 한다.

198) 제254조의2(탁송품의 특별통관) ② 탁송품 운송업자는 통관목록을 사실과 다르게 제출하여서는 아니 된다. ③ 탁송품 운송업자는 제1항에 따라 제출한 통관목록에 적힌 수하인의 주소지가 아닌 곳에 탁송품을 배송하거나 배송하게 한 경우(「우편법」 제31조 단서에 해당하는 경우는 제외한다)에는 배송한 날이 속하는 달의 다음달 15일까지 실제 배송한 주소지를 세관장에게 제출하여야 한다.

199) 제160조(장치물품의 폐기)④ 세관장은 제1항에도 불구하고 보세구역에 장치된 물품 중 다음 각 호의 어느 하나에 해당하는 것은 화주, 반입자, 화주 또는 반입자의 위임을 받은 자나 「국세기본법」 제38조부터 제41조까지의 규정에 따른 제2차 납세의무자(이하 "화주등"이라 한다)에게 이를 반송 또는 폐기할 것을 명하거나 화주등에게 통고한 후 폐기할 수 있다. 다만, 급박하여 통고할 여유가 없는 경우에는 폐기한 후 즉시 통고하여야 한다. 1. 사람의 생명이나 재산에 해를 끼칠 우려가 있는 물품, 2. 부패하거나 변질된 물품, 3. 유효기간이 지난 물품, 4. 상품가치가 없어진 물품, 5. 제1호부터 제4호까지에 준하는 물품으로서 관세청장이 정하는 물품

다), 제180조(특허보세구역의 설치 · 운영에 관한 감독 등) 제4항[201](*제205조에서 준용하는 경우를 포함한다*) 또는 제249조(신고사항의 보완)[202]에 따른 세관장의 명령이나 보완조치를 이행하지 아니한 자

⑦ 관세법 제180조(특허보세구역의 설치 · 운영에 관한 감독 등) 제1항(제205조에서 준용하는 경우를 포함한다) · 제2항[203][*제89조(세율불균형물품의 감면세) 제5항에서 준용하는 경우를 포함한다*], 제193조(반입물품의 장치제한)[204](*제205조에서 준용하는 경우를 포함한다*) 또는 제203조(종합보세구역에 대한 세관의 관리 등) 제2항[205]에 따른 세관장의 감독 · 검사 · 보고지시 등에 응하지 아니한 자

Ⅱ 과태료의 부과 · 징수

위의 과태료는 세관장이 부과 · 징수한다.(관세법 제277조 6항)

---

200) 제177조(장치기간) ② 세관장은 물품관리에 필요하다고 인정될 때에는 제1항 제1호의 기간에도 운영인에게 그 물품의 반출을 명할 수 있다.

201) 제180조(특허보세구역의 설치 · 운영에 관한 감독 등) ④ 제157조(물품의 반입 · 반출)에 따라 특허보세구역에 반입된 물품이 해당 특허보세구역의 설치 목적에 합당하지 아니한 경우에는 세관장은 해당 물품을 다른 보세구역으로 반출할 것을 명할 수 있다.

202) 제249조(신고사항의 보완) 세관장은 다음 각 호의 어느 하나에 해당하는 경우에는 제241조 또는 제244조에 따른 신고가 수리되기 전까지 갖추어지지 아니한 사항을 보완하게 할 수 있다. 다만, 해당 사항이 경미하고 신고수리 후에 보완이 가능하다고 인정되는 경우에는 관세청장이 정하는 바에 따라 신고수리 후 이를 보완하게 할 수 있다. 1. 제241조 또는 제244조에 따른 수출 · 수입 또는 반송에 관한 신고서의 기재사항이 갖추어지지 아니한 경우, 2. 제245조에 따른 제출서류가 갖추어지지 아니한 경우

203) 제180조(특허보세구역의 설치 · 운영에 관한 감독 등) ① 세관장은 특허보세구역의 운영인을 감독한다. ② 세관장은 특허보세구역의 운영인에게 그 설치 · 운영에 관한 보고를 명하거나 세관공무원에게 특허보세구역의 운영상황을 검사하게 할 수 있다.

204) 제193조(반입물품의 장치 제한) 세관장은 보세건설장에 반입된 외국물품에 대하여 필요하다고 인정될 때에는 보세건설장 안에서 그 물품을 장치할 장소를 제한하거나 그 사용상황에 관하여 운영인으로 하여금 보고하게 할 수 있다.

205) 제203조(종합보세구역에 대한 세관의 관리 등) ② 세관장은 종합보세구역에 반입 · 반출되는 물품의 반입 · 반출 상황, 그 사용 또는 처분 내용 등을 확인하기 위하여 제201조 제3항에 따른 장부나 전산처리장치를 이용한 기록을 검사 또는 조사할 수 있으며, 운영인으로 하여금 업무실적 등 필요한 사항을 보고하게 할 수 있다.

Ⅲ 금품 수수 및 공여

세관공무원이 그 직무와 관련하여 금품을 수수(收受)하였을 때에는 「국가공무원법」 제82조에 따른 징계절차에서 그 금품 수수액의 5배 내의 징계부가금 부과 의결을 징계위원회에 요구하여야 한다.(관세법 제277조의2 1항)

징계대상 세관공무원이 징계부가금 부과 의결 전후에 금품 수수를 이유로 다른 법률에 따라 형사처벌을 받거나 변상책임 등을 이행한 경우(몰수나 추징을 당한 경우를 포함한다)에는 징계위원회에 감경된 징계부가금 부과 의결 또는 징계부가금 감면을 요구하여야 한다.(관세법 제277조의2 2항)

징계부가금 부과 의결 요구에 관하여는 「국가공무원법」 제78조 제4항[206]을 준용한다. 이 경우 "징계 의결 요구"를 "징계부가금 부과 의결 요구"로 본다.(관세법 제277조의2 3항)

징계부가금 부과처분을 받은 자가 납부기간 내에 그 부가금을 납부하지 아니한 때에는 징계권자는 국세체납처분의 예에 따라 징수할 수 있다.(관세법 제277조의2 4항)

세관장은 세관공무원에게 금품을 공여한 자에 대해서는 그 금품 상당액의 2배 이상 5배 내의 과태료를 부과한다. 다만, 「형법」 등 다른 법률에 따라 형사처벌을 받은 경우에는 과태료를 부과하지 아니하고, 과태료를 부과한 후 형사처벌을 받은 경우에는 과태료 부과를 취소한다.(관세법 제277조의2 5항)

---

206) ④ 제1항의 징계 의결 요구는 5급 이상 공무원 및 고위공무원단에 속하는 일반직공무원은 소속 장관이, 6급 이하의 공무원은 소속 기관의 장 또는 소속 상급기관의 장이 한다. 다만, 국무총리·인사혁신처장 및 대통령령등으로 정하는 각급 기관의 장은 다른 기관 소속 공무원이 징계 사유가 있다고 인정하면 관계 공무원에 대하여 관할 징계위원회에 직접 징계를 요구할 수 있다.

제3절 벌칙관련 기타 사항

I 「형법」 적용의 일부 배제

관세법에 따른 벌칙에 위반되는 행위를 한 자에게는 「형법」 제38조 제1항 제2호[207] 중 벌금경합에 관한 제한가중규정을 적용하지 아니한다.(관세법 제278조)

II 양벌규정

법인의 대표자나 법인 또는 개인의 대리인, 사용인, 그 밖의 종업원이 그 법인 또는 개인의 업무에 관하여 관세법 제11장(벌칙)에서 규정한 벌칙(제277조의 과태료는 제외한다)에 해당하는 위반행위를 하면 그 행위자를 벌하는 외에 그 법인 또는 개인에게도 해당 조문의 벌금형을 과(科)한다. 다만, 법인 또는 개인이 그 위반행위를 방지하기 위하여 해당 업무에 관하여 상당한 주의와 감독을 게을리하지 아니한 경우에는 그러하지 아니하다.(관세법 제279조 1항)

위에서 개인은 다음 어느 하나에 해당하는 사람으로 한정한다.(관세법 제279조 2항)

① 특허보세구역 또는 종합보세사업장의 운영인

② 수출(「수출용원재료에 대한 관세 등 환급에 관한 특례법」 제4조에 따른 수출등을 포함한다)·수입 또는 운송을 업으로 하는 사람

③ 관세사

④ 개항 안에서 물품 및 용역의 공급을 업으로 하는 사람

---

207) 제38조(경합범과 처벌례) ① 경합범을 동시에 판결할 때에는 다음의 구별에 의하여 처벌한다.

2. 각 죄에 정한 형이 사형 또는 무기징역이나 무기금고이외의 동종의 형인 때에는 가장 중한 죄에 정한 장기 또는 다액에 그 2분의 1까지 가중하되 각 죄에 정한 형의 장기 또는 다액을 합산한 형기 또는 액수를 초과할 수 없다. 단 과료와 과료, 몰수와 몰수는 병과할 수 있다.

⑤ 관세법 제327조의2(국가관세종합정보망 운영사업자의 지정 등) 제1항에 따른 국가관세종합정보망 운영사업자 및 제327조의3(전자문서중계사업자의 지정 등) 제3항에 따른 전자문서중계사업자

제3편 외국환거래법

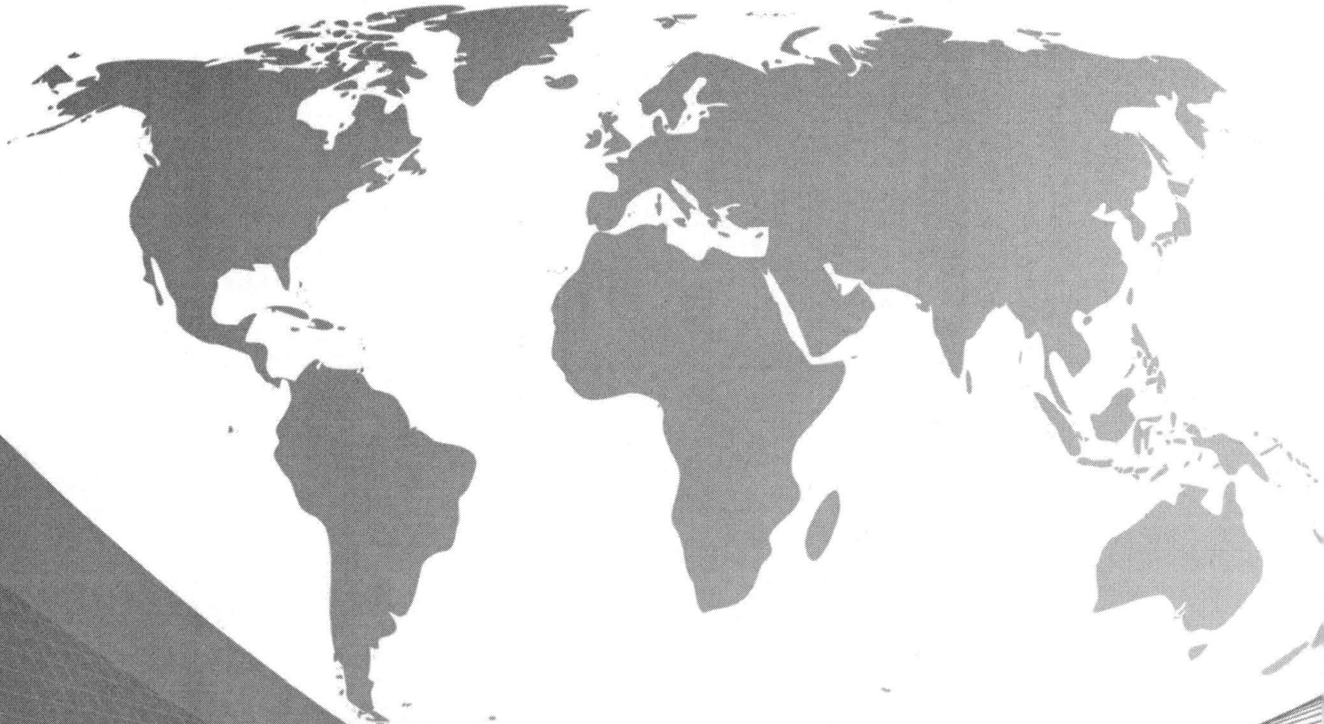

제19장 외국환거래법의 기초

제 1 절 외국환거래법의 목적과 구성

I 외국환거래법[208]의 목적

외국환거래법은 외국환거래와 그 밖의 대외거래의 자유를 보장하고 시장기능을 활성화하여 대외거래의 원활화 및 국제수지의 균형과 통화가치의 안정을 도모함으로써 국민경제의 건전한 발전에 이바지함을 목적으로 한다.(외국환거래법 제1조)

II 외국환거래법의 역사

외국환과 그 거래 기타 대외거래를 체계적으로 관리하기 위해 1961년 12월 31일에 외국환관리법[법률 제933호, 1961.12.31, 제정]이 제정되었다. 이 법은 미군정법령 제93호 외국과의 교역통제 및 그에 따른 대통령령 외국환관리규정에 대체할 법을 제정하는 것으로 외국환과 그 거래 기타 대외거래를 관리하여 국제수지의 균형, 통화가치의 안정과 외화자금의 효율적인 운용을 기함을 목적으로 제정되었다.

최초 외국환거래 기타 대외거래의 합리적인 조정 또는 관리를 입법목적으로 제정되었던 외국환관리법이 한국 경제의 괄목할만한 성장, 대외거래의 급증과 기타 대외여건의 변화 등으로 관리나 통제보다는 거래의 자유화와 제한된 범위의 관리로 변화될 필요성하에서 폐지되고 대외거래의 자유보장을 입법목적으로 하여 대외거래에 대한 제한은 필요한 최소한의 범위안에서 행하여지도록 하는 외국환거래법[시행 1999.4.1] [법률 제5550호, 1998.9.16, 제정]이 새롭게 제정되었다.

---

208) 본 「무역관계법규」 책에서는 외국환거래법 중 수출입거래와 직접 관련된 "지급과 거래", 특히 제15조(지급절차 등)와 제16조(지급 또는 수령의 방법의 신고)를 중심으로 서술하도록 하겠다.

이렇게 새로이 제정된 외국환거래법은 한국 경제에 필요한 외자를 원활히 유치할 수 있도록 외국인의 국내투자환경을 개선하고 금융기관과 기업의 국내외 외환거래를 단계적으로 전면 자유화함으로써 국가경쟁력을 강화하는 한편, 이에 따른 부작용을 최소화하기 위하여 외자를 취급하는 금융기관에 대한 건전성 감독을 강화하고, 평상시 외자유출입 상황의 지속적인 동향점검과 국내외 경제상황의 급격한 변동시에 효과적으로 대처할 수 있는 각종 안전장치를 강화하도록 제정되었다.

Ⅲ 외국환거래 법규의 체계와 외국환거래법의 구성

1. 외국환거래 법규의 체계

외국환거래를 관리하는 기본법은 외국환거래법이며 이 법을 구체적으로 집행하기 위해서 대통령령인 외국환거래법시행령과 기획재정부고시인 외국환거래규정을 두고 있으며 그 외 유관기관인 한국은행과 금융위원회의 제규정 등이 있다.

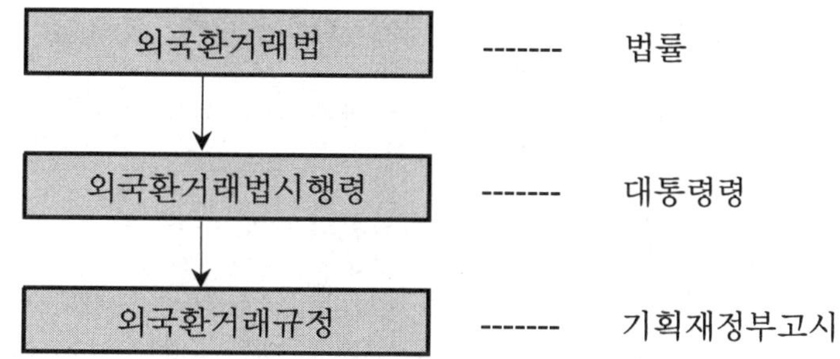

2. 외국환거래법의 구성

현행 외국환거래법 [법률 제14525호, 2017. 1. 17, 일부개정]은 총 6장 32조로 구성되어 있다. 구체적인 구성내용은 [그림 19-1]과 <표 19-1>과 같다.

〈그림 19-1〉 외국환거래법의 체계와 주요 구성

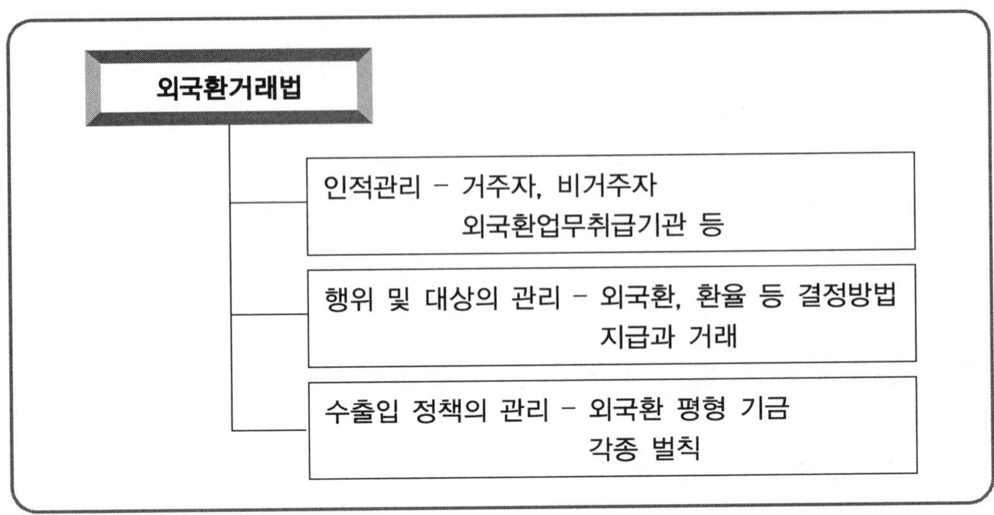

〈표 19-1〉 외국환거래법의 구성

제1장 총칙	제 1 조 목적 제 2 조 적용 대상 제 3 조 정의 제 4 조 대외거래의 원활화 촉진 등 제 5 조 환율 제 6 조 외국환거래의 정지 등 제 7 조 <삭제>
제2장 외국환업무취급기관 등	제 8 조 외국환업무의 등록 등 제 9 조 외국환중개업무 등 제10조 업무상의 의무 제11조 업무의 감독과 건전성 규제 등 제11조의2 외환건전성 부담금 제11조의3 부담금의 징수 및 이의신청 제12조 인가의 취소 등 제12조의2 과징금
제3장 외국환평형기금	제13조 외국환평형기금 제14조 외국환평형기금 채권의 원리금 상환
제4장 지급과 거래	제15조 지급절차 등 제16조 지급 또는 수령의 방법의 신고

	제17조 지급수단 등의 수출입 신고 제18조 자본거래의 신고 등
제5장 보칙	제19조 경고 및 거래정지 등 제20조 보고·검사 제21조 국세청장 등에게의 통보 등 제22조 외국환거래의 비밀보장 제23조 권한의 위임·위탁 등 제24조 전자문서에 의한 허가 등 제25조 사무처리 등 제26조 다른 법률과의 관계
제6장 벌칙	제27조 벌칙 제27조의2 벌칙 제28조 벌칙 제29조 벌칙 제30조 몰수·추징 제31조 양벌규정 제32조 과태료

제2절 외국환거래법의 적용대상

I 외국환거래법의 적용대상

외국환거래법은 다음 하나에 해당하는 경우에 적용한다.(외국환거래법 제2조)

① 대한민국에서의 외국환과 대한민국에서 하는 외국환거래 및 그 밖에 이와 관련되는 행위

② 대한민국과 외국 간의 거래 또는 지급·수령, 그 밖에 이와 관련되는 행위(외국에서 하는 행위로서 대한민국에서 그 효과가 발생하는 것을 포함한다)

③ 외국에 주소 또는 거소를 둔 개인과 외국에 주된 사무소를 둔 법인이 하

는 거래로서 대한민국 통화(通貨)로 표시되거나 지급받을 수 있는 거래와 그 밖에 이와 관련되는 행위

④ 대한민국에 주소 또는 거소를 둔 개인 또는 그 대리인, 사용인, 그 밖의 종업원이 외국에서 그 개인의 재산 또는 업무에 관하여 한 행위

⑤ 대한민국에 주된 사무소를 둔 법인의 대표자, 대리인, 사용인, 그 밖의 종업원이 외국에서 그 법인의 재산 또는 업무에 관하여 한 행위

위의 ①, ②, ③에 있는 "그 밖에 이와 관련되는 행위"란 ①, ②, ③의 규정에 따른 거래·지급 또는 수령과 직접 관련하여 행하여지는 지급수단·귀금속·증권 등의 취득·보유·송금·추심·수출·수입 등을 말한다.(시행령 제2조)

Ⅱ 외국환거래 관련 정의

1. 지급수단

지급수단은 다음 어느 하나에 해당하는 것을 말한다.(외국환거래법 제3조 3호)

① 정부지폐·은행권·주화·수표·우편환·신용장

② 대통령령으로 정하는 환어음, 약속어음, 그 밖의 지급지시
"대통령령으로 정하는 환어음, 약속어음, 그 밖의 지급지시"란 증권에 해당하지 아니하는 환어음, 약속어음, 우편 또는 전신에 의한 지급지시와 그 밖에 지급을 받을 수 있는 내용이 표시된 것으로서 기획재정부장관이 인정하는 것을 말한다.(시행령 제3조 1항)

③ 증표, 플라스틱카드 또는 그 밖의 물건에 전자 또는 자기적 방법으로 재산적 가치가 입력되어 불특정 다수인 간에 지급을 위하여 통화를 갈음하여 사용할 수 있는 것으로서 대통령령으로 정하는 것
"대통령령으로 정하는 것"이란 대금을 미리 받고 발행하는 선불카드와 그 밖에 이와 유사한 것으로서 기획재정부장관이 인정하는 것을 말한다.(시행령 제3조 2항)

2. 대외지급수단과 내국지급수단

"대외지급수단"이란 외국통화, 외국통화로 표시된 지급수단, 그 밖에 표시통화에 관계없이 외국에서 사용할 수 있는 지급수단을 말한다.(외국환거래법 제3조 4호)

"내국지급수단"이란 대외지급수단 외의 지급수단을 말한다.(외국환거래법 제3조 5호)

3. 귀금속

"귀금속"이란 금, 금합금의 지금(地金), 유통되지 아니하는 금화, 그 밖에 금을 주재료로 하는 제품 및 가공품을 말한다.(외국환거래법 제3조 6호)

4. 증권과 외화증권

"증권"이란 "지급수단"에 해당하지 아니하는 것으로서 「자본시장과 금융투자업에 관한 법률」 제4조에 따른 증권과 그 밖에 대통령령으로 정하는 것을 말한다.(외국환거래법 제3조 7호)

여기서 "대통령령으로 정하는 것"이란 무기명양도성예금증서, 그 밖에 재산적 가치가 있는 권리가 표시된 증권 또는 증서로서 투자의 대상으로 유통될 수 있는 것을 말한다.(시행령 제4조)

한편 "외화증권"이란 외국통화로 표시된 증권 또는 외국에서 지급받을 수 있는 증권을 말한다.(외국환거래법 제3조 8호)

5. 파생상품과 외화파생상품

"파생상품"이란 「자본시장과 금융투자업에 관한 법률」 제5조에 따른 파생상품과 그 밖에 대통령령으로 정하는 것을 말한다.(외국환거래법 제3조 9호)

여기서 "대통령령으로 정하는 것"이란 상품의 구성이 복잡하고 향후 수익을 예측하기 어려워 대규모 외환유출입을 야기할 우려가 있는 금융상품으로서 기획재정부장관이 고시하는 것을 말한다.(시행령 제5조)

"외화파생상품"이란 외국통화로 표시된 파생상품 또는 외국에서 지급받을 수 있는 파생상품을 말한다.(외국환거래법 제3조 10호)

6. 채권과 외화채권

"채권"이란 모든 종류의 예금·신탁·보증·대차(貸借) 등으로 생기는 금전 등의 지급을 청구할 수 있는 권리로서 외국환거래법 제3조 1항 제1호부터 제10호(내국통화, 외국통화, 지급수단, 대외지급수단, 내국지급수단, 귀금속, 증권, 외화증권, 파생상품, 외화파생상품)까지의 규정에 해당되지 아니하는 것을 말한다.(외국환거래법 제3조 11호)

"외화채권"이란 외국통화로 표시된 채권 또는 외국에서 지급받을 수 있는 채권을 말한다.(외국환거래법 제3조 12호)

7. 외국환

"외국환"이란 대외지급수단, 외화증권, 외화파생상품 및 외화채권을 말한다.(외국환거래법 제3조 13호)

8. 거주자와 비거주자

"거주자"란 대한민국에 주소 또는 거소를 둔 개인과 대한민국에 주된 사무소를 둔 법인을 말한다.(외국환거래법 제3조 14호)

"비거주자"란 거주자 외의 개인 및 법인을 말한다. 다만, 비거주자의 대한민국에 있는 지점, 출장소, 그 밖의 사무소는 법률상 대리권의 유무에 상관없이 거주자로 본다.(외국환거래법 제3조 15호)

9. 외국환업무

"외국환업무"란 다음 어느 하나에 해당하는 것을 말한다.(외국환거래법 제3조 16호)

① 외국환의 발행 또는 매매

② 대한민국과 외국 간의 지급·추심(推尋) 및 수령

③ 외국통화로 표시되거나 지급되는 거주자와의 예금, 금전의 대차 또는 보증

④ 비거주자와의 예금, 금전의 대차 또는 보증

⑤ 그 밖에 위의 ①, ②, ③, ④의 규정과 유사한 업무로서 대통령령으로 정하

는 업무

여기서 "대통령령으로 정하는 업무"란 다음의 업무를 말한다.(시행령 제6조)

㉠ 비거주자와의 내국통화로 표시되거나 지급되는 증권 또는 채권의 매매

㉡ 거주자 간의 신탁·보험 및 파생상품거래(외국환과 관련된 경우에 한정한다) 또는 거주자와 비거주자 간의 신탁·보험 및 파생상품거래

㉢ 외국통화로 표시된 시설대여(「여신전문금융업법」에 따른 시설대여를 말한다. 이하 같다)

㉣ 그 밖에 위의 ①, ②, ③, ④ 및 ㉠, ㉡, ㉢의 업무에 딸린 업무

10. 금융회사 등

"금융회사 등"이란 「금융위원회의 설치 등에 관한 법률」 제38조(제9호 및 제10호는 제외한다)에 따른 기관과 그 밖에 금융업 및 금융 관련 업무를 하는 자로서 대통령령으로 정하는 자를 말한다.(외국환거래법 제3조 17호)

여기서 "대통령령으로 정하는 자"란 다음의 자를 말한다.(시행령 제7조)

① 「한국산업은행법」에 따른 한국산업은행

② 「한국수출입은행법」에 따른 한국수출입은행

③ 「중소기업은행법」에 따른 중소기업은행

④ 과학기술정보통신부장관이 지정하는 체신관서

⑤ 「전자금융거래법」에 따른 전자금융업자로서 같은 법 제28조 제2항 제4호에 따른 전자지급결제대행에 관한 업무를 하는 자

Ⅲ 거주자와 비거주자

1. 거주자

다음에 해당하는 자는 거주자로 본다.(시행령 제10조 1항)

① 대한민국 재외공관

② 국내에 주된 사무소가 있는 단체·기관, 그 밖에 이에 준하는 조직체

③ 다음 어느 하나에 해당하는 대한민국국민

㉠ 대한민국 재외공관에서 근무할 목적으로 외국에 파견되어 체재하고 있는 자

㉡ 비거주자이었던 자로서 입국하여 국내에 3개월 이상 체재하고 있는 자

㉢ 그 밖에 영업 양태, 주요 체재지 등을 고려하여 거주자로 판단할 필요성이 인정되는 자로서 기획재정부장관이 정하는 자

④ 다음 어느 하나에 해당하는 외국인(아래 비거주자 중 ②와 ⑥의 ㉠, ㉡에 해당하는 자는 제외한다)

• 국내에서 영업활동에 종사하고 있는 자

• 6개월 이상 국내에서 체재하고 있는 자

2. 비거주자

다음 어느 하나에 해당하는 자는 비거주자로 본다.(시행령 제10조 2항)

① 국내에 있는 외국정부의 공관과 국제기구

② 「대한민국과 아메리카합중국 간의 상호방위조약 제4조에 의한 시설과 구역 및 대한민국에서의 합중국군대의 지위에 관한 협정」에 따른 미합중국군대 및 이에 준하는 국제연합군(이하 이 호에서 "미합중국군대등"이라 한다), 미합중국군대등의 구성원·군속·초청계약자와 미합중국군대등의 비세출자금기관·군사우편국 및 군용은행시설

③ 외국에 있는 국내법인 등의 영업소 및 그 밖의 사무소

④ 외국에 주된 사무소가 있는 단체·기관, 그 밖에 이에 준하는 조직체

⑤ 다음 어느 하나에 해당하는 대한민국 국민

㉠ 외국에서 영업활동에 종사하고 있는 자

㉡ 외국에 있는 국제기구에서 근무하고 있는 자

㉢ 2년 이상 외국에 체재하고 있는 자. 이 경우 일시 귀국의 목적으로 귀국하여 3개월 이내의 기간 동안 체재한 경우 그 체재기간은 2년에 포함되는 것으로 본다.

㉣ 그 밖에 영업양태, 주요 체재지 등을 고려하여 비거주자로 판단할 필요성이 인정되는 자로서 기획재정부장관이 정하는 자

⑥ 다음 어느 하나에 해당하는 외국인

㉠ 국내에 있는 외국정부의 공관 또는 국제기구에서 근무하는 외교관·영사 또는 그 수행원이나 사용인

㉡ 외국정부 또는 국제기구의 공무로 입국하는 자

㉢ 거주자였던 외국인으로서 출국하여 외국에서 3개월 이상 체재 중인 자

3. 거주자와 비거주자의 동거가족

거주자 또는 비거주자에 의하여 주로 생계를 유지하는 동거 가족은 해당 거주자 또는 비거주자의 구분에 따라 거주자 또는 비거주자로 구분한다.(시행령 제10조 3항)

제3절 외국환거래법 운용의 기본 원칙 등

I 외국환거래법 운용의 기본 원칙

1. 대외거래의 원활화 촉진 및 제한의 최소화

기획재정부장관은 외국환거래법에 따른 제한을 필요한 최소한의 범위에서 함으로써 외국환거래나 그 밖의 대외거래가 원활하게 이루어질 수 있도록 노력하여야 한다.(외국환거래법 제4조 1항)

2. 외국환거래의 안정

기획재정부장관은 안정적인 외국환수급(需給)의 기반 조성과 외환시장의 안정을 위하여 노력하여야 하며, 이를 위한 시책을 마련하여야 한다.(외국환거래법 제4조 2항)

Ⅱ 외국환거래의 정지

1. 외국환거래의 일시정지 및 보관·예치 또는 매각

기획재정부장관은 천재지변, 전시·사변, 국내외 경제사정의 중대하고도 급격한 변동, 그 밖에 이에 준하는 사태가 발생하여 부득이 하다고 인정되는 경우에는 대통령령으로 정하는 바에 따라 다음 어느 하나에 해당하는 조치를 할 수 있다.(외국환거래법 제6조 1항)

① 외국환거래법을 적용받는 지급 또는 수령, 거래의 전부 또는 일부에 대한 일시 정지

② 지급수단 또는 귀금속을 한국은행·정부기관·외국환평형기금·금융회사 등에 보관·예치 또는 매각하도록 하는 의무의 부과

③ 비거주자에 대한 채권을 보유하고 있는 거주자로 하여금 그 채권을 추심하여 국내로 회수하도록 하는 의무의 부과

기획재정부장관은 위의 조치를 하거나 이를 변경하려는 경우에는 다음 사항을 고시해야 한다.(시행령 제11조 1항 1,2,3호)

- 위의 ①에 따라 지급 또는 수령, 거래의 일시정지를 하려는 경우에는 그 대상이 되는 지급 또는 수령, 거래의 범위 및 정지기간
- 위의 ②에 따라 지급수단 또는 귀금속을 보관·예치 또는 매각하도록 하는 경우에는 그 대상·범위 및 기간
- 위의 ③에 따라 비거주자에 대한 채권을 추심하여 국내로 회수하도록 하는 경우 회수 대상 채권의 범위 및 회수기한

2. 자본거래의 허가의무 및 지급수단의 예치의무

기획재정부장관은 다음 어느 하나에 해당된다고 인정되는 경우에는 대통령령으로 정하는 바에 따라 자본거래를 하려는 자에게 허가를 받도록 하는 의무를 부과하거나, 자본거래를 하는 자에게 그 거래와 관련하여 취득하는 지급수단의 일부를 한국은행·외국환평형기금 또는 금융회사 등에 예치하도록 하는 의무를

부과하는 조치를 할 수 있다.(외국환거래법 제6조 2항)

① 국제수지 및 국제금융상 심각한 어려움에 처하거나 처할 우려가 있는 경우

② 대한민국과 외국 간의 자본 이동으로 통화정책, 환율정책, 그 밖의 거시경제정책을 수행하는 데에 심각한 지장을 주거나 줄 우려가 있는 경우

기획재정부장관은 위의 조치를 하거나 이를 변경하려는 경우에는 다음 사항을 고시해야 한다.(시행령 제11조 1항 3,4호)

- 위의 ①에 따라 자본거래의 허가를 받도록 하는 경우에는 허가를 받아야 하는 자본거래의 종류・범위・기간 및 허가절차
- 위의 ②에 따라 자본거래를 하는 자로 하여금 해당 거래로 인하여 취득한 지급수단의 일부를 예치하도록 하는 경우에는 예치대상・예치비율・예치금리・예치기간 및 예치기관

위의 예치비율은 국제수지・통화・환율동향 등을 종합적으로 고려하여 정해야 하며 예치금리는 무이자로 하며 다만, 기획재정부장관이 원활하고 질서있는 외국환관리를 위하여 특히 필요하다고 인정하는 경우에는 그러하지 아니한다.(시행령 제11조 2항)

3. 긴급한 사유에 의한 고시

외국환거래법시행령 제11조 제1항에도 불구하고 고시를 할 여유가 없는 긴급한 사유가 있는 경우 기획재정부장관은 외국환거래법 제6조 제1항 및 제2항에 따른 조치를 즉시 시행할 수 있다. 이 경우 기획재정부장관은 조치내용을 지체없이 고시하여야 한다.(시행령 제11조 3항)

4. 조치의 의무부과 기간과 해제

위의 규정에 따른 조치는 특별한 사유가 없으면 6개월의 범위에서 할 수 있으며, 그 조치 사유가 소멸된 경우에는 그 조치를 즉시 해제하여야 한다.(외국환거래법 제6조 3항) 또한 기획재정부장관은 조치를 해제하려는 경우에는 고시하여야 한다.(시행령 제11조 4항)

한편 위의 규정에 따른 조치는 「외국인투자 촉진법」 제2조 제1항 제4호에 따른 외국인투자에 대하여 적용하지 아니한다.(외국환거래법 제6조 4항)

Ⅲ 환 율

기획재정부장관은 원활하고 질서 있는 외국환거래를 위하여 필요하면 외국환거래에 관한 기준환율, 외국환의 매도율·매입률 및 재정환율(이하 "기준환율등"이라 한다)을 정할 수 있다.(외국환거래법 제5조 1항)

거주자와 비거주자는 위의 규정에 따라 기획재정부장관이 기준환율등을 정한 경우에는 그 기준환율등에 따라 거래하여야 한다.(외국환거래법 제5조 2항)

제20장 외국환의 지급과 거래

제1절  지급 또는 수령 절차

I 지급 또는 수령의 허가

1. 지급 또는 수령의 허가

기획재정부장관은 이 법을 적용받는 지급 또는 수령과 관련하여 환전절차, 송금절차, 재산반출절차 등 필요한 사항을 정할 수 있다.(외국환거래법 제15조 1항)

기획재정부장관은 다음 어느 하나에 해당한다고 인정되는 경우에는 국내로부터 외국에 지급하려는 거주자·비거주자, 비거주자에게 지급하거나 비거주자로부터 수령하려는 거주자에게 그 지급 또는 수령을 할 때 대통령령으로 정하는 바에 따라 허가를 받도록 할 수 있다.(외국환거래법 제15조 2항)

① 우리나라가 체결한 조약 및 일반적으로 승인된 국제법규를 성실하게 이행하기 위하여 불가피한 경우

② 국제 평화 및 안전을 유지하기 위한 국제적 노력에 특히 기여할 필요가 있는 경우

이 같은 허가에 대한 기획재정부장관의 권한은 한국은행총재에게 위탁하고 있다.(시행령 제37조 3항)

2. 허가 사항에 대한 고시

기획재정부장관은 외국환거래법 제15조 제2항에 따라 지급 또는 수령의 허가를 받도록 하는 경우에는 허가를 받아야 하는 사유와 지급 또는 수령의 종류 및 범위를 정하여 고시하여야 한다.(시행령 제29조 1항)

3. 허가 절차

지급 또는 수령의 허가를 받으려는 자는 기획재정부장관이 정하여 고시하는 허가신청 서류를 기획재정부장관에게 제출하여야 한다.(시행령 제29조 2항)

기획재정부장관은 지급 또는 수령의 허가신청을 받은 때에는 다음의 사항을 심사하여 허가 여부를 결정하고 신청인에게 통지하여야 한다.(시행령 제29조 3항)

① 해당 지급 또는 수령이 허가 대상인지의 여부

② 해당 지급 또는 수령의 사유와 금액

③ 해당 지급 또는 수령의 원인이 되는 거래 또는 행위의 내용

기획재정부장관은 지급 또는 수령에 대하여 허가를 받도록 조치한 사유가 소멸하게 된 때에는 해당 조치를 지체 없이 해제하여야 한다.(시행령 제29조 4항)

Ⅱ 지급등의 절차

1. 지급등의 증빙서류 제출

건당 미화 1,000달러를 초과하는 지급등을 하고자 하는 자는 외국환은행의 장에게 지급등의 사유와 금액을 입증하는 서류(이하 이 장에서 "지급등의 증빙서류"라 한다)를 제출하여야 한다. 다만, 이 외국환거래규정에 따른 신고를 요하지 않는 거래로서 비거주자 또는 외국인거주자가 외국에 있는 자금을 국내로 반입하기 위하여 수령하는 경우에는 그러하지 아니하다.(거래규정 제4-2조 1항)

2. 신고 등의 절차 사전 이행

지급등을 하고자 하는 자는 당해 지급등을 하기에 앞서 당해 지급등 또는 그 원인이 되는 거래, 행위가 외국환거래법, 동법 시행령, 외국환거래규정 및 타법령등에 의하여 신고등을 하여야 하는 경우에는 그 신고등을 먼저 하여야 한다.(거래규정 제4-2조 2항)

지급등을 하고자 하는 자가 당해 지급등과 관련하여 필요한 신고등을 이행하지 않는 등 외국환거래법, 동법 시행령, 및 외국환거래규정을 위반한 경우에는

당해 위반사실을 제재기관의 장(금융감독원장을 포함한다. 이하 이 조에서 같다)에게 보고하고 필요한 신고절차를 사후적으로 완료한 후 지급등을 할 수 있다. 다만, 수령을 하고자 하는 경우에는 외국환은행을 경유하여 위반사실을 제재기관의 장에게 보고한 후 수령할 수 있다.(거래규정 제4-2조 3항)

위의 규정에 따라 위반사실을 보고받은 제재기관의 장은 위반한 당사자가 외국환거래법 제19조 제2항(기획재정부장관은 최근 2년 이내에 이 법을 적용받는 자의 거래 또는 행위가 제15조부터 제18조까지의 규정에 따른 신고등의 의무를 2회 이상 위반한 경우에는 1년 이내의 범위에서 관련 외국환거래 또는 행위를 정지・제한하거나 허가를 취소할 수 있다.)에 따른 제재를 받을 우려가 있거나 기타 제재의 실효성 확보를 위하여 필요하다고 인정되는 경우 제재처분 확정시까지 지급등을 중단시킬 수 있다.(거래규정 제4-2조 4항)

3. 거래 외국환은행을 지정한 경우

거래외국환은행을 지정한 경우에는 당해 외국환은행을 통하여 지급등(휴대수출입을 위한 환전을 포함한다)을 하여야 한다.(거래규정 제4-2조 5항)

4. 지급등의 증빙서류 제출의 예외

거주자(외국인거주자는 제외한다)는 다음 하나에 해당하는 경우 지급등의 증빙서류를 제출하지 아니하고 지급등을 할 수 있다.(거래규정 제4-3조 1항)

① 이 규정에 따른 신고를 필요로 하지 않는 거래로서 다음 하나에 해당하는 지급

㉠ 연간 누계금액이 미화 5만불 이내[제7-2조 제8호의 거래에 따른 지급금액(자본거래로서 거주자(외국인거주자를 제외)의 거래 건당 지급금액이 미화 1천불 초과 5만불 이내이고, 연간 지급누계금액이 미화 5만불을 초과하지 않는 경우)을 포함한다]인 경우

㉡ 연간 누계금액이 미화 5만불을 초과하는 지급으로서 당해 거래의 내용과 금액을 서류를 통해 외국환은행의 장이 확인할 수 있는 경우

② 이 규정에 따른 신고를 필요로 하지 않는 수령. 다만, 동일자・동일인 기준 미화 2만불을 초과하는 경우에는 서면에 의하여 외국환은행의 장으로

부터 수령사유를 확인받아야 한다.

③ 정부 또는 지방자치단체의 지급등

④ 외국환거래규정 제4-5조(해외여행경비 지급절차), 제4-6조(해외이주비의 지급절차), 제4-7조(재외동포의 국내재산 반출절차)의 규정에 의한 지급을 제외하고 거래 또는 행위가 발생하기 전에 하는 지급. 이 경우 거래 또는 행위발생 후 일정한 기간내에 지급 증빙서류를 제출하여 정산하여야 한다. 다만, 그 지급금액의 100분의 10 이내에서는 정산의무를 면제할 수 있다.

⑤ 전년도 수출실적이 미화 5천만불 이상인 기업의 송금방식 수출대금의 수령 및 전년도 수입실적이 미화 5천만불 이상인 기업의 송금방식 수입대금의 지급(다만, 「새만금사업 추진 및 지원에 관한 특별법」제2조 제1호에 따른 새만금사업지역 내에 소재한 기업의 경우 전년도 수출 또는 수입실적이 미화 1천만불 이상인 경우로 한다). 다만, 지급등의 증빙서류 제출을 면제받은 기업은 관련 지급등의 증빙서류를 5년간 보관하여야 한다.

⑥ 외국인투자촉진법상 외국인투자기업 및 외국기업 국내지사의 설립을 위하여 비거주자가 지출한 비용의 반환을 위한 지급. 다만, 지출비용을 수령한 외국환은행을 통하여 지급하여야 한다.

⑦ 외국환거래규정 제4-5조(해외여행경비 지급절차), 제4-6조(해외이주비의 지급절차), 제4-7조(재외동포의 국내재산 반출절차)의 규정에서 지급등의 증빙서류를 제출하지 않고 지급할 수 있도록 별도로 정한 자금의 지급

위의 ①, ②에 따라 증빙서류를 제출하지 않는 경우에도 지급등을 하고자 하는 자는 외국환은행의 장에게 당해 거래의 내용을 설명하고 외국환거래규정 제2-1조의 2의 절차(외국환은행의 장은 건당 미화 1천불을 초과하는 지급 또는 미화 2만불(동일자・동일인 기준)을 초과하는 수령에 대해서는 당해 지급등이 외국환거래법, 동법 시행령, 및 외국환거래규정에 의한 신고등의 대상인지 확인하여야 함)에 따라 확인을 받아야 한다.(거래규정 제4-3조 2항)

또한 위의 ①에 따른 지급을 하고자 하는 자는 거래외국환은행을 지정하여야 한다.(거래규정 제4-3조 3항)

5. 비거주자 또는 외국인거주자의 지급

지급등의 증빙서류 제출에 대한 위의 규정(거래규정 제4-2조 1항)에도 불구하고 비거주자 및 외국인거주자는 다음 하나에 해당하는 자금의 취득경위를 입증하는 서류(이하 "취득경위 입증서류"라 한다)를 제출하여 외국환은행 장의 확인을 받은 경우에 한하여 지급할 수 있다.(거래규정 제4-4조 1항)

① 비거주자 또는 외국인거주자(배우자와 직계존비속을 포함한다)가 외국으로부터 외국환거래규정에서 정한 바에 따라 수령 또는 휴대수입한 대외지급수단 범위 이내의 경우. 다만, 비거주자의 경우 최근 입국일 이후 수령 또는 휴대수입한 대외지급수단에 한한다.

② 외국환거래규정 제2-3조 제1항 제3호의 규정[209]에 의하여 한국은행총재에게 신고한 범위 이내의 경우

③ 국내에서의 고용, 근무에 따라 취득한 국내보수 또는 자유업 영위에 따른 소득 및 국내로부터 지급받는 사회보험 및 보장급부 또는 연금 기타 이와 유사한 소득범위 이내에서 지정거래외국환은행[210]을 통해 지급하는 경우

④ 주한 외교기관이 징수한 영사수입 기타 수수료의 지급

---

209) 다음 하나에 해당하는 지급을 위하여 내국지급수단을 대가로 외국환을 매각하는 경우에는 당해 매입을 하고자 하는 자가 별지 제7-4호 서식의 대외지급수단매매신고서에 의하여 한국은행총재에게 신고하여야 한다.

가. 제7-6조제1항제2호의 규정에 의한 국내원화예금·신탁계정관련 원리금의 지급 다만, 재외동포의 국내재산 반출의 경우에는 제4-7조(재외동포의 국내재산 반출절차)의 규정을 적용한다.

나. 외국인거주자의 국내부동산 매각대금의 지급. 다만, 외국으로부터 휴대수입 또는 송금(대외계정에 예치된 자금을 포함한다)된 자금으로 취득한 국내부동산의 매각대금을 지급하고자 하는 경우에는 그러하지 아니하다.

다. 교포등에 대한 여신과 관련하여 담보제공 또는 보증에 따른 대지급의 경우를 제외하고 비거주자간의 거래와 관련하여 비거주자가 담보·보증 제공 후 국내재산 처분대금의 지급

라. 제2-6조(거주자가 담보 또는 보증을 제공한 경우에 한한다), 제7-13조제4호, 제7-16조, 제7-17조제9호, 제7-45조제11호 및 제18호단서의 규정에 의하여 비거주자가 취득한 원화자금의 대외지급. 다만, 재외동포가 제2-6조 또는 제7-45조제18호단서의 규정에 의하여 취득한 원화자금을 대외지급하는 경우에는 제4-7조의 규정에 따른다.

마. 제1호나목 및 제2호의 범위를 초과하여 내국지급수단을 대가로 지급하고자 하는 경우

210) "지정거래외국환은행"이라 함은 이 규정의 적용을 받는 행위 또는 거래의 당사자가 대외거래 및 사후관리를 위하여 지정한 외국환은행을 말한다.(거래규정 제1-2조 35호)

⑤ 외국환거래규정 제2-2조 제1항 제4호[외국환거래법시행령 제10조 제2항(비거주자) 제1호(국내에 있는 외국정부의 공관과 국제기구), 제2호(「대한민국과 아메리카합중국 간의 상호방위조약 제4조에 의한 시설과 구역 및 대한민국에서의 합중국군대의 지위에 관한 협정」에 따른 미합중국군대 및 이에 준하는 국제연합군(이하 이 호에서 “미합중국군대등”이라 한다), 미합중국군대등의 구성원·군속·초청계약자와 미합중국군대등의 비세출자금기관·군사우편국 및 군용은행시설) 및 제6호 가목(국내에 있는 외국정부의 공관 또는 국제기구에서 근무하는 외교관·영사 또는 그 수행원이나 사용인) 및 나목(외국정부 또는 국제기구의 공무로 입국하는 자)에 해당하는 자로부터 대외지급수단을 매입하는 경우]의 규정에 의한 매각실적 범위내의 지급

⑥ 외국환거래규정 제2-3조 제4항 단서규정(다만, 외국환거래법시행령 제10조제2항제1호 및 제6호가목 및 나목의 규정에 정한 비거주자에 대하여는 본인의 확인서로 증빙서류에 갈음할 수 있다.)에서 정한 비거주자의 지급

⑦ 기타 인정된 거래에 따라 국내에서 취득한 자금의 지급.

위의 각 사유에 해당되지 않는 경우 비거주자등은 연간 미화 5만불(외국인거주자의 경우 해외여행경비를 신용카드 등으로 지정거래외국환은행을 통해 지급한 금액을 포함) 범위 내에서 외국환거래규정 제4-4조 제1항 제3호의 지정거래외국환은행을 통해 지급할 수 있다.(거래규정 제4-4조 2항)

비거주자와 외국인거주자는 위의 규정들에도 불구하고 다음의 금액을 지급할 수 있다.(거래규정 제4-4조 3항)

① 외국환거래규정 제2-3조 제1항 제2호 라목의 규정[211]에 따라 매입한 외화

② 외국인거주자의 미화 1만불 이내의 해외여행경비 지급

---

211) 라. 가목 내지 다목(가. 비거주자가 최근 입국일 이후 당해 체류기간중 외국환업무취급기관 또는 환전영업자에게 내국통화 및 원화표시여행자수표를 대가로 외국환을 매각한 실적범위내, 나. 비거주자가 외국환은행해외지점, 현지법인금융기관 및 제7-48조제1항제8호의 외국금융기관에 내국통화 및 원화표시여행자수표를 대가로 외국환을 매각한 실적범위내, 다. 외국에서 발행된 신용카드 또는 직불카드를 소지한 비거주자가 국내에서 원화현금서비스를 받거나 직불카드로 원화를 인출한 경우에는 그 금액범위내)의 매각실적 등이 없는 비거주자의 경우에는 미화 1만불 이내로 내국지급수단을 대가로 외국환을 매각할 수 있다.

Ⅲ 해외여행경비 지급절차

1. 해외여행자와 해외여행경비의 정의

"해외여행자"는 다음의 구분에 의한다.(거래규정 제1-2조 40호)

① 해외체재자 : 다음에 해당하는 자로서 체재기간이 30일을 초과하여 외국에 체재하는 자

㉠ 상용, 문화, 공무, 기술훈련, 국외연수(6월 미만의 경우에 한한다)를 목적으로 외국에 체재하는 자. 다만, 국내거주기간이 5년 미만인 외국인거주자는 제외한다.

㉡ 국내기업 및 연구기관 등에 근무하는 자로서 그 근무기관의 업무를 위하여 외국에 체재하는 국내거주기간 5년 미만인 외국인거주자와 외국의 영주권 또는 장기체류자격을 취득한 재외국민

② 해외유학생 : 다음의 어느 하나에 해당하는 자로서 외국의 교육기관・연구기관 또는 연수기관에서 6월 이상의 기간에 걸쳐 수학하거나 학문・기술을 연구 또는 연수할 목적으로 외국에 체재하는 자.

㉠ 영주권자가 아닌 국민 또는 국내 거주기간 5년 이상인 외국인인 경우

㉡ ㉠에 해당되지 않은 자로서, 유학경비를 지급하는 부모가 영주권자가 아닌 국민인 거주자인 경우

③ 일반해외여행자 : ① 및 ②에 해당하지 아니하는 거주자인 해외여행자

"해외여행경비"라 함은 해외여행자가 지급할 수 있는 해외여행에 필요한 경비를 말한다.(거래규정 제1-2조 39호)

2. 외국환은행을 통한 해외여행자의 여행경비지급

해외여행자는 해외여행경비를 외국환은행을 통하여 지급하거나 휴대수출할 수 있다. 다만, 일반해외여행자가 외국환은행을 통하여 외국에 지급할 수 있는 경우는 다음 하나에 한한다.(거래규정 제4-5조 1항)

① 다음 하나에 해당하는 기관의 예산으로 지급되는 금액

㉠ 정부, 지방자치단체

㉡ 공공기관의 운영에 관한 법률에 따라 지정된 공공기관

㉢ 한국은행, 외국환은행

㉣ 한국무역협회 · 중소기업협동조합중앙회 · 언론기관(국내 신문사, 통신사, 방송국에 한함) · 대한체육회 · 전국경제인연합회 · 대한상공회의소

② 다음 하나에 해당하는 자에 대하여 주무부장관 또는 한국무역협회의 장이 필요성을 인정하여 추천하는 금액

㉠ 수출 · 해외건설 등 외화획득을 위한 여행자

㉡ 방위산업체 근무자

㉢ 기술 · 연구목적 여행자

③ 외국에서의 치료비

④ 당해 수학기관에 지급하는 등록금, 연수비와 교재대금 등 교육관련 경비

⑤ 외국에 소재한 여행업자, 숙박업자, 운수업자에 대한 해외여행경비의 지급(소속 임직원의 일반해외여행경비에 대해서 당해 법인이 지급하는 경우를 포함한다)

3. 해외체재자 및 해외유학생의 해외여행경비 지급

해외체재자 및 해외유학생이 해외여행경비를 지급하고자 하는 경우에는 거래외국환은행을 지정하여야 하며, 해외체재 또는 해외유학을 입증할 수 있는 서류를 제출하여야 한다. 다만, 해외유학생은 이후에도 매연도별로 외국교육기관의 장이 발급하는 재학증명서 등 재학사실을 입증할 수 있는 서류를 제출하여야 한다.(거래규정 제4-5조 2항)

4. 여행업자 또는 교육기관등과의 계약에 의한 해외여행경비의 지급

여행업자 또는 교육기관등(국내 해외연수알선업체를 포함하며, 이하 이 조에서 같다)과의 계약에 의하여 해외여행을 하고자 하는 해외여행자는 해외여행경비의

전부 또는 일부를 당해 여행업자 또는 교육기관등에게 외국환은행을 통하여 지급할 수 있으며, 여행업자 또는 교육기관등은 동 경비를 외국의 숙박업자・여행사 또는 해외연수기관(외국의 연수알선업체를 포함한다)에 지정거래외국환은행을 통하여 지급하거나 휴대수출하여 지급할 수 있다.(거래규정 제4-5조 3항)

여행업자 또는 교육기관등이 해외여행자와의 계약에 의한 필요외화 소요경비를 환전하고자 하는 경우에는 지정거래외국환은행의 장으로부터 환전금액이 해외여행자와의 계약에 따른 필요외화 소요경비임을 확인받아야 한다.(거래규정 제4-5조 4항)

지정거래외국환은행의 장은 위의 규정에 의하여 해외여행경비를 매각하는 경우로서 해외여행자가 외국인거주자인 경우에는 당해 해외여행자의 여권에 매각금액을 표시하여야 한다. 다만, 1백만원 이하에 상당하는 외국통화를 매각하는 경우에는 그러하지 아니하다.(거래규정 제4-5조 5항)

5. 해외여행자의 신용카드등에 의한 해외여행경비 지급

해외여행자는 해외여행경비를 신용카드등(여행자카드 포함)으로 지급(현지에서의 외국통화 인출을 포함하며, 이하 이 항에서 같다)할 수 있다. 다만, 외국인거주자의 경우 연간 미화 5만불 금액범위 이내에서 해외여행경비를 신용카드등으로 지정거래외국환은행을 통하여 지급할 수 있다.(거래규정 제4-5조 6항)

6. 법인의 해외여행경비 지급

법인은 당해 법인의 예산으로 소속 임직원(일반해외여행자에 한함)에게 해외여행경비 지급할 경우 법인명의로 환전하여 지급하거나, 법인명의의 신용카드등(여행자카드 포함)으로 지급할 수 있다.(거래규정 제4-5조 7항)

Ⅳ 해외이주비[212]의 지급절차

1. 해외이주자의 해외이주비의 지급

해외이주자가 해외이주비를 지급하고자 하는 경우에는 다음 하나에서 정하는 날부터 3년 이내에 지정거래외국환은행을 통하여 지급하거나 휴대수출할 수 있다.(거래규정 제4-6조 1항)

① 국내로부터 이주하는 자 : 외교통상부로부터 해외이주신고확인서를 발급받은 날

② 현지 이주하는 자 : 재외공관으로부터 최초로 거주여권을 발급받은 날

2. 해외이주예정자의 영주권 등을 취득하기 위한 자금 지급

해외이주예정자가 영주권등을 취득하기 위한 자금을 지급하고자 하는 경우에는 지정거래외국환은행을 통하여 지급하거나 휴대수출할 수 있다.(거래규정 제4-6조 2항)

3. 해외이주비에 대한 자금출처확인서의 제출

해외이주자(해외이주예정자를 포함하며 이 항에서 같다)는 세대별 해외이주비 지급누계금액이 미화 10만불을 초과하는 경우에는 해외이주자의 관할세무서장이 발급하는 해외이주비 전체금액에 대한 자금출처확인서를 지정거래외국환은행의 장에게 제출하여야 한다.(거래규정 제4-6조 3항)

4. 해외이주비에 대한 사후관리

해외이주예정자는 해외이주비의 지급 후 1년 이내에 영주권등을 취득하였음을 입증하는 서류를 지정거래외국환은행의 장에게 제출하거나, 지급한 자금을 국내로 회수하여야 한다. 다만, 영주권 등을 1년 이내에 취득하는 것이 불가능하다는

---

212) "해외이주비"라 함은 해외이주자(해외이주법 등 관련 법령에 의하여 해외이주가 인정된 자를 말한다) 및 해외이주예정자(영주권등을 취득하려고 하는 자)가 지급할 수 있는 경비를 말한다.(거래규정 제1-2조 41항)

사실을 입증할 경우, 영주권 등을 취득하였음을 입증하는 서류의 제출기한을 연장할 수 있으며, 이 경우 매년 영주권 등 취득현황을 통보하여야 한다.(거래규정 제4-6조 4항)

5. 해외이주비 지급절차와 재외동포의 국내재산 반출절차

해외이주비의 지급절차에 해당하는 경우에는 재외동포의 국내재산 반출절차를 적용하지 아니한다.(거래규정 제4-6조 5항)

 재외동포의 국내재산 반출절차

재외동포가 본인 명의로 보유하고 있는 다음 하나에 해당하는 국내재산(재외동포 자격 취득후 형성된 재산을 포함한다)을 국외로 반출하고자 하는 경우에는 거래외국환은행을 지정하여야 한다.(거래규정 제4-7조 1항)

① 부동산 처분대금(부동산을 매각하여 금융자산으로 보유하고 있는 경우를 포함한다)

② 국내예금·신탁계정관련 원리금, 증권매각대금

③ 본인명의 예금 또는 부동산을 담보로 하여 외국환은행으로부터 취득한 원화대출금

④ 본인명의 부동산의 임대보증금

재외동포가 위의 자금을 반출하고자 하는 경우에는 거래외국환은행을 지정하여야 하며, 다음 하나에 해당하는 취득경위 입증서류를 지정거래외국환은행의 장에게 제출하여야 한다.(거래규정 제4-7조 2항)

① 부동산처분대금의 경우 부동산소재지 또는 신청자의 최종주소지 관할세무서장이 발행한 부동산매각자금확인서(거래규정 별지 제4-2호 서식). 다만, 확인서 신청일 현재 부동산 처분일로부터 5년이 경과하지 아니한 부동산 처분대금에 한함

② 위의 자금 ②, ③, ④의 지급누계금액이 미화 10만불을 초과하는 경우 지정거래외국환은행의 주소지 또는 신청자의 최종주소지 관할세무서장이 발행한 전체 금액에 대한 자금출처확인서 등

위의 재외동포의 국내재산 반출절차 규정에 의하여 대외지급을 하고자 하는 경우 외국환거래규정 제7-11조(해외예금 및 해외신탁의 거래절차 등), 제9장 제1절(해외직접투자) 및 제4절(거주자의 외국부동산 취득)의 규정에 따른 자본거래 절차를 적용하지 아니한다.(거래규정 제4-7조 3항)

재외동포의 국내재산 반출절차 규정에 의한 자금은 지정거래외국환은행을 통하여 지급하거나 휴대수출할 수 있으며, 해외이주자계정에 예치할 경우에는 담보활용이 가능하다. 다만, 담보권실행에 의한 예치금의 해외지급은 당해 신청자의 국내재산이 반출된 것으로 간주한다.(거래규정 제4-7조 4항)

Ⅵ 국세청장에 대한 통보

외국환은행의 장은 외국환거래법 제21조 및 동법 시행령 제36조의 규정에 의하여 다음 하나에 해당하는 지급등의 경우에는 매월별로 익월 10일 이내에 지급등의 내용을 국세청장에게 통보하여야 한다. 다만, 정부 또는 지방자치단체의 지급등은 그러하지 아니하다.(거래규정 제4-8조 1항)

① 외국환거래규정 제4-3조 제1항 제1호[*거주자(외국인거주자 제외)가 연간 누계금액이 미화 5만불 이내(자본거래로서 거래 건당 지급금액이 미화 1천불 초과 5만불 이내이고 연간 지급누계금액이 미화 5만불을 초과하지 않는 경우의 지급금액 포함)인 경우, 연간 누계금액이 미화 5만불을 초과하는 지급으로서 당해 거래의 내용과 금액을 서류를 통해 외국환은행의 장이 확인할 수 있는 경우에 해당하는 지급*] 내지 제2호[213]의 규정에 의한 지급 등의 금액이 지급인 및 수령인 별로 연

213) 제4-3조(거주자의 지급등 절차 예외) ① 제4-2조제1항의 규정에 불구하고 거주자(외국인거주자는 제외한다)는 다음 각호의 1에 해당하는 경우 지급등의 증빙서류를 제출하지 아니하고 지급등을 할 수 있다.
1. 이 규정에 따른 신고를 필요로 하지 않는 거래로서 다음 각호의 1에 해당하는 지급
가. 연간 누계금액이 미화 5만불 이내(제7-2조제8호의 거래에 따른 지급금액을 포함한다)인 경우
나. 연간 누계금액이 미화 5만불을 초과하는 지급으로서 당해 거래의 내용과 금액을 서류를 통해 외국환은행의 장이 확인할 수 있는 경우
2. 이 규정에 따른 신고를 필요로 하지 않는 수령. 다만, 동일자·동일인 기준 미화 2만불을 초과하는 경우에는 서면에 의하여 외국환은행의 장으로부터 수령사유를 확인받아야 한다.

간 미화 1만불을 초과하는 경우 및 외국환거래규정 제7-11조 제2항의 규정(*거주자가 비거주자와 해외에서 예금거래 및 신탁거래를 하고자 하는 경우 신고를 요하지 않는 경우를 제외하고 거주자가 해외에서 비거주자와 외화예금거래를 하고자 하는 경우에는 지정거래외국환은행의 장에게 신고하여야 한다.*)에 의한 지급금액이 지급인별로 연간 미화 1만불을 초과하는 경우

② 해외유학생 및 해외체재자의 해외여행경비 지급금액이 연간 미화 10만불을 초과하는 경우

③ ①, ②의 경우를 제외하고 건당 미화 1만불을 초과하는 금액을 외국환은행을 통하여 지급등(송금수표에 의한 지급등을 포함한다)하는 경우

Ⅶ 관세청장에 대한 통보

외국환은행의 장은 외국환거래법 제21조 및 동법 시행령 제36조의 규정에 의하여 다음 하나에 해당하는 지급등의 내용을 매월별로 익월 10일까지 관세청장에게 통보하여야 한다. 다만, 정부 또는 지방자치단체의 지급은 그러하지 아니하다.(거래규정 제4-8조 2항)

① 수출입대금의 지급 또는 수령

② 외국환은행을 통한 용역대가의 지급 또는 수령

③ 거주자(외국인거주자 제외)가 연간 누계금액이 미화 5만불 이내(자본거래로서 거래 건당 지급금액이 미화 1천불 초과 5만불 이내의 거래에 따른 지급금액 포함)인 경우, 연간 누계금액이 미화 5만불을 초과하는 지급으로서 당해 거래의 내용과 금액을 서류를 통해 외국환은행의 장이 확인할 수 있는 경우에 해당하는 지급 등

④ 건당 미화 1만불을 초과하는 해외이주비의 지급

⑤ ①, ②, ③, ④의 경우를 제외하고 건당 미화 1만불을 초과하는 금액을 외국환은행을 통하여 지급등(송금수표에 의한 지급을 포함한다)을 하는 경우

Ⅷ 금융감독원장에 대한 통보

외국환은행의 장은 외국환거래법 제21조 및 동법 시행령 제36조의 규정에 의하여 다음 하나에 해당하는 지급등의 내용을 매월별로 익월 10일까지 금융감독원장에게 통보하여야 한다. 다만, 정부 또는 지방자치단체의 지급은 그러하지 아니하다.(거래규정 제4-8조 3항)

① 거주자(외국인거주자 제외)가 연간 누계금액이 미화 5만불 이내(자본거래로서 거래 건당 지급금액이 미화 1천불 초과 5만불 이내의 거래에 따른 지급금액 포함)인 경우, 연간 누계금액이 미화 5만불을 초과하는 지급으로서 당해 거래의 내용과 금액을 서류를 통해 외국환은행의 장이 확인할 수 있는 경우에 해당하는 지급 및 제7-11조제2항의 규정(거주자가 비거주자와 해외에서 예금거래 및 신탁거래를 하고자 하는 경우 신고를 요하지 않는 경우를 제외하고 거주자가 해외에서 비거주자와 외화예금거래를 하고자 하는 경우에는 지정거래외국환은행의 장에게 신고하여야 한다.)에 의한 지급금액이 지급인별로 연간 미화 1만불을 초과하는 경우

② 해외유학생 및 해외체재자의 해외여행경비 지급금액이 연간 미화 10만불을 초과하는 경우

③ ①, ②의 경우를 제외하고 건당 미화 1만불을 초과하는 금액을 외국환은행을 통하여 지급등(송금수표에 의한 지급을 포함한다)을 하는 경우

제2절 지급 또는 수령 방법의 신고

Ⅰ 지급 또는 수령 방법의 신고

1. 지급 또는 수령 방법의 신고

거주자 간, 거주자와 비거주자 간 또는 비거주자 상호 간의 거래나 행위에 따른 채권·채무를 결제할 때 거주자가 다음 어느 하나에 해당하면[제18조(자본거래의 신고등)에 따라 신고를 한 자가 그 신고된 방법으로 지급 또는 수령을 하는 경우는 제외한다] 대통령령으로 정하는 바에 따라 그 지급 또는 수령의 방법을 기획재정부장관에게 미리 신고하여야 한다. 다만, 외국환수급 안정과 대외거래 원활화를 위하여 대통령령으로 정하는 거래의 경우에는 사후에 보고하거나 신고하지 아니할 수 있다.(외국환거래법 제16조)

① 상계 등의 방법으로 채권·채무를 소멸시키거나 상쇄시키는 방법으로 결제하는 경우

② 기획재정부장관이 정하는 기간을 넘겨 결제하는 경우

③ 거주자가 해당 거래의 당사자가 아닌 자와 지급 또는 수령을 하거나 해당 거래의 당사자가 아닌 거주자가 그 거래의 당사자인 비거주자와 지급 또는 수령을 하는 경우

④ 외국환업무취급기관등을 통하지 아니하고 지급 또는 수령을 하는 경우

위의 ②, ④의 경우 지급 또는 수령방법의 신고에 대한 기획재정부장관의 권한은 한국은행총재에게 위탁하고 있으며(시행령 제37조 3항), ① 또는 ③에 따른 방법의 신고(기획재정부장관이 고시하는 것에 한정한다.)의 권한은 외국환업무취급기관의 장에게 각각 위탁하고 있다.(시행령 제37조 5항)

2. 지급 또는 수령 방법의 신고 절차

지급 또는 수령의 방법을 신고하려는 자는 기획재정부장관이 정하여 고시하는 신고 서류를 기획재정부장관에게 제출하여야 한다.(시행령 제30조 1항)

구체적으로 신고를 하고자 하는 자는 지급등의 방법(변경)신고서(거래규정 별지 제5-1호 서식)에 신고기관이 정하는 관계서류를 첨부하여 신고기관에 제출하여야 한다. 신고내용을 변경하고자 하는 경우에도 같다.(거래규정 제5-3조)

3. 지급 또는 수령 방법 신고의 예외

지급 또는 수령 방법 신고에서 외국환수급 안정과 대외거래 원활화를 위하여 대통령령으로 정하는 거래의 경우에는 사후에 보고하거나 신고하지 아니할 수 있다.(외국환거래법 제16조 단서) 여기서 "대통령령으로 정하는 거래의 경우"란 다음의 경우를 말한다.(시행령 제30조 2항)

① 거주자와 비거주자가 상계의 방법으로 결제할 때 기획재정부장관이 정하여 고시하는 방법으로 일정한 외국환은행을 통하여 주기적으로 결제하는 경우

② 외국환거래법 제18조(자본거래의 신고등)에 따라 기획재정부장관에게 신고한 방법에 따라 채권을 매매, 양도 또는 인수하는 경우

③ 계약 건당 미화 5만달러 이내의 수출대금을 기획재정부장관이 정하여 고시하는 기간을 초과하여 수령하는 경우

④ 거주자가 건당 미화 1만달러 이하의 경상거래에 따른 대가를 외국환업무취급기관등을 통하지 아니하고 직접 지급하는 경우

⑤ 그 밖에 기획재정부장관이 정하여 고시하는 경우

여기서 "그 밖에 기획재정부장관이 정하여 고시하는 경우"는 다음의 경우를 말한다. 즉, 다음 내용 중 ①에서 ④에 해당하는 경우에는 지급 또는 수령 방법의 신고를 요하지 아니하며, ⑤에서 ⑦에 해당하는 경우에는 기획재정부장관이 정하는 기간을 초과하는 지급등의 방법의 경우(거래규정 제5-8조) 한국은행총재에게 신고하도록 되어 있는 규정에 의한 신고를 요하지 아니한다.(거래규정 제5-2조)

① 외국환거래규정 제7장(자본거래), 제8장(현지금융), 제9장(직접투자 및 부동산 취득)의 규정에 의하여 자본거래의 신고를 한 자(다만, 외국화은행의 장에게 신고를 한 경우는 제외한다.)가 그 신고내용에 포함된 지급등의 방법으로 지급등을 하는 경우

② 한국은행, 외국환은행, 체신관서, 소액해외송금업자, 기타 전문외국환업무를 등록한 자 및 종합금융회사가 외국환업무와 관련하여 지급등을 하는 경우

③ 조약 또는 일반적으로 승인된 국제법규에서 정하는 지급등 의 방법으로 지급등을 하는 경우

④ 거래당사자의 일방이 신고한 경우

⑤ 정부 또는 지방자치단체가 수입대금을 지급하는 경우

⑥ 「공공차관의 도입 및 관리에 관한 법률」에 의한 차관자금으로 수입대금을 지급하는 경우

⑦ 대외무역관리규정 <별표 3>(수출승인의 면제) 및 <별표 4>(수입승인의 면제)에서 정한 물품의 수출입대금을 지급 또는 수령하는 경우

Ⅱ 구체적인 지급 또는 수령 방법별 신고

1. 상계에 의한 지급 또는 수령 방법의 신고

(1) 상계에 의한 지급 또는 수령 방법의 신고 예외

상계에 의한 지급 등의 다음 하나에 해당하는 방법으로 지급등을 하고자 하는 경우에는 신고를 요하지 아니한다.(거래규정 제5-4조 1항)

① 일방의 금액(분할하여 지급등을 하는 경우에는 각각의 지급등의 금액을 합산한 금액을 말한다)이 미화 3천불 이하인 채권 또는 채무를 상계하고자 하는 경우

② 거주자가 거주자와 비거주자간의 거래 또는 행위에 따른 채권 또는 채무를 상호계산계정을 통하여 당해 거래의 당사자인 비거주자에 대한 채무 또는 채권으로 상계하고자 하는 경우

③ 신용카드발행업자가 외국에 있는 신용카드발행업자로부터 수령할 금액과 당해 외국에 있는 신용카드발행업자에게 지급할 금액(거주자의 신용카드 대외지급대금, 사용수수료 및 회비)을 상계하거나 그 상계한 잔액을 지급 또는 수령하는 경우

④ 보험업법에 의한 보험사업자 및 특정보험사업자(신용협동조합법, 수산업협동조합법 및 새마을금고법에 따른 공제사업자를 포함한다)가 외국의 보험사업자와의 재보험계약에 의하여 재보험료, 재보험금, 대행중개수수료, 대행업무비용, 공탁금 및 공탁금 이자 등을 지급 또는 수령함에 있어서 그 대차를 차감한 잔액을 지급 또는 수령하는 경우

⑤ 거주자가 파생상품거래에 의하여 취득하는 채권 또는 채무를 당해 거래상대방과의 반대거래 또는 당해 장내파생상품시장에서 동종의 파생상품거래에 의하여 취득하는 채무 또는 채권과 상계하거나 그 상계한 잔액을 지급 또는 수령하는 경우

⑥ 연계무역, 위탁가공무역 및 수탁가공무역에 의하여 수출대금과 관련 수입대금을 상계하고자 하는 경우

⑦ 물품의 수출입대금과 당해 수출입거래에 직접 수반되는 중개 또는 대리점 수수료 등을 상계하고자 하는 경우

⑧ 외국항로에 취항하는 국내의 항공 또는 선박회사가 외국에서 취득하는 외국항로의 항공임 또는 선박임과 경상운항경비를 상계하거나 그 상계한 잔액을 지급 또는 수령하는 경우

⑨ 외국항로에 취항하고 있는 국내선박회사가 외국선박회사와 공동운항계약을 체결하고 선복 및 장비의 상호사용에 따른 채권과 채무를 상계하고자 하는 경우

⑩ 국내외철도승차권등(선박, 항공기 또는 교통수단등의 이용권을 포함한다)의 판매대금과 당해 거래에 직접 수반되는 수수료를 상계하고자 하는 경우

⑪ 거주자간에 외화표시 채권 또는 채무를 상계하고자 하는 경우

⑫ 국내 통신사업자가 외국에 있는 통신사업자로부터 수령할 통신망 사용대가와 당해 통신사업자에게 지급할 통신망 사용대가를 상계하거나 그 상계한 잔액을 지급 또는 수령하는 경우

⑬ 조세에 관한 법률등에 따라 거주자가 비거주자의 소득에 대한 원천징수 후 잔액을 지급 또는 수령하는 경우

(2) 상계에 의한 지급 등의 방법 중 외국환은행장에게 신고하는 경우

위에서 규정된 경우를 제외하고 거주자가 수출입, 용역거래, 자본거래 등 대외거래를 함에 있어서 계정의 대기 또는 차기에 의하여 결제하는 등 비거주자에 대한 채권 또는 채무를 비거주자에 대한 채무 또는 채권으로 상계를 하고자 하는 경우에는 외국환은행의 장에게 신고하여야 한다.(거래규정 제5-4조 2항)

(3) 상계에 의한 지급 등의 방법 중 한국은행총재에게 신고하는 경우

상계에 의한 지급 등의 방법 중 외국환은행장에게 신고하는 경우(외국환거래규정 제5-4조 제2항의 규정)에도 불구하고 다국적 기업의 상계센터를 통하여 상계하거나 다수의 당사자의 채권 또는 채무를 상계하고자 하는 경우에는 한국은행총재에게 신고하여야 한다.(거래규정 제5-4조 3항)

(4) 국세청장 및 관세청장에의 통보

위의 상계에 의한 지급등의 방법에 대한 신고를 받은 한국은행총재 또는 외국환은행의 장은 동 신고내용을 다음반기 첫째달 말일까지 국세청장 및 관세청장에게 통보하여야 한다.(거래규정 제5-4조 4항)

(5) 상계 관련 증빙서류의 보관의무

상계를 실시하는 자는 관계증빙서류를 5년간 보관하여야 한다.(거래규정 제5-4조 5항)

2. 상호계산에 의한 지급 또는 수령 방법의 신고

(1) 지정거래외국환은행의 장에게 신고(거래규정 제5-5조 1~4항)

상대방과의 거래가 빈번하여 상호계산방법으로 지급등을 하고자 하는 자는 상호계산신고서(거래규정 별지 제5-2호 서식)를 지정거래외국환은행의 장에게 제출하여야 하며, 폐쇄하고자 하는 경우에도 신고하여야 한다.

지정거래외국환은행의 장은 상호계산을 실시하는 자가 외국환거래법·동법 시행령·외국환거래규정 및 기타 법령에 규정하는 사항을 위반하거나 그 거래실적·거래내용이나 기타 사정에 비추어 상호계산계정의 존속이 필요없다고 인정되는 경우에는 그 상호계산계정을 폐쇄할 수 있다. 그리고 폐쇄된 계정의 대차기잔액 처리에 관하여는 제5-7조제3항의 규정(상호계산계정의 대차기잔액은 매 결산기간 종료 후 3월 이내에 지정거래외국환은행의 장에게 신고한 후 지급하거나 수령하여야 한다.)을 준용한다.

상호계산신고를 받은 지정거래외국환은행의 장은 동 신고사실을 국세청장 및 관세청장에게 통보하여야 한다.

(2) 대차기 항목 및 기장시점

상호계산계정을 통하여 대기 또는 차기할 수 있는 항목은 상호계산상대방과의 채권 또는 채무로 한다. 다만, 외국환거래법·동법 시행령·외국환거래규정에 의하여 지급, 지급방법 및 자본거래에 있어 신고를 요하는 경우에는 신고하여야 한다.(거래규정 제5-6조 1항)

상호계산계정의 기장은 당해 거래가 물품의 수출입 또는 용역의 제공을 수반하는 경우에는 그 수출입 또는 용역제공의 완료 후 30일 이내, 기타의 경우에는 당해 거래에 따른 채권·채무의 확정 후 30일 이내에 행하여야 한다.(거래규정 제5-6조 2항)

(3) 결산 등(거래규정 제5-7조 1~4항)

상호계산계정의 결산은 회계기간의 범위내에서 월단위로 결산주기를 정하여 실시하여야 한다. 다만, 필요한 경우 회계기간의 범위 내에서 결산주기를 달리 정할 수 있다. 그리고 상호계산계정의 결산에 있어서의 대기 및 차기잔액은 각 상대방별 계정의 대차기잔액을 합산한 금액으로 한다.

한편 상호계산계정의 대차기잔액은 매 결산기간 종료 후 3월 이내에 지정거래외국환은행의 장에게 신고한 후 지급하거나 수령하여야 한다. 또한 상호계산을 실시하는 자는 결산보고서 등 지정거래외국환은행의 장이 정하는 보고서를 지정거래외국환은행의 장에게 제출하여야 한다.

(4) 상호계산 관련 장부 및 관계증빙서류 보관의무

상호계산을 실시하는 자는 장부 및 관계증빙서류를 5년간 보관하여야 한다.(거래규정 제5-7조 5항)

3. 기획재정부장관이 정하는 기간을 초과하는 지급등의 방법

(1) 수출입대금의 지급등의 방법에 대한 신고

거주자가 수출입대금의 지급등을 하고자 하는 경우에는 신고를 요하지 아니한다. 다만, 다음 하나에 해당하는 방법으로 지급등을 하고자 하는 자는 한국은행 총재에게 신고하여야 한다.(거래규정 제5-8조 1항)

① 계약건당 미화 5만불을 초과하는 수출대금을 다음 하나에 해당하는 방법으로 수령하고자 하는 경우

㉠ 본지사간의 수출거래로서 무신용장 인수인도조건방식 또는 외상수출채권매입방식에 의하여 결제기간이 물품의 선적 후 또는 수출환어음의 일람 후 3년을 초과하는 경우

㉡ 본지사간의 수출거래로서 수출대금을 물품의 선적 전에 수령하고자 하는 경우

㉢ 본지사간이 아닌 수출거래로서 수출대금을 물품의 선적 전 1년을 초과하여 수령하고자 하는 경우. 다만, 선박, 철도차량, 항공기, 대외무역법에 의한 산업설비의 경우는 제외한다.

② 다음 하나에 해당하는 방법으로 수입대금을 지급하고자 하는 경우

㉠ 계약건당 미화 5만불을 초과하는 미가공 재수출할 목적으로 금을 수입하는 경우로서 수입대금을 선적서류 또는 물품의 수령일부터 30일을 초과하여 지급하거나 내수용으로 30일을 초과하여 연지급수입한 금을 미가공 재수출하고자 하는 경우

㉡ 계약건당 미화 2만불을 초과하는 수입대금을 선적서류 또는 물품의 수령 전 1년을 초과하여 송금방식에 의하여 지급하고자 하는 경우

위의 ①의 ㉢과 ②의 ㉡에 해당하는 사유 중 불가피한 사유로 인정되는 경우

에는 1년을 초과한 날로부터 3월 이내에 사후신고를 할 수 있다.(거래규정 제5-8조 1항)

위의 신고를 받은 한국은행총재는 매월별로 익월 10일 이내에 동 신고사실을 국세청장 및 관세청장에게 통보하여야 한다.(거래규정 제5-8조 2항)

(2) 대응수출입 이행의무

건당 미화 5만불을 초과하는 수출대금을 물품의 선적 전에 수령한 자는 동 대금을 반환하거나 대응수출을 이행하여야 한다.(거래규정 제5-9조 1항) 그리고 선적서류 또는 물품의 수령 전에 송금방식에 의하여 건당 미화 2만불을 초과하는 수입대금을 지급한 자는 동 대금을 반환받거나 대응수입을 이행하여야 한다.(거래규정 제5-9조 2항)

4. 제3자 지급등에 의한 지급등의 방법

(1) 거주자의 제3자 지급등에 대한 신고 예외

다음 어느 하나에 해당하는 경우에는 제3자 지급등에 관한 신고를 요하지 아니한다.(거래규정 제5-10조 1항)

① 미화 3천불 이하의 금액을 제3자 지급등을 하는 경우(분할하여 지급등을 하는 경우에는 각각의 지급등의 금액을 합산한 금액을 말한다)

② 거주자간 또는 거주자와 비거주자간 거래의 결제를 위하여 당해 거래의 당사자인 거주자가 당해 거래의 당사자가 아닌 비거주자로부터 수령하는 경우

③ 비거주자간 또는 거주자와 비거주자간 거래의 결제를 위하여 당해 거래의 당사자가 아닌 거주자가 당해 거래의 당사자인 비거주자로부터 수령하는 경우(당해 거래의 당사자인 거주자가 당해 거래의 당사자가 아닌 거주자로부터 결제대금을 수령하는 경우를 포함한다).

④ 외국환은행이 당해 외국환은행의 해외지점 및 현지법인의 여신과 관련하여 차주, 담보제공자 또는 보증인으로부터 여신원리금을 회수하여 지급하고자 하는 경우

⑤ 거주자인 예탁결제원이 예탁기관으로서 외국환거래법·동법 시행령 및 외국환거래규정에서 정하는 바에 따라 비거주자가 발행한 주식예탁증서

의 권리행사 및 의무이행과 관련된 내국지급수단 또는 대외지급수단을 지급 또는 수령하는 경우

⑥ 거래당사자가 회원으로 가입된 국제적인 결제기구와 지급 또는 수령하는 경우

⑦ 인정된 거래에 따른 채권의 매매 및 양도, 채무의 인수가 이루어진 경우 (비거주자간의 외화채권의 이전을 포함한다)

⑧ 인정된 거래에 따라 외국환거래규정 제9장 제4절(거주자의 외국부동산취득)의 외국에 있는 부동산 또는 이에 관한 권리를 취득하고자 하는 거주자가 동 취득대금을 당해 부동산 소재지 국가에서 부동산계약 중개・대리업무를 영위하는 자[제9-39조제2항제2호(거주자 본인 또는 거주자의 배우자가 해외에서 2년 이상 체재할 목적(신고당시 2년 이상 해외에서 체재하고 있는 배우자가 체재할 목적을 포함한다)으로 주거용 주택을 취득하는 경우)에 해당하는 경우에는 거주자의 배우자를 포함한다]에게 지급하는 경우

⑨ 인정된 거래에 따라 외국에서 외화증권을 발행한 거주자가 원리금상환 및 매입소각 등을 위하여 자금관리위탁계약을 맺은 자에게 지급하고자 하는 경우

⑩ 인정된 거래에 따라 외화증권을 취득하고자 하는 자가 관련자금을 예탁결제원에게 지급하는 경우

⑪ 외국환거래규정 제7-31조 제1항 제10호의 규정에 따라 주식 또는 지분을 취득하는 경우 동 취득대금을 외국인투자촉진법에 의한 외국인투자기업(국내자회사를 포함한다), 동 규정 제9장 제3절에 의한 외국기업국내지사, 외국은행국내지점 또는 사무소가 본사(본사의 지주회사나 방계회사를 포함한다)에게 직접 지급하는 경우

⑫ 외국환거래규정 제9장의 규정에 의한 해외현지법인을 설립하거나 해외지사를 설치하고자 하는 거주자가 동 자금을 해외직접투자와 관련된 대리관계가 확인된 거주자 또는 비거주자에게 지급하는 경우

⑬ 외교통상부의 「신속 해외송금 지원제도 운영 지침」에 따라 대한민국 재외공관이 국민인비거주자에게 긴급경비를 지급하는 경우

⑭ 수입대행업체(거주자)에게 단순수입대행을 위탁한 거주자(납세의무자)가 수입대행계약시 미리 정한 바에 따라 수입대금을 수출자인 비거주자에게 지급하는 경우

⑮ 거주자가 인터넷으로 물품 수입을 하고 수입대금은 국내 구매대행업체를 통하여 지급하는 경우 및 수입대금을 받은 구매대행업체가 수출자에게 지급하는 경우

⑯ 비거주자가 인터넷으로 판매자인 다른 비거주자로부터 물품을 구매하고 구매대금을 거주자인 구매대행업체를 통하여 지급하는 경우 및 구매대금을 받은 거주자인 구매대행업체가 판매자인 다른 비거주자에게 지급하는 경우

⑰ 거주자인 정유회사 및 원유, 액화천연가스 또는 액화석유가스 수입업자가 외국정부 또는 외국정부가 운영하는 기업으로부터 원유, 액화천연가스 또는 액화석유가스를 수입함에 있어 당해 수출국의 법률이 정한 바에 따라 수입대금을 수출국의 중앙은행에 지급하는 경우

⑱ 외국환거래규정 제1-2조 제18호[214]의 해운대리점 또는 선박관리업자가 비거주자인 선주(운항사업자를 포함한다)로부터 수령한 자금으로 국내에 입항 또는 국내에서 건조중인 선박(이하 '외항선박')의 외항선원 급여등 해상운항경비를 외항선박의 선장 등 관리책임자에게 지급하는 경우

⑲ 거주자간 거래의 결제를 위하여 당해 거래의 당사자인 거주자가 당해 거래의 당사자가 아닌 거주자와 지급등 하는 경우

⑳ 거주자인 통신사업자와 비거주자인 통신사업자간 통신망 사용대가의 결제를 위하여 당해 거래의 당사자인 거주자가 당사자가 아닌 비거주자와 지급등을 하는 경우

---

214) 18. "외항운송업자"라 함은 해운법, 항공법 또는 화물유통촉진법의 규정에 의하여 허가 또는 면허를 받거나 신고 또는 등록을 한 다음 각목의 1에 해당하는 자를 말한다.
가. 외국항로에 취항하고 있는 국내의 항공 또는 선박회사
나. 외국의 선박 또는 항공회사의 대리업무를 영위하는 해운대리점업자와 항공화물운송대리점업자 및 항공운송 총대리점업자(외국의 선박 또는 항공회사의 국내에 있는 지사를 포함한다)
다. 복합운송주선업자
라. 선박관리업자

㉑ 「정보통신망 이용촉진 및 정보보호 등에 관한 법률」에 따라 등록된 통신과금서비스제공자가 거주자 또는 비거주자의 전자적 방법에 의한 재화의 구입 또는 용역의 이용에 있어 그 대가의 정산을 대행하기 위해 지급등을 하는 경우

㉒ 거주자가 외국환은행 또는 이에 상응하는 외국 금융기관 명의로 개설된 에스크로 계좌(상거래의 안정성을 확보하기 위하여 중립적인 제3자로 하여금 거래대금을 일시적으로 예치하였다가 일정 조건이 충족되면 당초 약정한 대로 자금의 집행이 이루어지는 계좌를 말한다)를 통해 비거주자와 지급등을 하는 경우

㉓ 해외광고 및 선박관리 대리대행계약에 따라 동 업무를 대리대행하는 자가 지급 또는 수령하는 경우

㉔ 국제개발협력기본법에 따른 국제개발협력과 관련한 자금을 거래당사자가 아닌 자에게 지급하는 경우

㉕ 다국적 기업의 상계센터를 통한 상계로서(거래규정 제5-4조 3항) 한국은행총재에게 상계 신고를 이행한 후 상계잔액을 해당 센터에 지급하는 경우

(2) 거주자의 제3자 지급등에 대한 신고

위의 거주자의 제3자 지급등에 대한 신고 예외의 경우를 제외하고 거주자가 미화 3천불을 초과하고 미화 1만불 이내의 금액(분할하여 지급등을 하는 경우에는 각각의 지급등의 금액을 합산한 금액을 말한다)을 제3자와 지급등을 하려는 경우에는 외국환은행의 장에게 신고하여야 한다.(거래규정 제5-10조 2항)

위의 거주자의 제3자 지급등에 대한 신고 예외의 경우 및 외국환은행의 장에게 신고하는 경우를 제외하고 거주자가 제3자와 지급등을 하려는 경우에는 한국은행총재에게 신고하여야 한다.(거래규정 제5-10조 3항)

(3) 국세청장 및 관세청장에게 통보

위의 거주자의 제3자 지급등에 대한 신고를 받은 외국환은행의 장 또는 한국은행총재는 매월별로 익월 10일 이내에 동 신고사실을 국세청장 및 관세청장에게 통보하여야 한다.(거래규정 제5-10조 4항)

5. 외국환은행을 통하지 아니하는 지급등의 방법

(1) 신고의 면제

거주자가 외국환은행을 통하지 아니하고 지급수단을 수령하고자 하는 경우 및 다음 하나에 해당하는 방법으로 지급을 하고자 하는 경우에는 신고를 요하지 아니한다.(거래규정 제5-11조 1항)

① 외항운송업자와 승객간에 외국항로에 취항하는 항공기 또는 선박안에서 매입, 매각한 물품대금을 직접 지급 또는 수령하는 경우

② 해외여행자(여행업자 및 교육기관등을 포함한다) 또는 해외이주자(해외이주예정자를 포함한다) 및 재외동포가 해외여행경비, 해외이주비 및 국내재산을 외국에서 직접 지급하는 경우. 다만, 미화 1만불을 초과하는 대외지급수단을 휴대수출하여 지급하는 경우는 다음 하나에 한한다.

㉠ 지정거래외국환은행의 장의 확인

- 해외체재자, 해외유학생 및 여행업자(교육기관등을 포함한다)가 대외지급수단을 휴대수출하여 지급하는 경우
- 해외이주자, 해외이주예정자 및 재외동포가 대외지급수단을 휴대수출하여 지급하는 경우

㉡ 일반해외여행자(외국인거주자는 제외한다)가 대외지급수단을 관할세관의 장에게 신고한 후 휴대수출하여 지급하는 경우

㉢ 외국환거래규정 제4-5조제1항제1호에 해당하는 기관[215]의 예산으로 지급되는 해외여행경비를 휴대수출하여 지급하는 경우

㉣ 해외체재자 및 해외유학생이 지정거래외국환은행의 장이 확인한 금액을 초과하여 관할세관의 장에게 신고한 후 휴대수출하여 지급하는 경우. 다만, 초과금액이 미화 1만불 이하의 경우에는 신고를 요하지 아니한다.

③ 거주자가 인정된 거래에 따른 지급을 위하여 송금수표, 우편환 또는 유네

---

215) 정부, 지방자치단체, 공공기관의 운영에 관한 법률에 따라 지정된 공공기관, 한국은행, 외국환은행, 한국무역협회·중소기업협동조합중앙회·언론기관(국내 신문사, 통신사, 방송국에 한함)·대한체육회·전국경제인연합회·대한상공회의소

스코쿠폰으로 지급하는 경우

④ 거주자가 외국에서 보유가 인정된 대외지급수단으로 인정된 거래에 따른 대가를 외국에서 직접 지급하는 경우

⑤ 거주자와 비거주자간에 국내에서 내국통화로 표시된 거래를 함에 따라 내국지급수단으로 지급하고자 하는 경우

⑥ 외국환거래규정 제4-2조(지급등의 절차)의 규정에 의한 절차를 거친 후 당해 외국환은행의 장의 확인을 받은 다음 하나에 해당하는 경우

㉠ 대외무역관리규정 <별표 3>(수출승인의 면제) 및 <별표 4>(수입승인의 면제)에서 정한 물품을 외국에서 수리 또는 검사를 위하여 출국하는 자가 외국통화 및 여행자수표를 휴대수출하여 당해 수리 또는 검사비를 외국에서 직접 지급하는 경우

㉡ 외국항로에 취항하는 항공 또는 선박회사가 외국통화를 휴대수출하여 외국에서 운항경비를 직접 지급하는 경우

㉢ 원양어업자가 어업규정준수 여부 확인 등을 위하여 승선하는 상대국의 감독관 등에게 지급하여야 할 경비를 휴대수출하여 지급하는 경우

㉣ 영화, 음반, 방송물 및 광고물을 외국에서 제작함에 필요한 경비를 당해 거주자가 대외지급수단을 휴대수출하여 외국에서 직접 지급하는 경우

㉤ 스포츠경기, 현상광고 등과 관련한 상금을 당해 입상자에게 직접 지급하는 경우

㉥ 외국인거주자(비거주자 포함)가 외국환거래규정 제4-4조 제1항 제3호[216]에 따라 지정거래외국환은행으로부터 매입한 대외지급수단을 휴대수출하여 지급하는 경우

㉦ 외국환거래규정 제4-5조 제1항 제2호 내지 제4호의 규정[217]에 의한 해

216) 3. 국내에서의 고용, 근무에 따라 취득한 국내보수 또는 자유업 영위에 따른 소득 및 국내로부터 지급받는 사회보험 및 보장급부 또는 연금 기타 이와 유사한 소득범위 이내에서 지정거래외국환은행을 통해 지급하는 경우

217) 2. 다음 각목의 1에 해당하는 자에 대하여 주무부장관 또는 한국무역협회의 장이 필요성을 인정하여 추천하는 금액

가. 수출·해외건설 등 외화획득을 위한 여행자

나. 방위산업체 근무자

외여행경비를 휴대수출하여 지급하는 경우

ⓞ 외국인거주자(비거주가를 포함한다.)가 외국환거래규정 제2-3조 제1항 제3호[218]의 규정에 의하여 취득한 대외지급수단을 휴대수출하여 지급하는 경우

ⓩ 외국환거래규정 제1-2조 제18호의 해운대리점 또는 선박관리업자가 비거주자인 선주(운항사업자를 포함한다)로부터 수령한 자금으로 국내에 입항 또는 국내에서 건조중인 선박(이하 '외항선박')의 외항선원 급여등 해상운항경비를 외항선박의 선장 등 관리책임자에게 지급하는 경우

⑦ 외국환거래규정 제7장 제2절(예금, 신탁계약에 따른 자본거래)의 규정에 의하여 인정된 외화자금을 직접 예치·처분하는 경우 및 인정된 거래에 따른 대가를 당해 예금기관이 발행한 외화수표 또는 신용카드등으로 국내에서 직접 지급하는 경우

⑧ 거주자와 비거주자간 또는 거주자와 다른 거주자간의 건당 미화 1만불 이하의 경상거래에 따른 대가를 대외지급수단으로 직접 지급하는 경우

⑨ 본인명의의 신용카드등(여행자카드 포함)으로 다음 하나에 해당하는 지급

다. 기술·연구목적 여행자

3. 외국에서의 치료비

4. 당해 수학기관에 지급하는 등록금, 연수비와 교재대금 등 교육관련 경비

218) 3. 제1호나목 및 제2호마목에 불구하고 다음 각목의 1에 해당하는 지급을 위하여 매각하는 경우에는 당해 매입을 하고자 하는 자가 별지 제7-4호 서식의 대외지급수단매매신고서에 의하여 한국은행총재에게 신고하여야 한다.

가. 제7-6조제1항제2호의 규정에 의한 국내원화예금·신탁계정관련 원리금의 지급 다만, 재외동포의 국내재산 반출의 경우에는 제4-7조의 규정을 적용한다.

나. 외국인거주자의 국내부동산 매각대금의 지급. 다만, 외국으로부터 휴대수입 또는 송금(대외계정에 예치된 자금을 포함한다)된 자금으로 취득한 국내부동산의 매각대금을 지급하고자 하는 경우에는 그러하지 아니하다.

다. 교포등에 대한 여신과 관련하여 담보제공 또는 보증에 따른 대지급의 경우를 제외하고 비거주자간의 거래와 관련하여 비거주자가 담보·보증 제공 후 국내재산 처분대금의 지급

라. 제2-6조(거주자가 담보 또는 보증을 제공한 경우에 한한다), 제7-13조제4호, 제7-16조, 제7-17조제9호, 제7-45조제11호 및 제18호단서의 규정에 의하여 비거주자가 취득한 원화자금의 대외지급. 다만, 재외동포가 제2-6조 또는 제7-45조제18호단서의 규정에 의하여 취득한 원화자금을 대외지급하는 경우에는 제4-7조의 규정에 따른다.

마. 제1호나목 및 제2호의 범위를 초과하여 내국지급수단을 대가로 지급하고자 하는 경우

을 하고자 하는 경우

㉠ 외국에서의 해외여행경비 지급(외국통화를 인출하여 지급하는 것을 포함한다)

㉡ 거주자가 국제기구, 국제단체, 국제회의에 대한 가입비, 회비 및 분담금을 지급하는 경우

㉢ 거주자의 외국간행물에 연구논문, 창작작품 등의 발표, 기고에 따른 게재료 및 별책대금 등 제경비 지급

㉣ 기타 비거주자와의 인정된 거래(자본거래를 제외한다)에 따른 결제대금을 국내에서 지급(국내계정에서 지급하는 것을 의미한다)하는 경우

⑩ 외국인관광객등에 대한 부가가치세 및 개별소비세 특례규정에 의한 환급창구운영사업자가 환급금을 직접 지급하는 경우

⑪ 법인의 예산으로 해외여행을 하고자 하는 법인소속의 해외여행자(일반해외여행자에 한함)가 당해 법인명의로 환전한 해외여행경비를 휴대수출하여 지급하는 경우

⑫ 거주자가 외국환거래규정 제9장 제1절(해외직접투자), 제2절(국내기업 등 해외지사), 제4절(거주자의 외국부동산 취득)의 규정에 의한 건당 미화 1만불 이하 대외지급수단을 직접 지급하는 경우

⑬ 원양어업자가 원양어로자금 조달을 위한 현지금융의 원리금 또는 어로경비 및 해외지사의 유지활동비를 외국에서 직접 수출하는 어획물의 판매대금으로 상환하거나 지급하는 경우

(2) 외국환은행장에 의한 확인 등

위의 규정에 의하여 확인요청을 받은 외국환은행의 장은 지급수단의 취득사실을 확인하고 당해 거주자에게 외국환신고(확인)필증(거래규정 별지 제6-1호 서식)을 발행·교부하여야 한다.(거래규정 제5-11조 2항)

(3) 한국은행총재에게 신고

위의 신고 면제의 경우를 제외하고 거주자가 외국환은행을 통하지 아니하고 지급등을 하고자 하는 경우(물품 또는 용역의 제공, 권리의 이전 등으로 비거주

자와의 채권·채무를 결제하는 경우를 포함한다)에는 한국은행총재에게 신고하여야 한다.(거래규정 제5-11조 3항)

(4) 국세청장 및 관세청장에 통보

일반해외여행자(외국인거주자는 제외한다)가 대외지급수단을 관할세관의 장에게 신고한 후 휴대수출하여 지급하는 경우에 신고를 받은 관할세관의 장 및 거주자가 외국환은행을 통하지 않고 지급등을 하고자 하는 경우 지급등의 방법(변경)신고필증을 교부한 한국은행총재는 매월별로 익월 10일 이내에 동 신고사실을 국세청장 및 관세청장에게 통보하여야 한다.(거래규정 제5-11조 4,5항)

제3절 벌 칙[219)]

Ⅰ 경고 및 거래정지 등

1. 경고

기획재정부장관은 외국환거래법을 적용받는 자가 다음 어느 하나에 해당하는 경우에는 경고를 할 수 있다.(외국환거래법 제19조 1항)(시행령 제33조 1항 1,2호)

① 외국환거래법 제15조(지급 등에 따른 허가), 제16조(지급 또는 수령방법의 신고) 규정에 따라 허가를 받거나 신고를 한 경우 허가사항 또는 신고사항에 정하여진 기한이 지난 후에 거래 또는 행위를 한 경우

② 미화 1만 달러 이하의 거래 또는 행위로서 외국환거래법 제15조(지급 등에 따른 허가), 제16조(지급 또는 수령방법의 신고) 규정에 따른 절차 준

219) 앞에서 언급한 바와 같이 수출입거래와 직접 관련된 "지급과 거래", 특히 제15조(지급절차 등)와 제16조(지급 또는 수령의 방법의 신고)를 중심으로 기술하였으므로 본 벌칙에서도 그와 관련된 부분만 기술하겠다.

수, 허가 또는 신고(이하 “신고등”이라 한다)의 의무를 위반하여 거래 또는 행위를 한 경우

2. 거래정비 등

기획재정부장관은 이 법을 적용받는 자의 거래 또는 행위가 외국환거래법 제15조(지급 등에 따른 허가), 제16조(지급 또는 수령방법의 신고) 규정에 따른 신고등의 의무를 5년 이내에 2회 이상 위반한 경우에는 각각의 위반행위에 대하여 1년 이내의 범위에서 관련 외국환거래 또는 행위를 정지·제한하거나 허가를 취소할 수 있다.(외국환거래법 제19조 2항)

3. 청문

기획재정부장관은 앞의 동법 제19조 제2항의 처분을 하려는 경우에는 청문을 하여야 한다.(외국환거래법 제19조 3항)

Ⅱ 과태료

1. 1억원 이하의 과태료

외국환거래법 제16조(지급 또는 수령의 방법의 신고)에 따른 신고를 하지 아니하거나 거짓으로 신고를 하고 지급 또는 수령을 한 자에게는 1억원 이하의 과태료를 부과한다.(외국환거래법 제32조 1항 3호) 다만, 제29조(벌칙; 1년 이하의 징역 또는 1억원 이하의 벌금)에 해당하는 경우는 제외한다.

2. 5천만원 이하의 과태료

외국환거래법 제15조 제1항(기획재정부장관은 이 법을 적용받는 지급 또는 수령과 관련하여 환전절차, 송금절차, 재산반출절차 등 필요한 사항을 정할 수 있다.)에 따른 지급절차 등을 위반하여 지급·수령을 하거나 자금을 이동시킨 자에게는 5천만원 이하의 과태료를 부과한다.(외국환거래법 제32조 2항 2호) 다만, 제29조(벌칙; 1년 이하의 징역 또는 1억원 이하의 벌금)에 해당하는 경우는 제외한다.

3. 3천만원 이하의 과태료

외국환거래법 제16조(지급 또는 수령의 방법의 신고)를 위반하여 신고를 갈음하는 사후 보고를 하지 아니하거나 거짓으로 사후 보고를 한 자에게는 3천만원 이하의 과태료를 부과한다.(외국환거래법 제32조 3항 1호)

Ⅲ 벌 칙

1. 3년 이하의 징역 또는 3억원 이하의 벌금

기획재정부장관은 우리나라가 체결한 조약 및 일반적으로 승인된 국제법규를 성실하게 이행하기 위하여 불가피한 경우나 국제 평화 및 안전을 유지하기 위한 국제적 노력에 특히 기여할 필요가 있는 경우에 해당한다고 인정되는 경우에는 국내로부터 외국에 지급하려는 거주자·비거주자, 비거주자에게 지급하거나 비거주자로부터 수령하려는 거주자에게 그 지급 또는 수령을 할 때 대통령령으로 정하는 바에 따라 허가를 받도록 한 외국환거래법 제15조 2항의 규정에 따른 허가를 받지 아니하거나, 거짓이나 그 밖의 부정한 방법으로 허가를 받고 지급 또는 수령을 한 자는 3년 이하의 징역 또는 3억원 이하의 벌금에 처한다. 다만, 위반행위의 목적물 가액(價額)의 3배가 3억원을 초과하는 경우에는 그 벌금을 목적물 가액의 3배 이하로 한다.(외국환거래법 제27조의2 1항 3호)

또한 징역과 벌금은 병과(倂科)할 수 있다.(외국환거래법 제27조의2 2항)

2. 1년 이하의 징역 또는 1억원 이하의 벌금

외국환거래법 제16조(지급 또는 수령의 방법의 신고)에 따른 신고의무를 위반한 금액이 25억원을 초과한 자는 1년 이하의 징역 또는 1억원 이하의 벌금에 처한다. 다만, 위반행위의 목적물 가액의 3배가 1억원을 초과하는 경우에는 그 벌금을 목적물 가액의 3배 이하로 한다.(외국환거래법 제29조 1항 3호)(시행령 제40조 1항 1호)

또한 징역과 벌금은 병과(倂科)할 수 있다.(외국환거래법 제29조 3항)

▮ 참고법규 ▮

대외무역법 [시행 2016.7.28.] [법률 제13838호, 2016.1.27., 일부개정]
대외무역법시행령 [시행 2017.7.26.] [대통령령 제28212호, 2017.7.26., 타법개정]
대외무역관리규정 [시행 2017.11.10.] [산업통상자원부고시 제2017-158호, 2017.11.10., 일부개정]

관세법 [시행 2018.1.1.] [법률 제15218호, 2017.12.19., 일부개정]
관세법 시행령 [시행 2017.11.28.] [대통령령 제28443호, 2017.11.28., 일부개정]
관세법 시행규칙 [시행 2018.1.1.] [기획재정부령 제648호, 2017.12.29., 일부개정]

외국환거래법 [시행 2017.7.18.] [법률 제14525호, 2017.1.17., 일부개정]
외국환거래법 시행령 [시행 2017.7.26.] [대통령령 제28211호, 2017.7.26., 타법개정]
외국환거래규정 [시행 2018.1.1.] [기획재정부고시 제2017-40호, 2017.12.28., 일부개정]

※ 본 책은 위의 관련법령을 근거로 작성되었으며 관련법령은 지속적으로 개정되므로 이후에 개정된 법령이 있을 경우 개정된 법령을 확인해야 함을 알려드립니다.

▮ 참고문헌 ▮

남풍우, 무역실무, 도서출판 두남, 2008.
라공우, 대외무역법, 도서출판 두남, 2003.
류수현, 관세법론, 무역경영사, 2008.
송선욱, 대외무역법, 도서출판 두남, 2004.
송선욱, 관세법, 도서출판 두남, 2016.
이명호, 관세법, INTO WORLD, 2003.
한국관세포럼, 관세법 강의, 삼일인포마인, 2004.

저자 약력

■ **송 선 욱(宋善旭)**

- 건국대학교 무역학과 졸업(상학사)
- 건국대학교 대학원 무역학과 수료 (경제학 석사)
- 건국대학교 대학원 무역학과 수료 (경제학 박사)
- 경영지도사(중소기업청)
- 국제무역사(한국무역협회)
- 롯데칠성주식회사 해외영업부 근무
- 국립세무대학 근무
- 국세공무원교육원 근무
- 한국관세사회 상임연구위원
- 건국대학교, 강남대학교, 한국방송통신대 외래교수
- 경원전문대학 무역학과 겸임교수
- 관세사 일반(특별)전형 출제위원
- 관세국경관리연수원 강사
- 물류관리사 출제 및 선정위원
- 공무원 시험 출제 및 선정위원

(현) 백석대학교 경상학부 교수
한국무역학회 부회장
한국통상정보학회 부회장
한국관세학회 상임이사
국제 e-비즈니스학회 상임이사

무역관계법규 - 개정4판

초 판 1쇄 발행 —— 2009년 8월 25일
개정판 1쇄 발행 —— 2011년 8월 30일
개정2판 1쇄 발행 —— 2013년 8월 30일
개정3판 1쇄 발행 —— 2015년 8월 5일
개정4판 1쇄 발행 —— 2018년 3월 2일
지은이 —— 송 선 욱
펴낸이 —— 전 두 표
펴낸곳 —— 도서출판 **두남**
서울시 강동구 성내로6길 34-16 두남빌딩
신 고 : 제25100-1988-9호
TEL : 02) 478-2065~7, 2311
FAX : 02) 478-2068
E-mail : dunam1@unitel.co.kr
http://www.dunam.co.kr

정가 32,000원

ISBN 978-89-6414-778-8 93320